# Disney 100
# Lustiges Taschenbuch



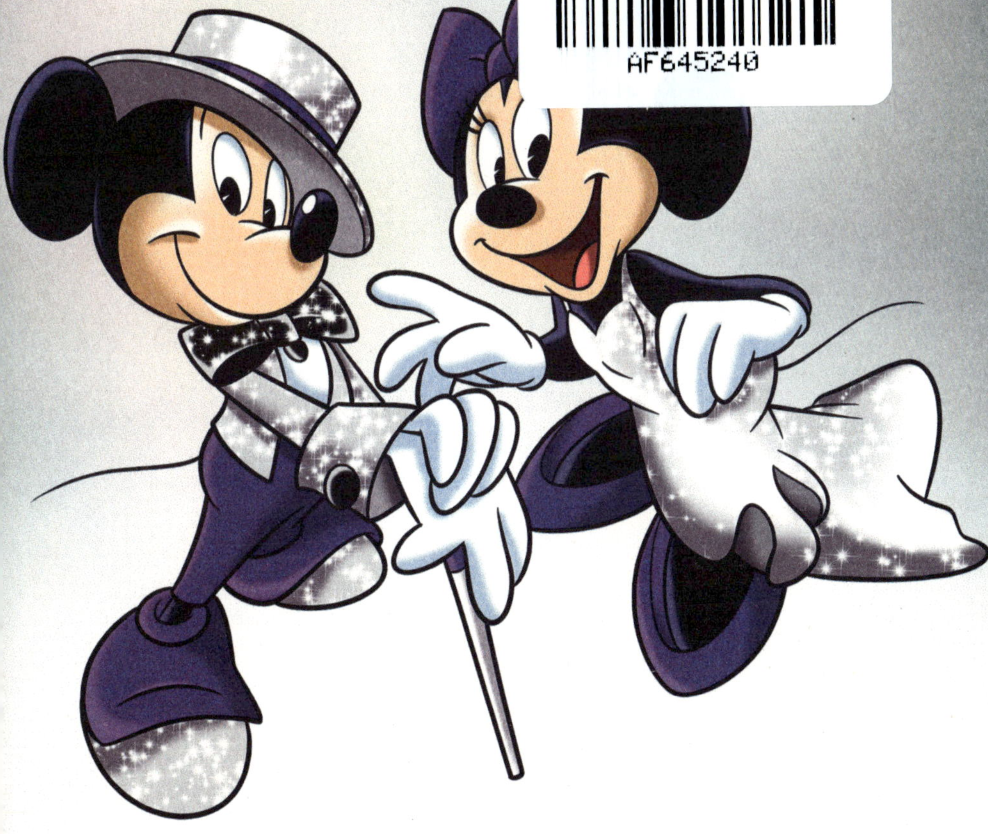

EGMONT EHAPA MEDIA

# INHALT

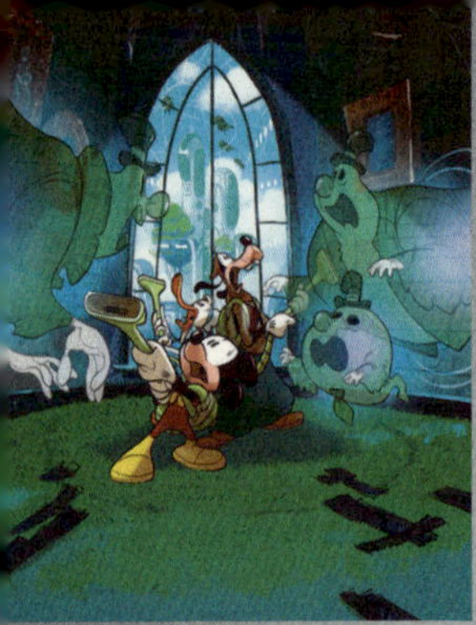
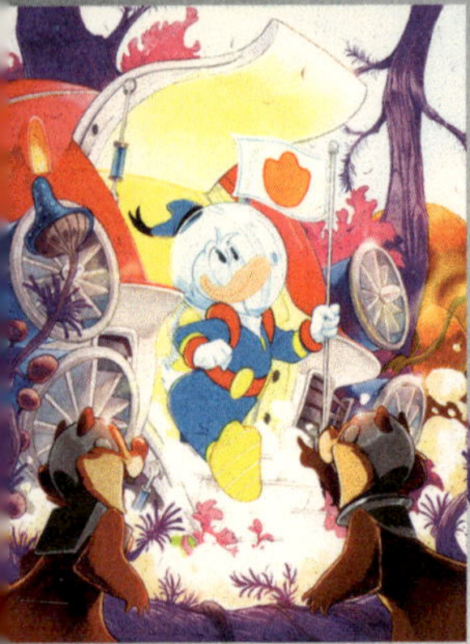
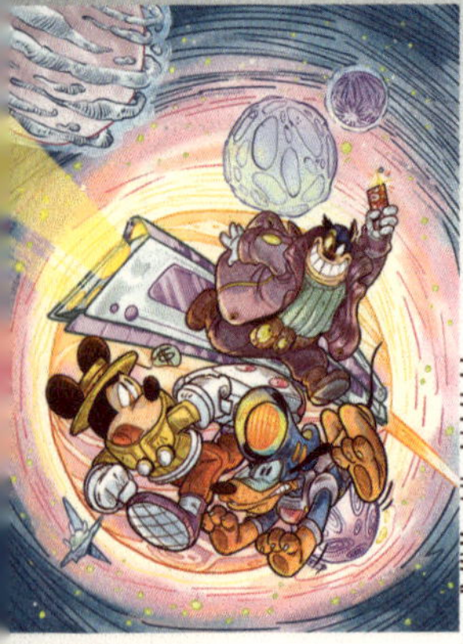
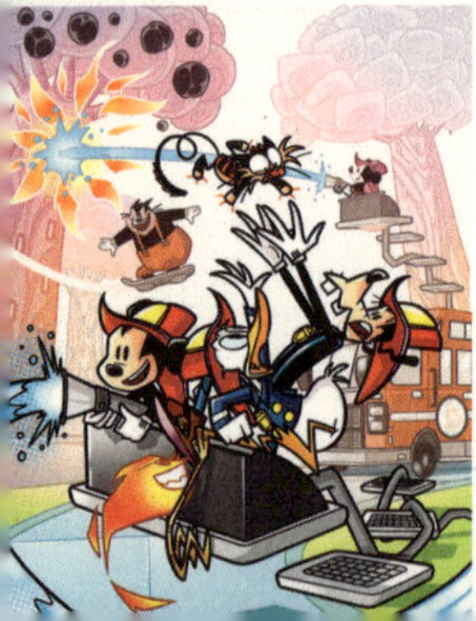


5 Intro: Lonesome Ghost
6 **Gute Geister**

36 Intro: Trailer Horn
37 **Außerirdischer Ausflug**

67 Intro: Mickey Mouse Takes a Trip
68 **Micky Maus macht einen Alltrip**

98 Intro: Mickey's Fire Brigade
99 **Feuerkämpfer von morgen**


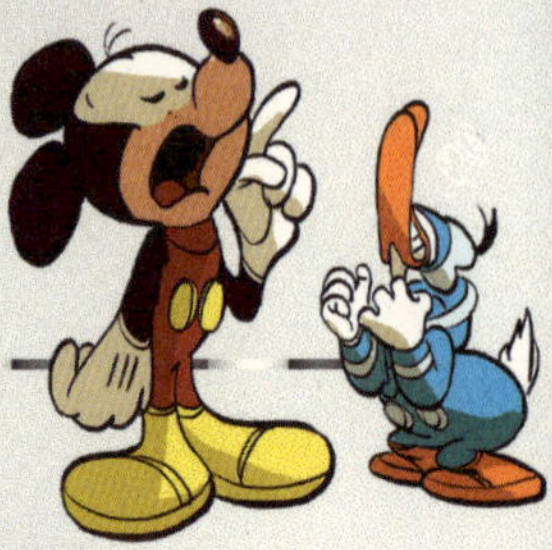
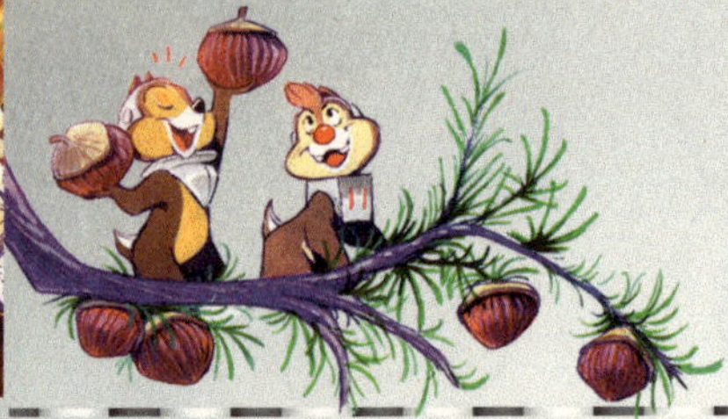
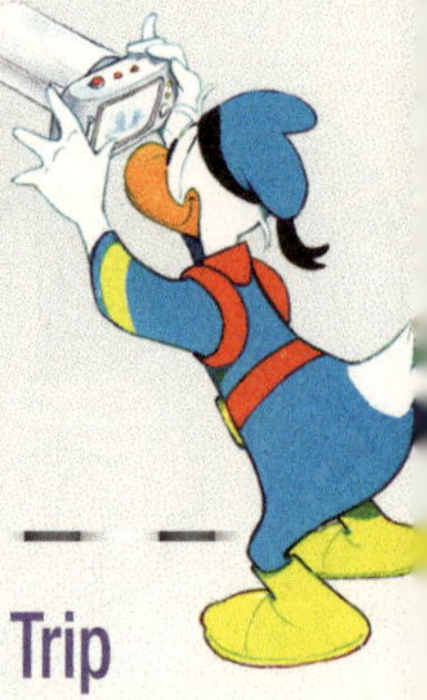
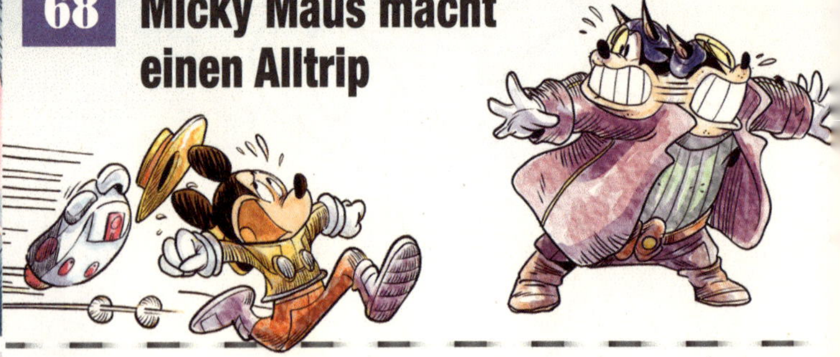
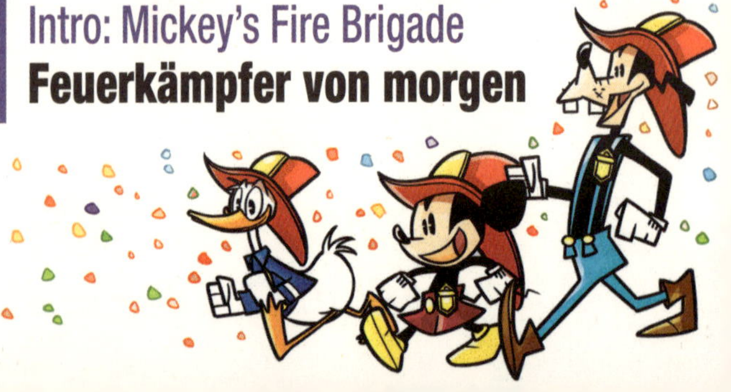

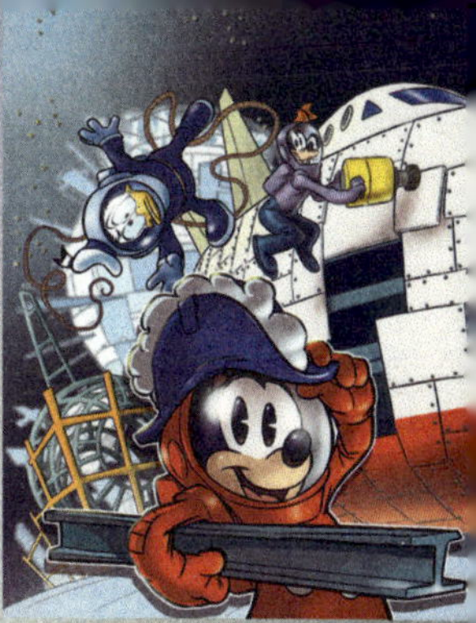

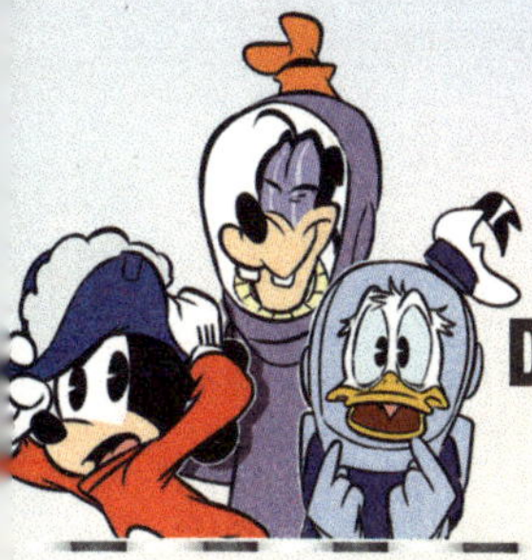


Intro: Boat Builders 129

**Die Raumschiffbauer 130**


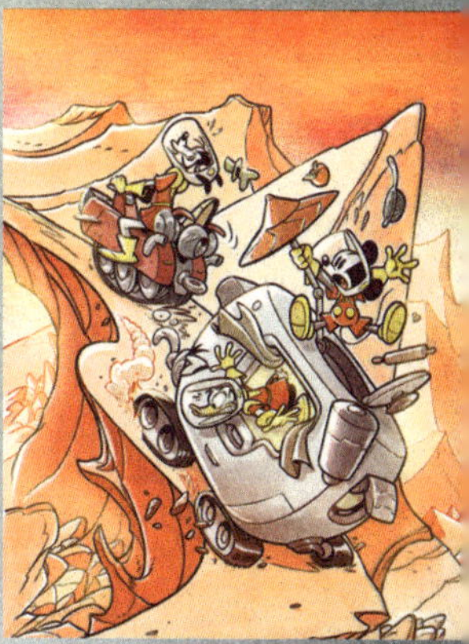


Intro: Mickey's Trailer 160

**Mickys Mars-Mission 161**


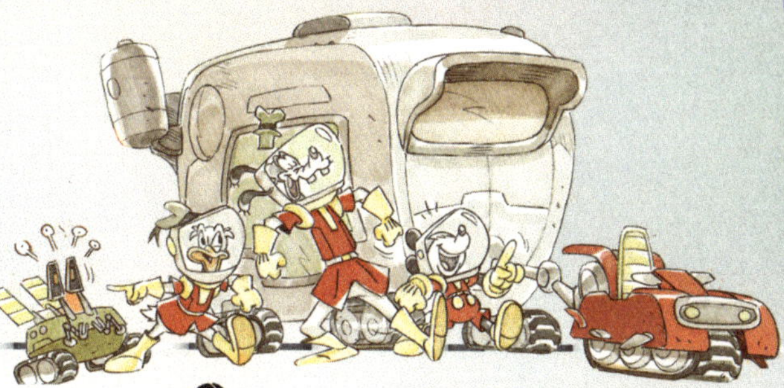

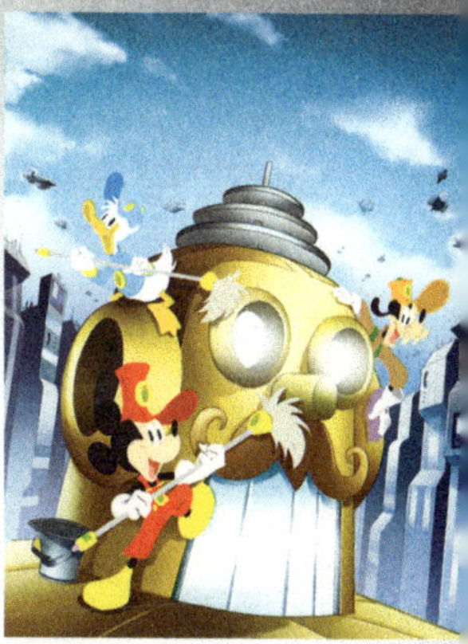


Intro: Clock Cleaners 191

**Roboter-Reiniger 192**


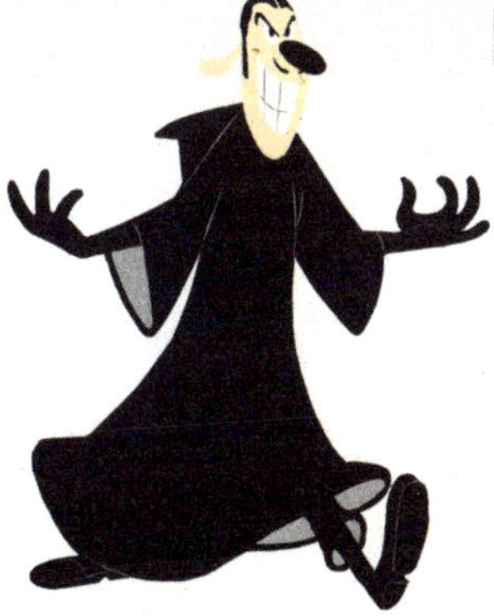

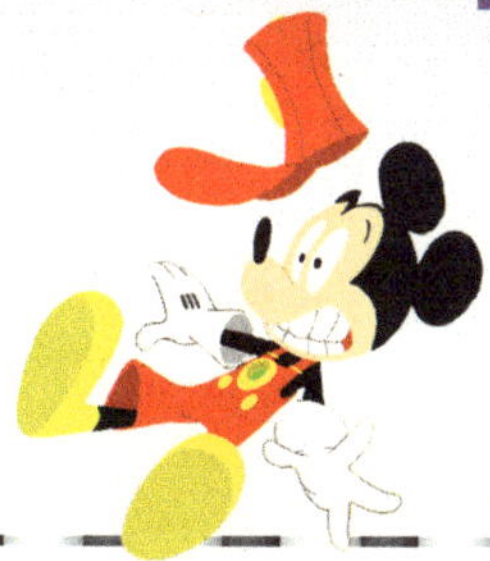

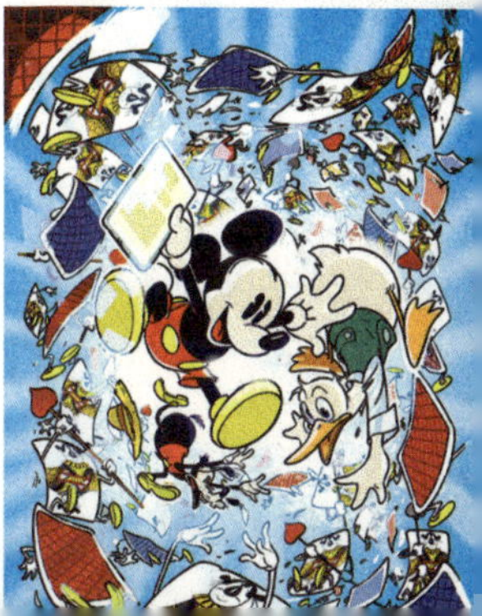


Intro: Thru the Mirror 222

**Durch das Betaversum 223**


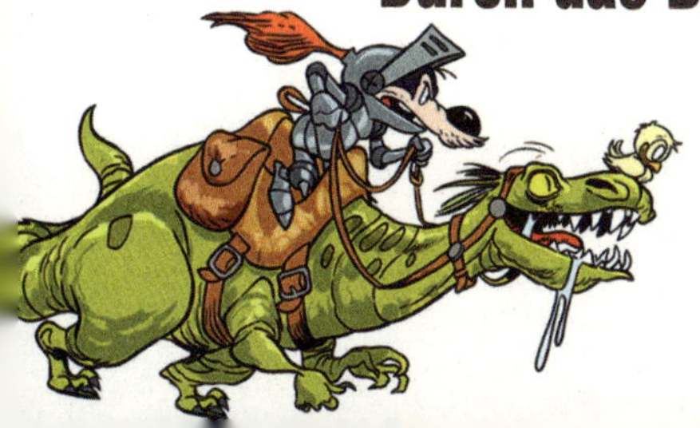

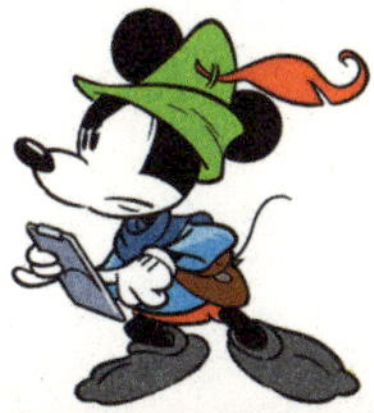

**100** Jahre Disney! Ein unfassbares Jubiläum, das gebührend gefeiert werden muss! Dieses Buch reist daher in die Vergangenheit und in die Zukunft zugleich! Auf Basis von acht legendären Disney-Kurzfilmen wurden neue Geschichten entwickelt, die den Zauber von damals innehaben und uns doch ganz neue Perspektiven aufzeigen!

**Ein einzigartiger Lesespaß!**

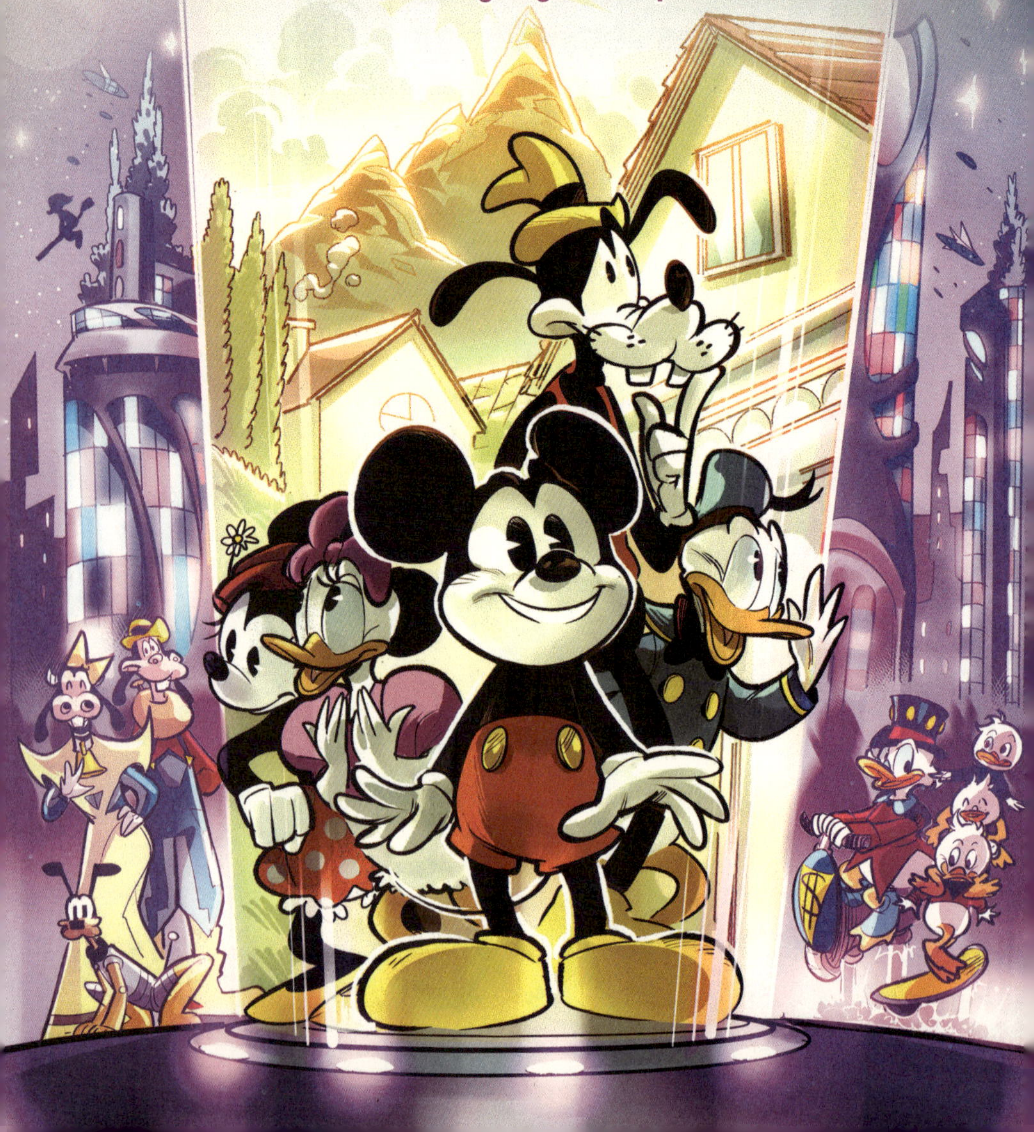

# 1937

# LONESOME GHOSTS

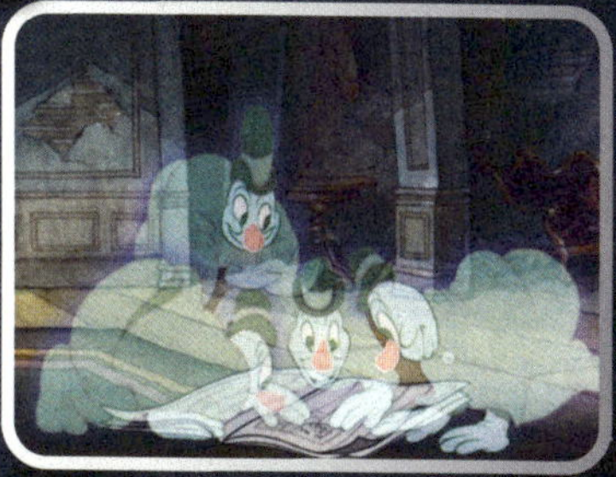

**Deutscher Titel: Einsame Geister.** Ein Quartett gelangweilter Geister ruft aus Spaß an der Freud' die selbst ernannten Geisterjäger Micky, Donald und Goofy in eine Villa, was mächtig für Wirbel sorgt.

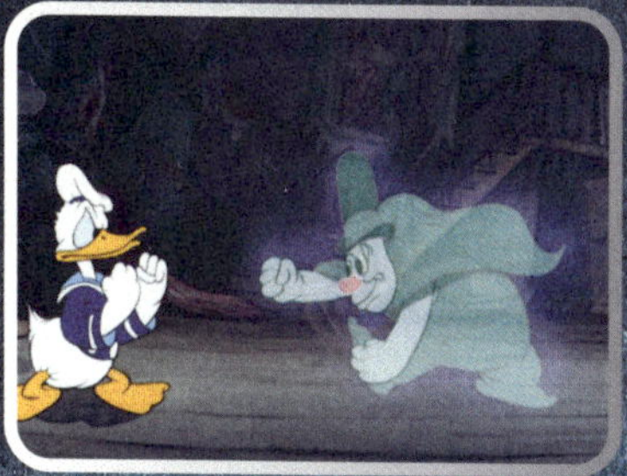

Die scherzhaften Poltergeister machen sich mit den Geisterjägern ihren Spaß. Gegenüber Micky zeigen sie sich fast schon in einer Varieté-Nummer mit Tanzeinlagen, oder sie surfen auf Gespensterwellen aus dem Nichts. Donald hingegen wird in bester Slapstick-Manier von einem Brett attackiert, das an seinem Bürzel angebracht ist.

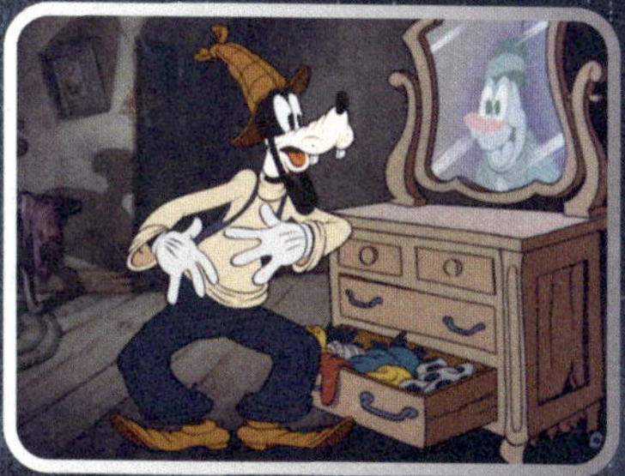

Goofy wiederum spielt quasi die Hauptrolle in einer Version der klassischen „Spiegelnummer", als er einen verkleideten Geist für sein eigenes Spiegelbild hält. Der Film wurde am 24. Dezember 1937 veröffentlicht – nur drei Tage nach der Premiere von „Schneewittchen und die sieben Zwerge". Dieser wundervoll animierte Cartoon war damit der erste in einem aufwendigeren Produktionsstil im neuen Disney-Standard.

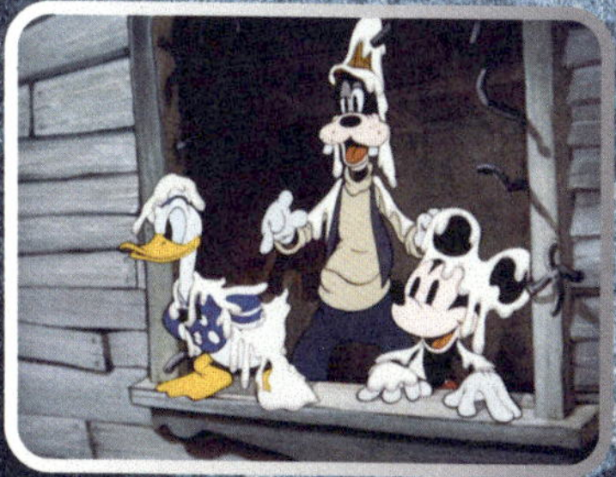

Dafür wurden vom Disneys Ink & Paint Department extra spezielle transparente Farben entwickelt, die den Geistern ihr einzigartiges Erscheinen ermöglichten. Ursprünglich wollten die Autoren Kater Karlo als gemeinen Gegenspieler des Trios einsetzen. Doch dann erwies sich die Idee, die Geister selbst ihre Jäger rufen zu lassen, als das geeignetere komödiantische Konzept!

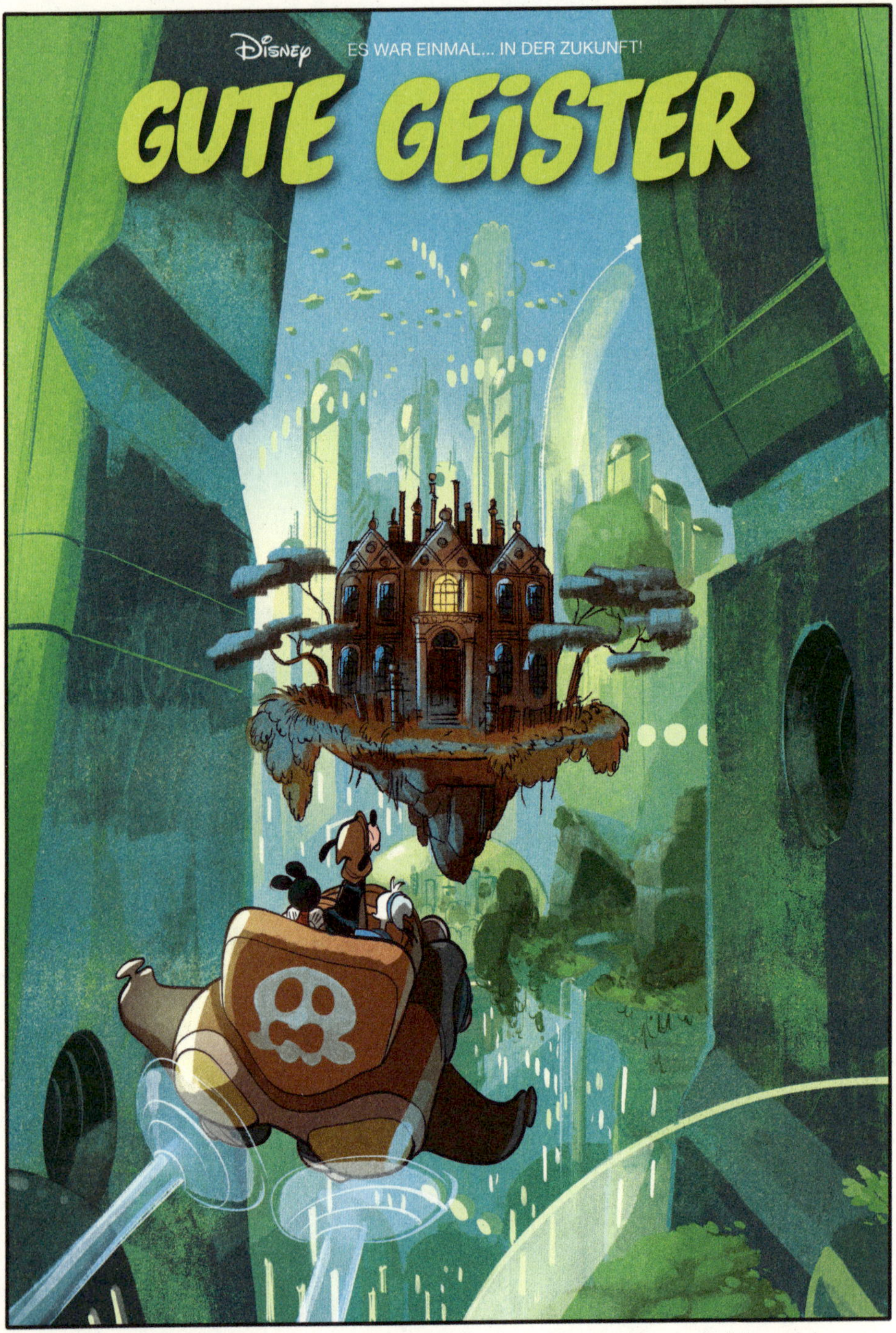


Created 2022

**Francesco Artibani** (Story, inspiriert von „Lonesome Ghosts“), **Giovanni Rigano** (Zeichnungen)

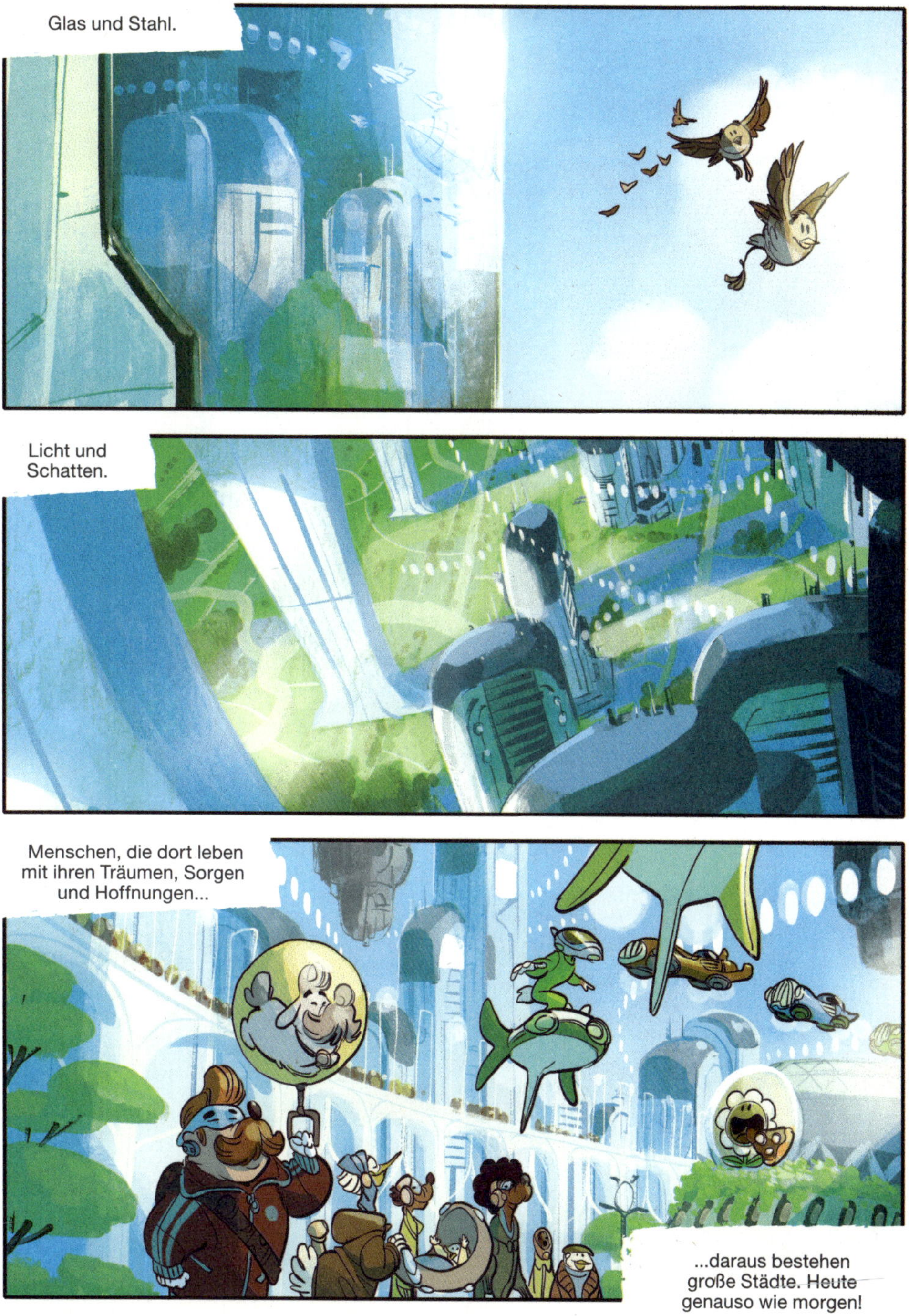
Glas und Stahl.
Licht und Schatten.
Menschen, die dort leben mit ihren Träumen, Sorgen und Hoffnungen...
...daraus bestehen große Städte. Heute genauso wie morgen!

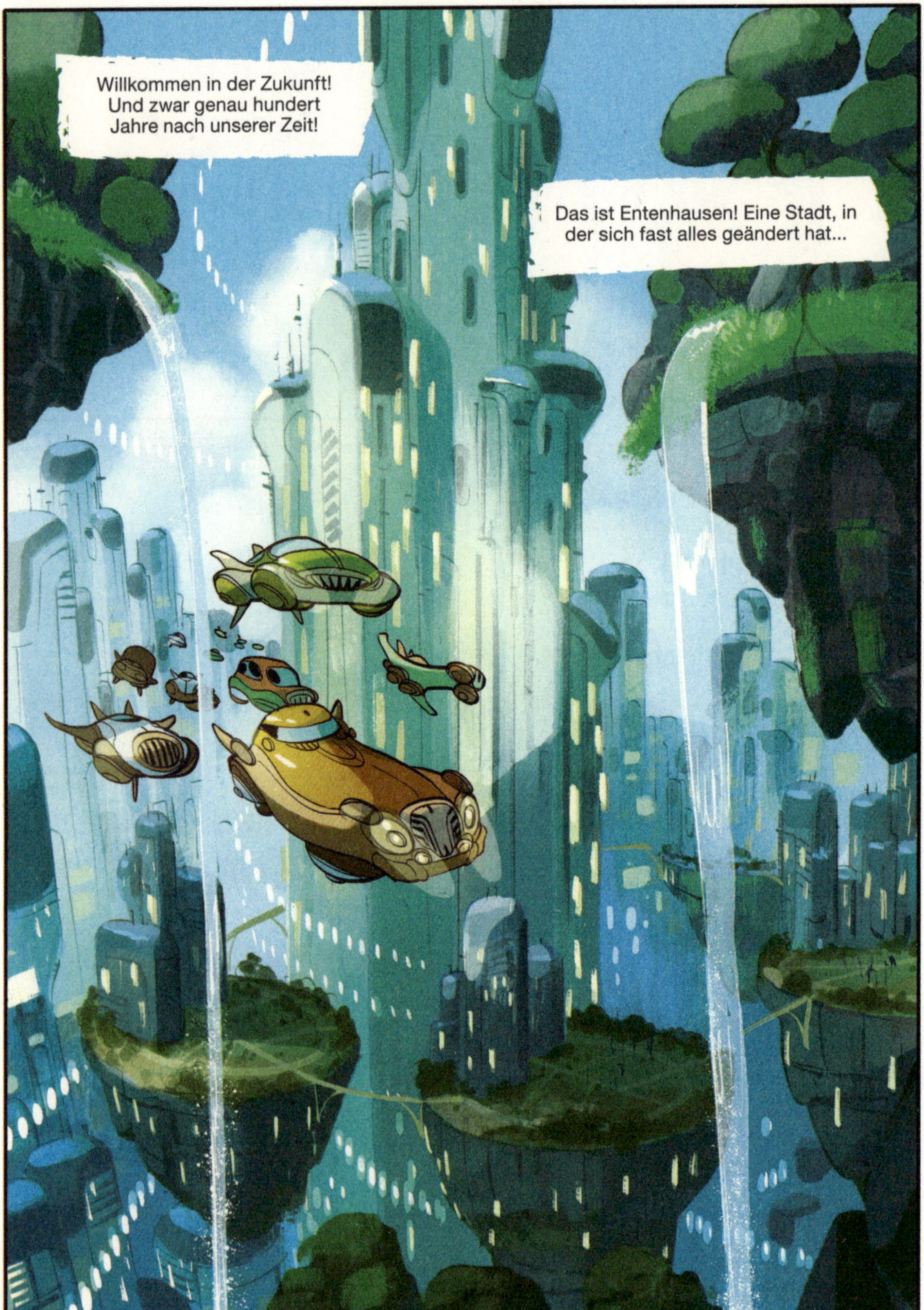
Willkommen in der Zukunft! Und zwar genau hundert Jahre nach unserer Zeit!
Das ist Entenhausen! Eine Stadt, in der sich fast alles geändert hat...

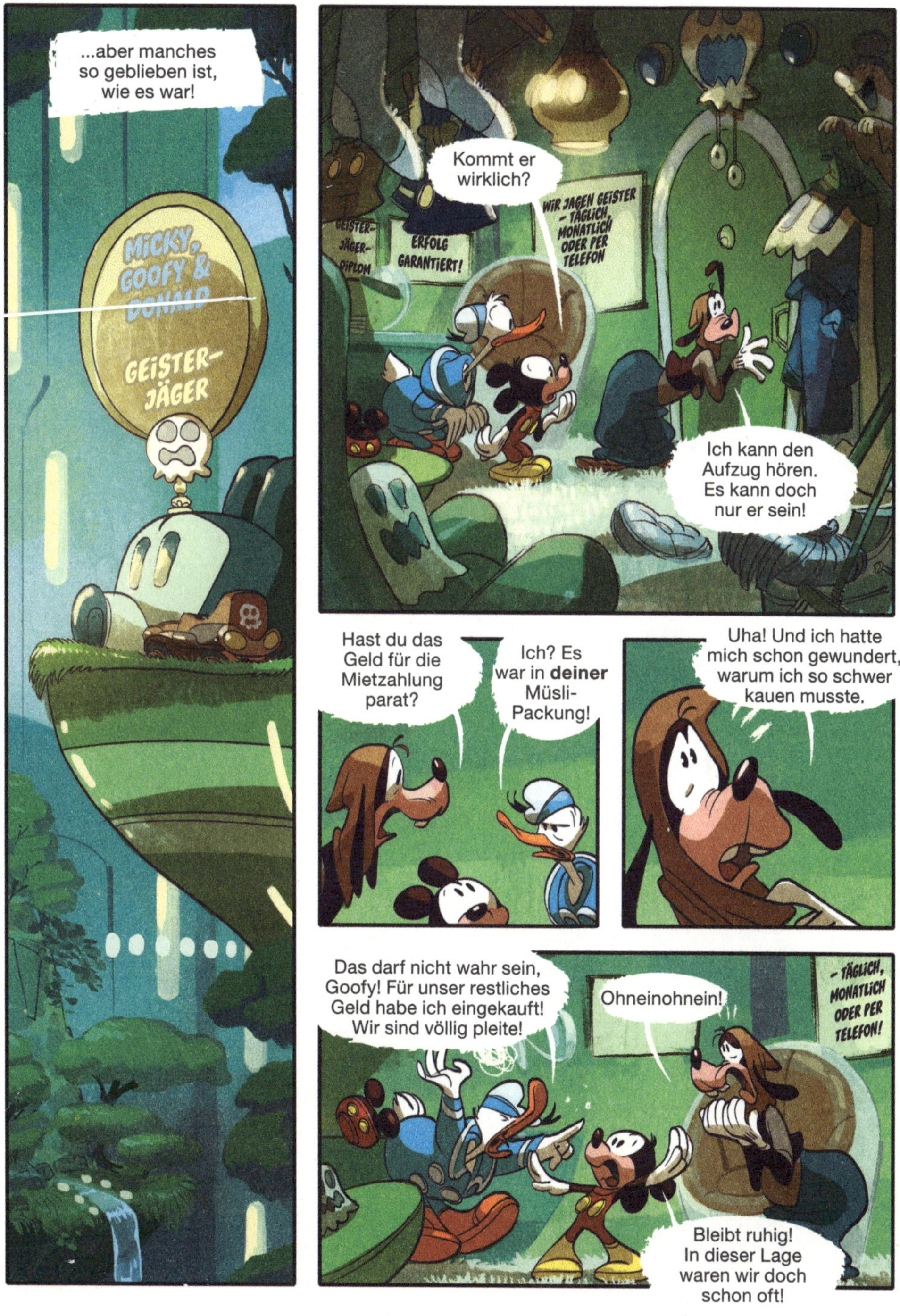
...aber manches so geblieben ist, wie es war!
MICKY, GOOFY & DONALD
GEISTER-JÄGER
Kommt er wirklich?
GEISTER-JÄGER-DIPLOM
ERFOLG GARANTIERT!
WIR JAGEN GEISTER – TÄGLICH, MONATLICH ODER PER TELEFON
Ich kann den Aufzug hören. Es kann doch nur er sein!
Hast du das Geld für die Mietzahlung parat?
Ich? Es war in **deiner** Müsli-Packung!
Uha! Und ich hatte mich schon gewundert, warum ich so schwer kauen musste.
Das darf nicht wahr sein, Goofy! Für unser restliches Geld habe ich eingekauft! Wir sind völlig pleite!
Ohneinohnein!
– TÄGLICH, MONATLICH ODER PER TELEFON!
Bleibt ruhig! In dieser Lage waren wir doch schon oft!

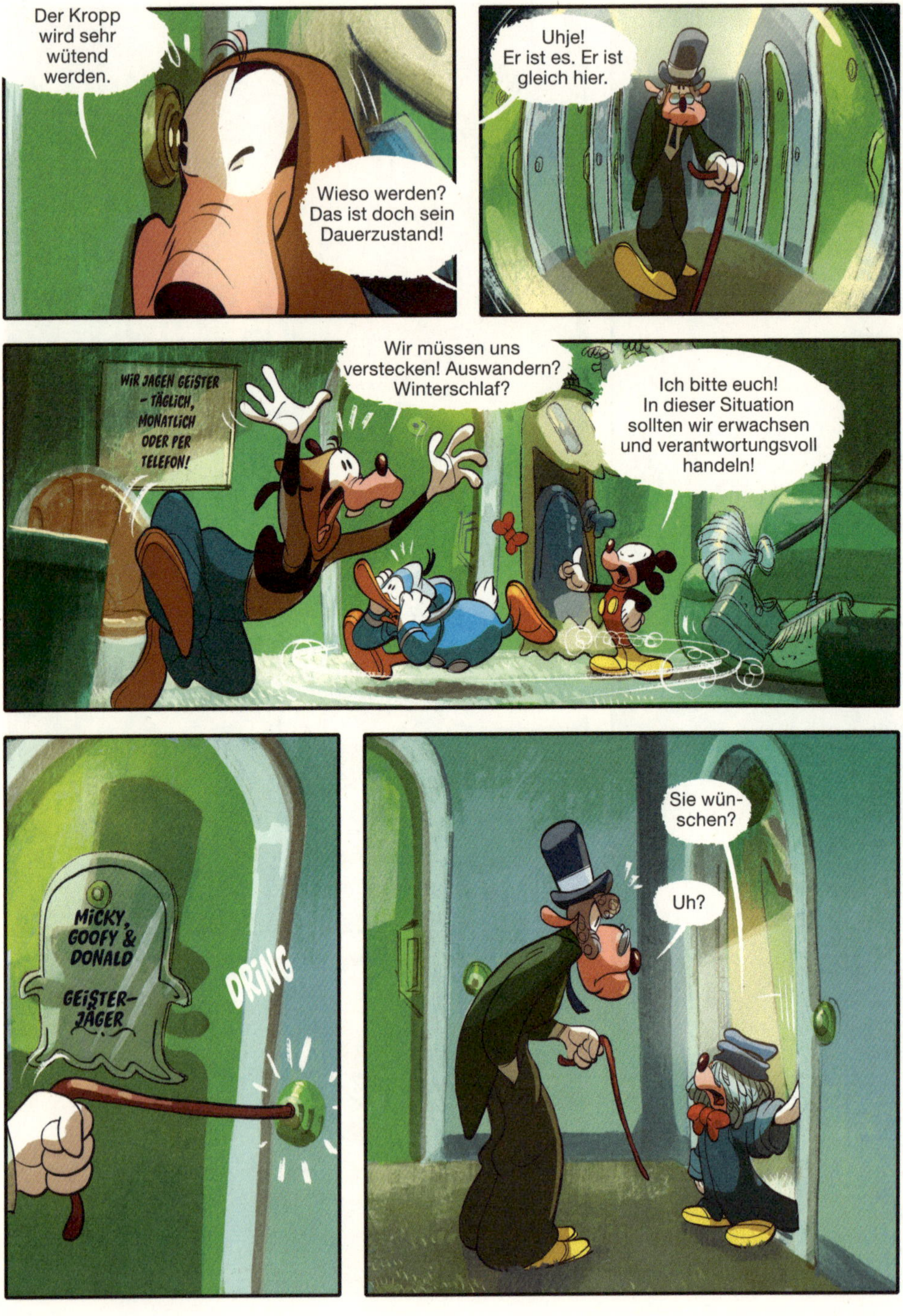
Der Kropp wird sehr wütend werden.
Wieso werden? Das ist doch sein Dauerzustand!
Uhje! Er ist es. Er ist gleich hier.
WIR JAGEN GEISTER – TÄGLICH, MONATLICH ODER PER TELEFON!
Wir müssen uns verstecken! Auswandern? Winterschlaf?
Ich bitte euch! In dieser Situation sollten wir erwachsen und verantwortungsvoll handeln!
MICKY, GOOFY & DONALD
GEISTER-JÄGER
DRING
Sie wün-schen?
Uh?

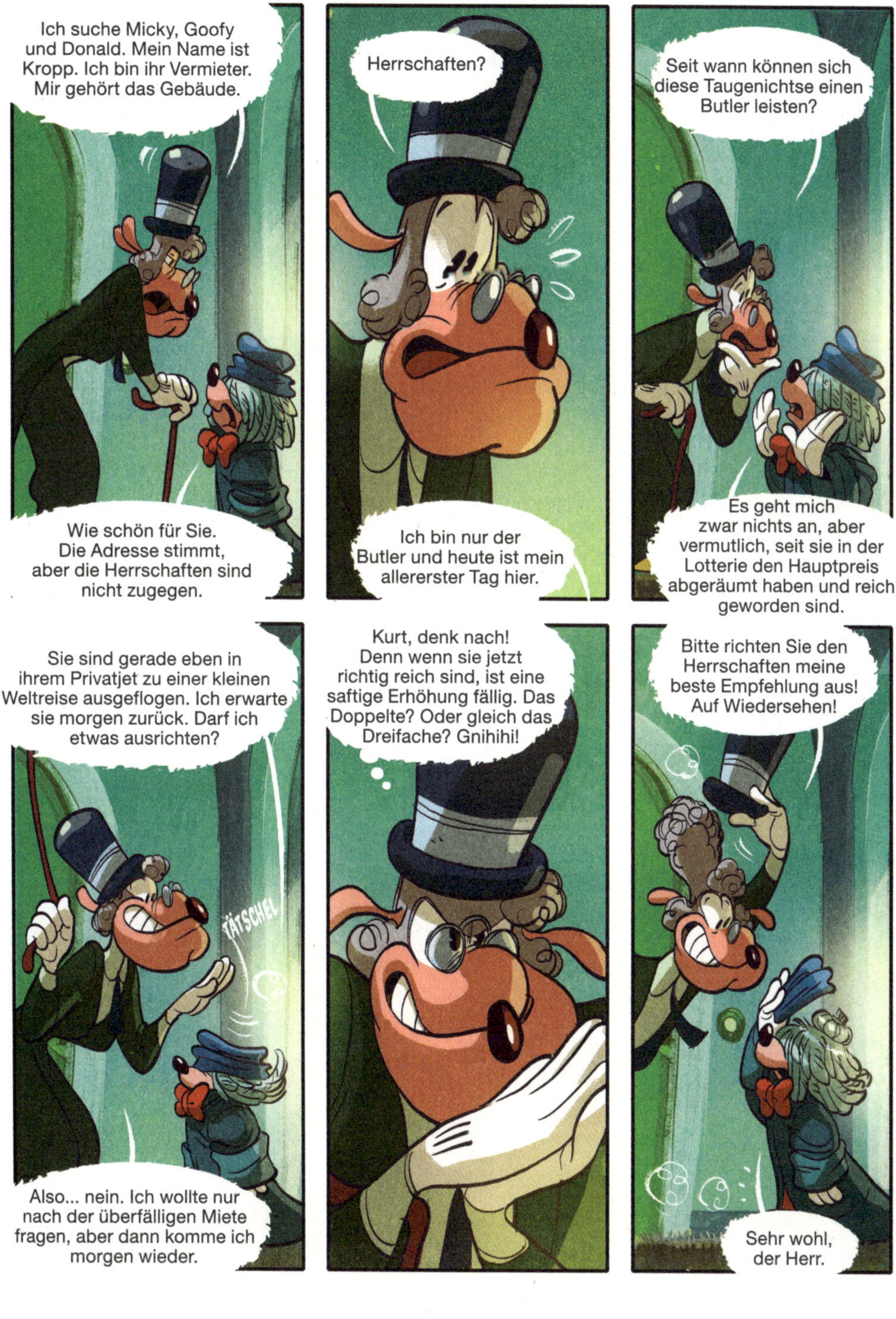
Ich suche Micky, Goofy und Donald. Mein Name ist Kropp. Ich bin ihr Vermieter. Mir gehört das Gebäude.
Wie schön für Sie. Die Adresse stimmt, aber die Herrschaften sind nicht zugegen.
Herrschaften?
Ich bin nur der Butler und heute ist mein allererster Tag hier.
Seit wann können sich diese Taugenichtse einen Butler leisten?
Es geht mich zwar nichts an, aber vermutlich, seit sie in der Lotterie den Hauptpreis abgeräumt haben und reich geworden sind.
Sie sind gerade eben in ihrem Privatjet zu einer kleinen Weltreise ausgeflogen. Ich erwarte sie morgen zurück. Darf ich etwas ausrichten?
TÄTSCHEL
Also... nein. Ich wollte nur nach der überfälligen Miete fragen, aber dann komme ich morgen wieder.
Kurt, denk nach! Denn wenn sie jetzt richtig reich sind, ist eine saftige Erhöhung fällig. Das Doppelte? Oder gleich das Dreifache? Gnihihi!
Bitte richten Sie den Herrschaften meine beste Empfehlung aus! Auf Wiedersehen!
Sehr wohl, der Herr.

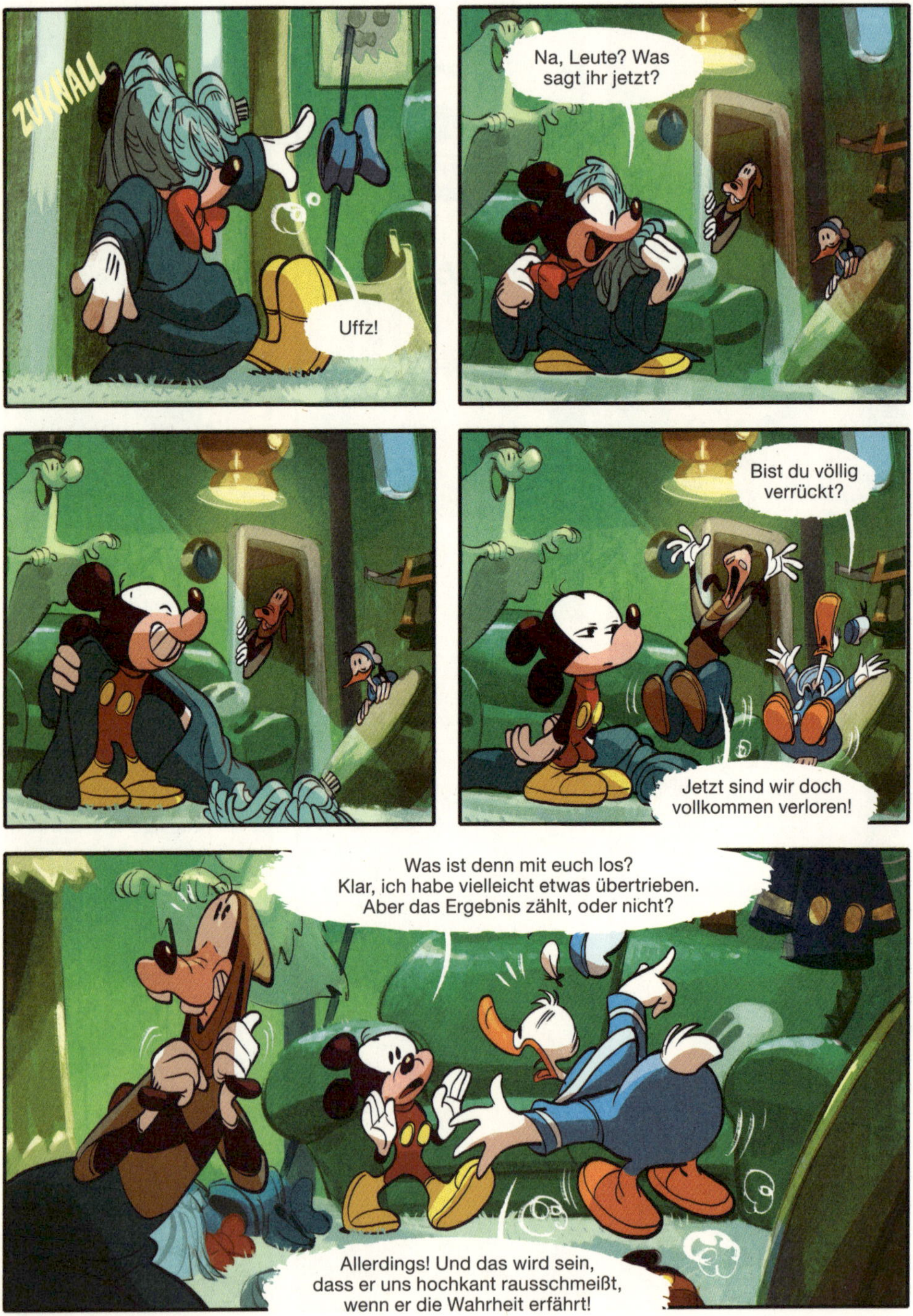
ZUKNALL
Uffz!
Na, Leute? Was sagt ihr jetzt?
Bist du völlig verrückt?
Jetzt sind wir doch vollkommen verloren!
Was ist denn mit euch los?
Klar, ich habe vielleicht etwas übertrieben.
Aber das Ergebnis zählt, oder nicht?
Allerdings! Und das wird sein,
dass er uns hochkant rausschmeißt,
wenn er die Wahrheit erfährt!

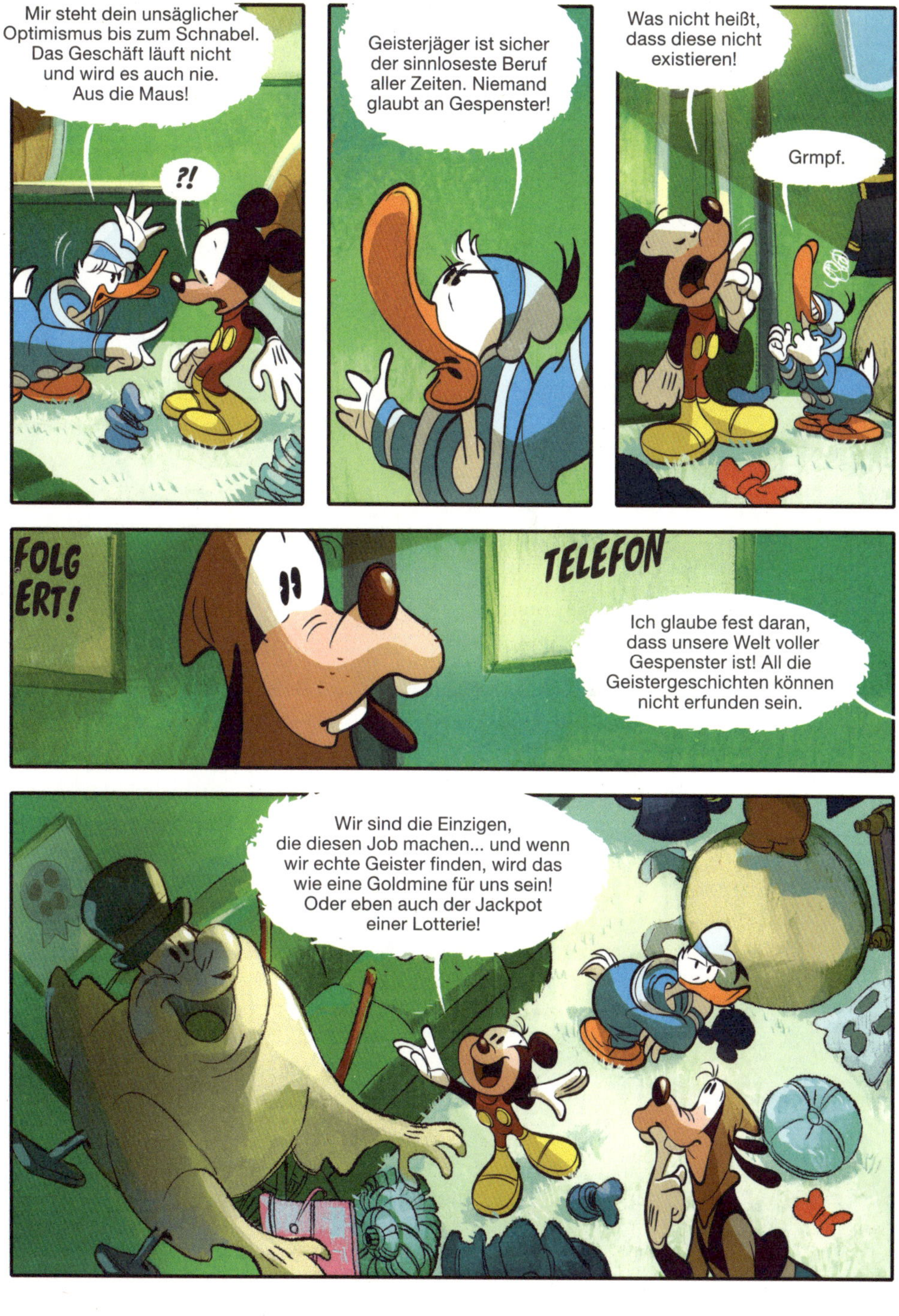
Mir steht dein unsäglicher Optimismus bis zum Schnabel. Das Geschäft läuft nicht und wird es auch nie. Aus die Maus!
?!
Geisterjäger ist sicher der sinnloseste Beruf aller Zeiten. Niemand glaubt an Gespenster!
Was nicht heißt, dass diese nicht existieren!
Grmpf.
FOLG ERT!
TELEFON
Ich glaube fest daran, dass unsere Welt voller Gespenster ist! All die Geistergeschichten können nicht erfunden sein.
Wir sind die Einzigen, die diesen Job machen... und wenn wir echte Geister finden, wird das wie eine Goldmine für uns sein! Oder eben auch der Jackpot einer Lotterie!

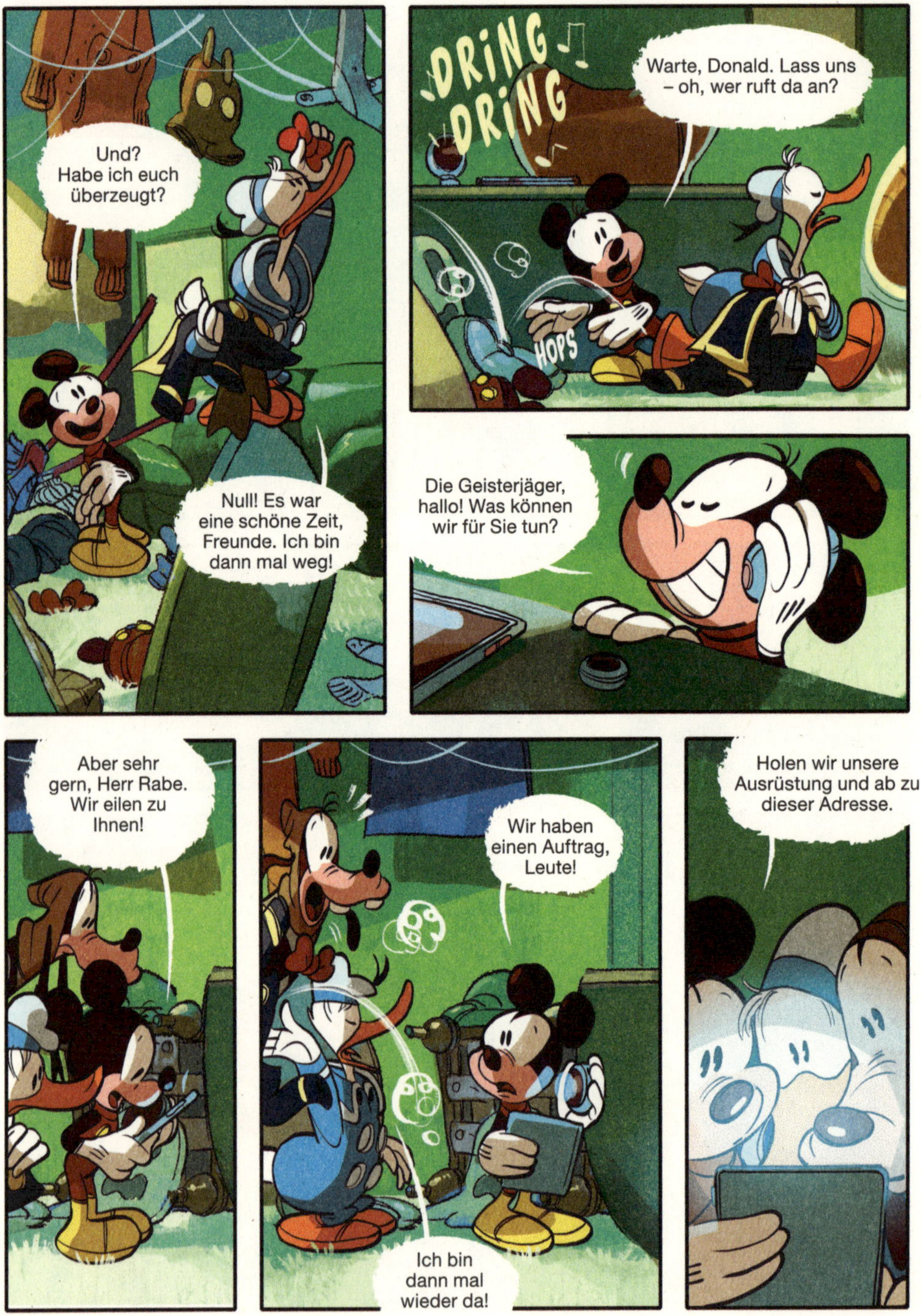
Und? Habe ich euch überzeugt?
Null! Es war eine schöne Zeit, Freunde. Ich bin dann mal weg!
DRING DRING
Warte, Donald. Lass uns – oh, wer ruft da an?
HOPS
Die Geisterjäger, hallo! Was können wir für Sie tun?
Aber sehr gern, Herr Rabe. Wir eilen zu Ihnen!
Wir haben einen Auftrag, Leute!
Ich bin dann mal wieder da!
Holen wir unsere Ausrüstung und ab zu dieser Adresse.

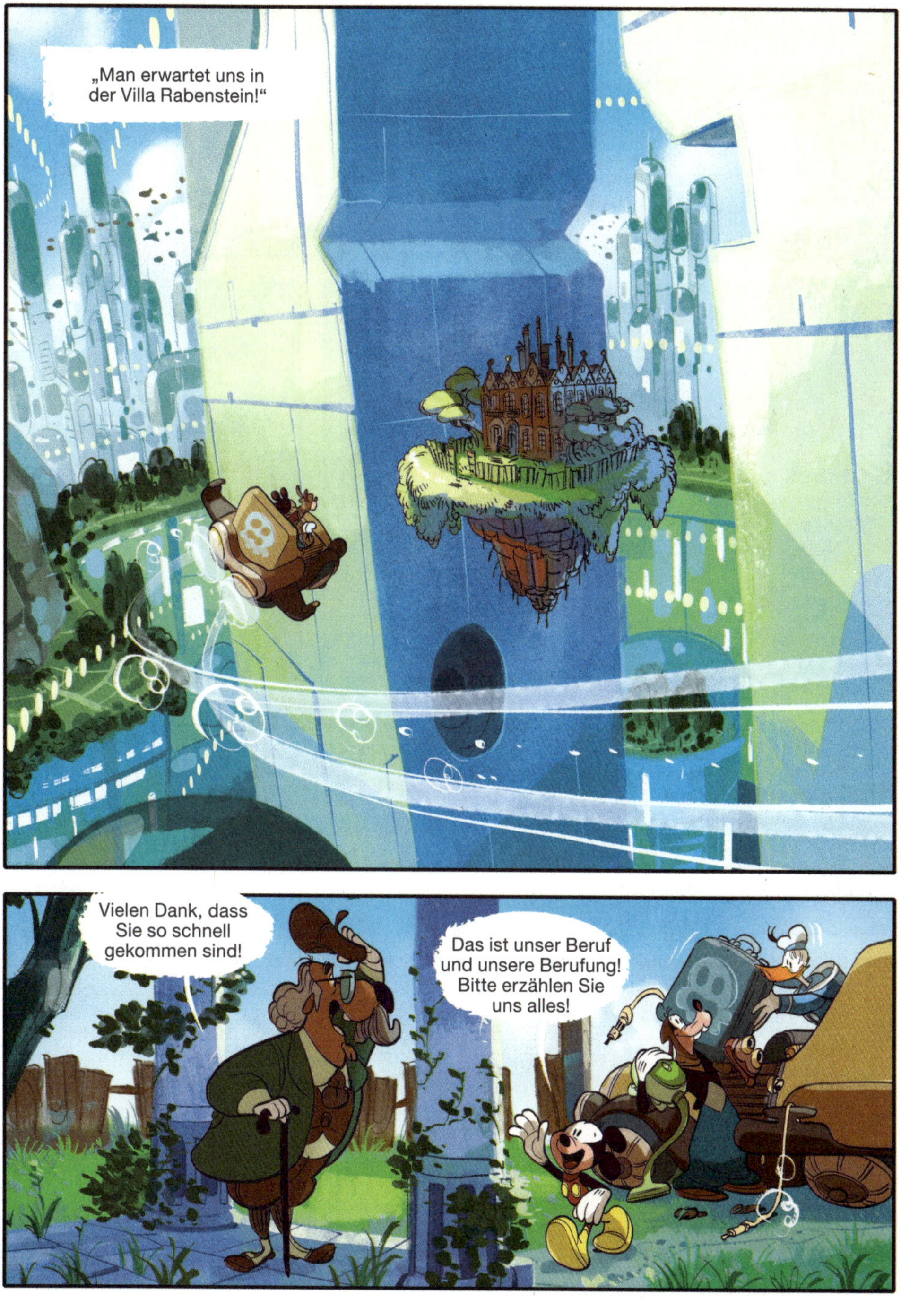
„Man erwartet uns in der Villa Rabenstein!“
Vielen Dank, dass Sie so schnell gekommen sind!
Das ist unser Beruf und unsere Berufung! Bitte erzählen Sie uns alles!

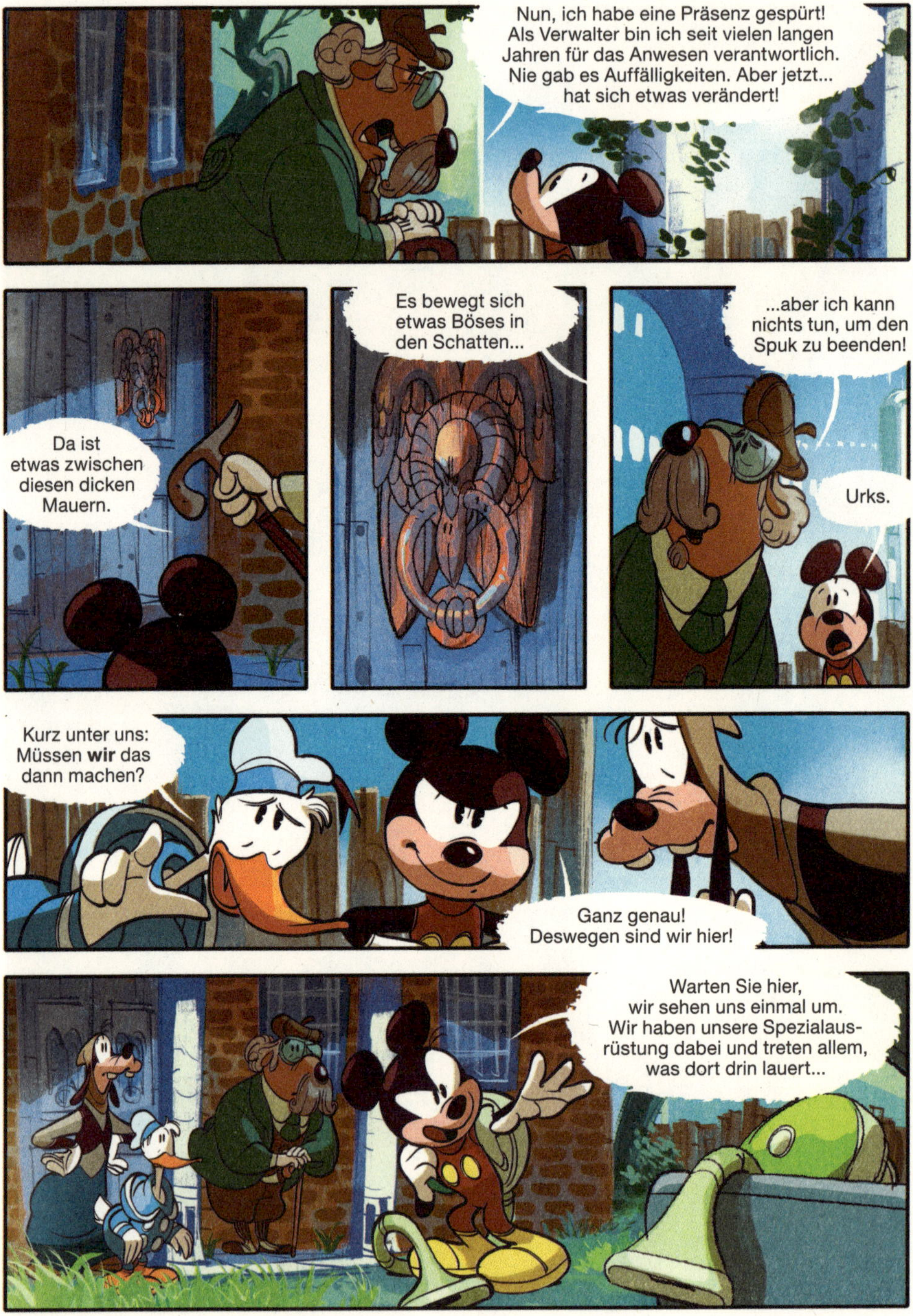
Nun, ich habe eine Präsenz gespürt! Als Verwalter bin ich seit vielen langen Jahren für das Anwesen verantwortlich. Nie gab es Auffälligkeiten. Aber jetzt... hat sich etwas verändert!
Da ist etwas zwischen diesen dicken Mauern.
Es bewegt sich etwas Böses in den Schatten...
...aber ich kann nichts tun, um den Spuk zu beenden!
Urks.
Kurz unter uns: Müssen **wir** das dann machen?
Ganz genau! Deswegen sind wir hier!
Warten Sie hier, wir sehen uns einmal um. Wir haben unsere Spezialausrüstung dabei und treten allem, was dort drin lauert...

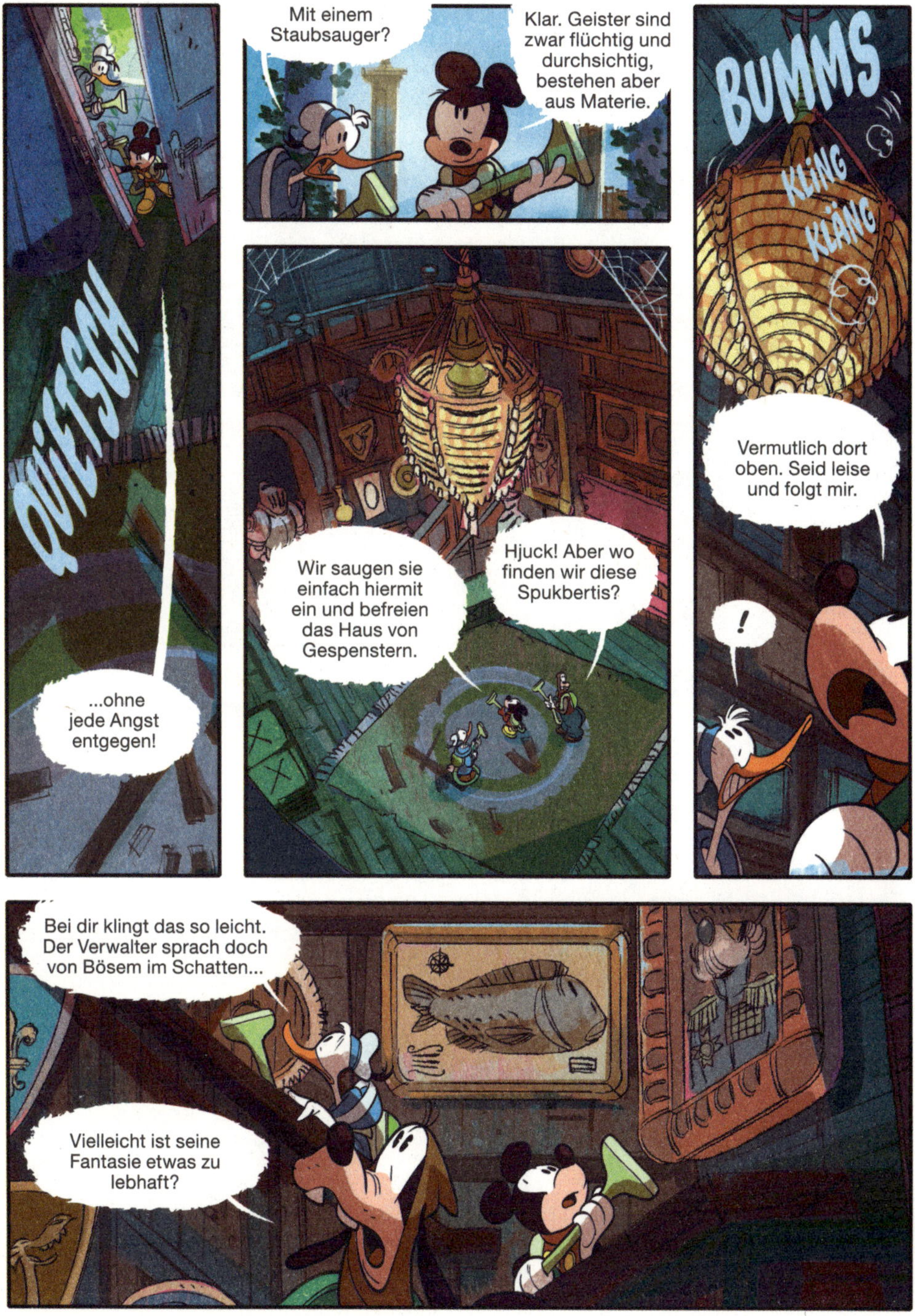

QUIETSCH
...ohne jede Angst entgegen!
Mit einem Staubsauger?
Klar. Geister sind zwar flüchtig und durchsichtig, bestehen aber aus Materie.
Wir saugen sie einfach hiermit ein und befreien das Haus von Gespenstern.
Hjuck! Aber wo finden wir diese Spukbertis?
BUMMS
KLING KLÄNG
Vermutlich dort oben. Seid leise und folgt mir.
!
Bei dir klingt das so leicht. Der Verwalter sprach doch von Bösem im Schatten...
Vielleicht ist seine Fantasie etwas zu lebhaft?

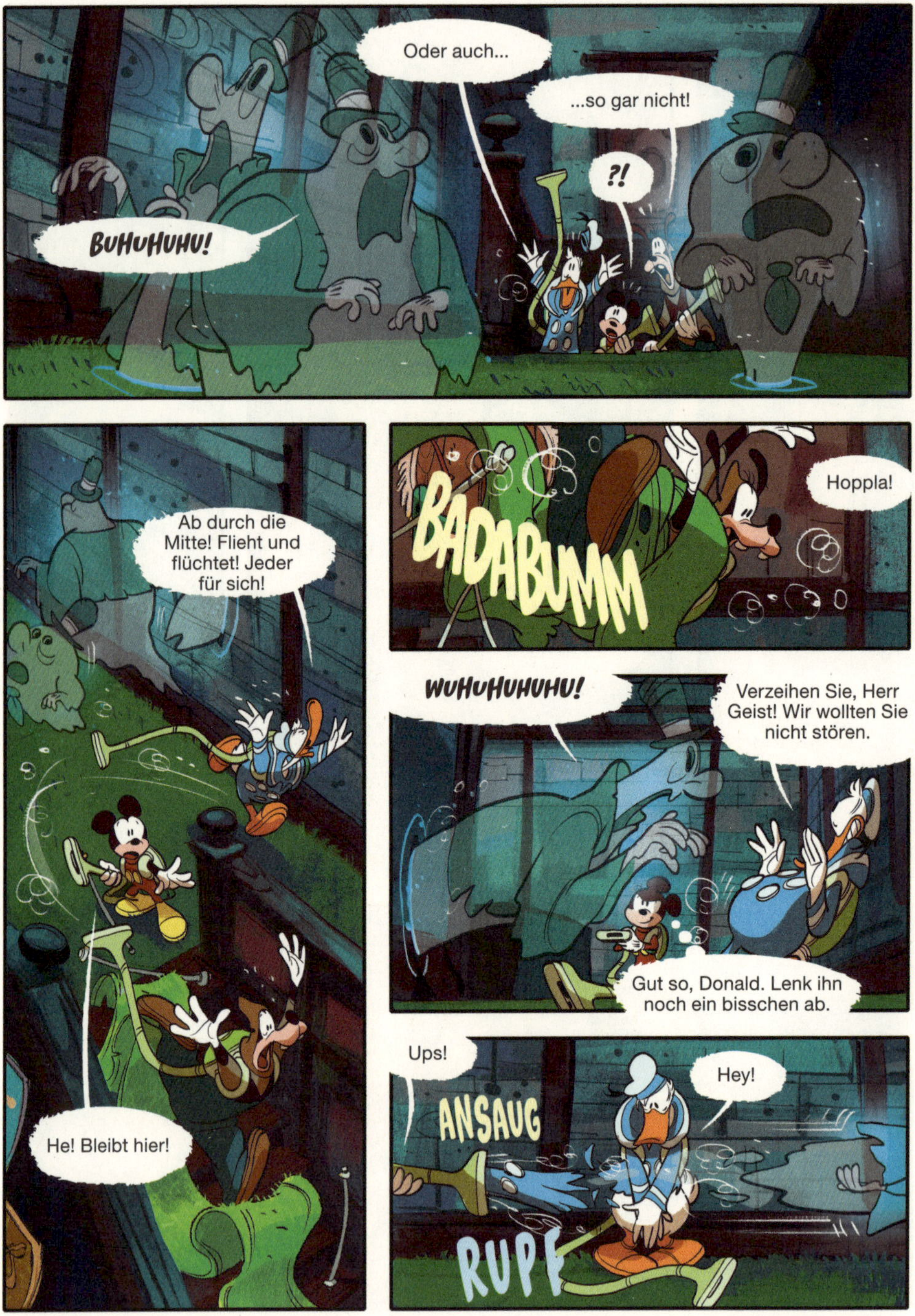
BUHUHUHU!
Oder auch...
...so gar nicht!
?!
Ab durch die Mitte! Flieht und flüchtet! Jeder für sich!
He! Bleibt hier!
BADABUMM
Hoppla!
WUHUHUHUHU!
Verzeihen Sie, Herr Geist! Wir wollten Sie nicht stören.
Gut so, Donald. Lenk ihn noch ein bisschen ab.
Ups!
Hey!
ANSAUG
RUPF

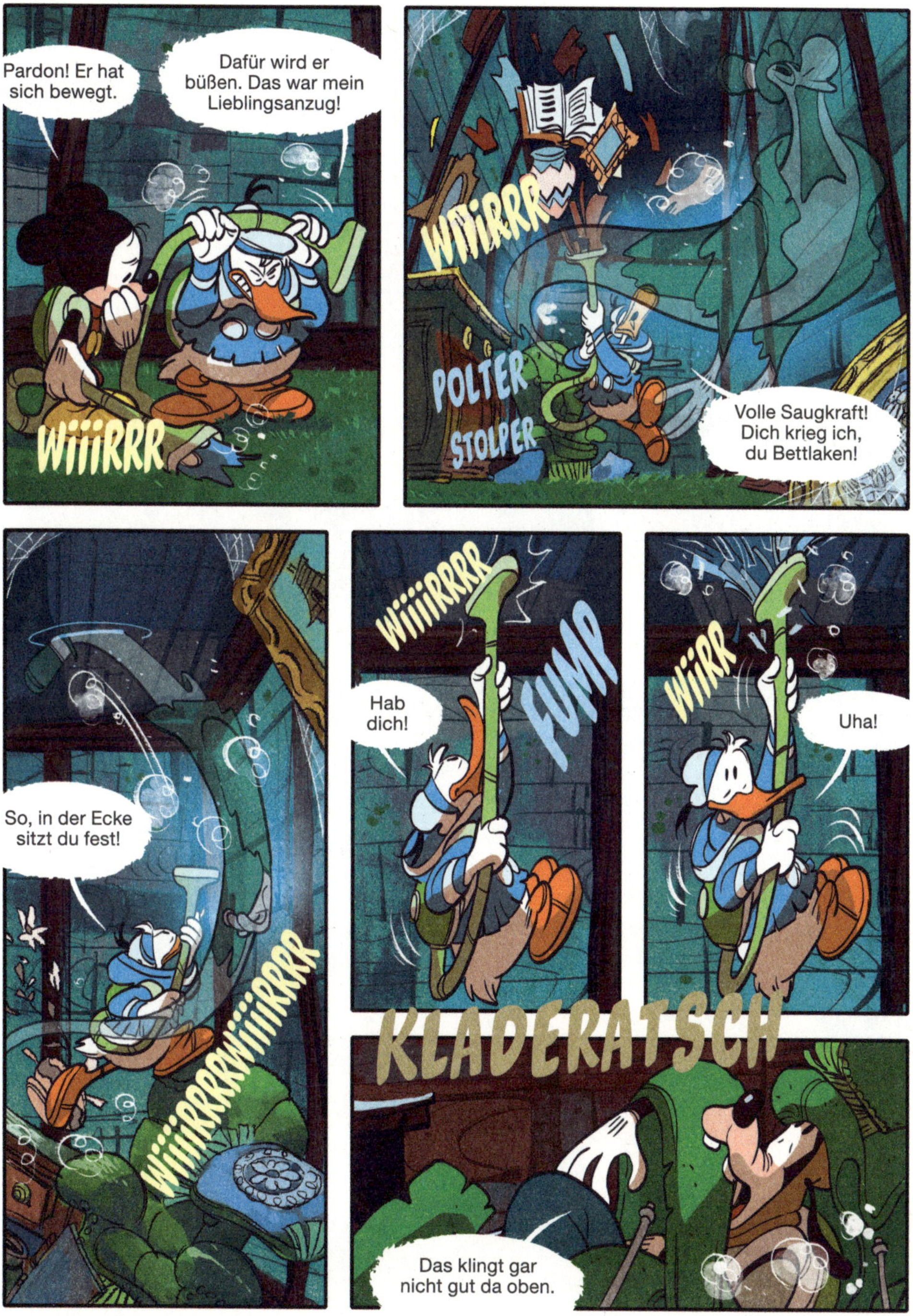
Pardon! Er hat sich bewegt.
Dafür wird er büßen. Das war mein Lieblingsanzug!
WiiiRRR
WiiiRRR
POLTER
STOLPER
Volle Saugkraft! Dich krieg ich, du Bettlaken!
So, in der Ecke sitzt du fest!
WiiiRRRWiiiRRRR
WiiiRRRR
Hab dich!
FUMP
WiiRR
Uha!
KLADERATSCH
Das klingt gar nicht gut da oben.

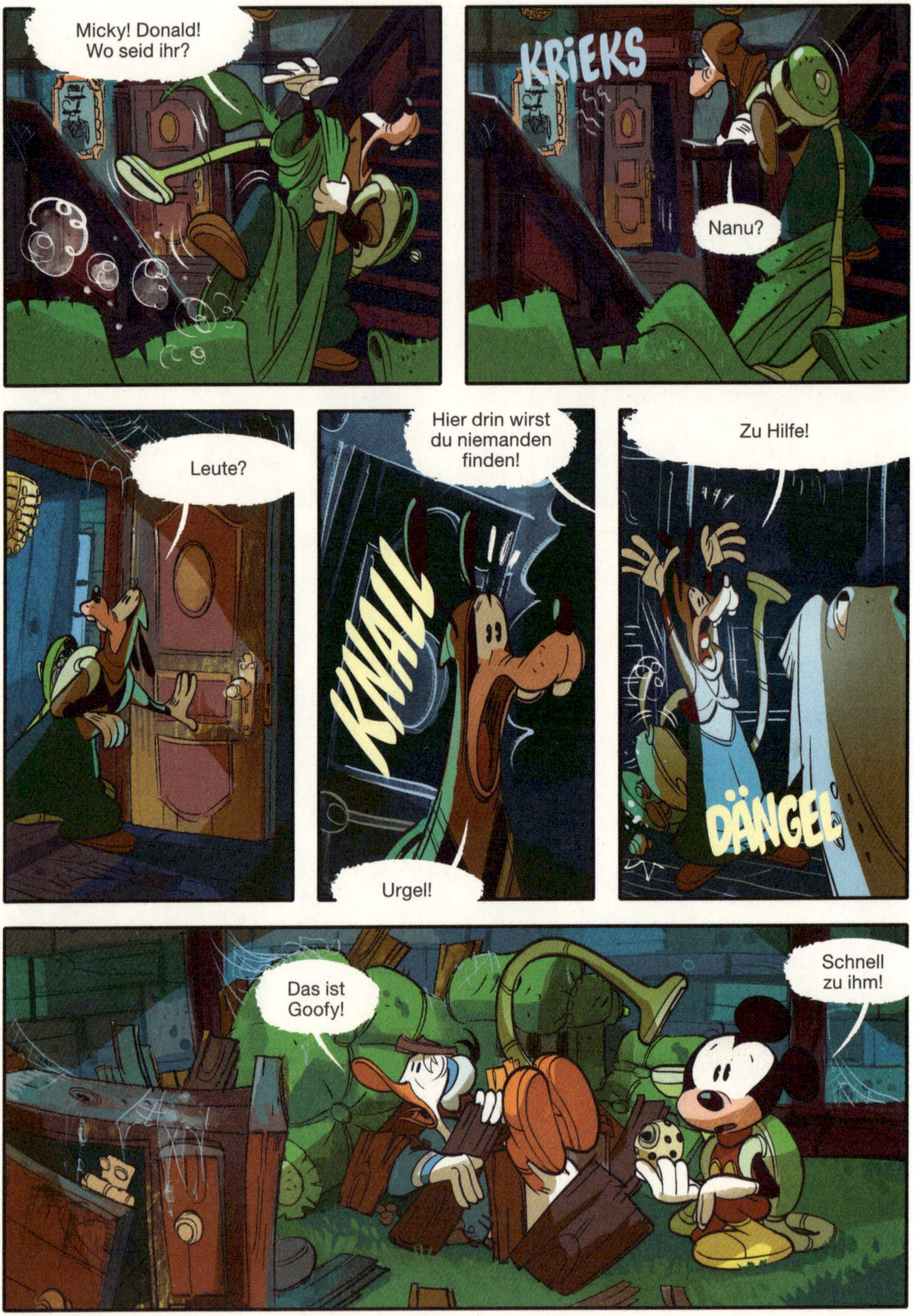
Micky! Donald! Wo seid ihr?
KRIEKS
Nanu?
Leute?
Hier drin wirst du niemanden finden!
KNALL
Urgel!
Zu Hilfe!
DÄNGEL
Das ist Goofy!
Schnell zu ihm!

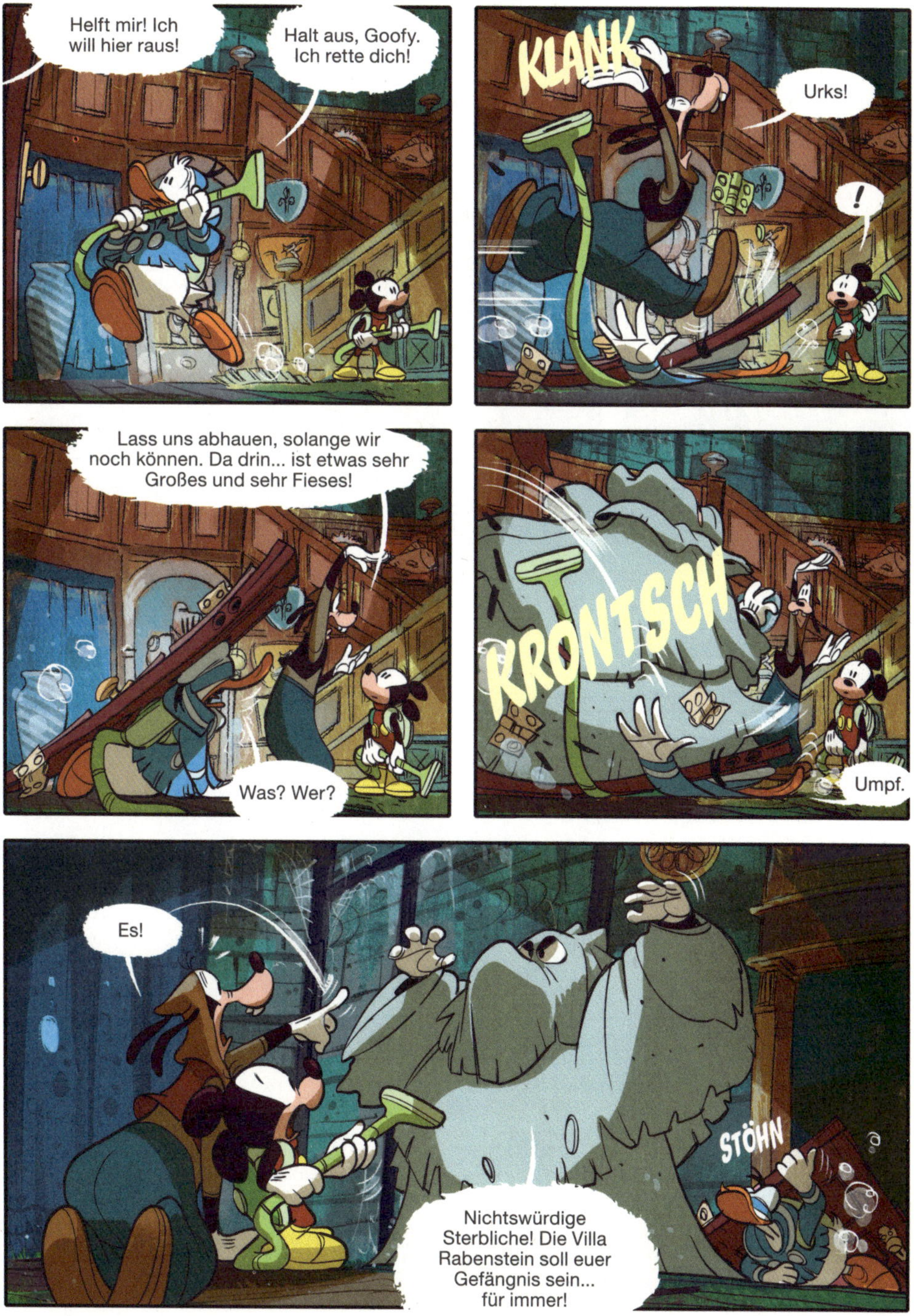
Helft mir! Ich will hier raus!
Halt aus, Goofy. Ich rette dich!
KLANK
Urks!
!
Lass uns abhauen, solange wir noch können. Da drin... ist etwas sehr Großes und sehr Fieses!
Was? Wer?
KRONTSCH
Umpf.
Es!
STÖHN
Nichtswürdige Sterbliche! Die Villa Rabenstein soll euer Gefängnis sein... für immer!

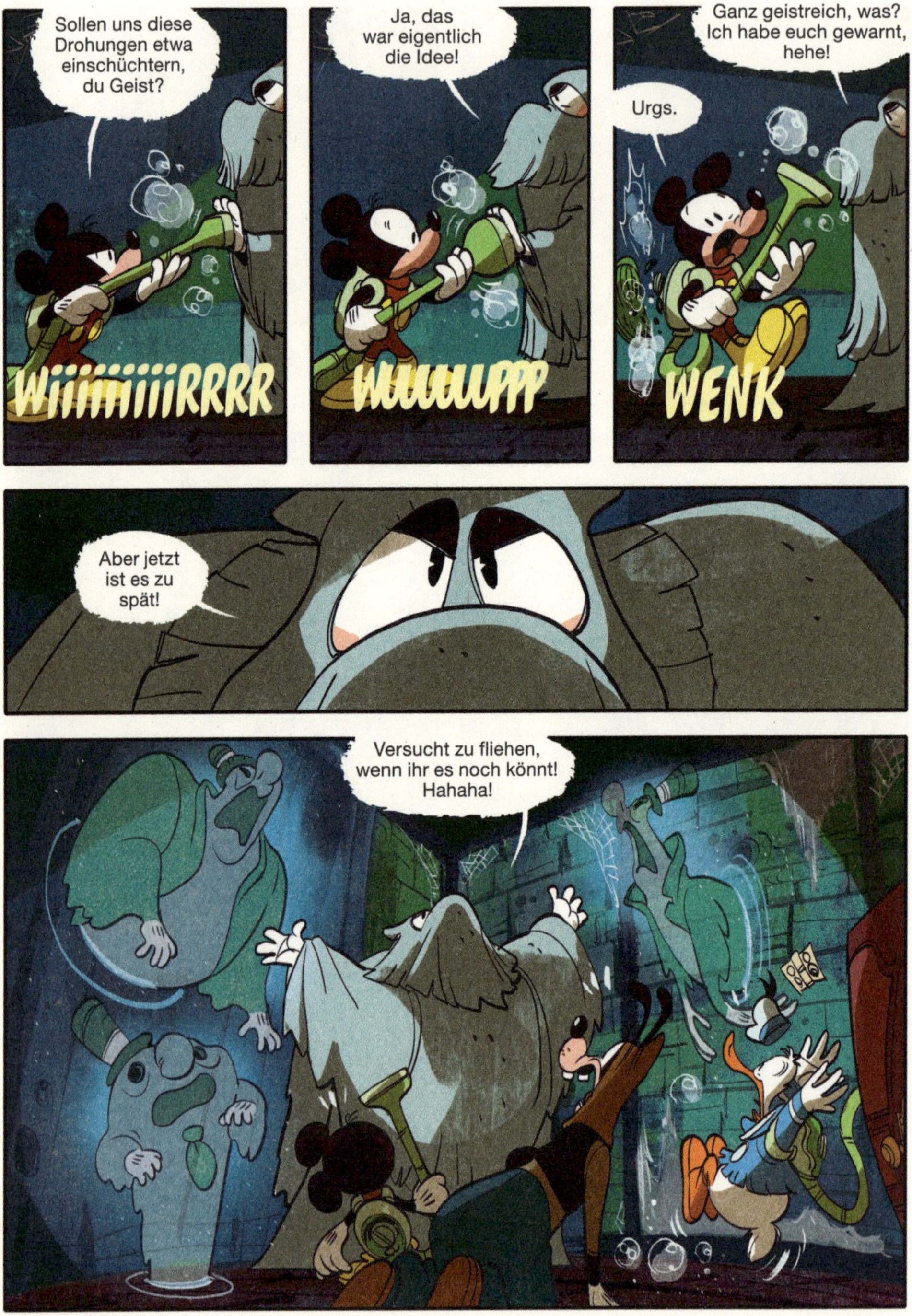
Sollen uns diese Drohungen etwa einschüchtern, du Geist?
WiiiiiiiiiRRRR
Ja, das war eigentlich die Idee!
WUUUUUPP
Ganz geistreich, was? Ich habe euch gewarnt, hehe!
Urgs.
WENK
Aber jetzt ist es zu spät!
Versucht zu fliehen, wenn ihr es noch könnt! Hahaha!

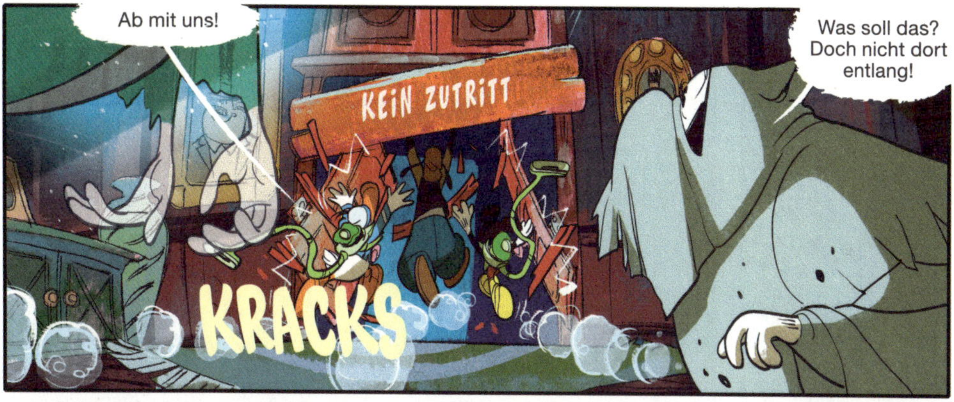
Ab mit uns!
KEIN ZUTRITT
KRACKS
Was soll das? Doch nicht dort entlang!

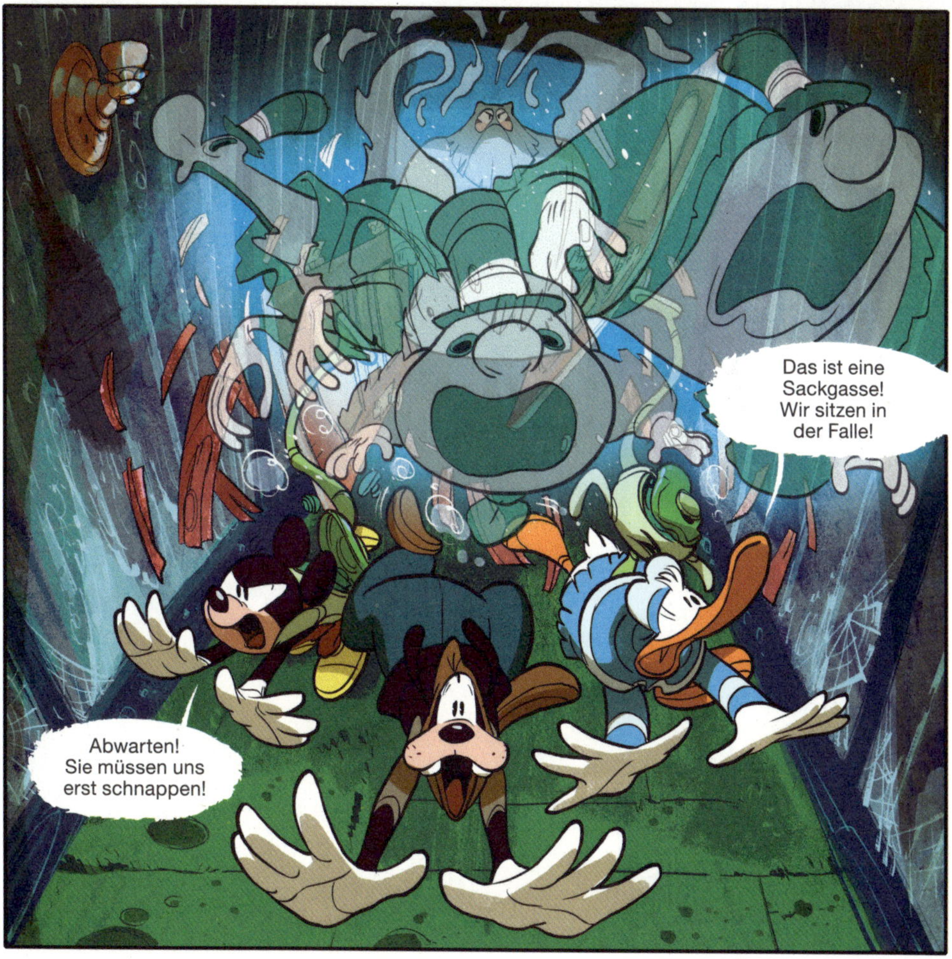
Das ist eine Sackgasse! Wir sitzen in der Falle!
Abwarten! Sie müssen uns erst schnappen!

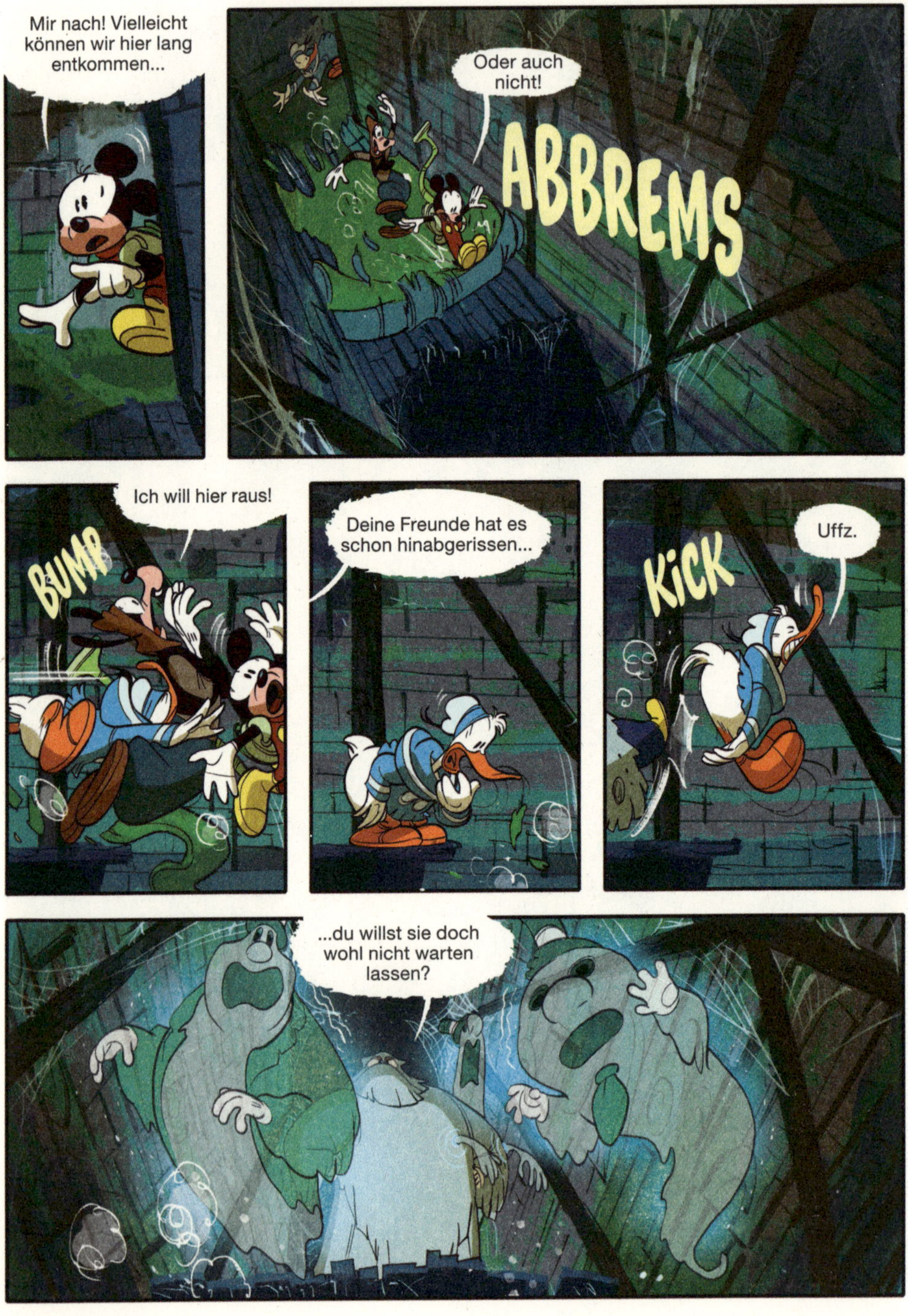
Mir nach! Vielleicht können wir hier lang entkommen...
Oder auch nicht!
ABBREMS
Ich will hier raus!
BUMP
Deine Freunde hat es schon hinabgerissen...
KICK
Uffz.
...du willst sie doch wohl nicht warten lassen?

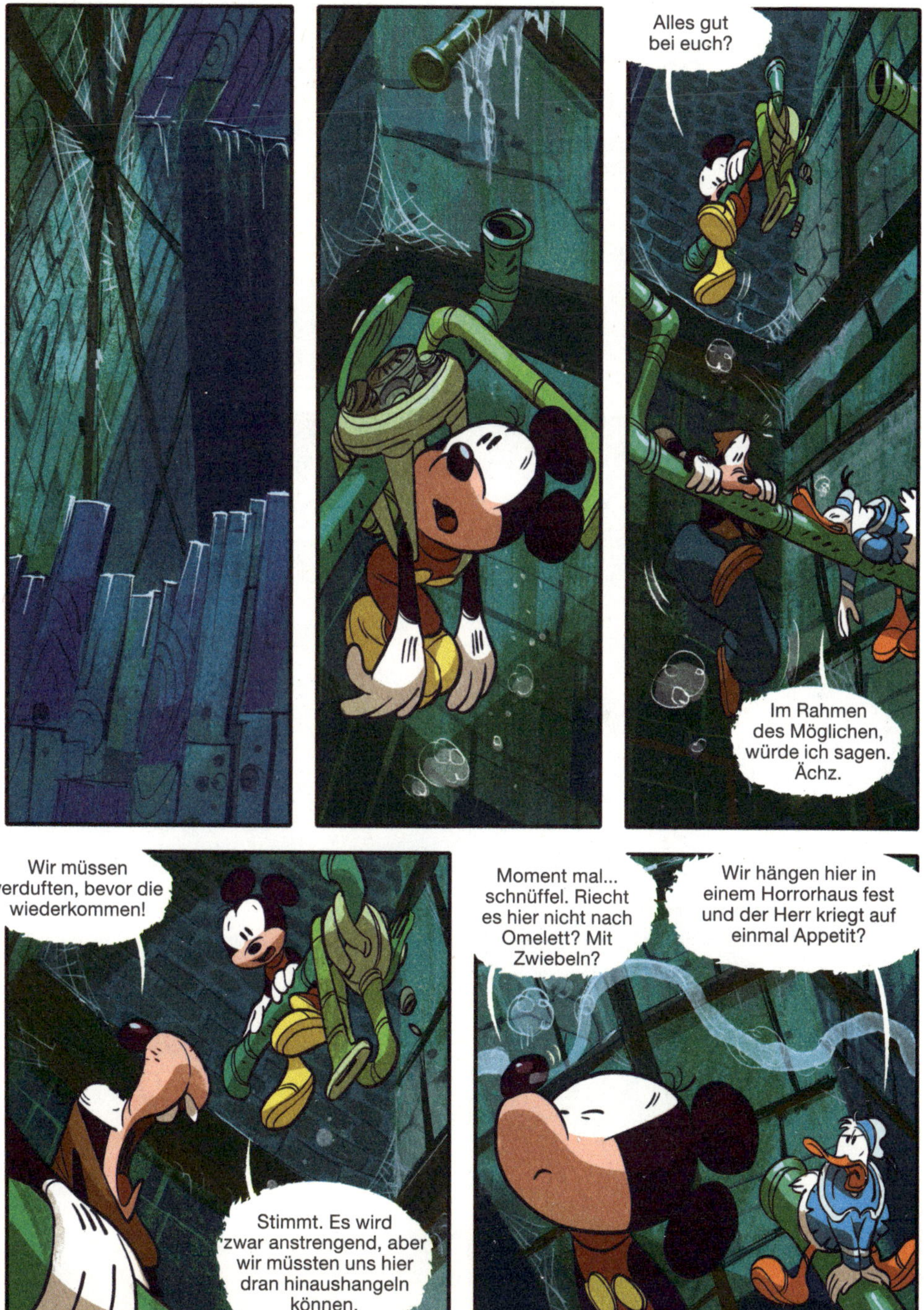
Alles gut bei euch?
Im Rahmen des Möglichen, würde ich sagen. Ächz.
Wir müssen verduften, bevor die wiederkommen!
Stimmt. Es wird zwar anstrengend, aber wir müssten uns hier dran hinaushangeln können.
Moment mal... schnüffel. Riecht es hier nicht nach Omelett? Mit Zwiebeln?
Wir hängen hier in einem Horrorhaus fest und der Herr kriegt auf einmal Appetit?

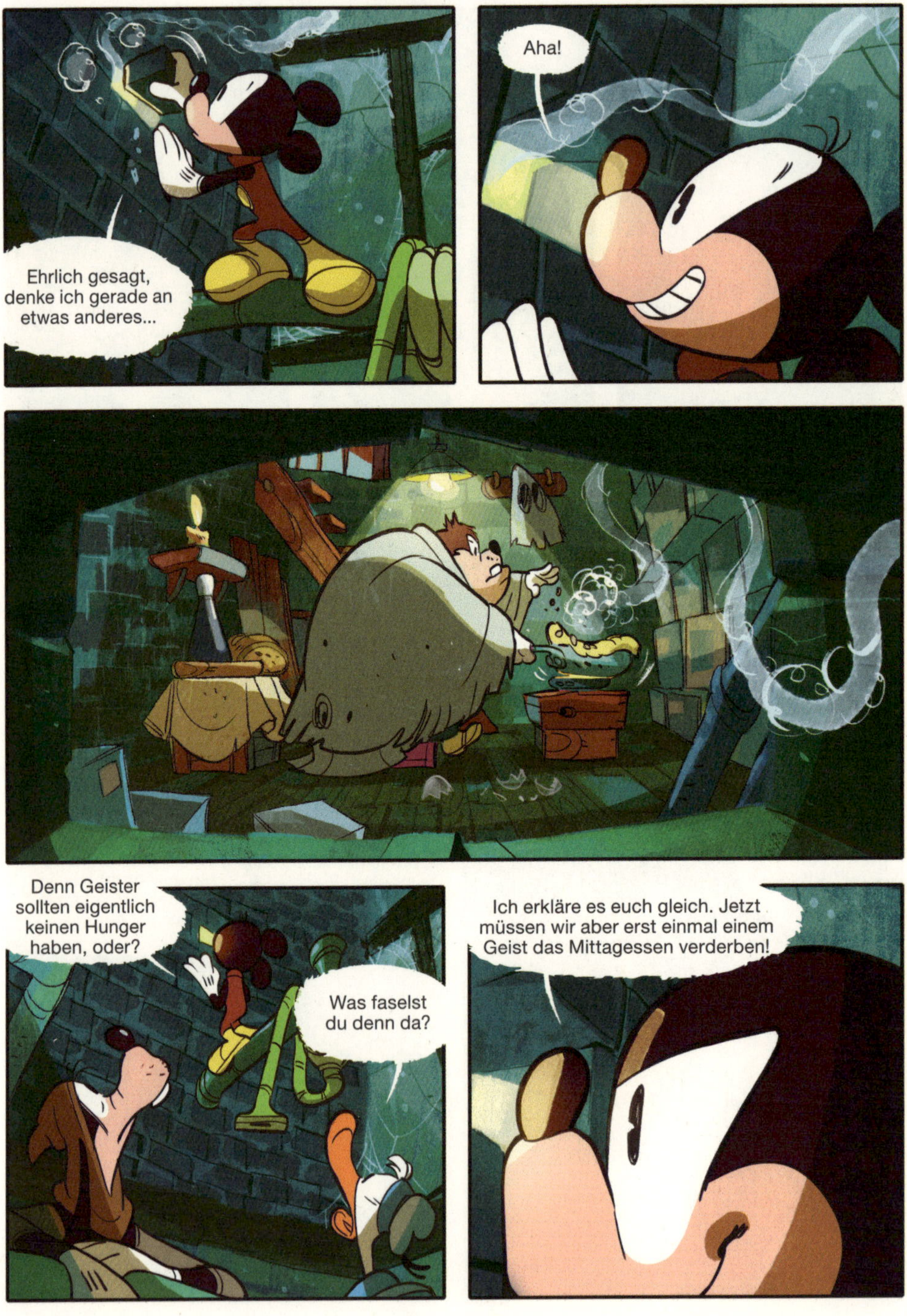
Ehrlich gesagt, denke ich gerade an etwas anderes...
Aha!
Denn Geister sollten eigentlich keinen Hunger haben, oder?
Was faselst du denn da?
Ich erkläre es euch gleich. Jetzt müssen wir aber erst einmal einem Geist das Mittagessen verderben!

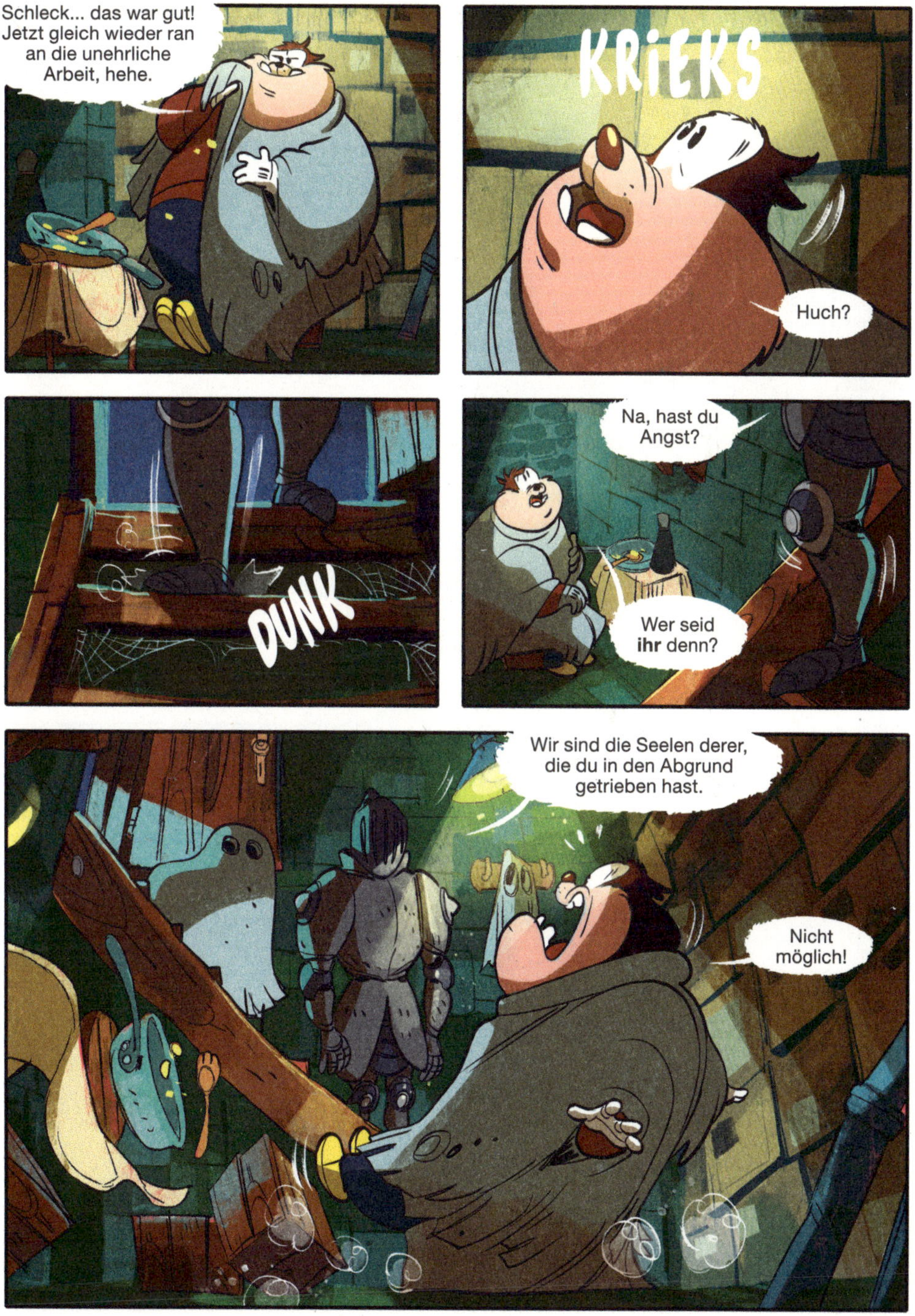

Schleck... das war gut! Jetzt gleich wieder ran an die unehrliche Arbeit, hehe.
KRiEKS
Huch?
DUNK
Na, hast du Angst?
Wer seid **ihr** denn?
Wir sind die Seelen derer, die du in den Abgrund getrieben hast.
Nicht möglich!

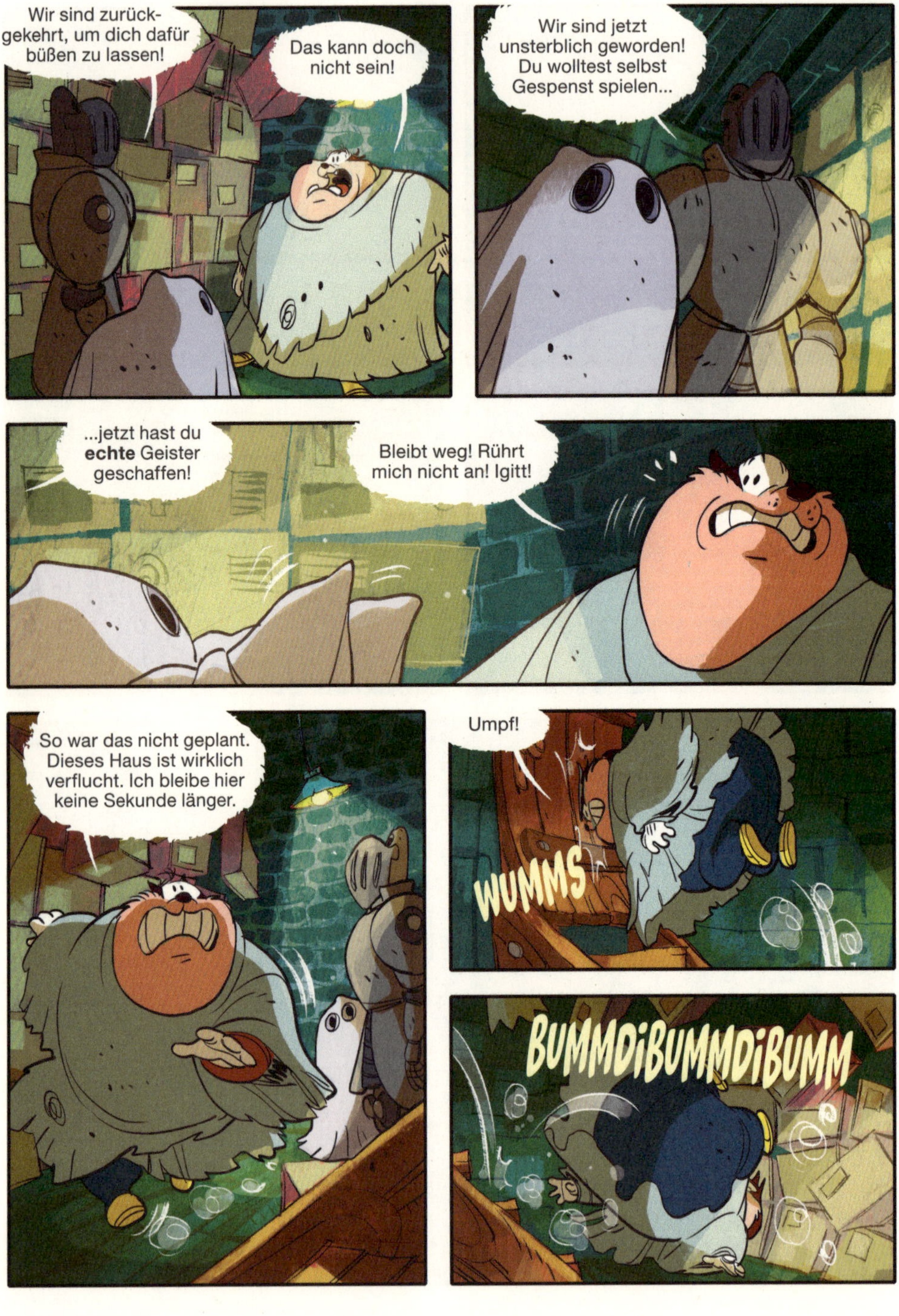
Wir sind zurückgekehrt, um dich dafür büßen zu lassen!
Das kann doch nicht sein!
Wir sind jetzt unsterblich geworden! Du wolltest selbst Gespenst spielen...
...jetzt hast du **echte** Geister geschaffen!
Bleibt weg! Rührt mich nicht an! Igitt!
So war das nicht geplant. Dieses Haus ist wirklich verflucht. Ich bleibe hier keine Sekunde länger.
Umpf!
WUMMS
BUMMDIBUMMDIBUMM

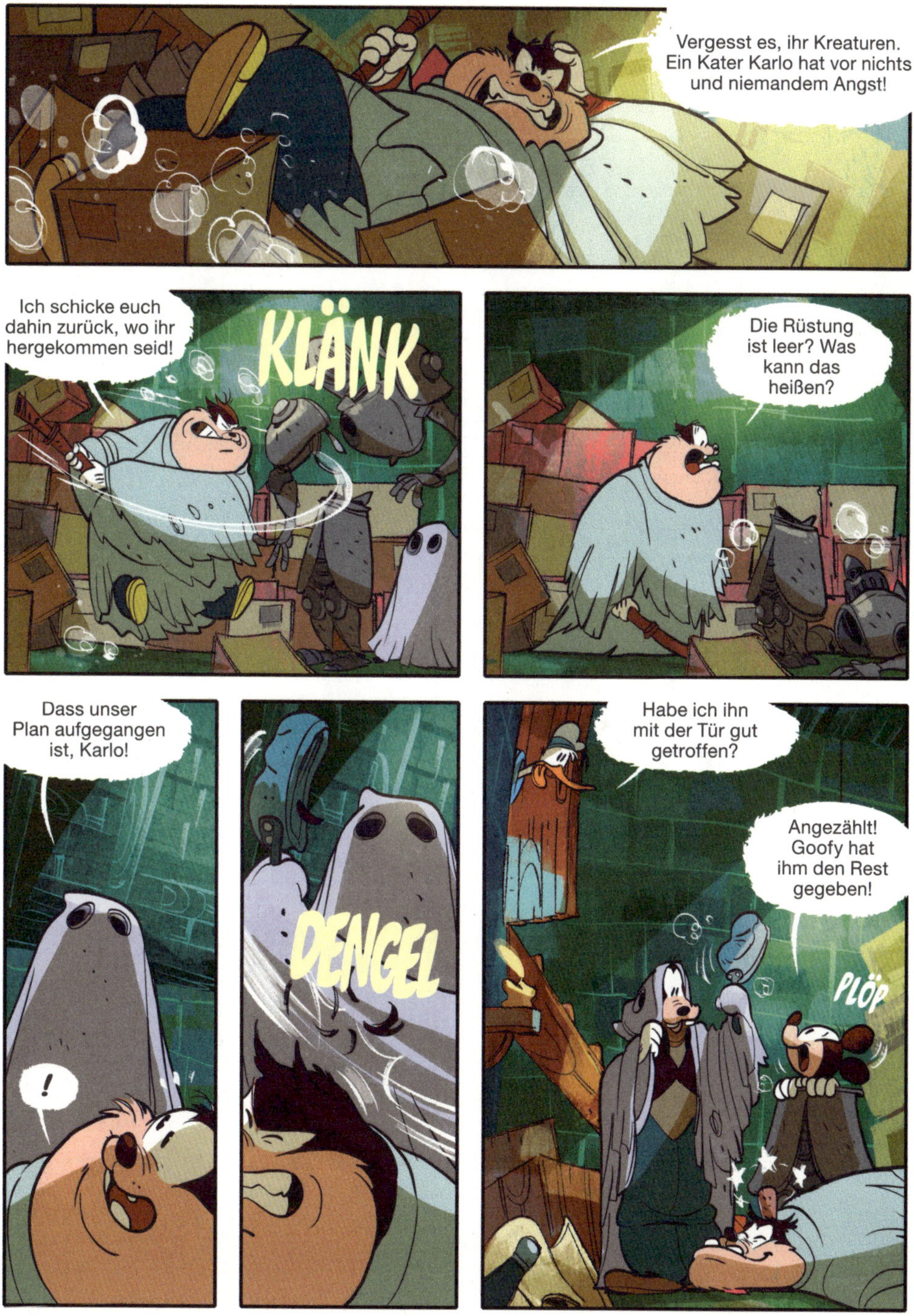

Vergesst es, ihr Kreaturen. Ein Kater Karlo hat vor nichts und niemandem Angst!
Ich schicke euch dahin zurück, wo ihr hergekommen seid!
KLÄNK
Die Rüstung ist leer? Was kann das heißen?
Dass unser Plan aufgegangen ist, Karlo!
!
DENGEL
Habe ich ihn mit der Tür gut getroffen?
Angezählt! Goofy hat ihm den Rest gegeben!
PLÖP

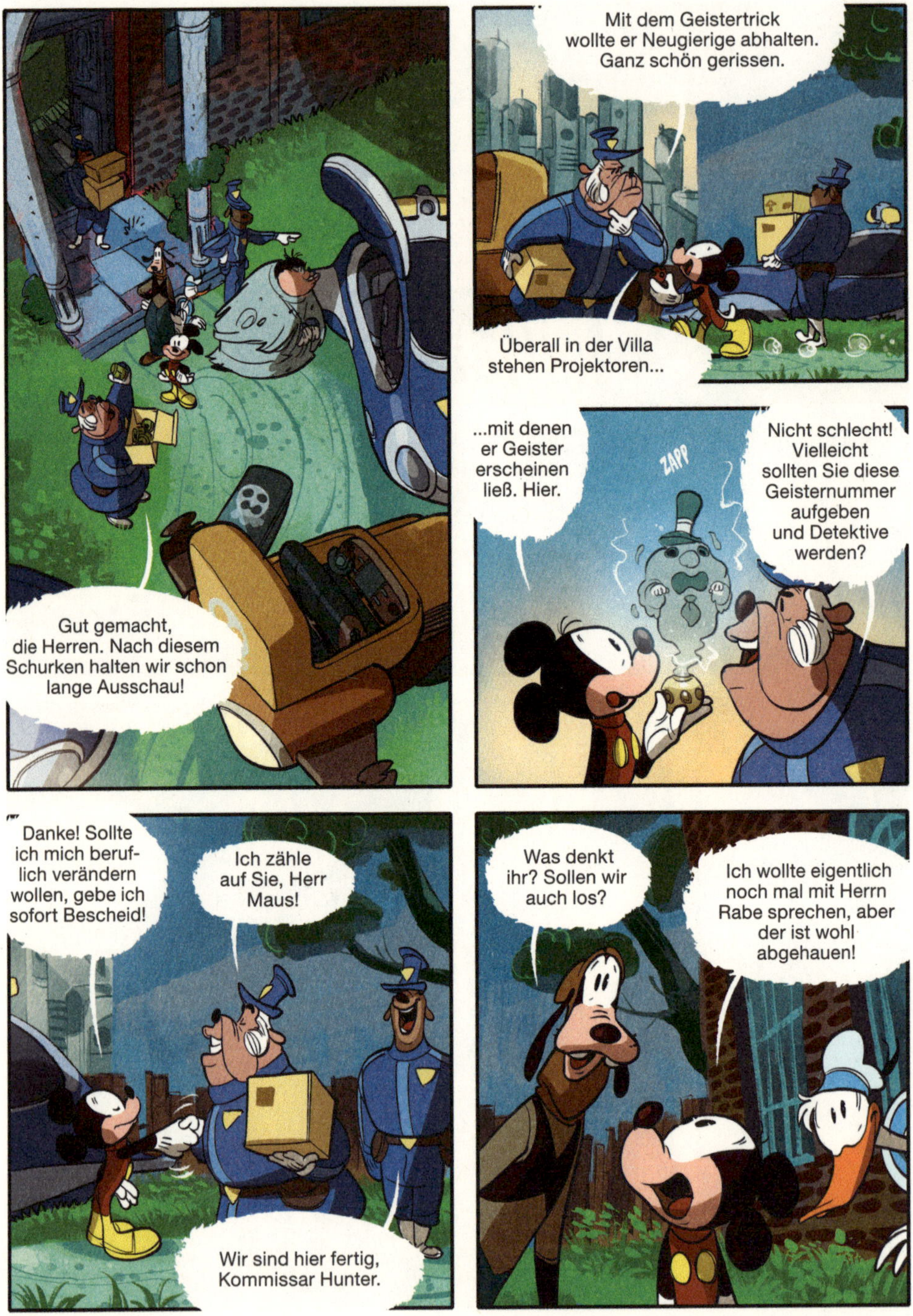

Gut gemacht, die Herren. Nach diesem Schurken halten wir schon lange Ausschau!
Mit dem Geistertrick wollte er Neugierige abhalten. Ganz schön gerissen.
Überall in der Villa stehen Projektoren...
...mit denen er Geister erscheinen ließ. Hier.
ZAPP
Nicht schlecht! Vielleicht sollten Sie diese Geisternummer aufgeben und Detektive werden?
Danke! Sollte ich mich beruflich verändern wollen, gebe ich sofort Bescheid!
Ich zähle auf Sie, Herr Maus!
Wir sind hier fertig, Kommissar Hunter.
Was denkt ihr? Sollen wir auch los?
Ich wollte eigentlich noch mal mit Herrn Rabe sprechen, aber der ist wohl abgehauen!

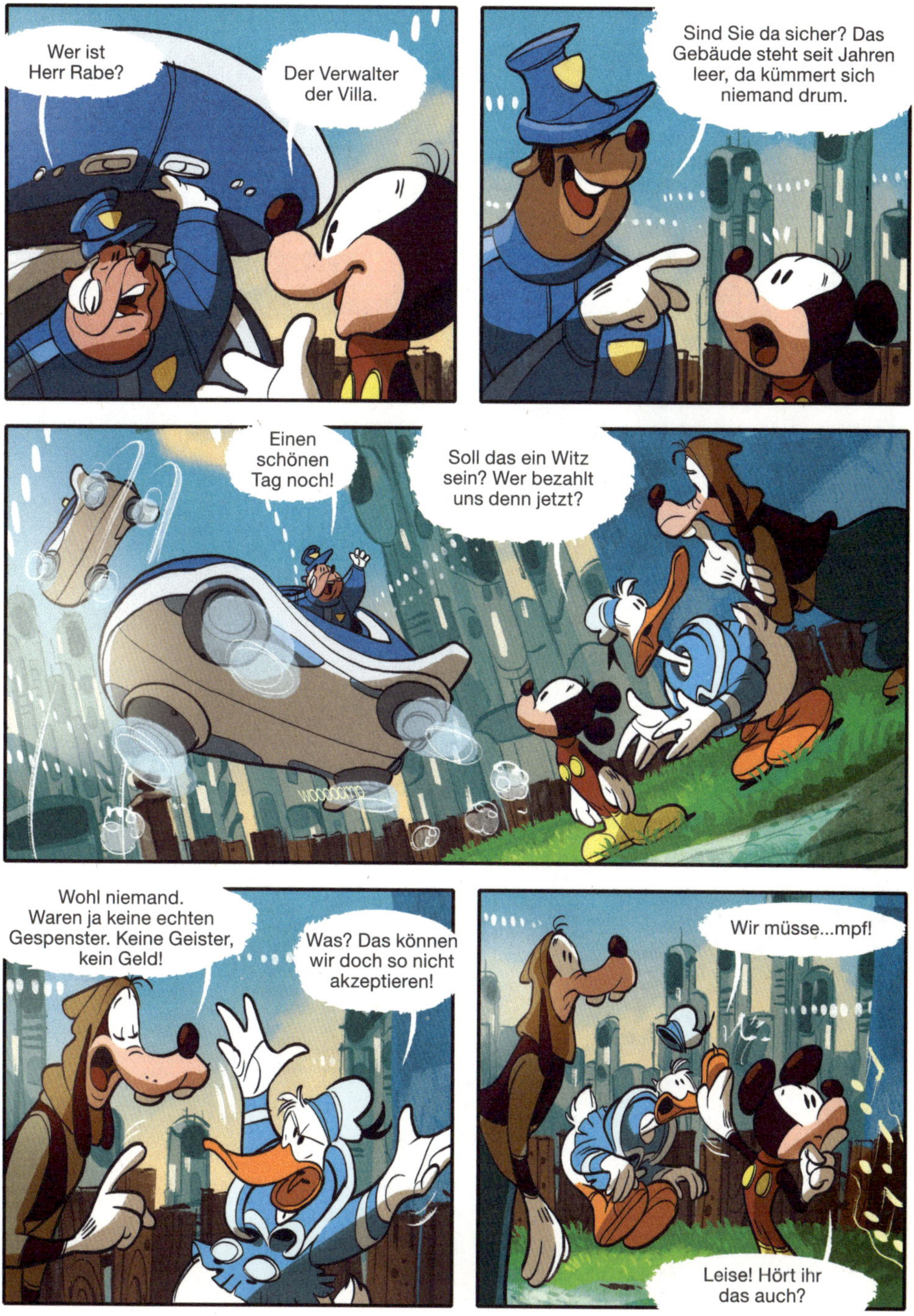
Wer ist Herr Rabe?
Der Verwalter der Villa.
Sind Sie da sicher? Das Gebäude steht seit Jahren leer, da kümmert sich niemand drum.
Einen schönen Tag noch!
Soll das ein Witz sein? Wer bezahlt uns denn jetzt?
Wohl niemand. Waren ja keine echten Gespenster. Keine Geister, kein Geld!
Was? Das können wir doch so nicht akzeptieren!
Wir müsse...mpf!
Leise! Hört ihr das auch?

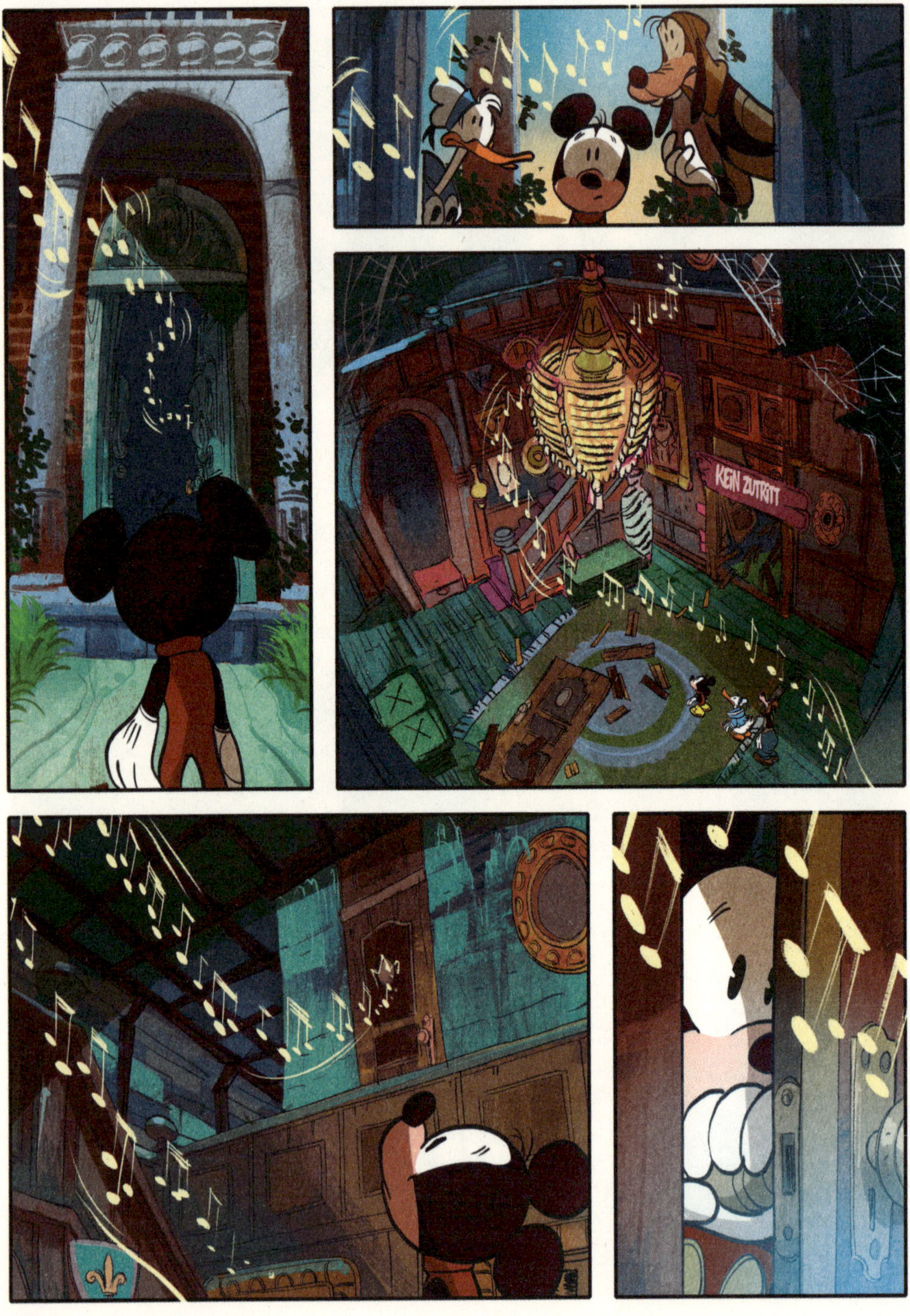
KEIN ZUTRITT

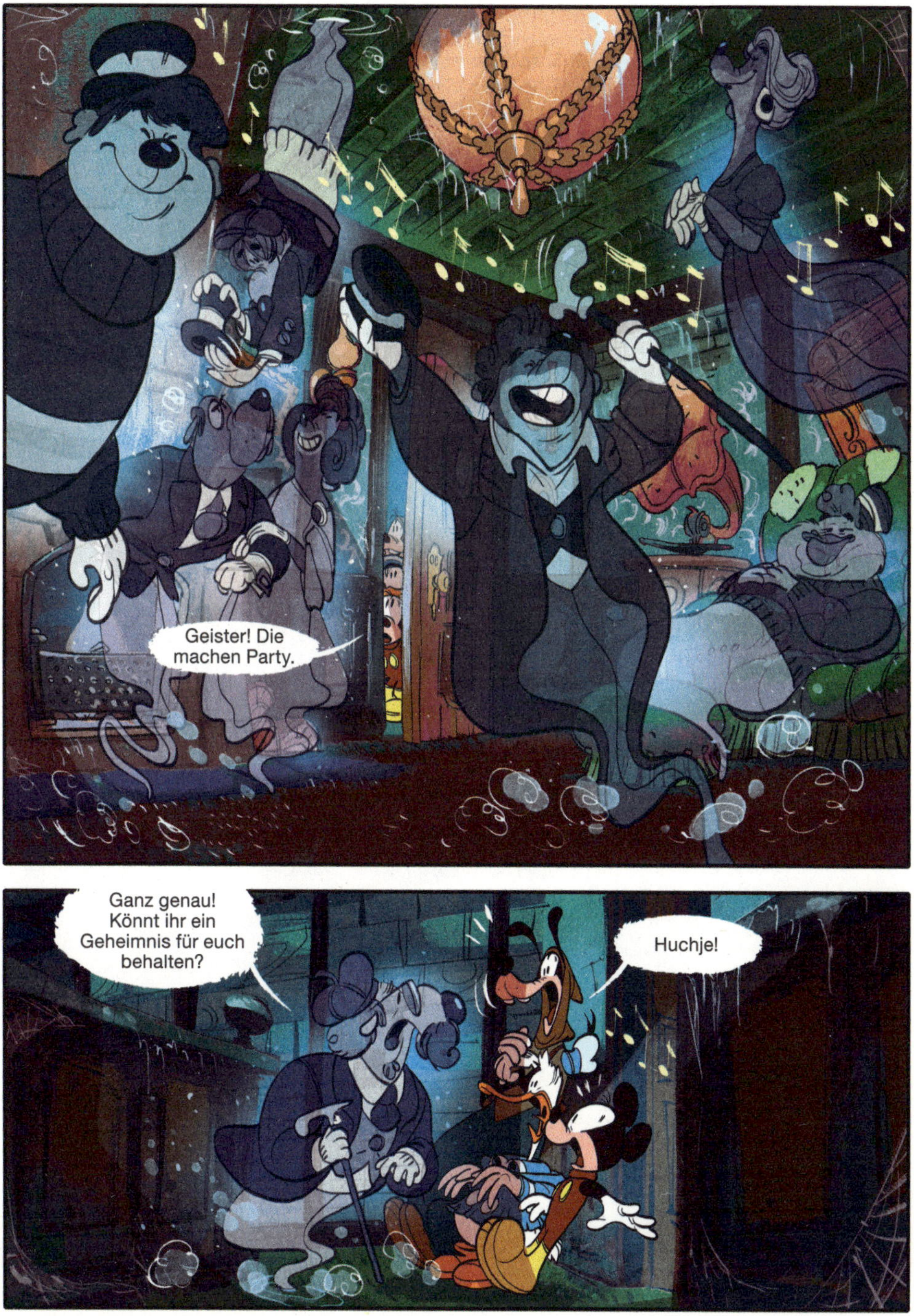
Geister! Die machen Party.
Ganz genau! Könnt ihr ein Geheimnis für euch behalten?
Huchje!

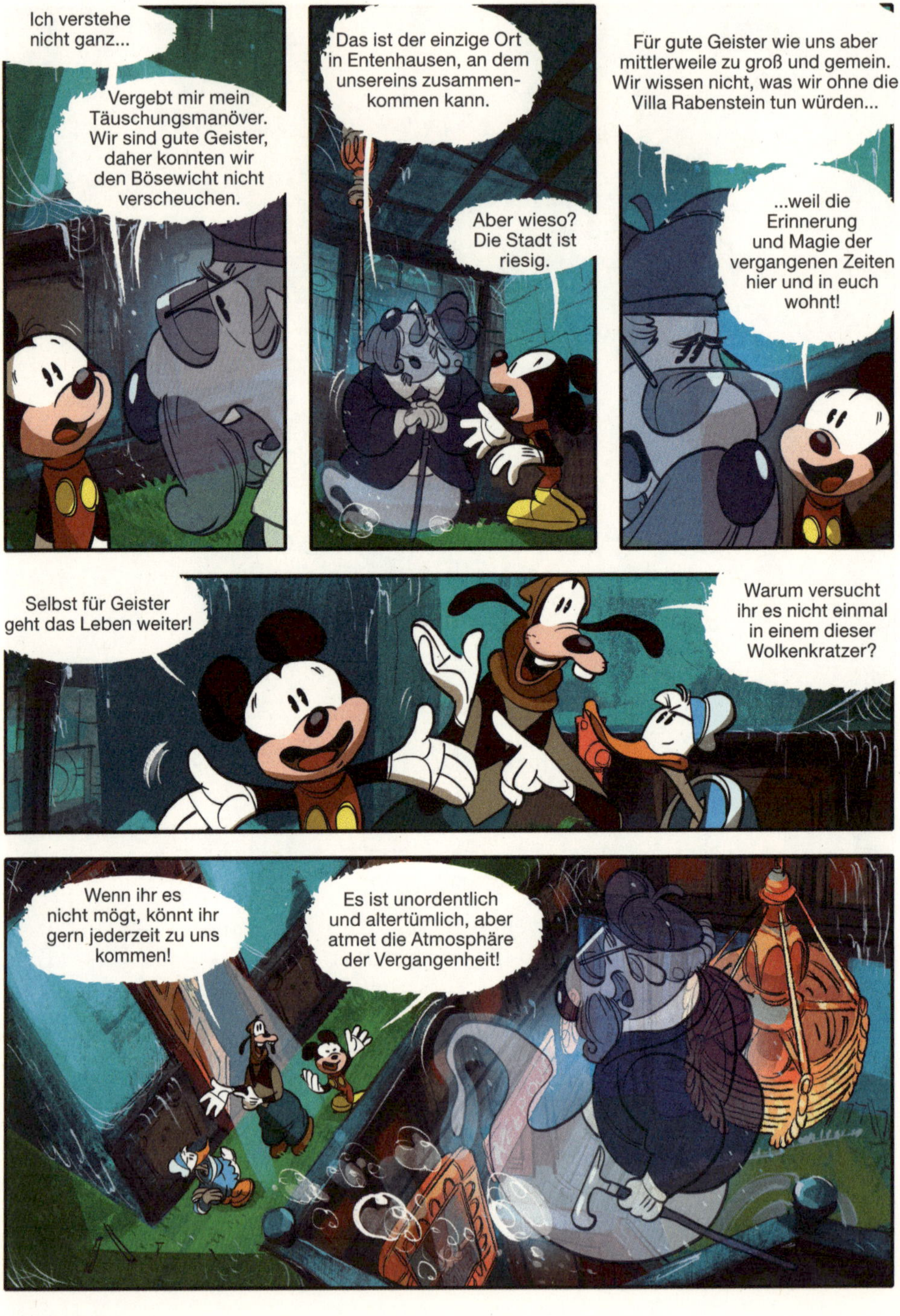

Ich verstehe nicht ganz...
Vergebt mir mein Täuschungsmanöver. Wir sind gute Geister, daher konnten wir den Bösewicht nicht verscheuchen.
Das ist der einzige Ort in Entenhausen, an dem unsereins zusammenkommen kann.
Aber wieso? Die Stadt ist riesig.
Für gute Geister wie uns aber mittlerweile zu groß und gemein. Wir wissen nicht, was wir ohne die Villa Rabenstein tun würden...
...weil die Erinnerung und Magie der vergangenen Zeiten hier und in euch wohnt!
Selbst für Geister geht das Leben weiter!
Warum versucht ihr es nicht einmal in einem dieser Wolkenkratzer?
Wenn ihr es nicht mögt, könnt ihr gern jederzeit zu uns kommen!
Es ist unordentlich und altertümlich, aber atmet die Atmosphäre der Vergangenheit!

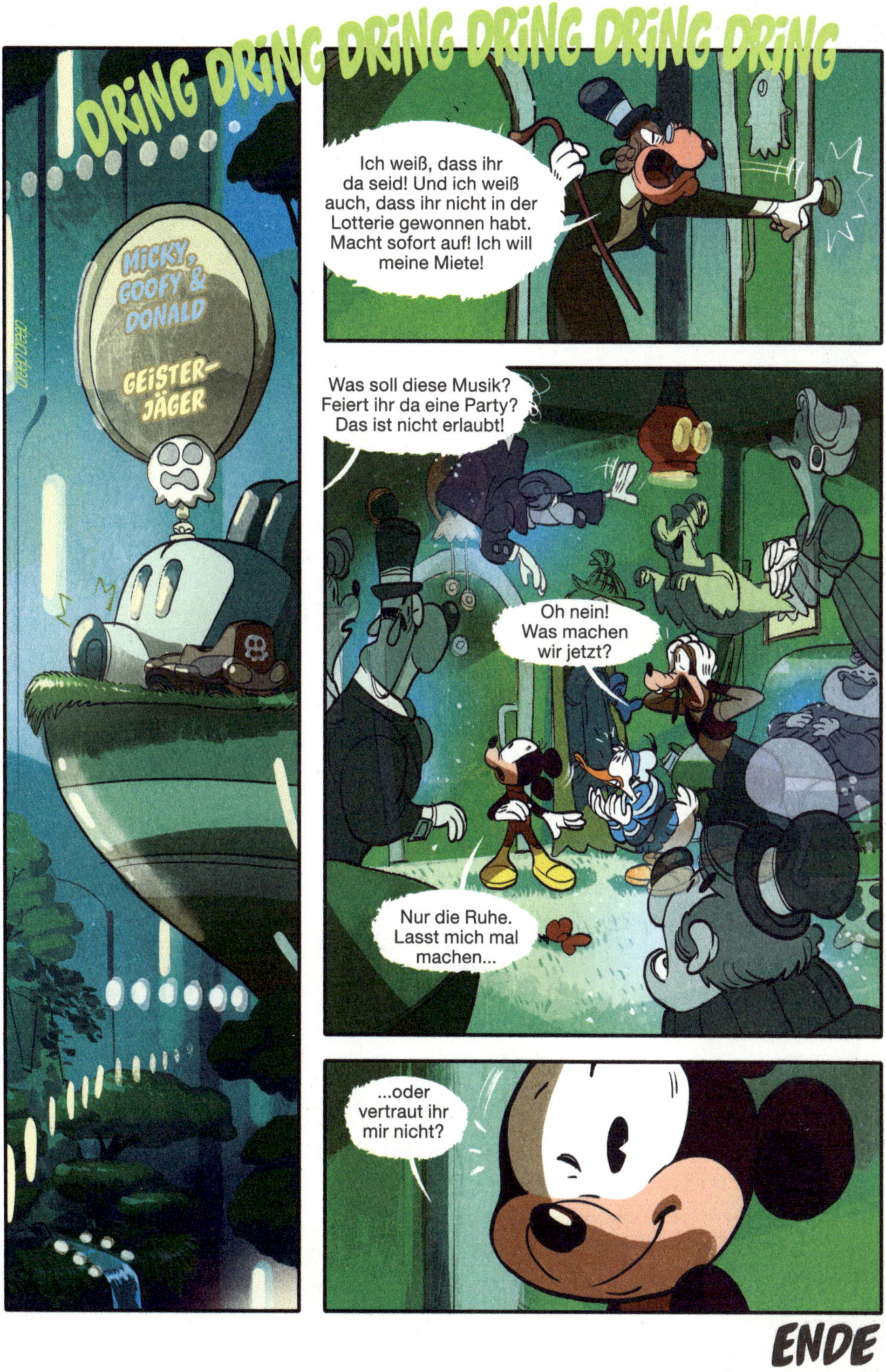
DRING DRING DRING DRING DRING DRING
MICKY, GOOFY & DONALD
GEISTER-JÄGER
Ich weiß, dass ihr da seid! Und ich weiß auch, dass ihr nicht in der Lotterie gewonnen habt. Macht sofort auf! Ich will meine Miete!
Was soll diese Musik? Feiert ihr da eine Party? Das ist nicht erlaubt!
Oh nein! Was machen wir jetzt?
Nur die Ruhe. Lasst mich mal machen...
...oder vertraut ihr mir nicht?
ENDE

1950

# Trailer Horn

**Deutscher Titel: Happy Camping.** Als die beiden Backenhörnchen Ahörnchen und Behörnchen an einem wunderschönen Tag in ihrem Wald erwachen, entdecken sie einen Eindringling: Es ist Donald Duck, der noch in seinem Wohnwagen schläft.

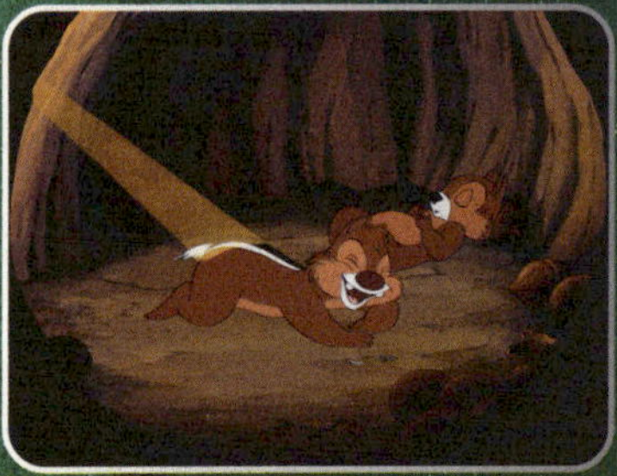

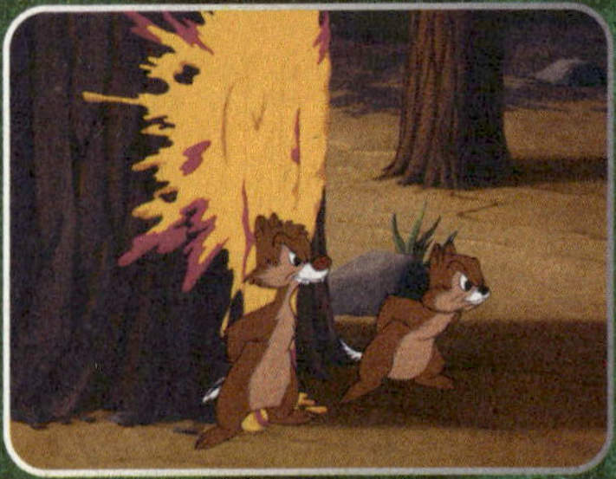

Sogleich inspizieren sie diese seltsame Behausung und stoßen dabei unabsichtlich auf die Hupe von Donalds Auto. Begeistert hüpfen und hupen die beiden Backenhörnchen wie wild los, bis Donald aufwacht und sie wütend verjagt.

Donald beschließt, sich im See abzukühlen und setzt zu einem spektakulären Sprung an, doch die Backenhörnchen verschieben das Sprungbrett so, dass Donald stolpert. Er nimmt erneut Anlauf, doch nun drehen die beiden Brüder das Brett so, dass Donald zurück in seinen Anhänger katapultiert wird. Es entsteht eine atemberaubende Auseinandersetzung, in der Ahörnchen und Behörnchen – klar! – den Sieg über Hitzkopf Donald davontragen.

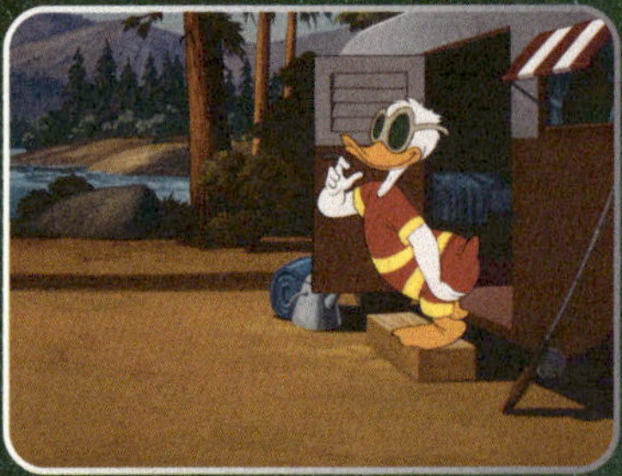

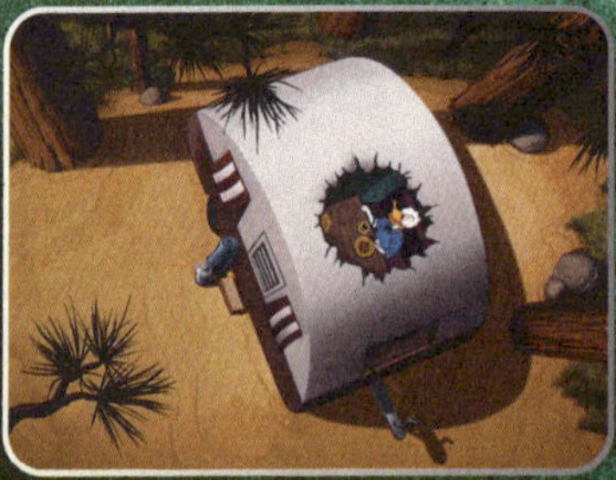

Unter Federführung des ersten Duck-Regisseurs Jack Hanna (insgesamt 65 Donald-Duck-Kurzfilme) enthält der Film Animationen von Bill Justice, der als Schöpfer der Backenhörnchen gilt. Er stellte fest, dass er, da sich die Tierchen so schnell bewegten, die doppelte Anzahl an Zeichnungen brauchte, um all ihre Aktionen auf den Bildschirm zu bringen. Nachdem die beiden in „Private Pluto" (1943) ihr Debüt gaben, wurden sie zu echten Gegenspielern des reizbaren Donalds, der es in insgesamt 17 Zeichentrickfilmen mit den Nagern zu tun bekommt.

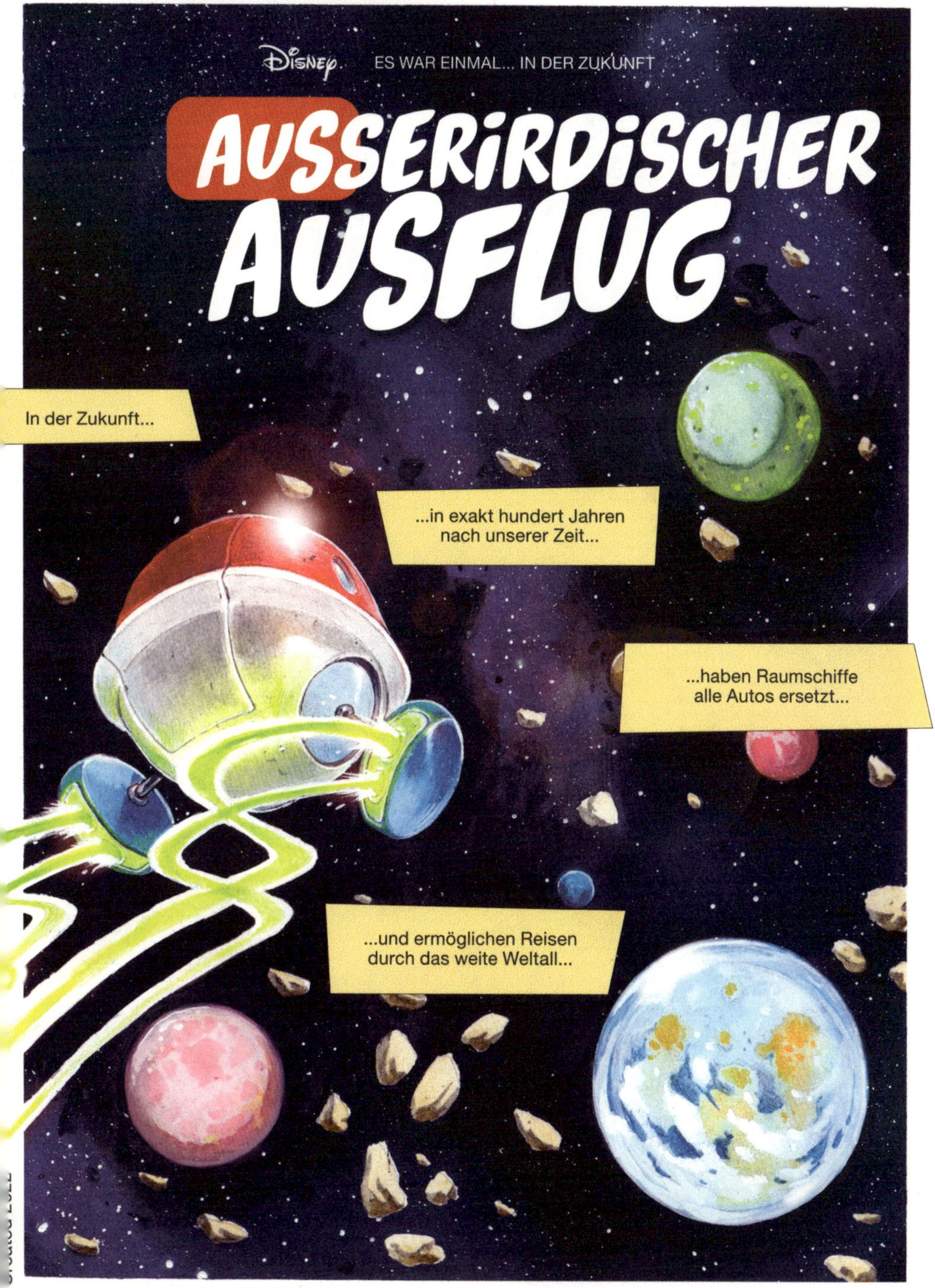


**Francesco Artibani** (Story, inspiert von „Trailer Horn"), **Ivan Bigarella** (Zeichnungen)

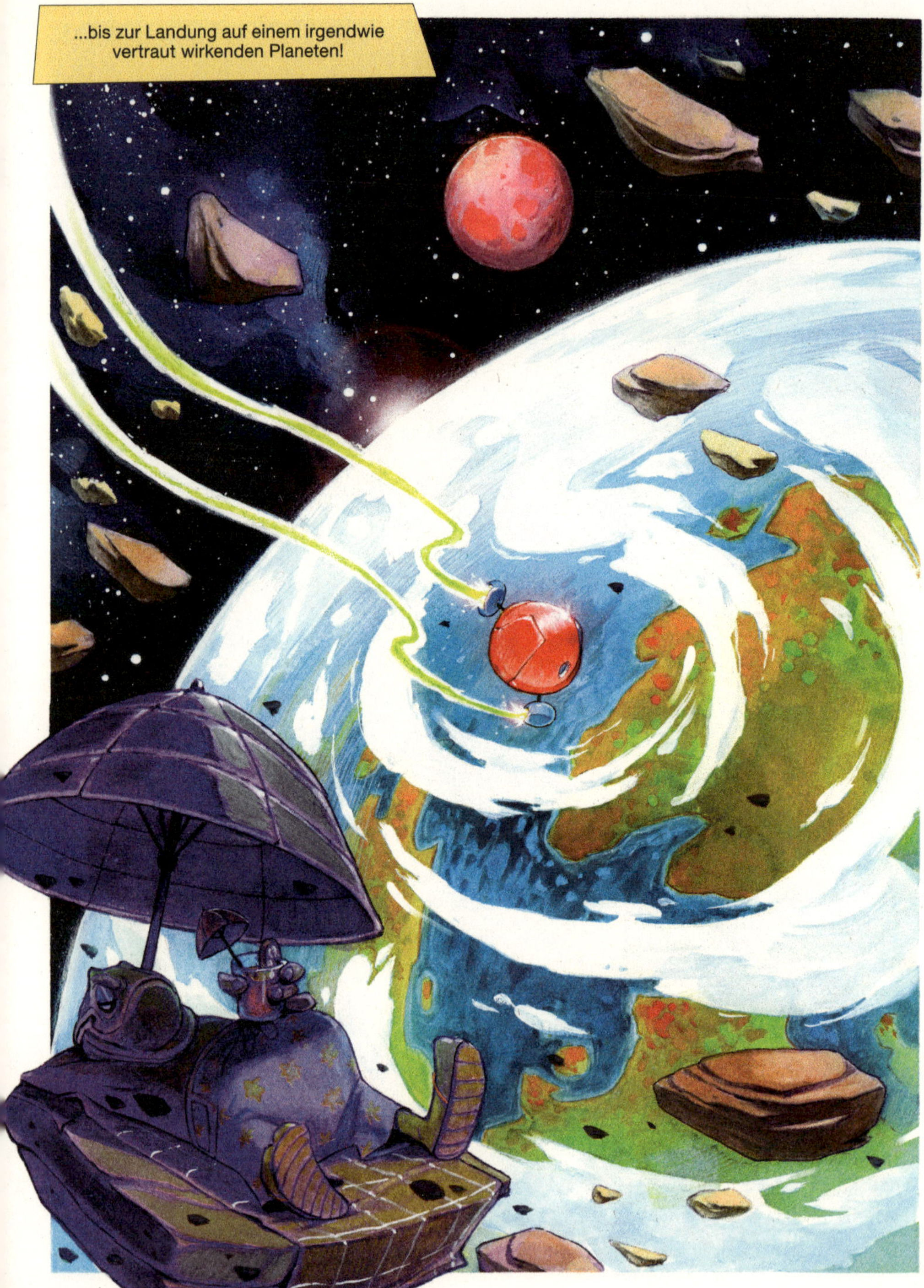
...bis zur Landung auf einem irgendwie vertraut wirkenden Planeten!

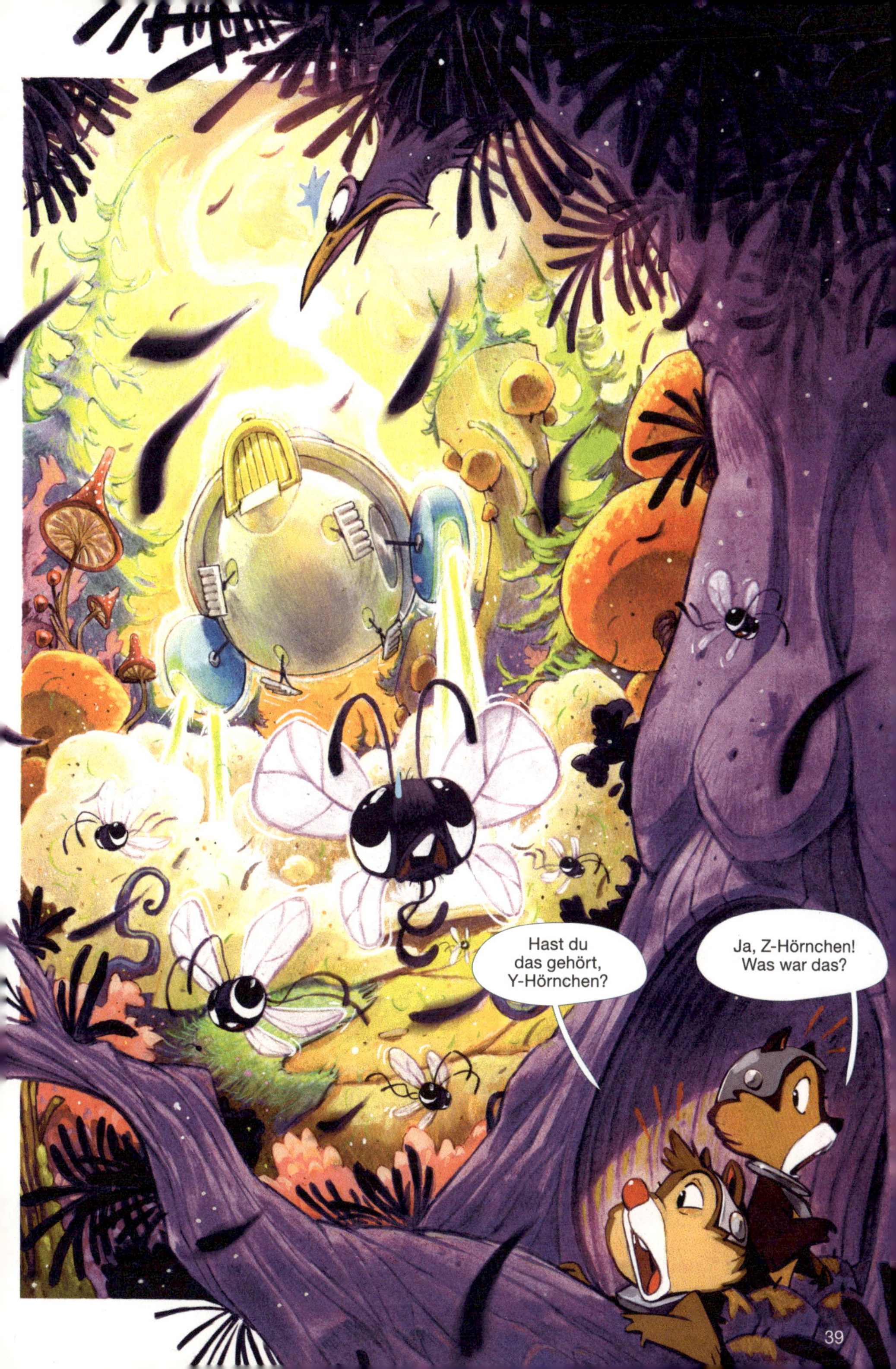

Hast du das gehört, Y-Hörnchen?
Ja, Z-Hörnchen! Was war das?

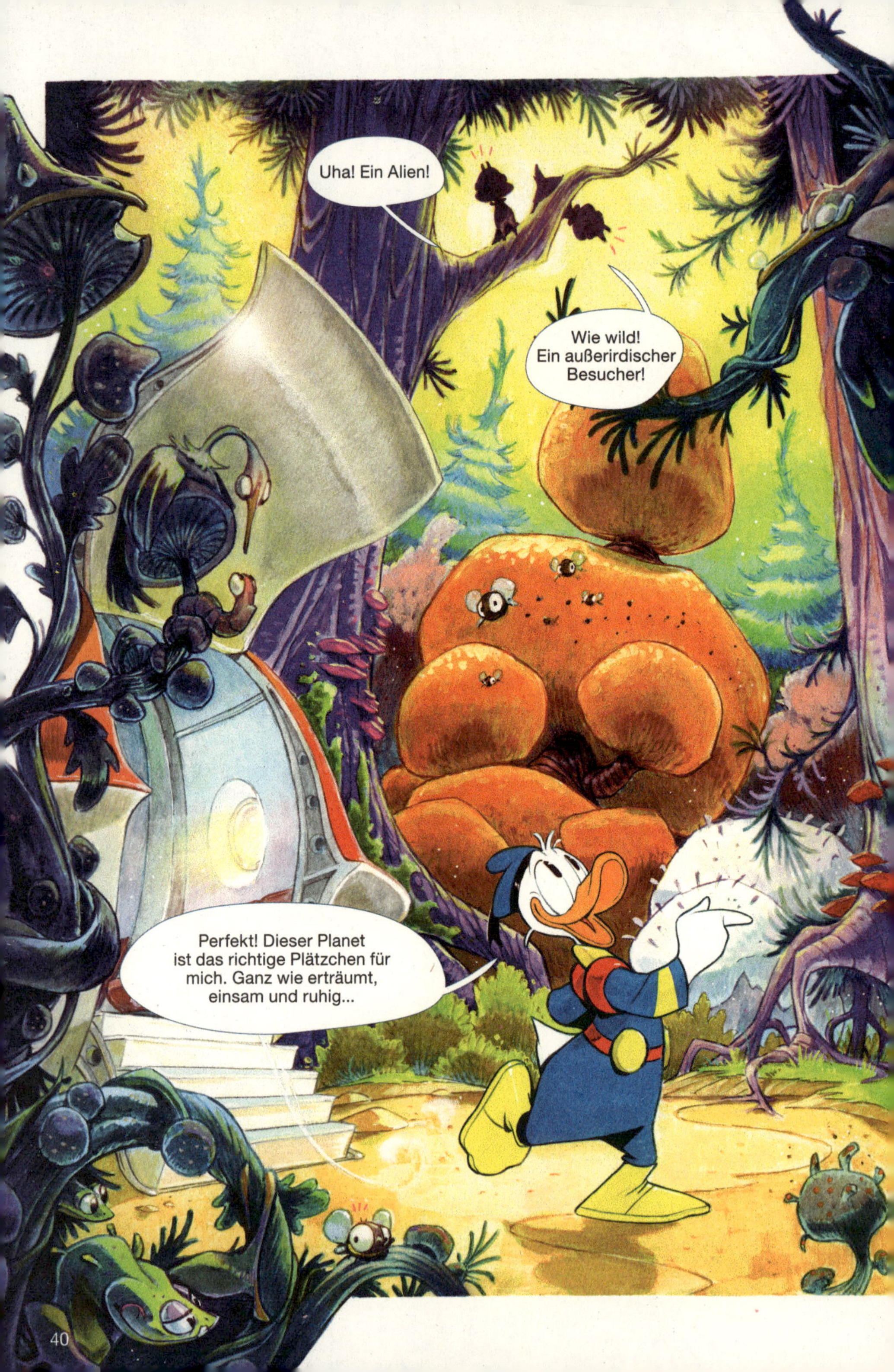
Uha! Ein Alien!
Wie wild! Ein außerirdischer Besucher!
Perfekt! Dieser Planet ist das richtige Plätzchen für mich. Ganz wie erträumt, einsam und ruhig...

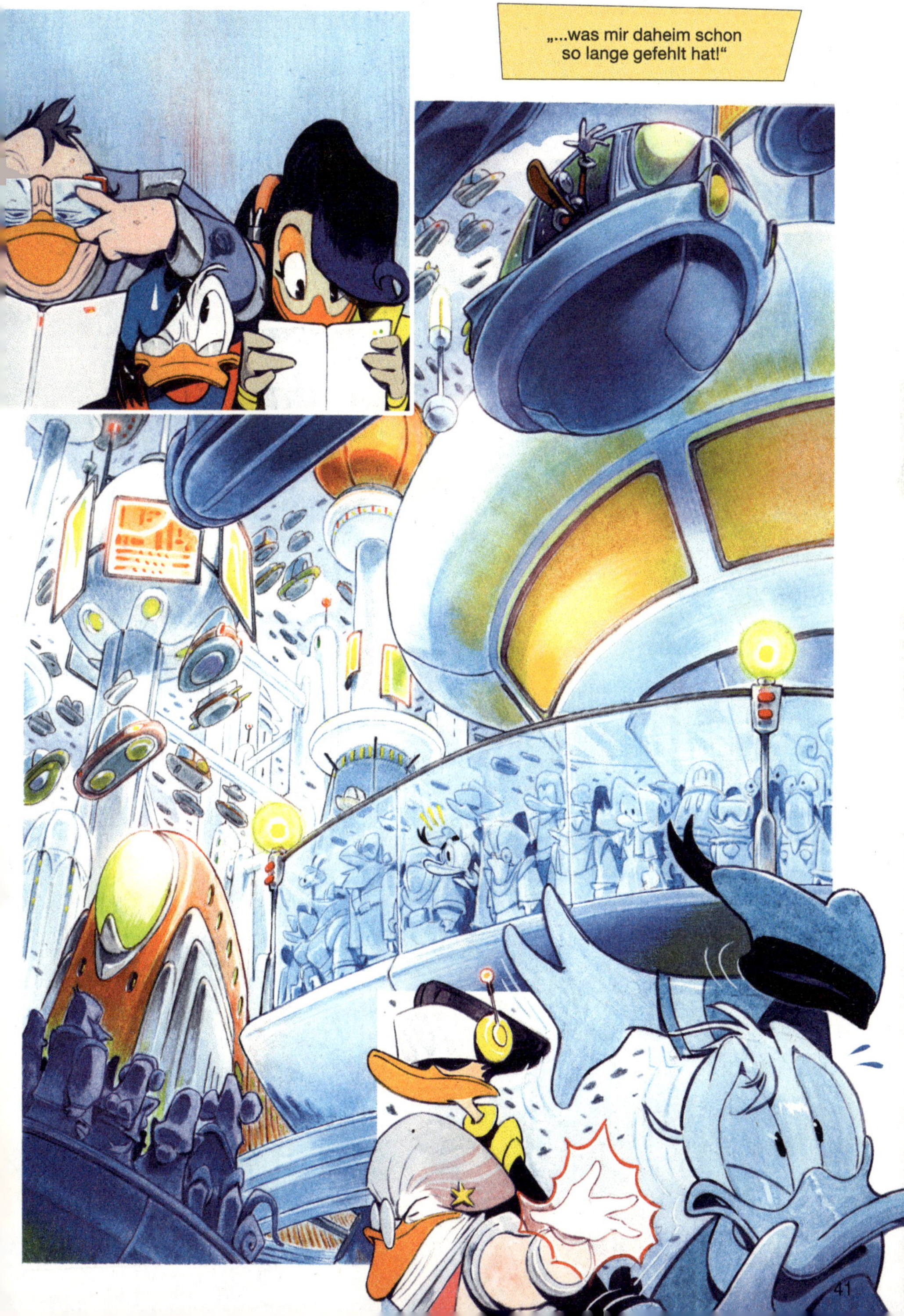
„...was mir daheim schon
so lange gefehlt hat!“

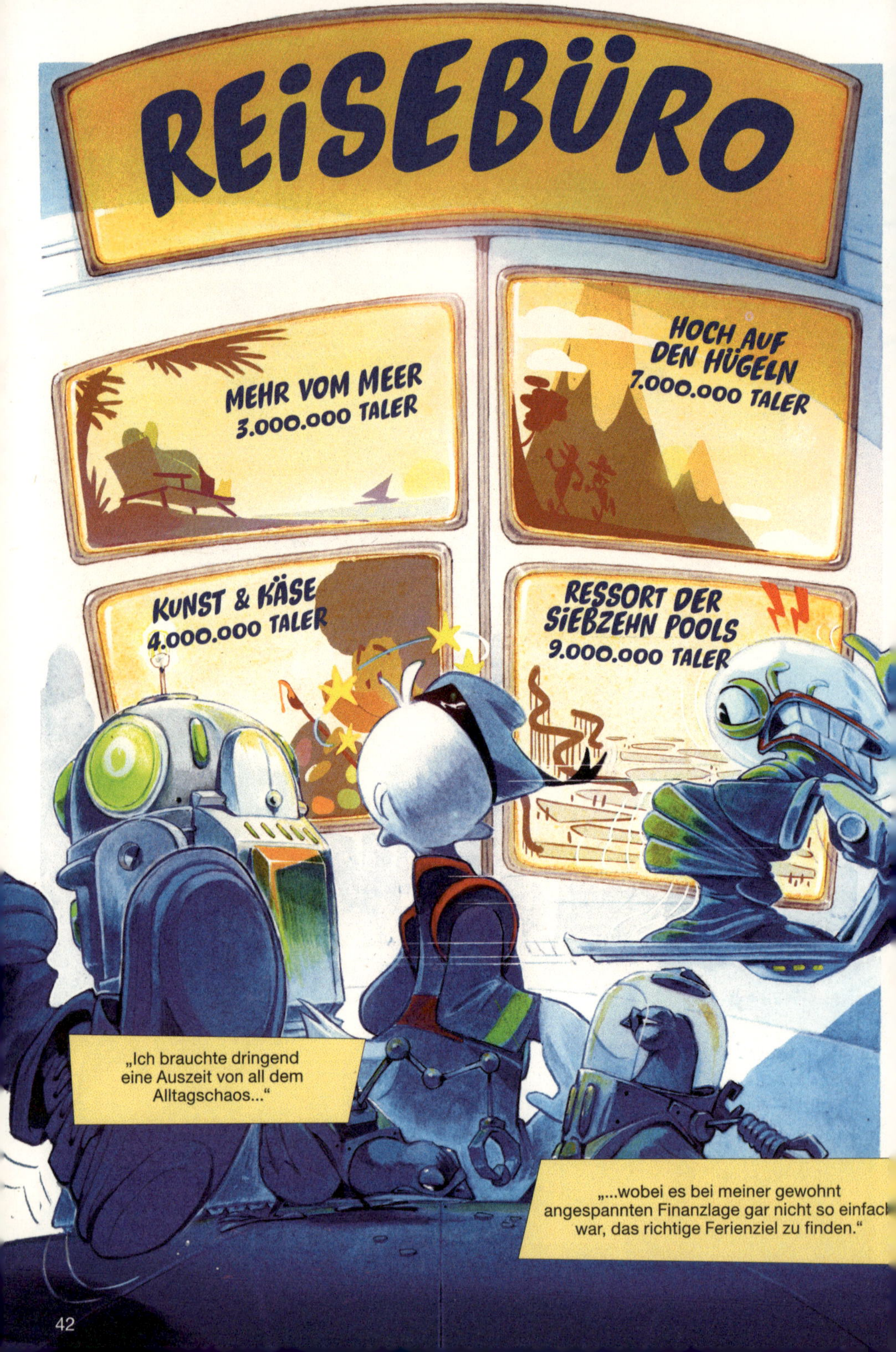
REISEBÜRO
MEHR VOM MEER
3.000.000 TALER
HOCH AUF DEN HÜGELN
7.000.000 TALER
KUNST & KÄSE
4.000.000 TALER
RESSORT DER SIEBZEHN POOLS
9.000.000 TALER
„Ich brauchte dringend eine Auszeit von all dem Alltagschaos..."
„...wobei es bei meiner gewohnt angespannten Finanzlage gar nicht so einfach war, das richtige Ferienziel zu finden."

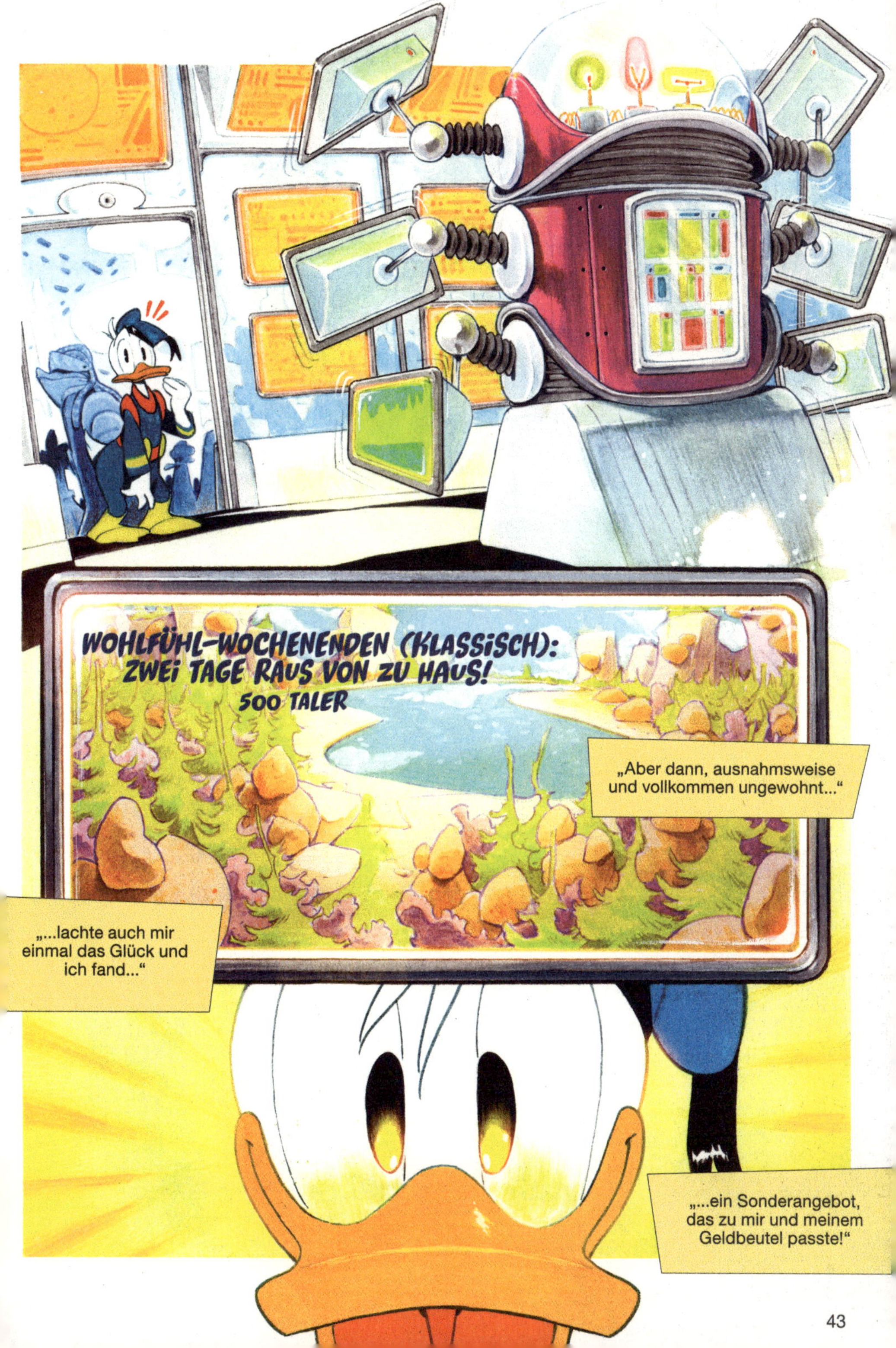
WOHLFÜHL-WOCHENENDEN (KLASSISCH): ZWEI TAGE RAUS VON ZU HAUS!
500 TALER
„Aber dann, ausnahmsweise und vollkommen ungewohnt…“
„…lachte auch mir einmal das Glück und ich fand…“
„…ein Sonderangebot, das zu mir und meinem Geldbeutel passte!“

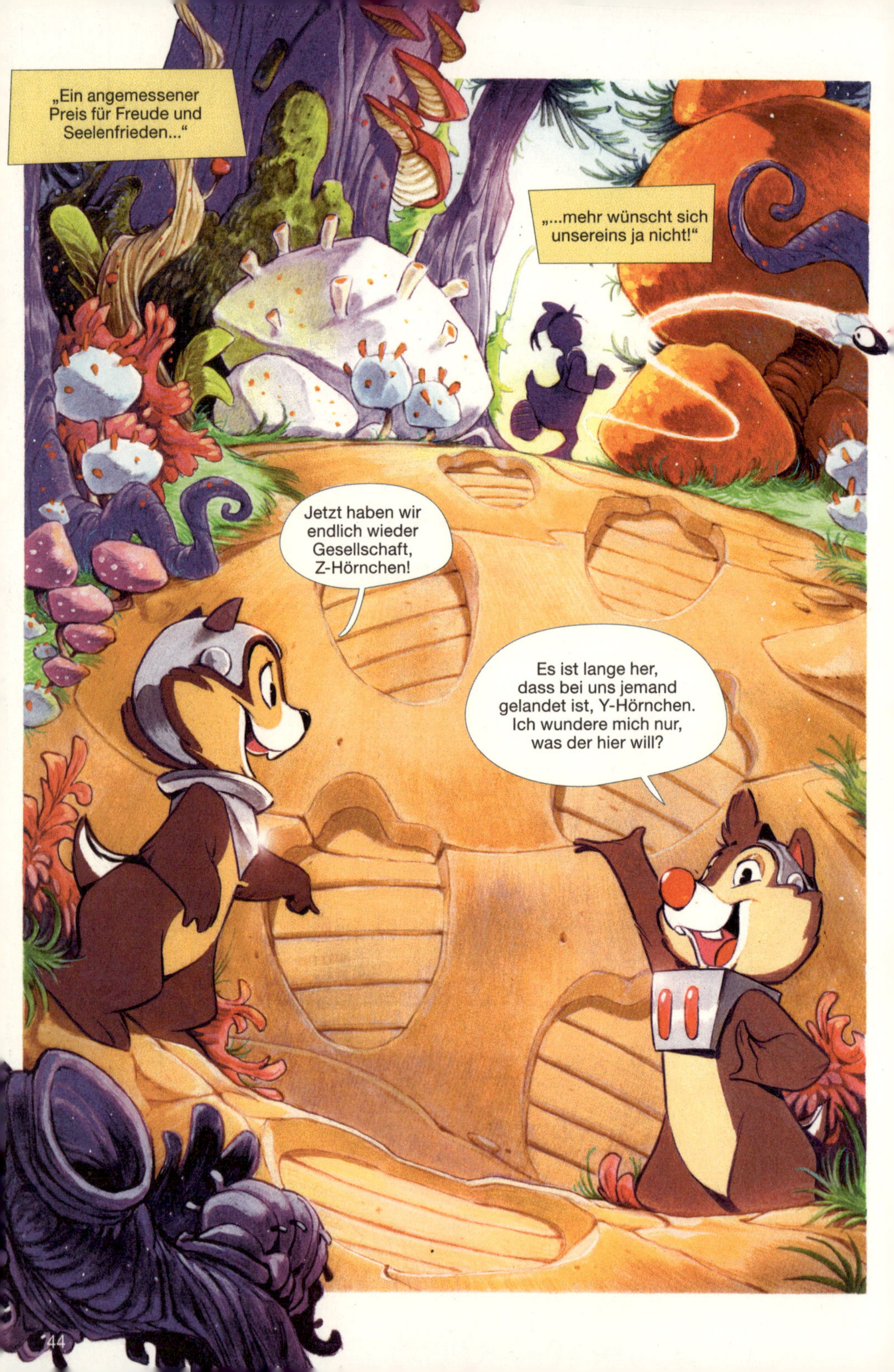
„Ein angemessener Preis für Freude und Seelenfrieden…“
„…mehr wünscht sich unsereins ja nicht!“
Jetzt haben wir endlich wieder Gesellschaft, Z-Hörnchen!
Es ist lange her, dass bei uns jemand gelandet ist, Y-Hörnchen. Ich wundere mich nur, was der hier will?

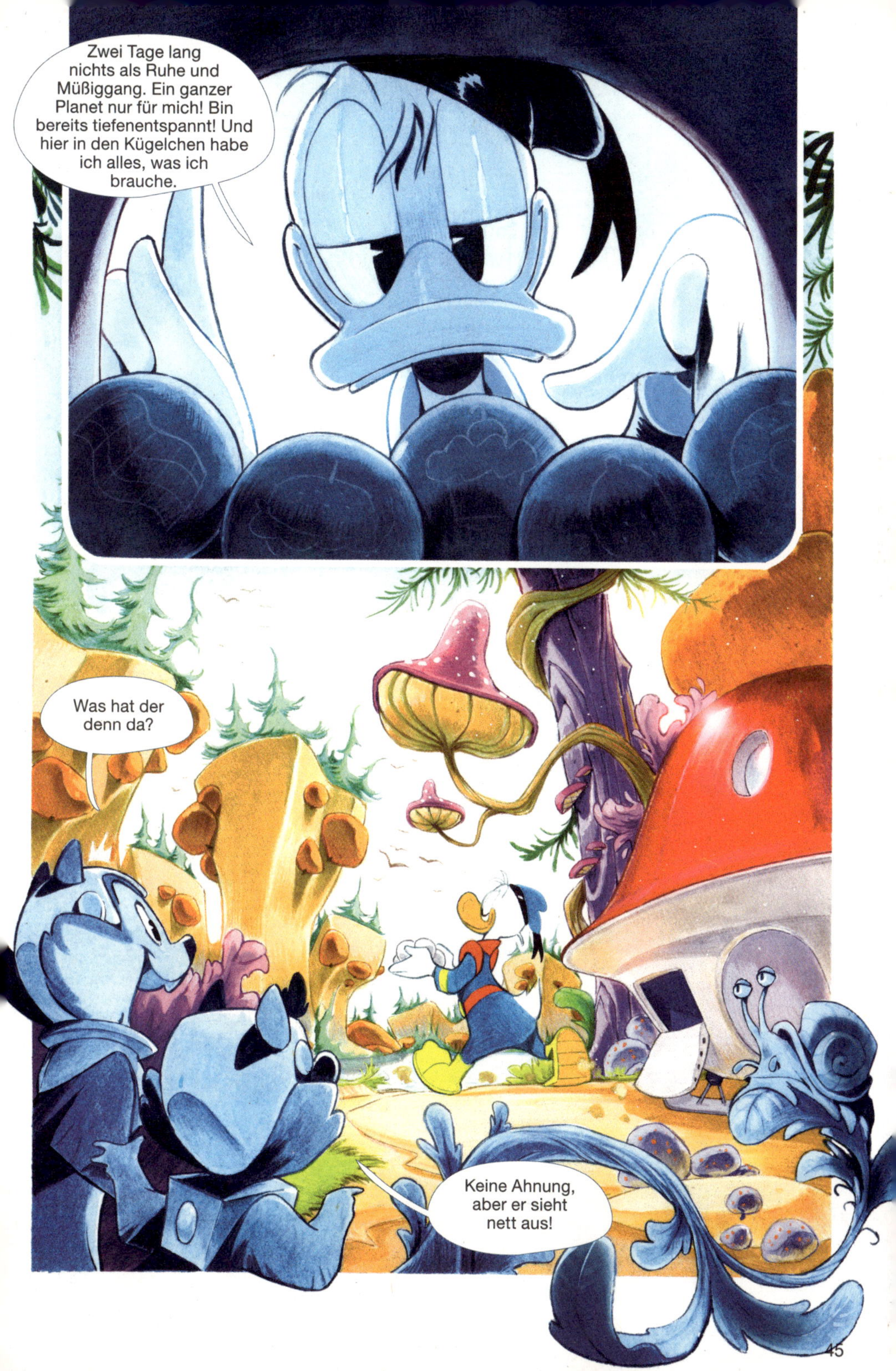
Zwei Tage lang nichts als Ruhe und Müßiggang. Ein ganzer Planet nur für mich! Bin bereits tiefenentspannt! Und hier in den Kügelchen habe ich alles, was ich brauche.
Was hat der denn da?
Keine Ahnung, aber er sieht nett aus!

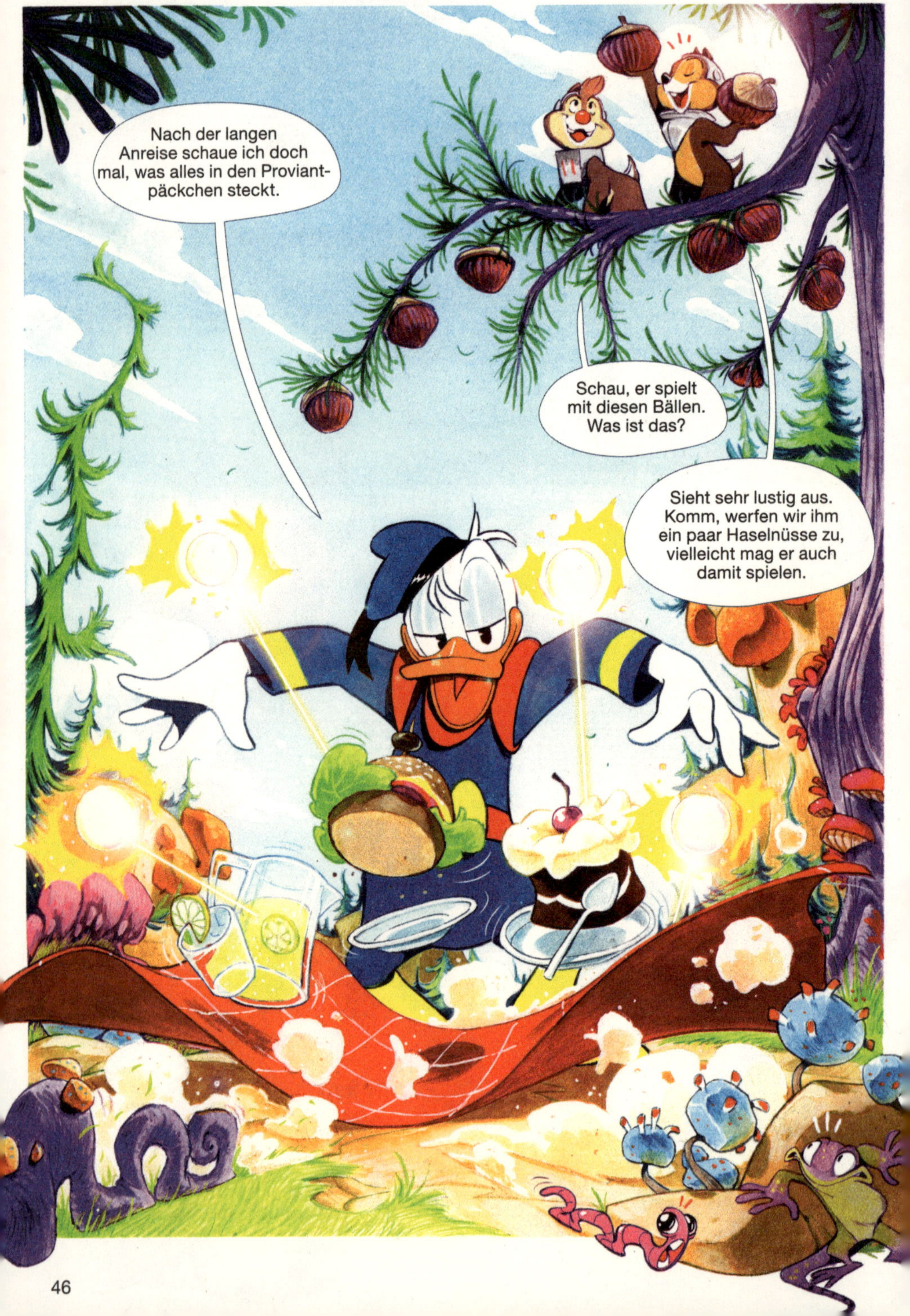
Nach der langen Anreise schaue ich doch mal, was alles in den Proviant-päckchen steckt.
Schau, er spielt mit diesen Bällen. Was ist das?
Sieht sehr lustig aus. Komm, werfen wir ihm ein paar Haselnüsse zu, vielleicht mag er auch damit spielen.

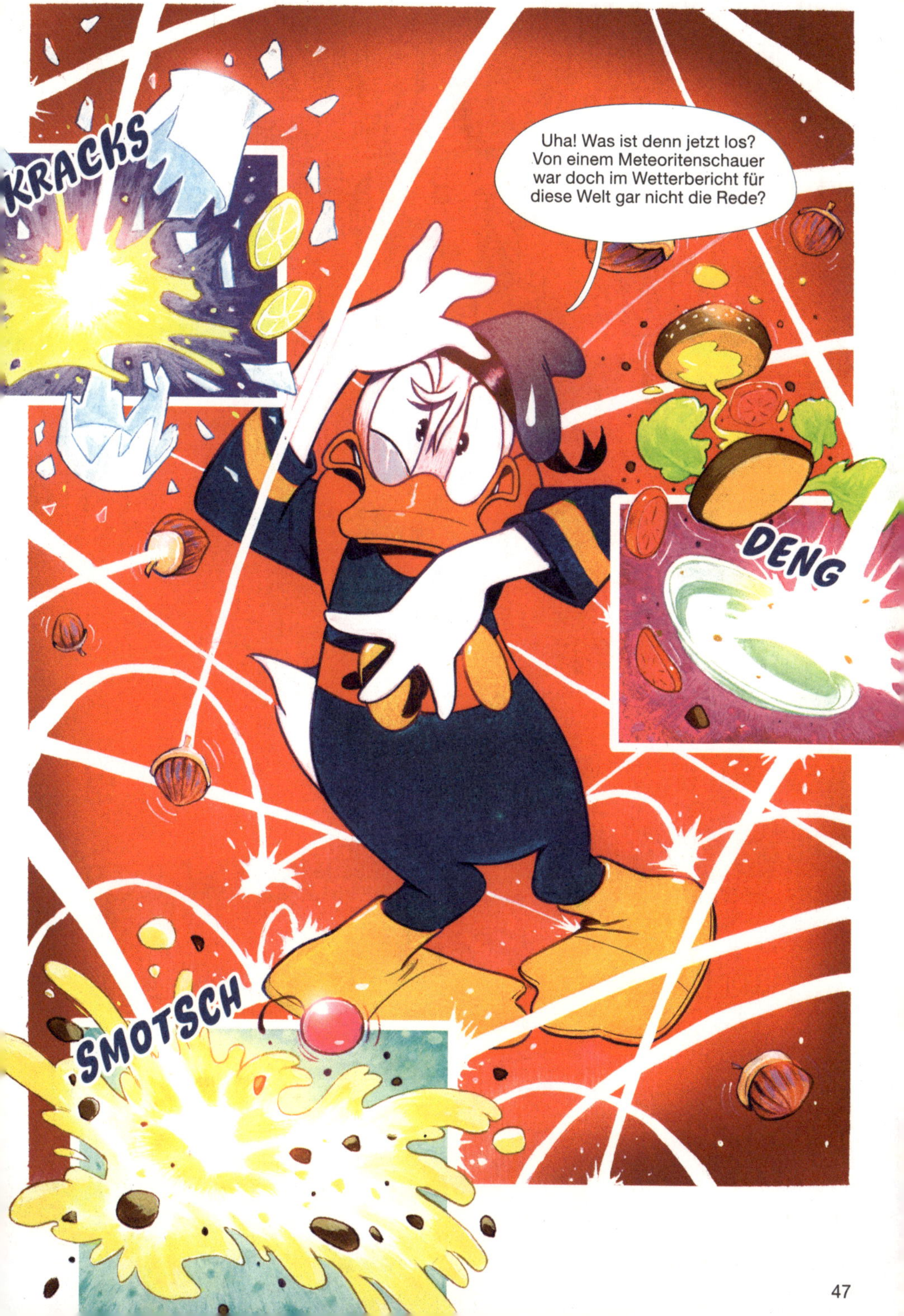
KRACKS
Uha! Was ist denn jetzt los? Von einem Meteoritenschauer war doch im Wetterbericht für diese Welt gar nicht die Rede?
DENG
SMOTSCH

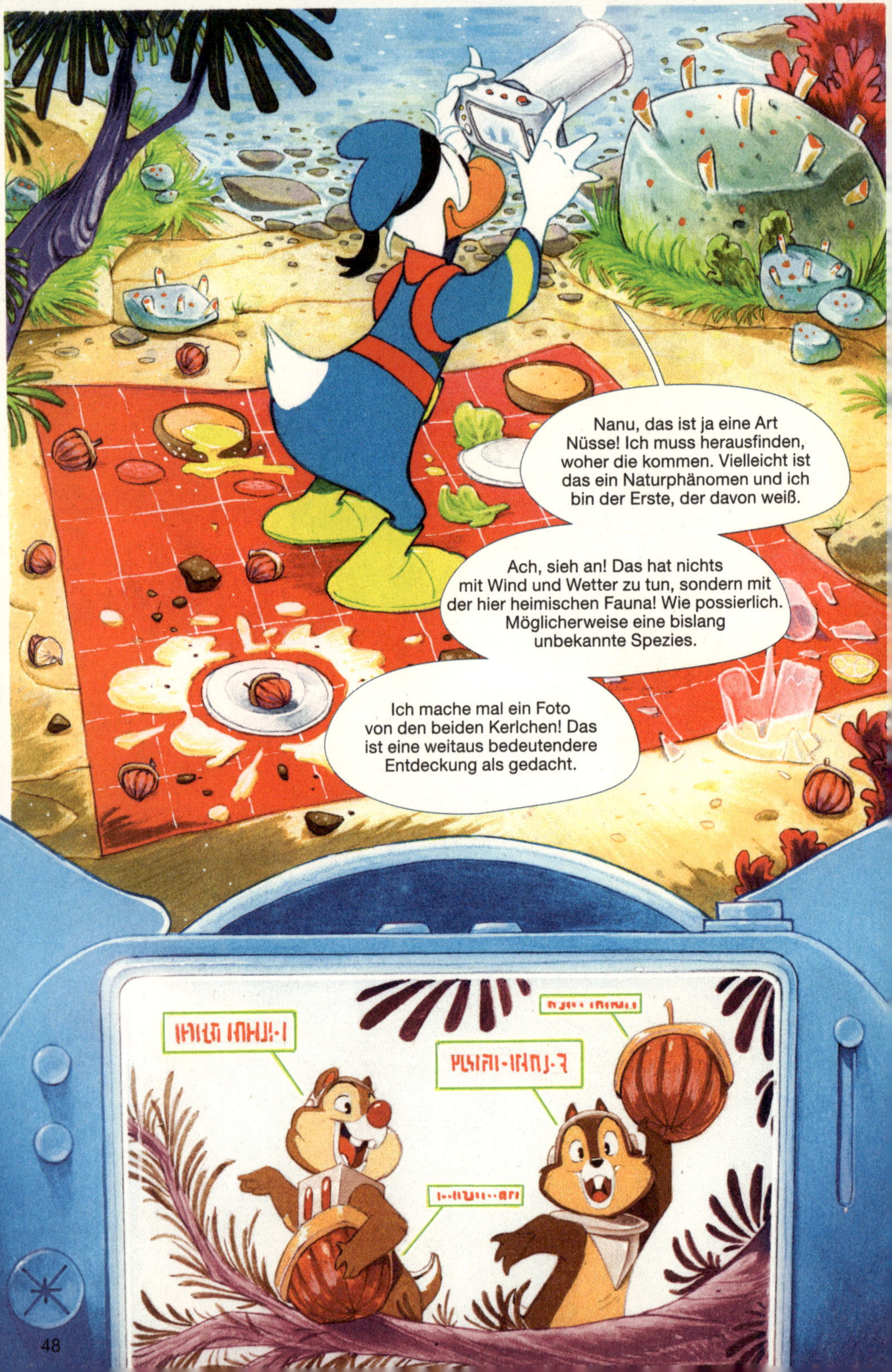
Nanu, das ist ja eine Art Nüsse! Ich muss herausfinden, woher die kommen. Vielleicht ist das ein Naturphänomen und ich bin der Erste, der davon weiß.
Ach, sieh an! Das hat nichts mit Wind und Wetter zu tun, sondern mit der hier heimischen Fauna! Wie possierlich. Möglicherweise eine bislang unbekannte Spezies.
Ich mache mal ein Foto von den beiden Kerlchen! Das ist eine weitaus bedeutendere Entdeckung als gedacht.

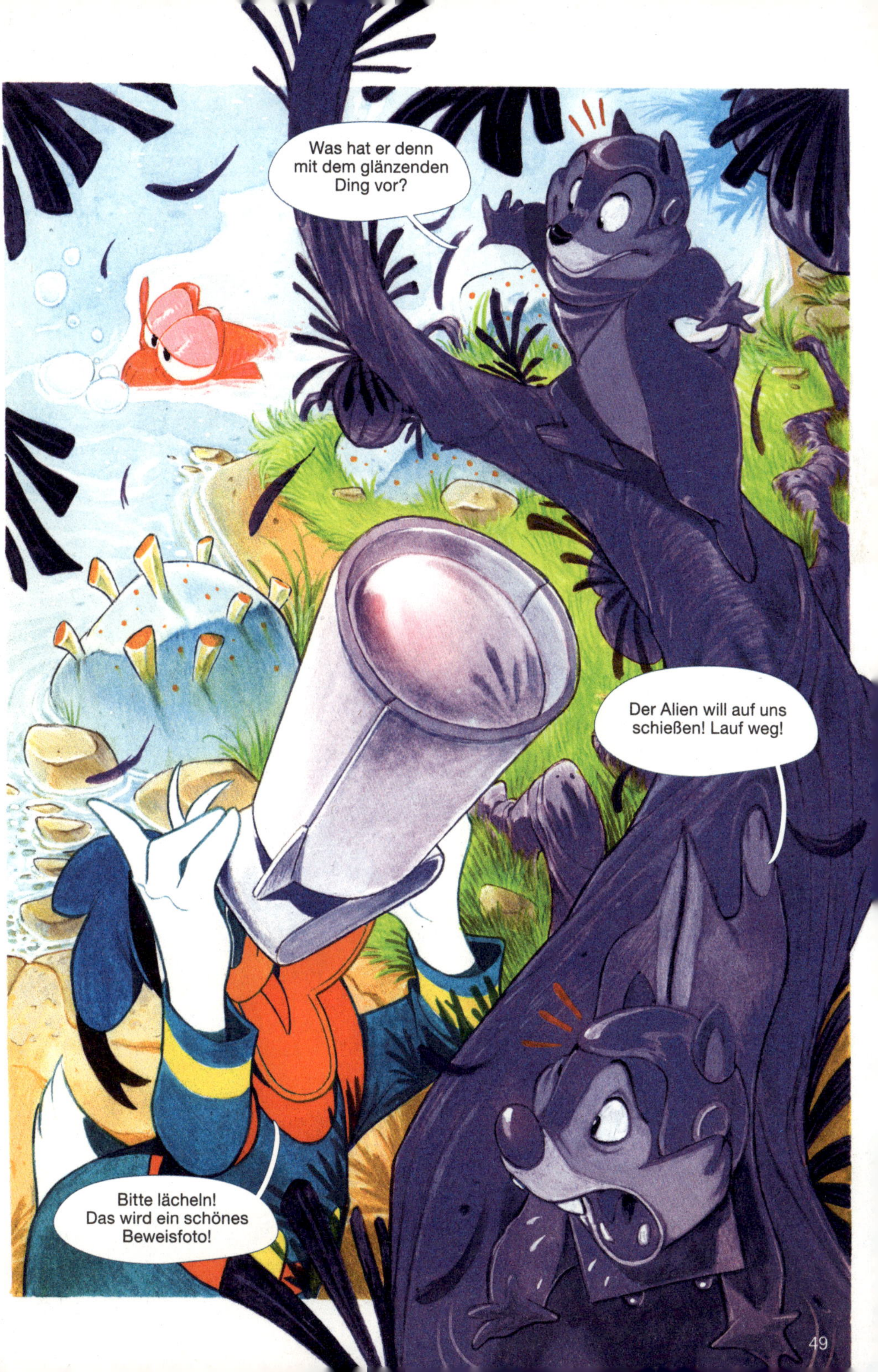
Was hat er denn
mit dem glänzenden
Ding vor?
Der Alien will auf uns
schießen! Lauf weg!
Bitte lächeln!
Das wird ein schönes
Beweisfoto!

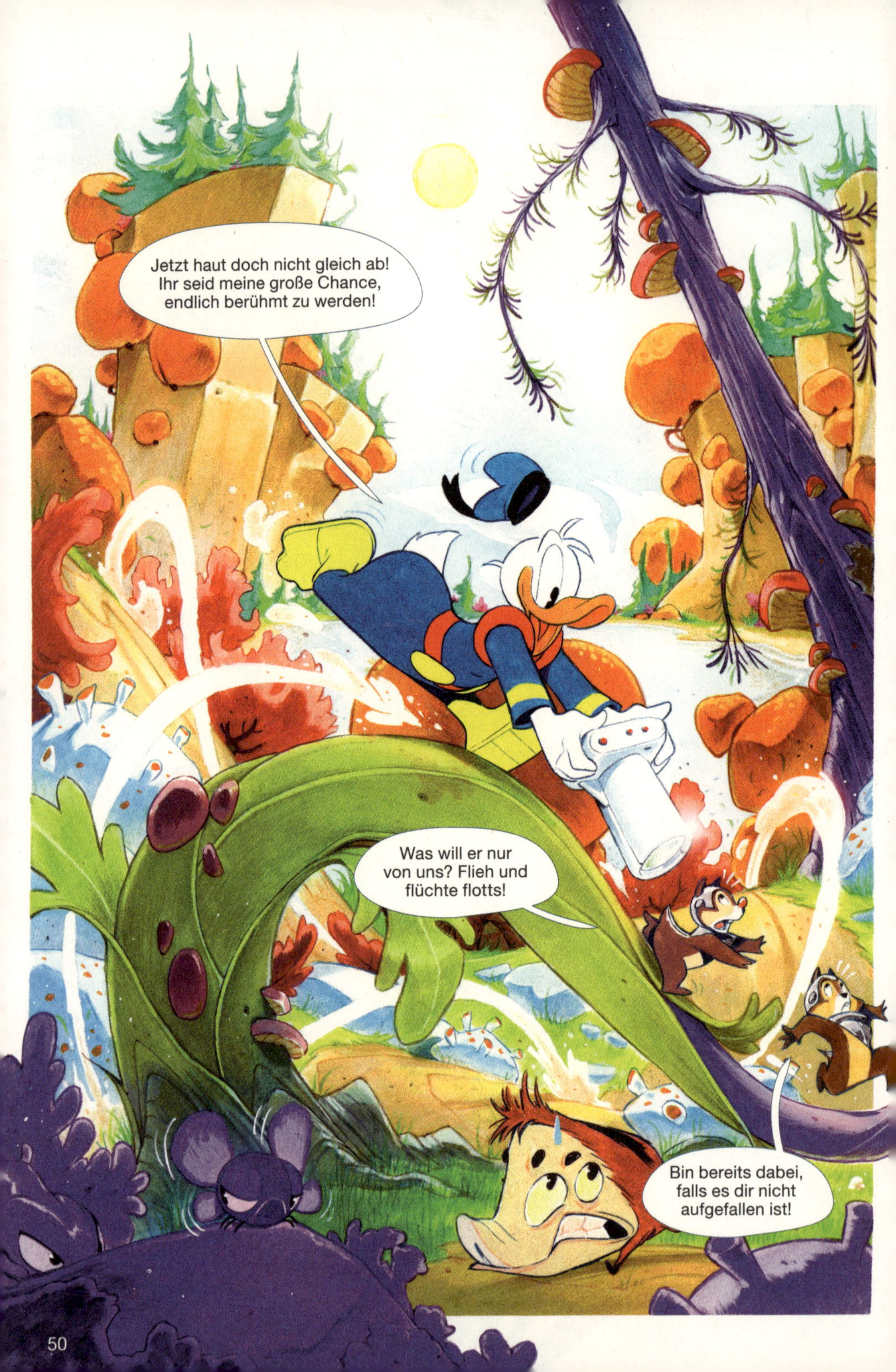
Jetzt haut doch nicht gleich ab! Ihr seid meine große Chance, endlich berühmt zu werden!
Was will er nur von uns? Flieh und flüchte flotts!
Bin bereits dabei, falls es dir nicht aufgefallen ist!

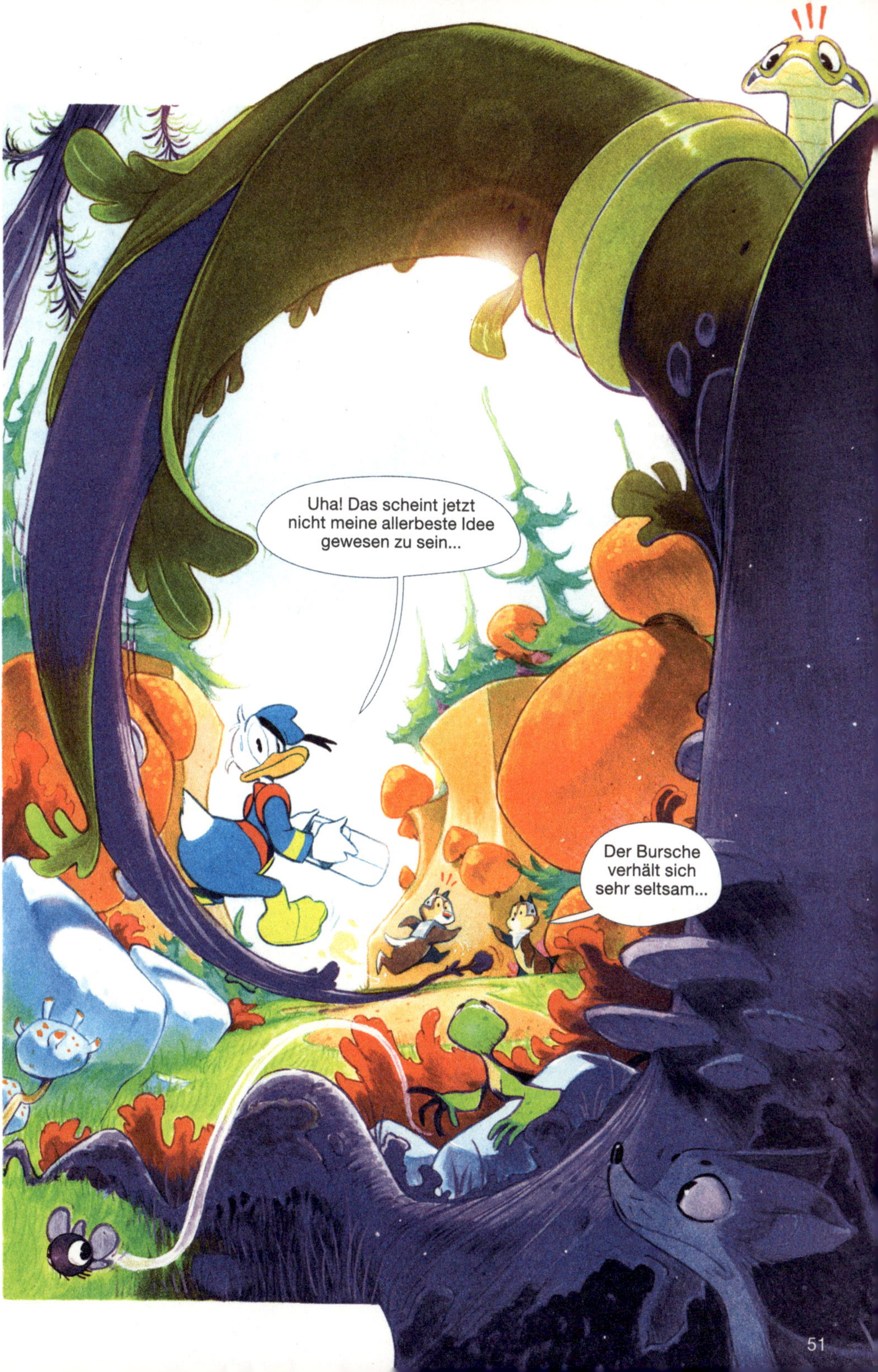
Uha! Das scheint jetzt nicht meine allerbeste Idee gewesen zu sein...
Der Bursche verhält sich sehr seltsam...

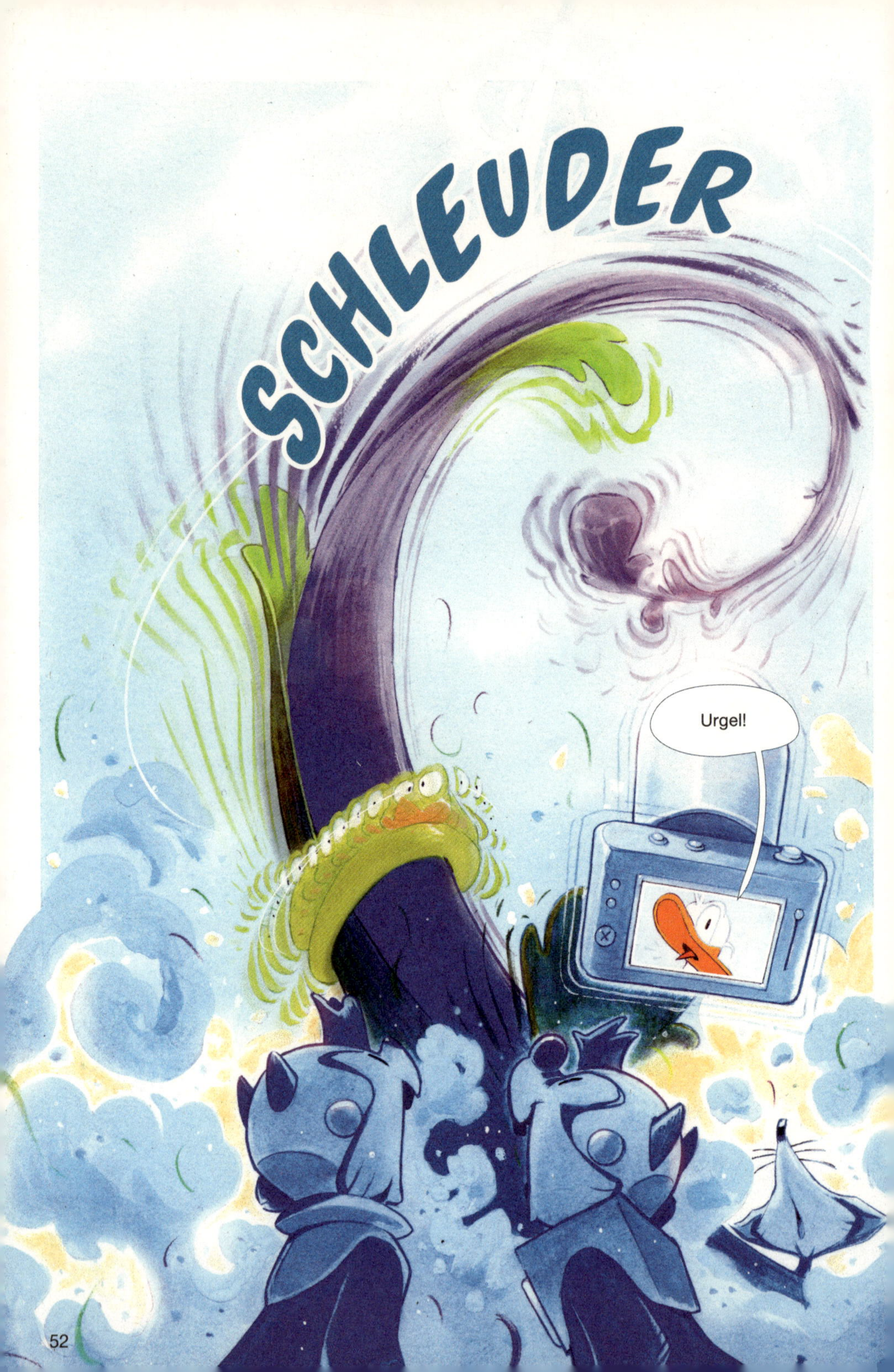
SCHLEUDER
Urgel!

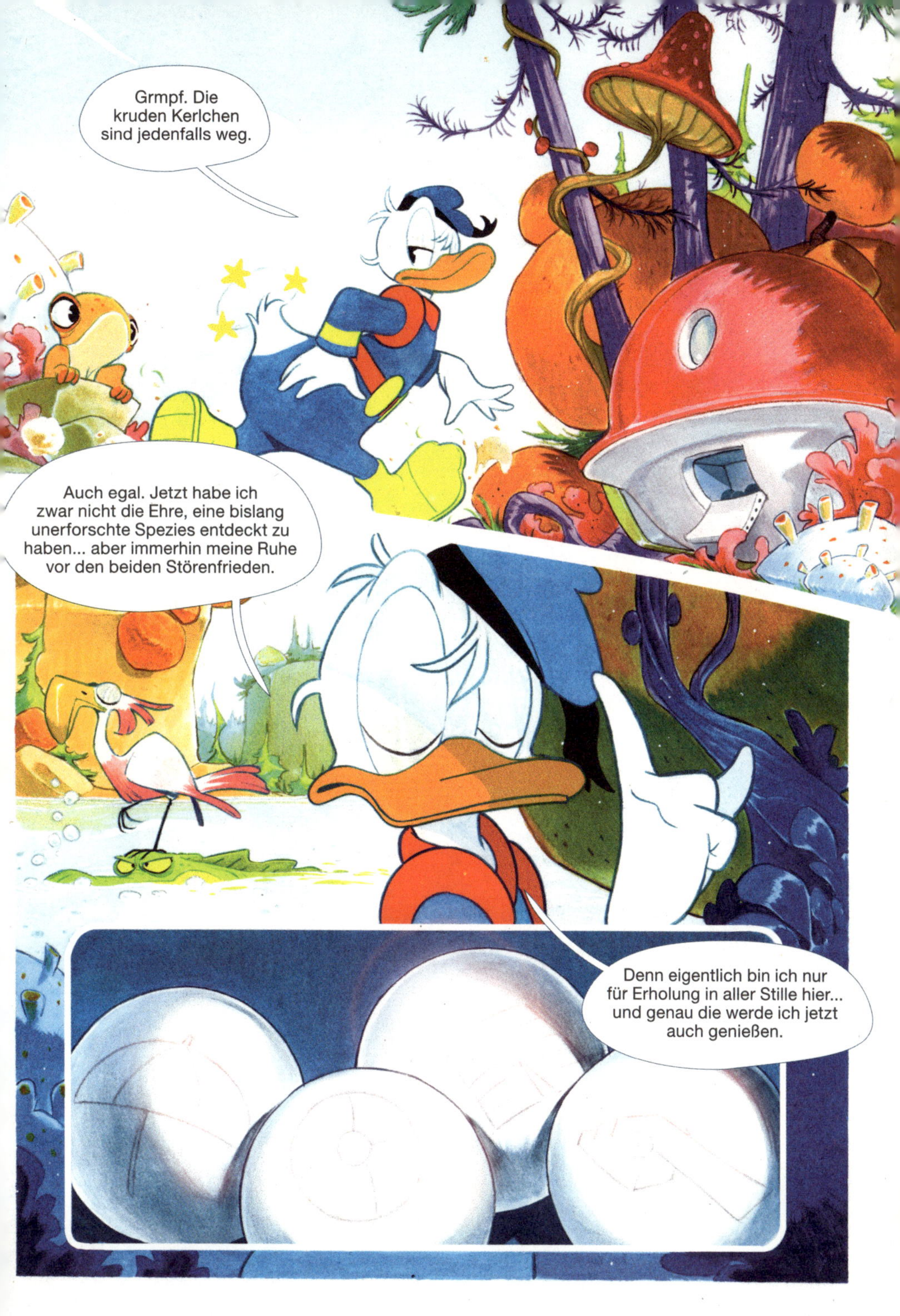
Grmpf. Die kruden Kerlchen sind jedenfalls weg.
Auch egal. Jetzt habe ich zwar nicht die Ehre, eine bislang unerforschte Spezies entdeckt zu haben... aber immerhin meine Ruhe vor den beiden Störenfrieden.
Denn eigentlich bin ich nur für Erholung in aller Stille hier... und genau die werde ich jetzt auch genießen.

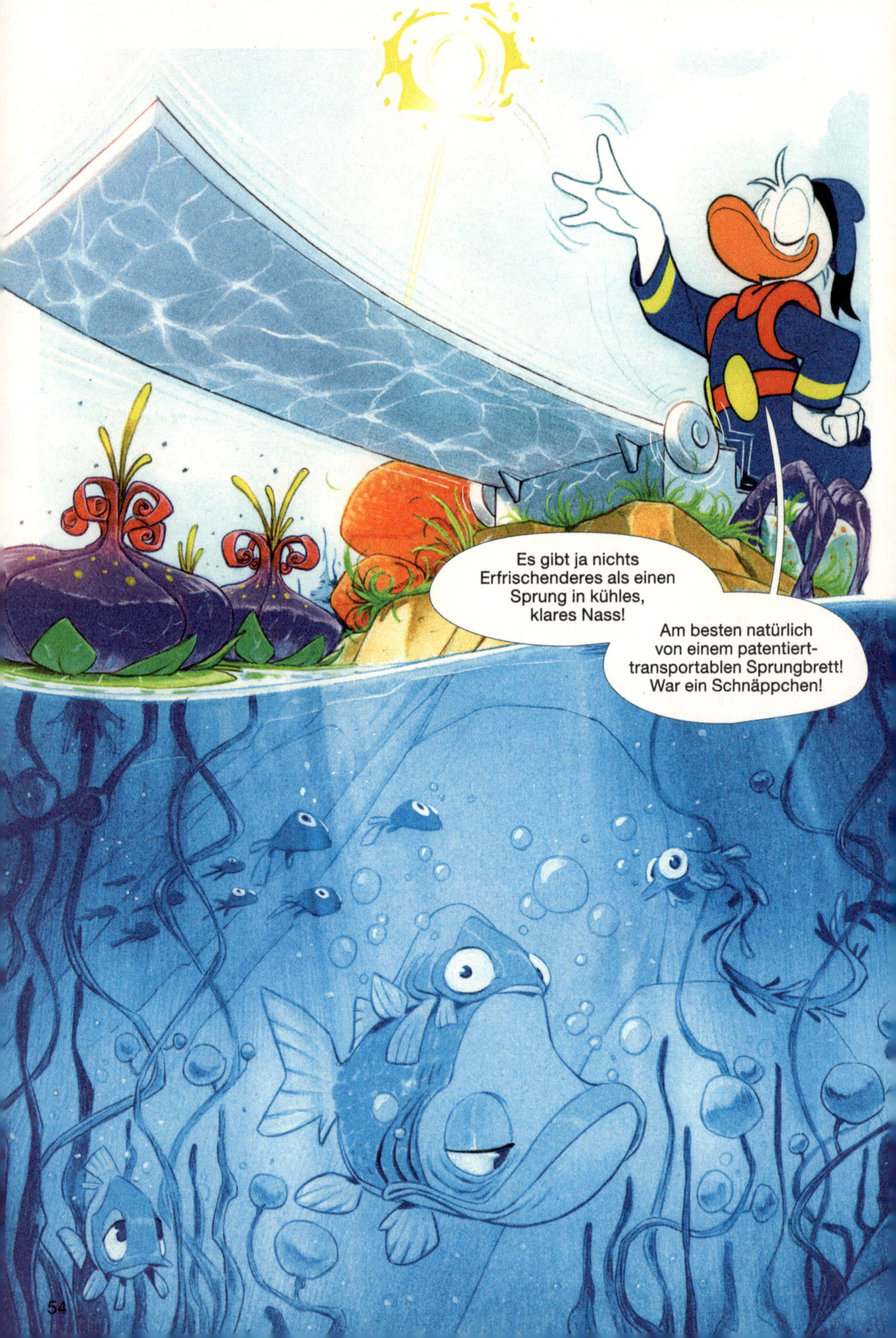
Es gibt ja nichts Erfrischenderes als einen Sprung in kühles, klares Nass!
Am besten natürlich von einem patentiert-transportablen Sprungbrett! War ein Schnäppchen!

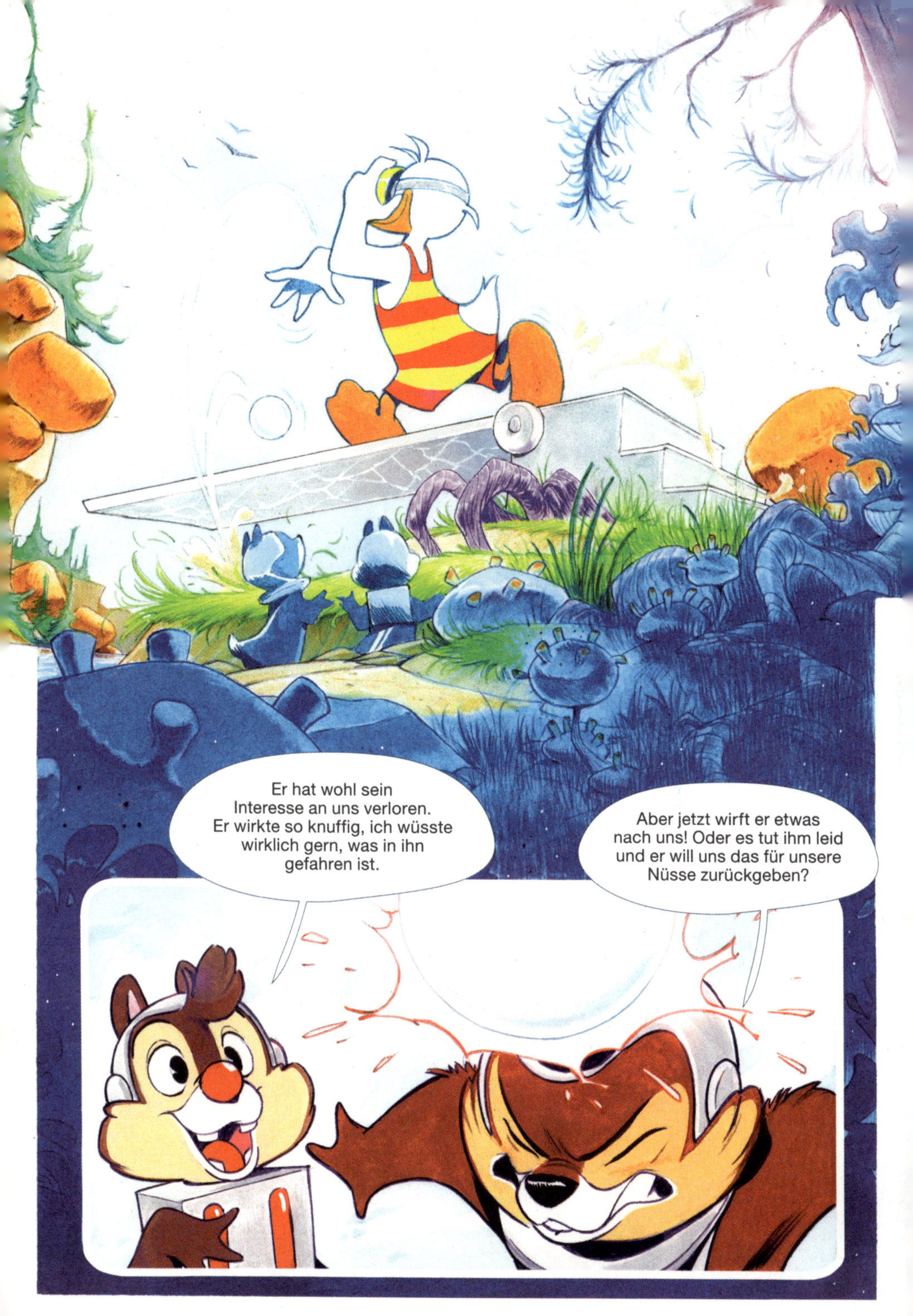
Er hat wohl sein Interesse an uns verloren. Er wirkte so knuffig, ich wüsste wirklich gern, was in ihn gefahren ist.
Aber jetzt wirft er etwas nach uns! Oder es tut ihm leid und er will uns das für unsere Nüsse zurückgeben?

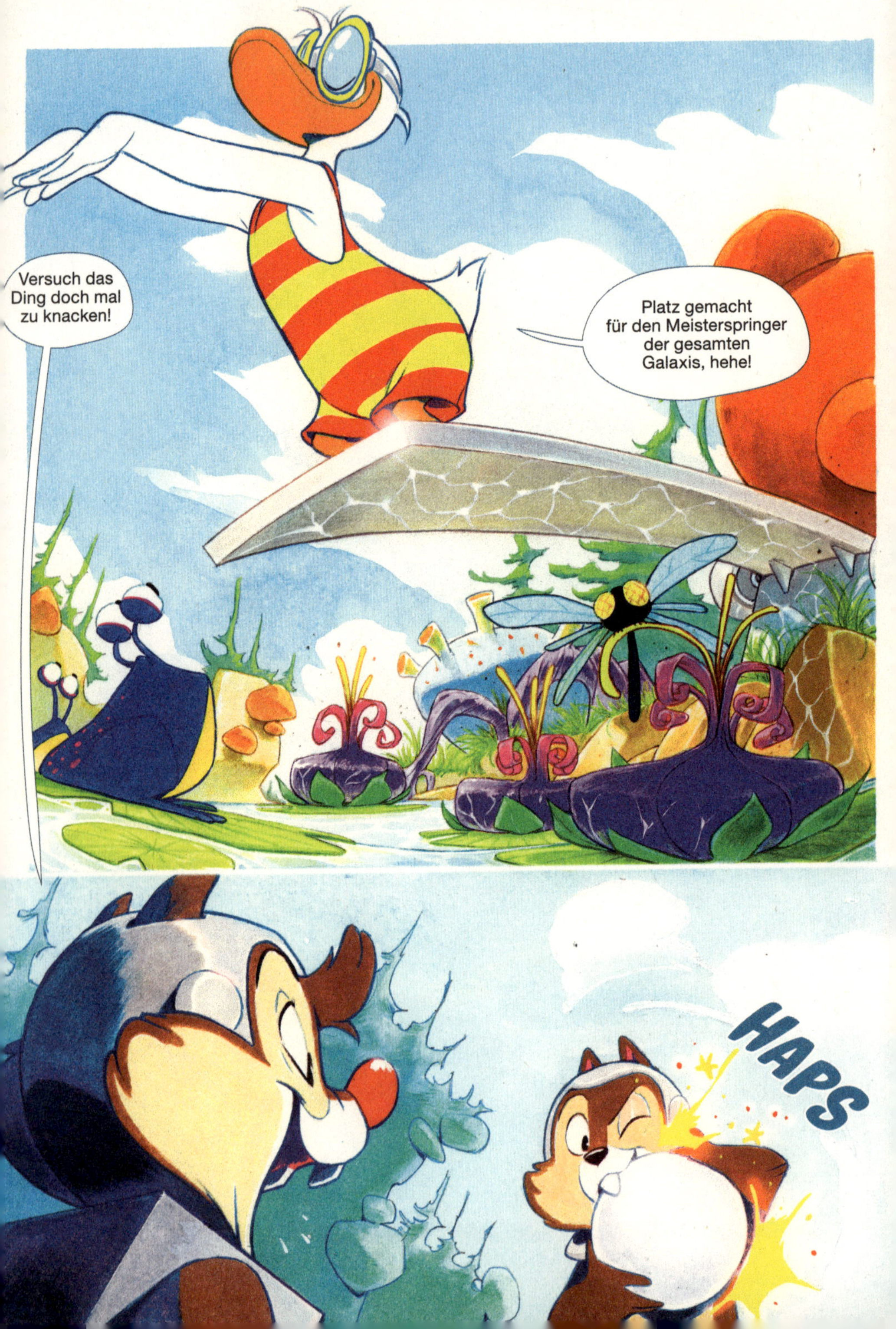

Versuch das Ding doch mal zu knacken!
Platz gemacht für den Meisterspringer der gesamten Galaxis, hehe!
HAPS

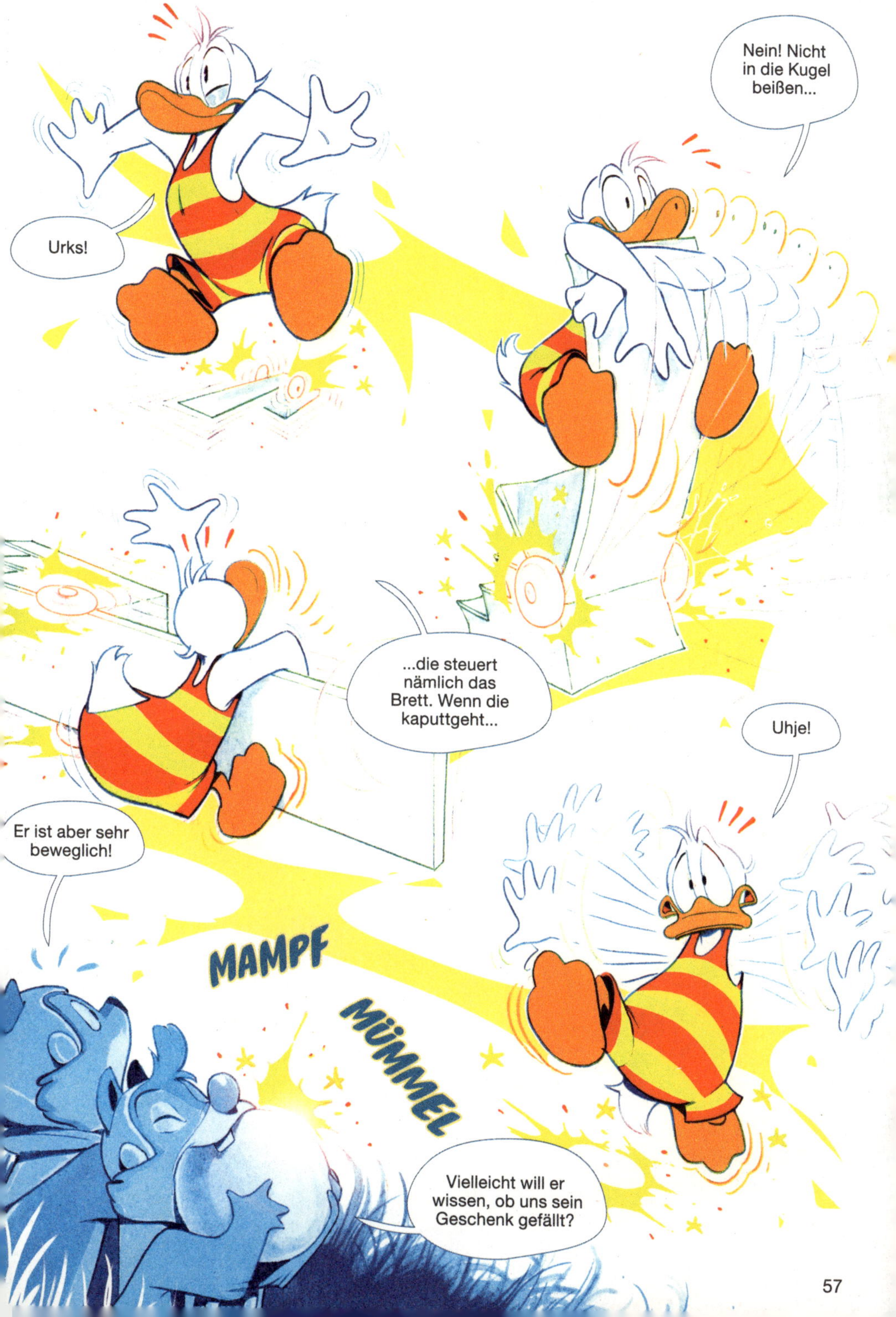

Urks!
Nein! Nicht in die Kugel beißen...
...die steuert nämlich das Brett. Wenn die kaputtgeht...
Uhje!
Er ist aber sehr beweglich!
MAMPF
MÜMMEL
Vielleicht will er wissen, ob uns sein Geschenk gefällt?

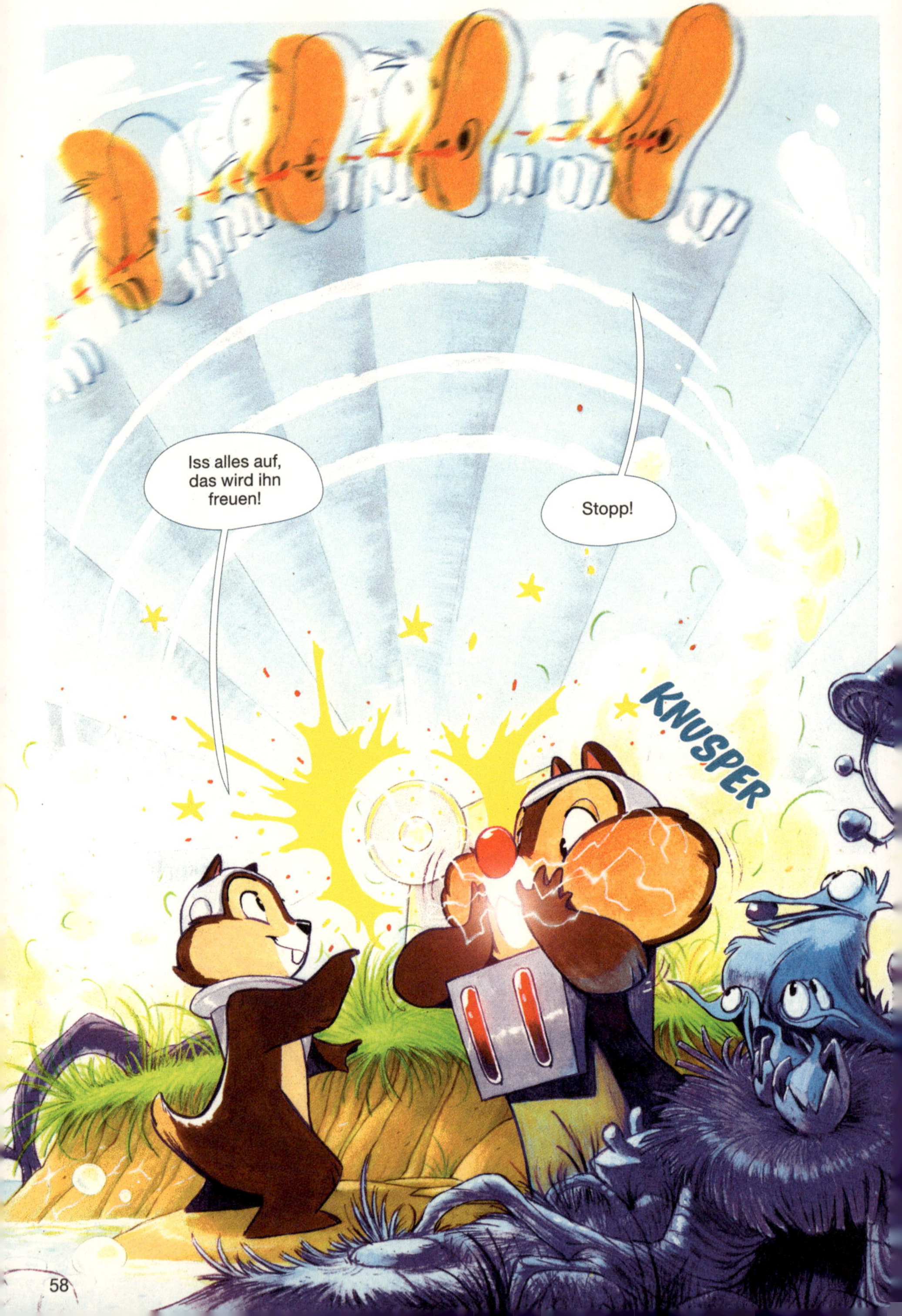
Iss alles auf, das wird ihn freuen!
Stopp!
KNUSPER

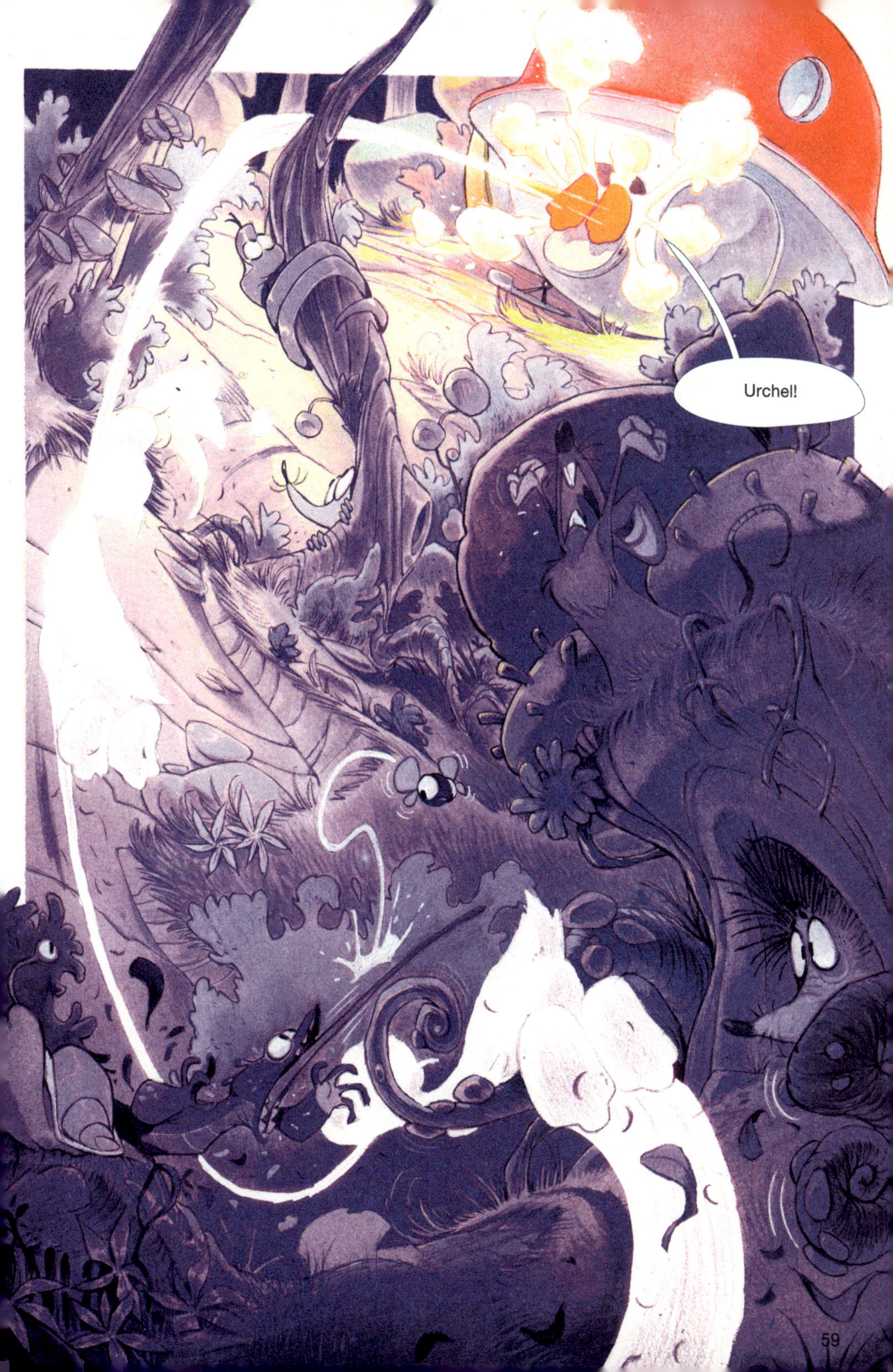
Urchel!

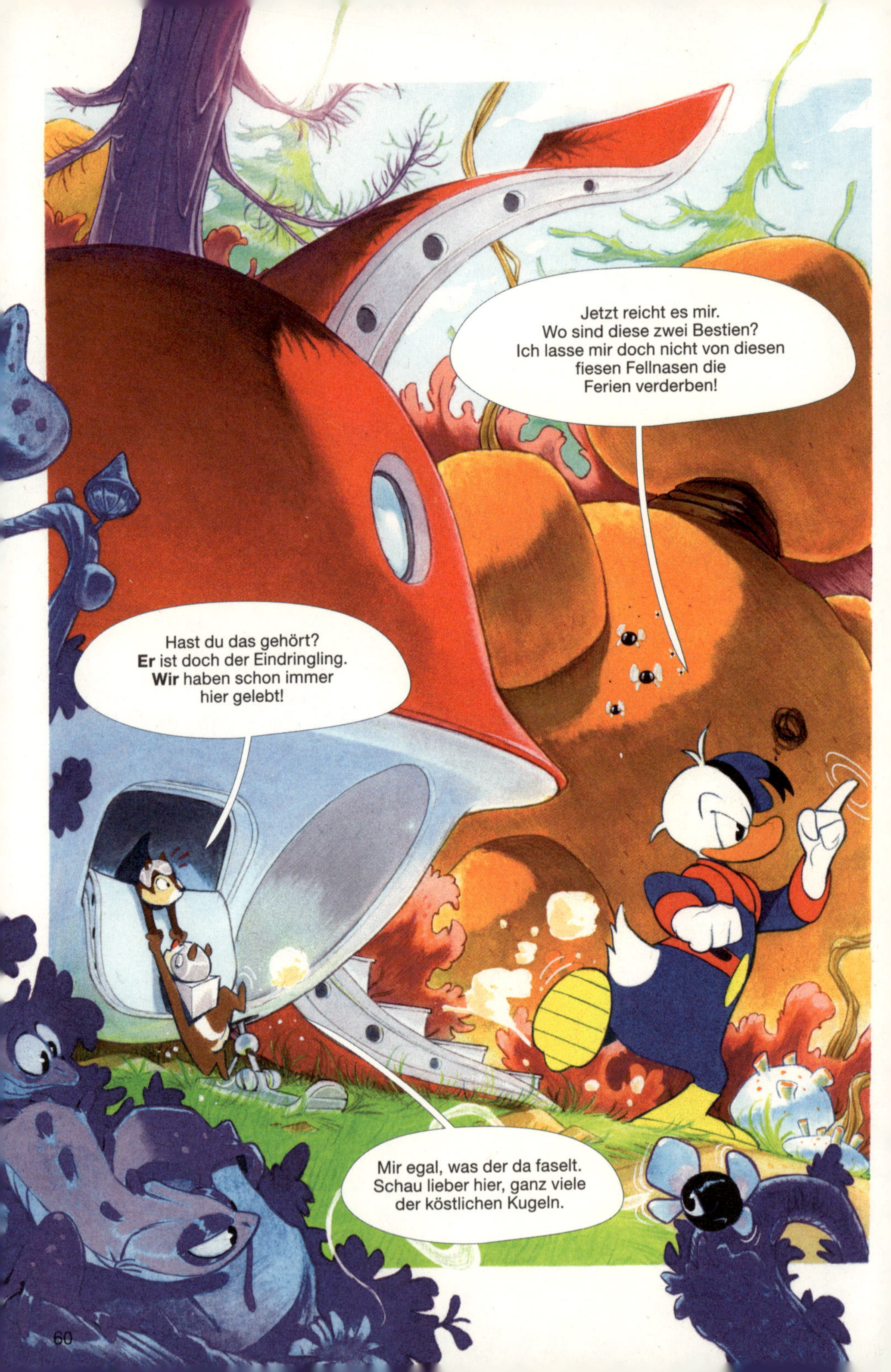
Jetzt reicht es mir. Wo sind diese zwei Bestien? Ich lasse mir doch nicht von diesen fiesen Fellnasen die Ferien verderben!
Hast du das gehört? **Er** ist doch der Eindringling. **Wir** haben schon immer hier gelebt!
Mir egal, was der da faselt. Schau lieber hier, ganz viele der köstlichen Kugeln.

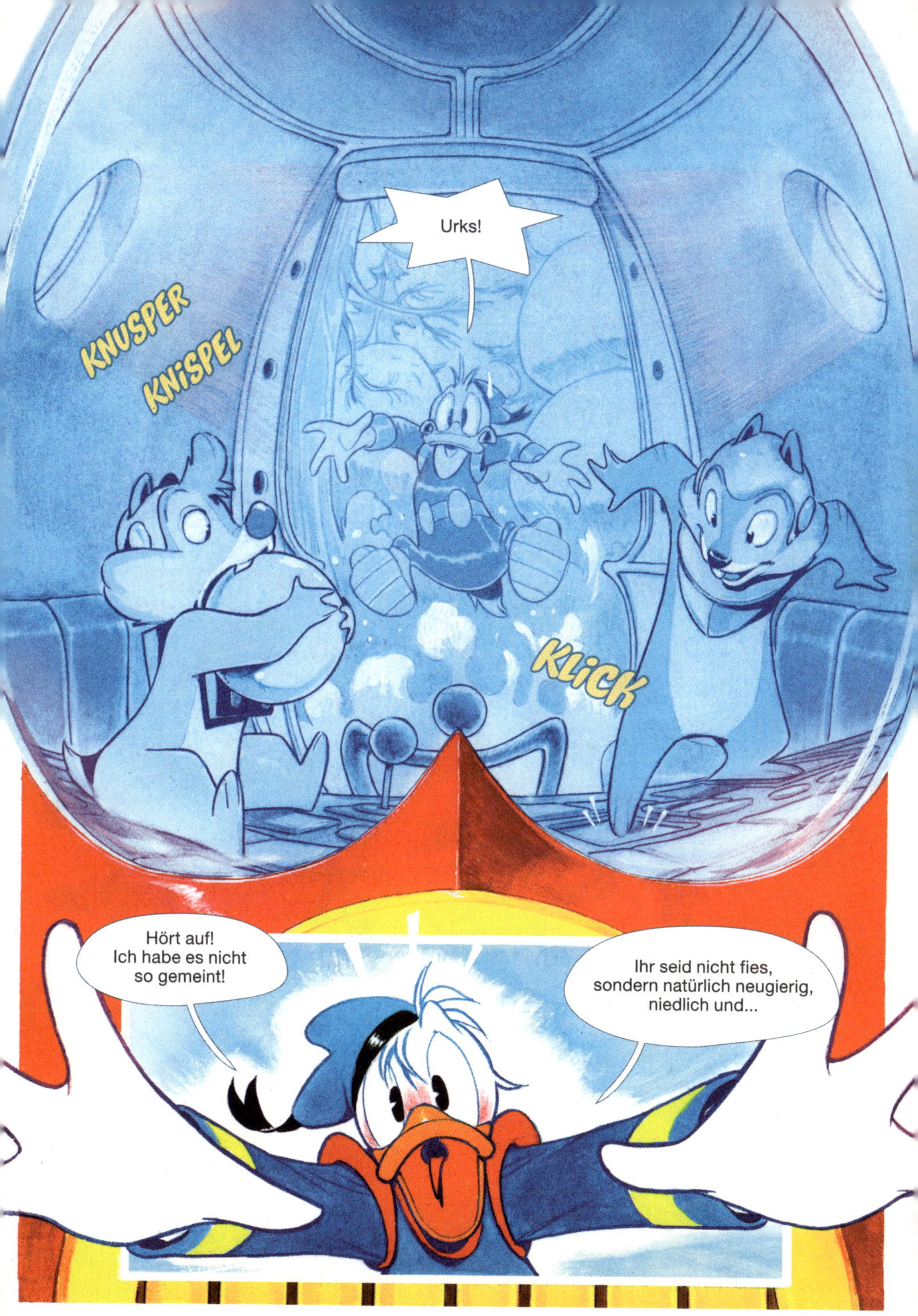
Urks!
KNUSPER
KNISPEL
KLICK
Hört auf!
Ich habe es nicht
so gemeint!
Ihr seid nicht fies,
sondern natürlich neugierig,
niedlich und...

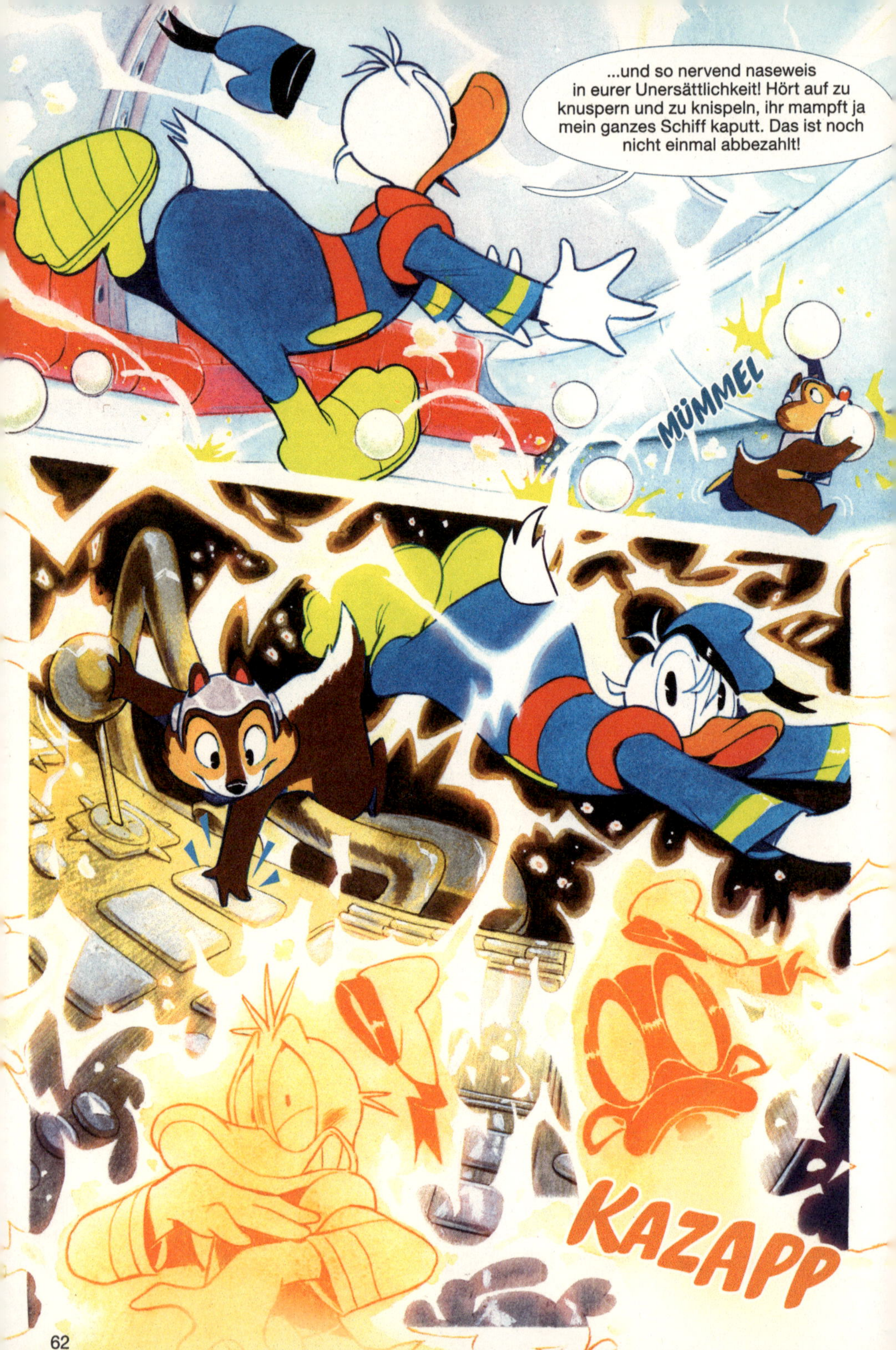
...und so nervend naseweis in eurer Unersättlichkeit! Hört auf zu knuspern und zu knispeln, ihr mampft ja mein ganzes Schiff kaputt. Das ist noch nicht einmal abbezahlt!
MÜMMEL
KAZAPP

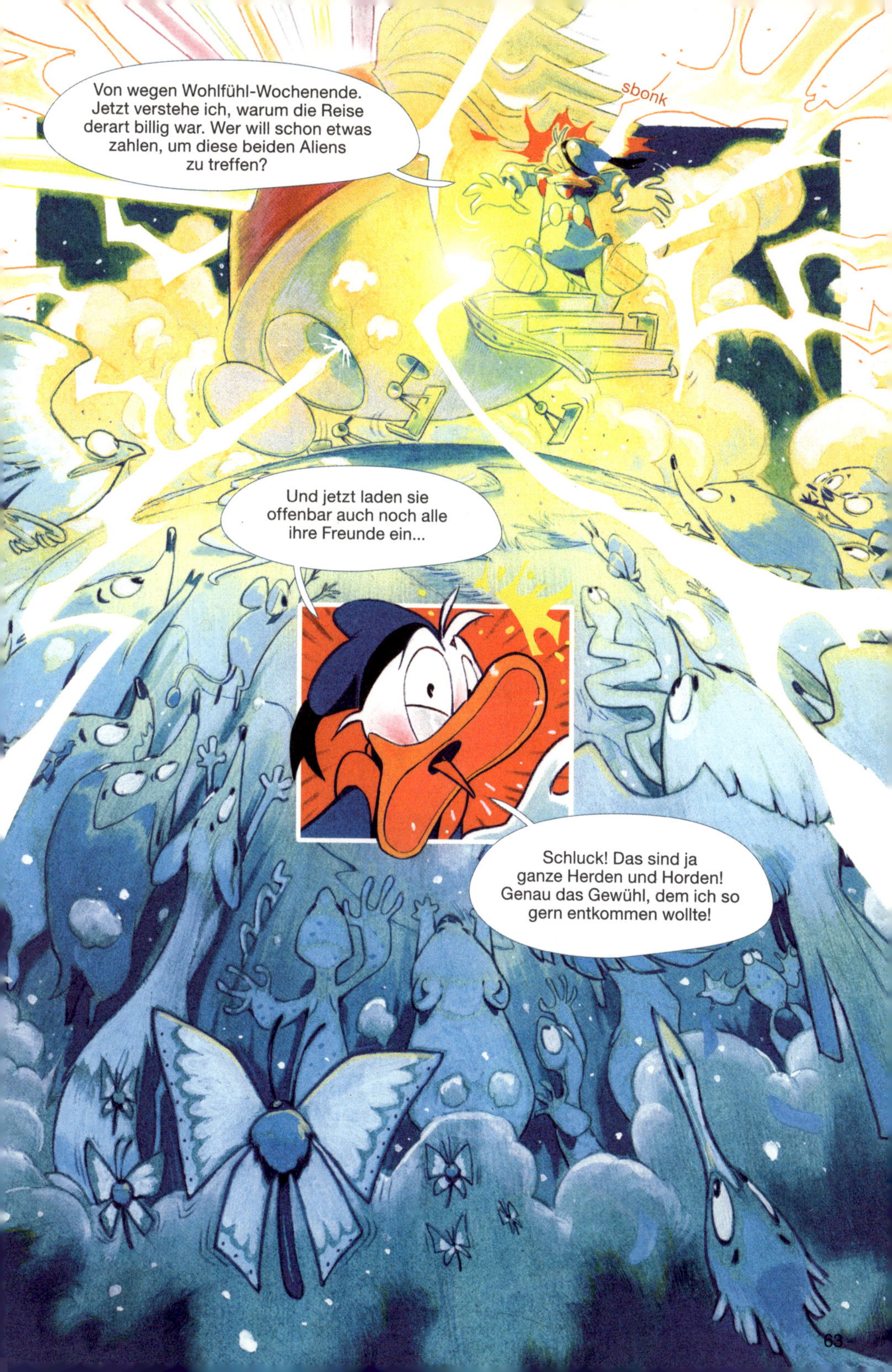
Von wegen Wohlfühl-Wochenende. Jetzt verstehe ich, warum die Reise derart billig war. Wer will schon etwas zahlen, um diese beiden Aliens zu treffen?
sbonk
Und jetzt laden sie offenbar auch noch alle ihre Freunde ein...
Schluck! Das sind ja ganze Herden und Horden! Genau das Gewühl, dem ich so gern entkommen wollte!

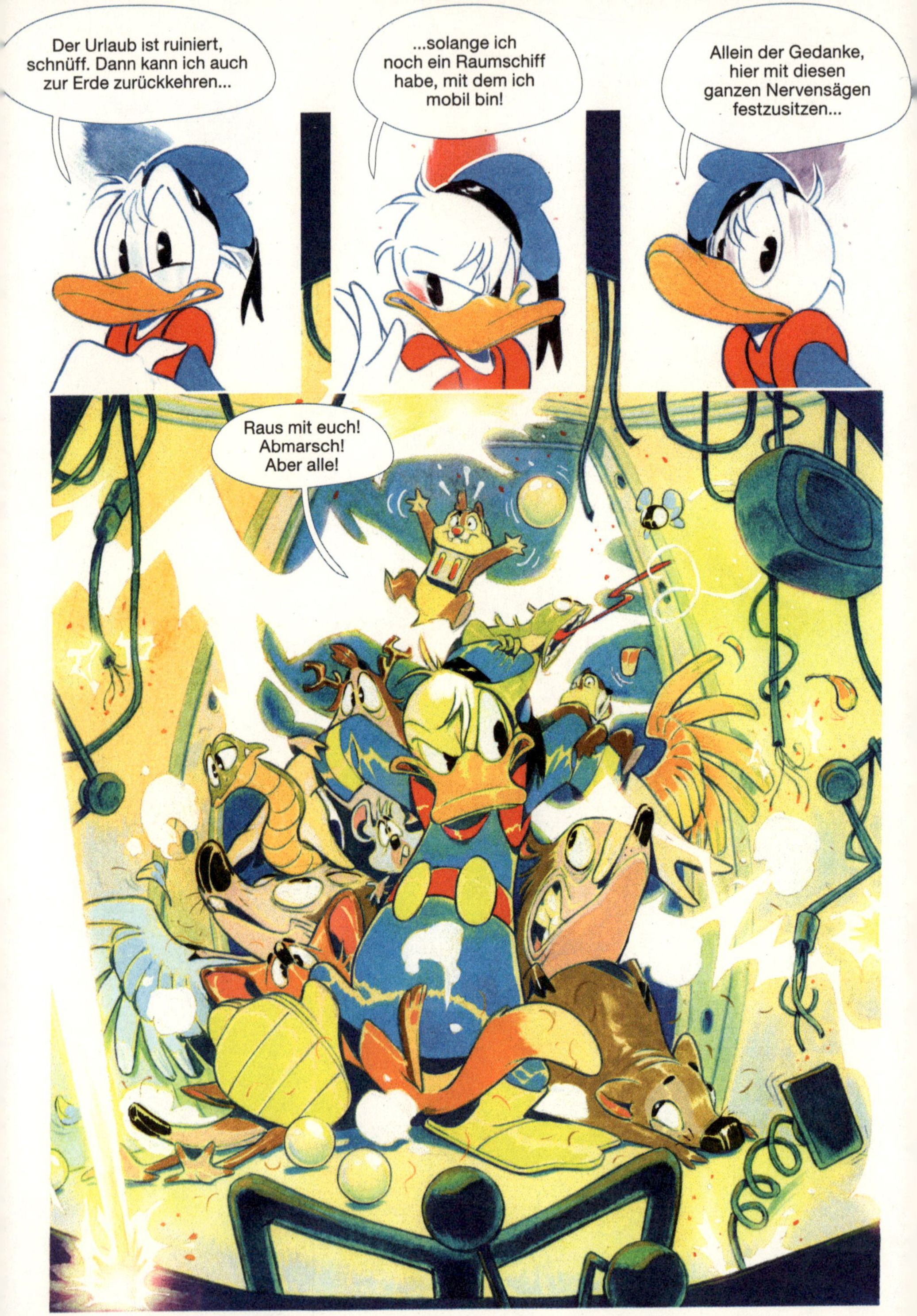
Der Urlaub ist ruiniert, schnüff. Dann kann ich auch zur Erde zurückkehren...
...solange ich noch ein Raumschiff habe, mit dem ich mobil bin!
Allein der Gedanke, hier mit diesen ganzen Nervensägen festzusitzen...
Raus mit euch! Abmarsch! Aber alle!

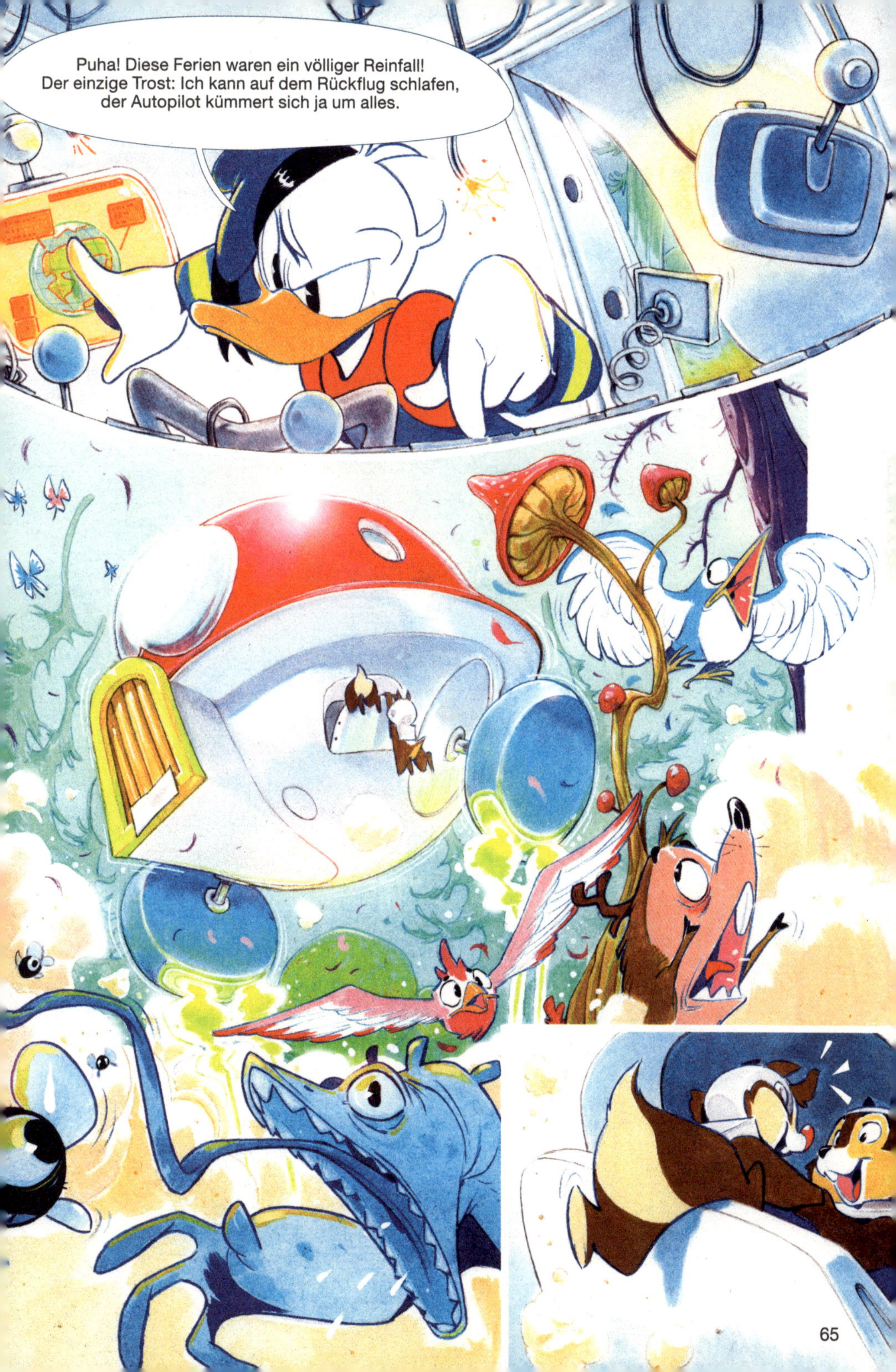
Puha! Diese Ferien waren ein völliger Reinfall!
Der einzige Trost: Ich kann auf dem Rückflug schlafen,
der Autopilot kümmert sich ja um alles.

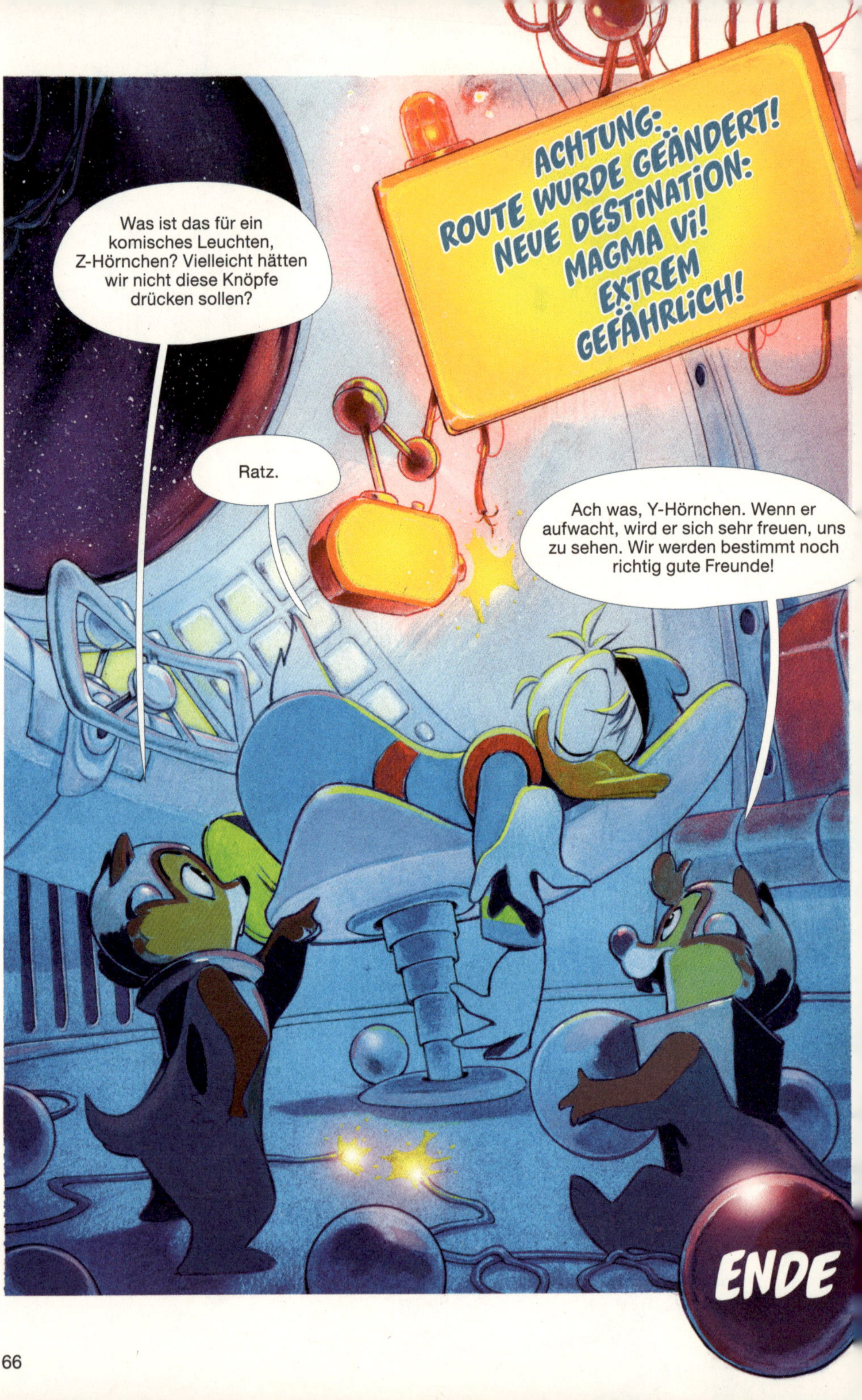
ACHTUNG: ROUTE WURDE GEÄNDERT! NEUE DESTINATION: MAGMA VI! EXTREM GEFÄHRLICH!
Was ist das für ein komisches Leuchten, Z-Hörnchen? Vielleicht hätten wir nicht diese Knöpfe drücken sollen?
Ratz.
Ach was, Y-Hörnchen. Wenn er aufwacht, wird er sich sehr freuen, uns zu sehen. Wir werden bestimmt noch richtig gute Freunde!
ENDE

1938

# Mr. Mouse Takes a Trip

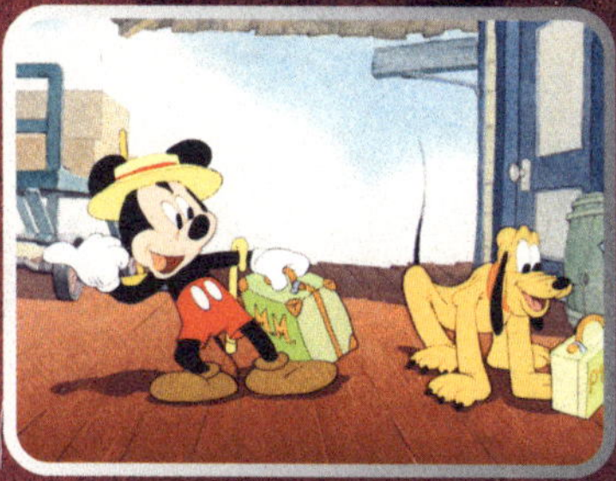

**Deutscher Titel: Herr Maus auf großer Reise.** Walt Disney hatte gerade sein neues Studio in Burbank, Kalifornien, eröffnet, als dieser Zeichentrickfilm im Jahr 1940 veröffentlicht wurde. Daher wartet Micky auf dem Bahnhof Burbank an Gleis 16 ¾ auf den Zug.

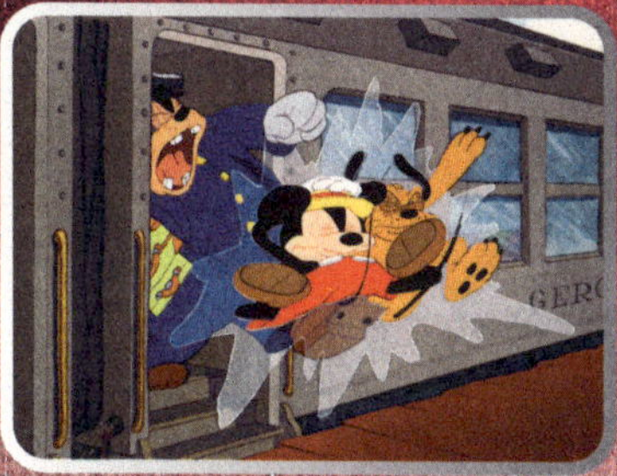

Micky will eigentlich mit seinem Hund Pluto einen Ausflug nach Pomona machen (etwa 60 Kilometer von Burbank entfernt). Doch das scheitert daran, dass Schaffner Kater Karlo beide sofort aus dem Zug wirft und brüllt, dass „Hunde an Bord nicht erlaubt" seien! Davon lässt sich der listige Micky aber nicht beeindrucken und versteckt Pluto in einem Koffer. Als Karlo den blinden Passagier entdeckt, entwickelt sich eine wilde Jagd durch alle Waggons.

Der stets einfallsreiche Micky verkleidet sich dabei mehrfach, um seinem Verfolger zu entkommen. Der klassisch animierte Cartoon wurde produziert, als Zugreisen in den USA zum alltäglichen Leben gehörten, und war ein Favorit des Eisenbahnliebhabers Disney. Der leicht zu übersehende Schriftzug „GERONOM" an der Seite des Zuges ist ein Gruß an den Regisseur, die Disney-Animationslegende Clyde Geronimi.

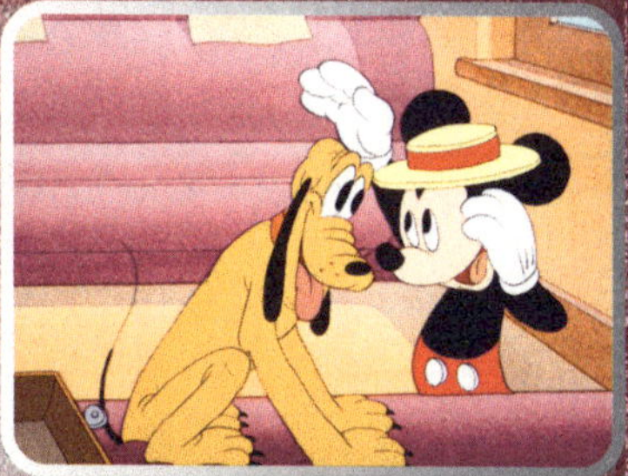

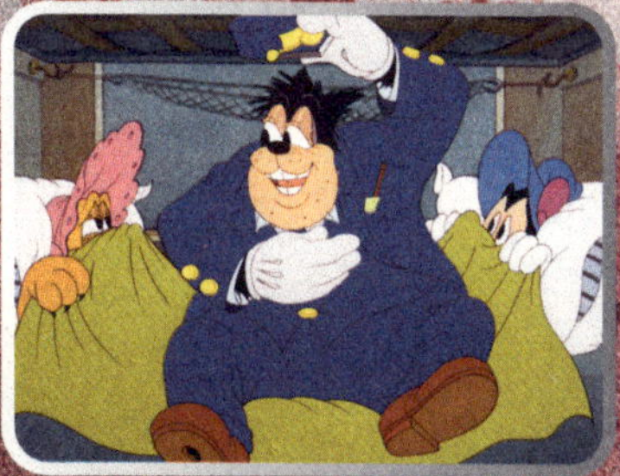

Der Film ist einzigartig in Disneys Kurzfilm-Schaffen, da es Filmmaterial von Aufnahmesessions gibt, das Walt Disney (die Originalstimme von Micky Maus) und Billy Bletcher (den langjährigen Sprecher von Kater Karlo) bei ihrer Arbeit zeigt.

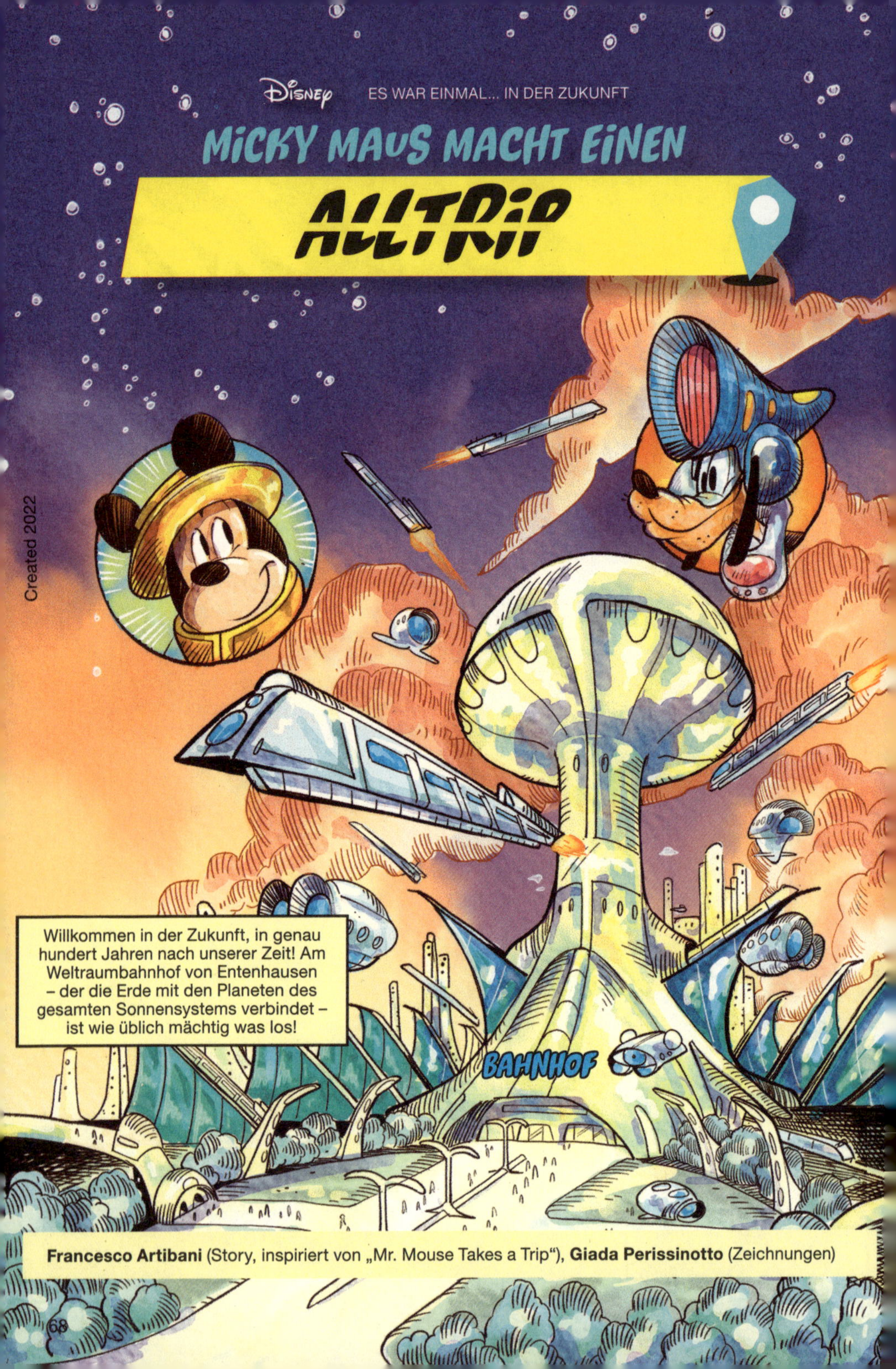
Disney
ES WAR EINMAL... IN DER ZUKUNFT
MICKY MAUS MACHT EINEN
ALLTRIP
Created 2022
Willkommen in der Zukunft, in genau hundert Jahren nach unserer Zeit! Am Weltraumbahnhof von Entenhausen – der die Erde mit den Planeten des gesamten Sonnensystems verbindet – ist wie üblich mächtig was los!
BAHNHOF
**Francesco Artibani** (Story, inspiriert von „Mr. Mouse Takes a Trip“), **Giada Perissinotto** (Zeichnungen)

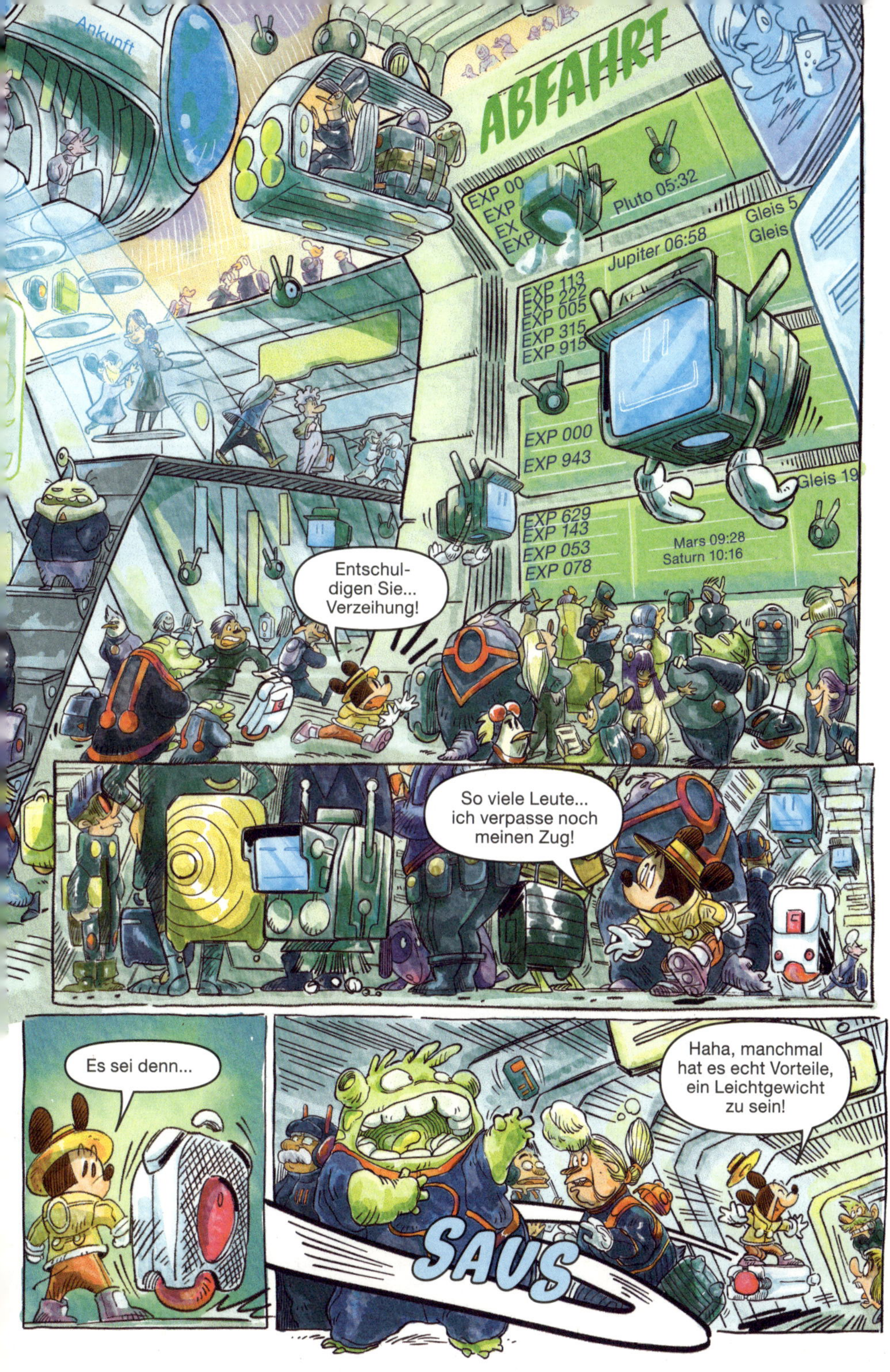
Ankunft
ABFAHRT
Pluto 05:32
Gleis 5
Gleis
Jupiter 06:58
EXP 113
EXP 222
EXP 005
EXP 315
EXP 915
EXP 000
EXP 943
Gleis 19
EXP 629
EXP 143
EXP 053
EXP 078
Mars 09:28
Saturn 10:16
Entschuldigen Sie... Verzeihung!
So viele Leute... ich verpasse noch meinen Zug!
Es sei denn...
SAUS
Haha, manchmal hat es echt Vorteile, ein Leichtgewicht zu sein!

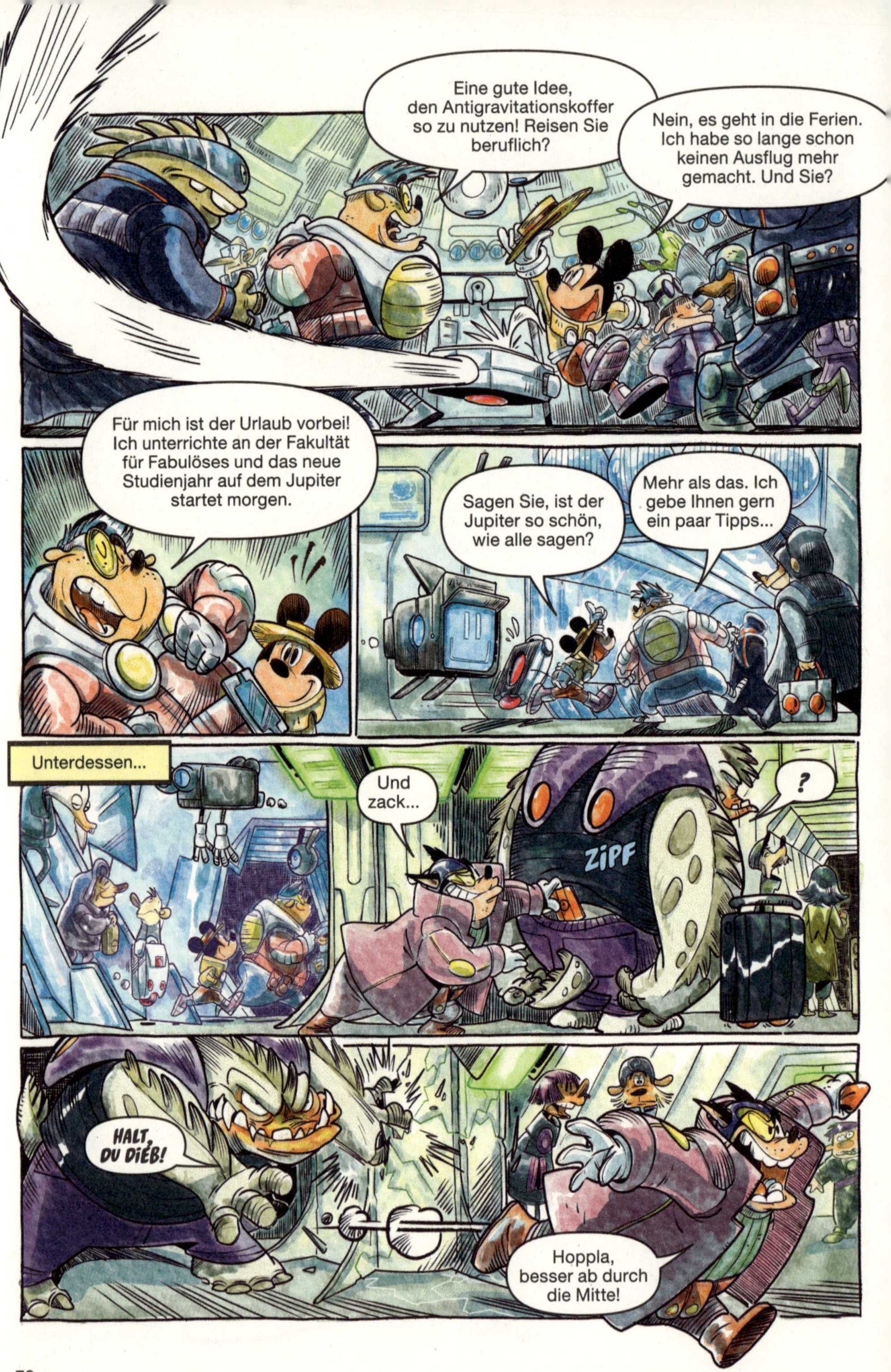
Eine gute Idee, den Antigravitationskoffer so zu nutzen! Reisen Sie beruflich?
Nein, es geht in die Ferien. Ich habe so lange schon keinen Ausflug mehr gemacht. Und Sie?
Für mich ist der Urlaub vorbei! Ich unterrichte an der Fakultät für Fabulöses und das neue Studienjahr auf dem Jupiter startet morgen.
Sagen Sie, ist der Jupiter so schön, wie alle sagen?
Mehr als das. Ich gebe Ihnen gern ein paar Tipps...
Unterdessen...
Und zack...
ZIPF
?
HALT, DU DIEB!
Hoppla, besser ab durch die Mitte!

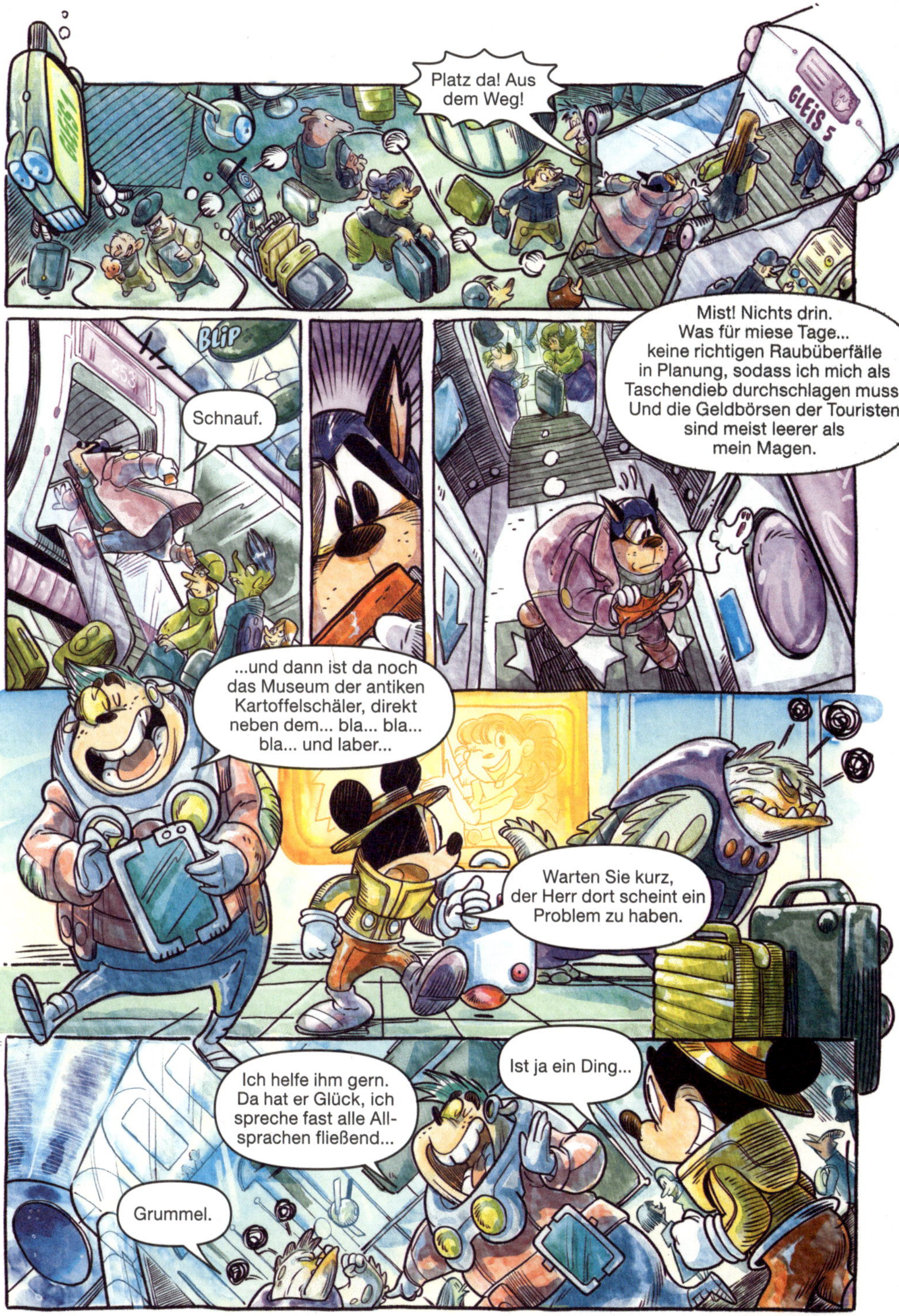
GLEIS 1
Platz da! Aus dem Weg!
GLEIS 5
BLIP
Schnauf.
Mist! Nichts drin. Was für miese Tage... keine richtigen Raubüberfälle in Planung, sodass ich mich als Taschendieb durchschlagen muss. Und die Geldbörsen der Touristen sind meist leerer als mein Magen.
...und dann ist da noch das Museum der antiken Kartoffelschäler, direkt neben dem... bla... bla... bla... und laber...
Warten Sie kurz, der Herr dort scheint ein Problem zu haben.
Ich helfe ihm gern. Da hat er Glück, ich spreche fast alle All-sprachen fließend...
Ist ja ein Ding...
Grummel.

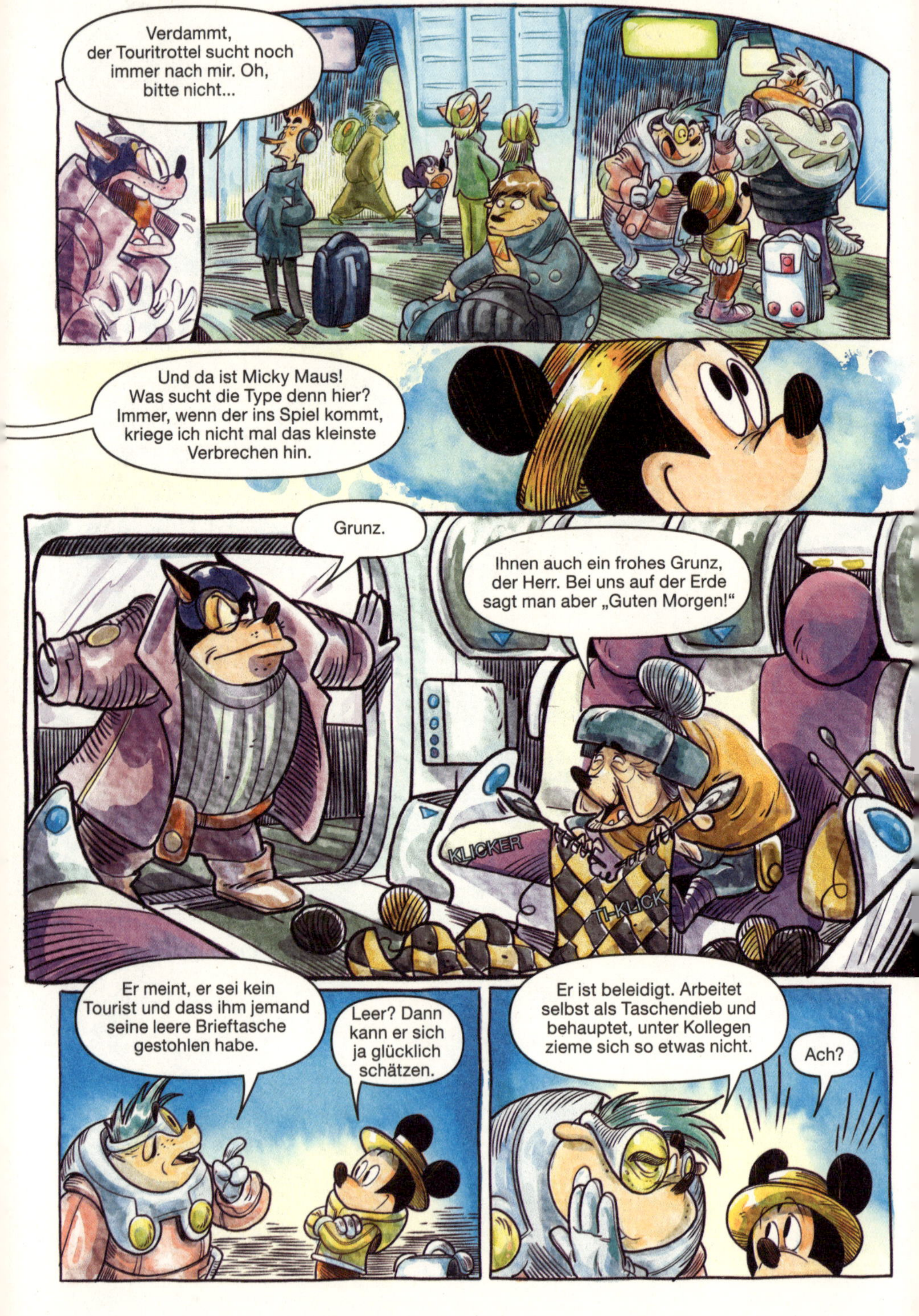
Verdammt, der Touritrottel sucht noch immer nach mir. Oh, bitte nicht...
Und da ist Micky Maus! Was sucht die Type denn hier? Immer, wenn der ins Spiel kommt, kriege ich nicht mal das kleinste Verbrechen hin.
Grunz.
Ihnen auch ein frohes Grunz, der Herr. Bei uns auf der Erde sagt man aber „Guten Morgen!"
KLICKER
TI-KLICK
Er meint, er sei kein Tourist und dass ihm jemand seine leere Brieftasche gestohlen habe.
Leer? Dann kann er sich ja glücklich schätzen.
Er ist beleidigt. Arbeitet selbst als Taschendieb und behauptet, unter Kollegen zieme sich so etwas nicht.
Ach?

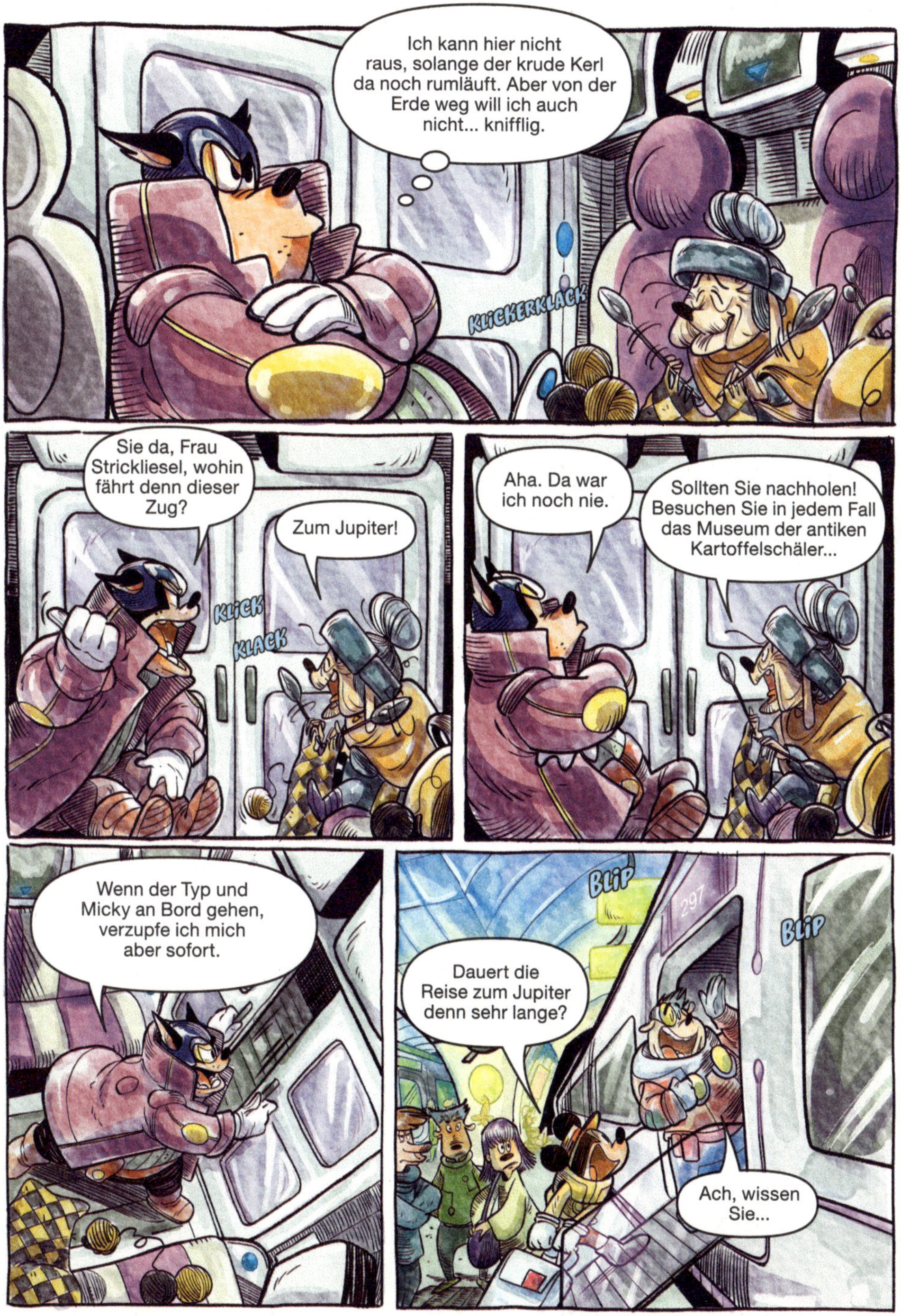
Ich kann hier nicht raus, solange der krude Kerl da noch rumläuft. Aber von der Erde weg will ich auch nicht... knifflig.
KLICKERKLACK
Sie da, Frau Strickliesel, wohin fährt denn dieser Zug?
Zum Jupiter!
KLICK
KLACK
Aha. Da war ich noch nie.
Sollten Sie nachholen! Besuchen Sie in jedem Fall das Museum der antiken Kartoffelschäler...
Wenn der Typ und Micky an Bord gehen, verzupfe ich mich aber sofort.
BLIP
BLIP
Dauert die Reise zum Jupiter denn sehr lange?
Ach, wissen Sie...

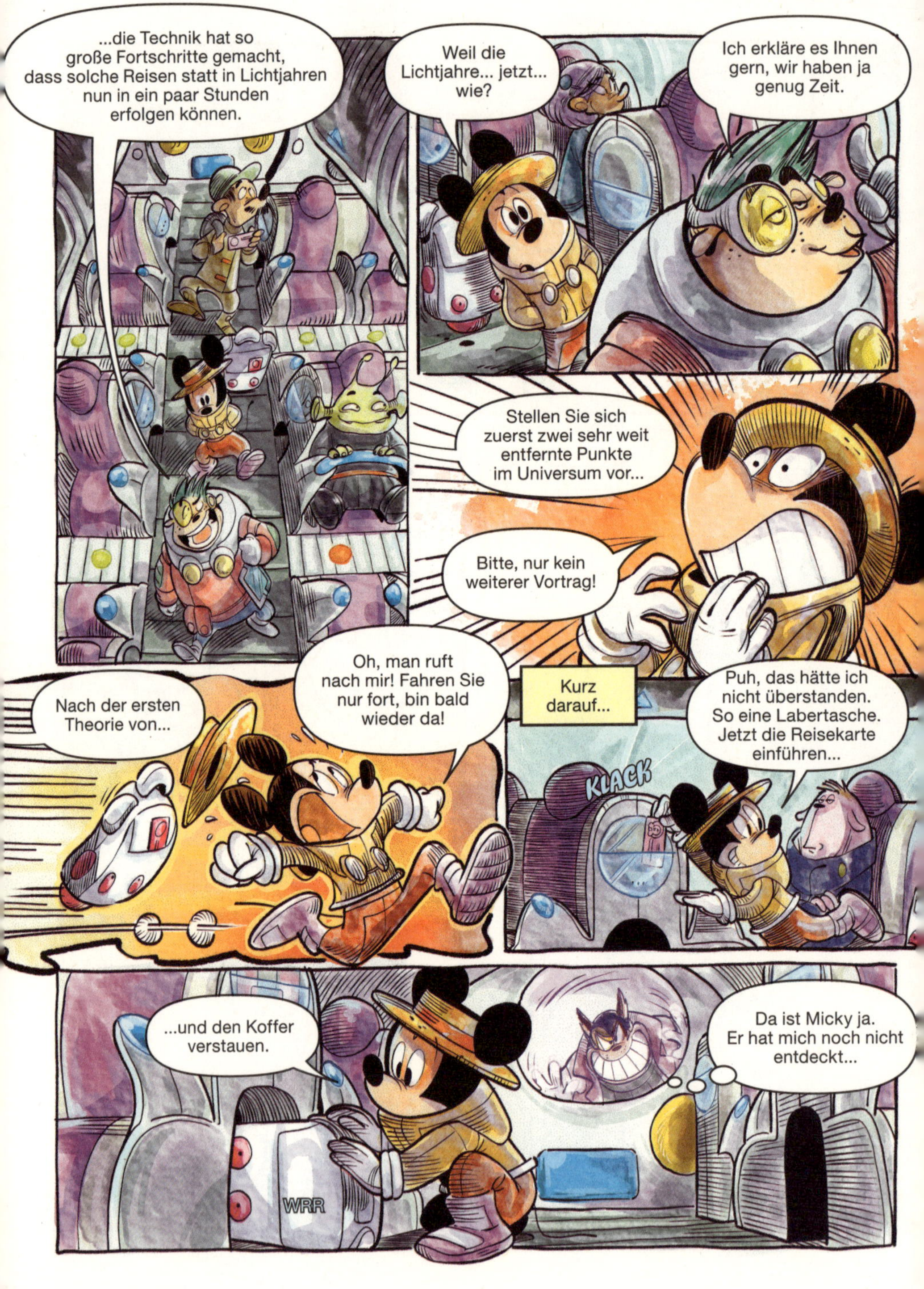
...die Technik hat so große Fortschritte gemacht, dass solche Reisen statt in Lichtjahren nun in ein paar Stunden erfolgen können.
Weil die Lichtjahre... jetzt... wie?
Ich erkläre es Ihnen gern, wir haben ja genug Zeit.
Stellen Sie sich zuerst zwei sehr weit entfernte Punkte im Universum vor...
Bitte, nur kein weiterer Vortrag!
Nach der ersten Theorie von...
Oh, man ruft nach mir! Fahren Sie nur fort, bin bald wieder da!
Kurz darauf...
Puh, das hätte ich nicht überstanden. So eine Labertasche. Jetzt die Reisekarte einführen...
KLACK
...und den Koffer verstauen.
Da ist Micky ja. Er hat mich noch nicht entdeckt...
WRR

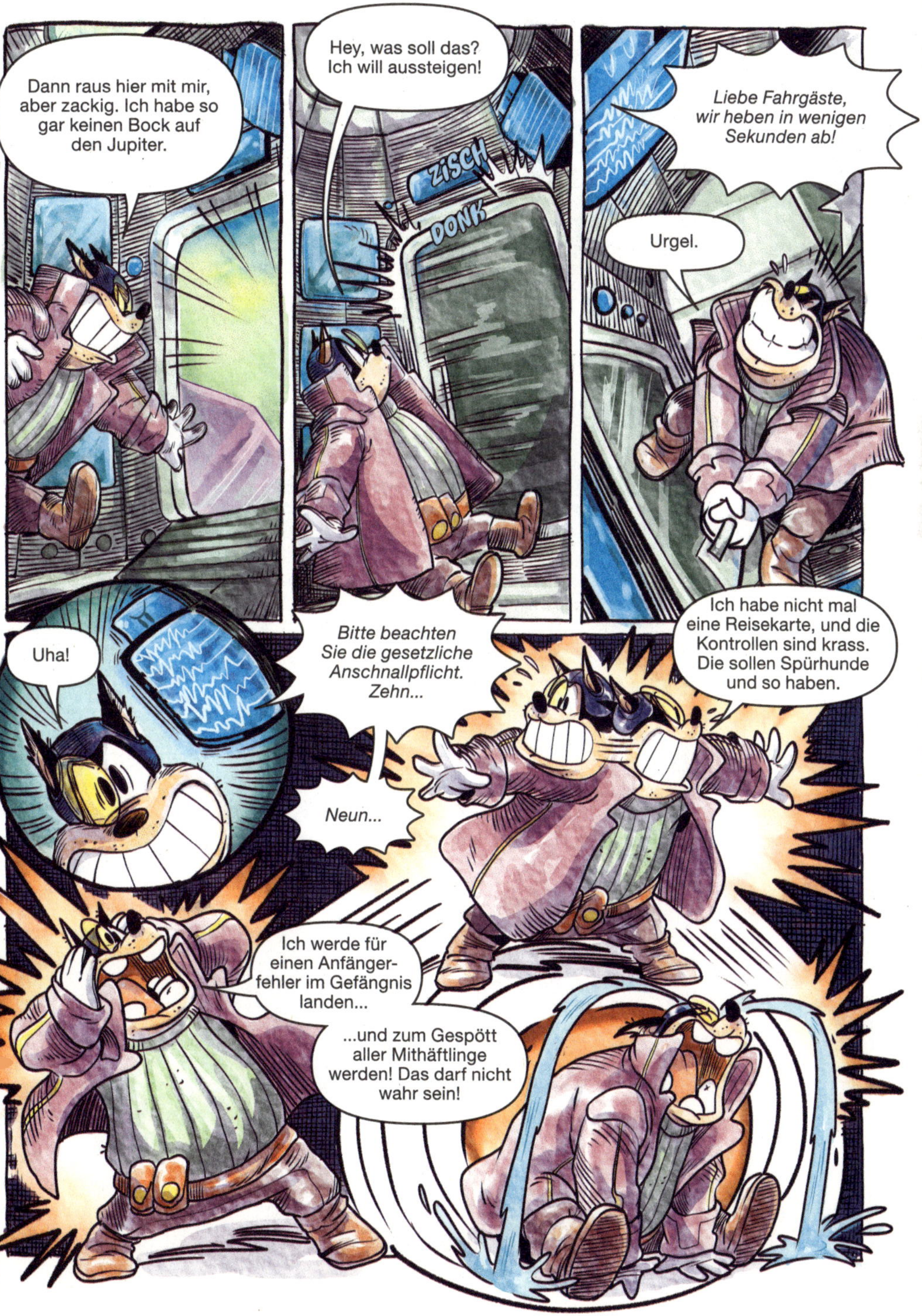
Dann raus hier mit mir, aber zackig. Ich habe so gar keinen Bock auf den Jupiter.
Hey, was soll das? Ich will aussteigen!
ZISCH
DONK
Liebe Fahrgäste, wir heben in wenigen Sekunden ab!
Urgel.
Uha!
Bitte beachten Sie die gesetzliche Anschnallpflicht. Zehn...
Neun...
Ich habe nicht mal eine Reisekarte, und die Kontrollen sind krass. Die sollen Spürhunde und so haben.
Ich werde für einen Anfänger-fehler im Gefängnis landen...
...und zum Gespött aller Mithäftlinge werden! Das darf nicht wahr sein!

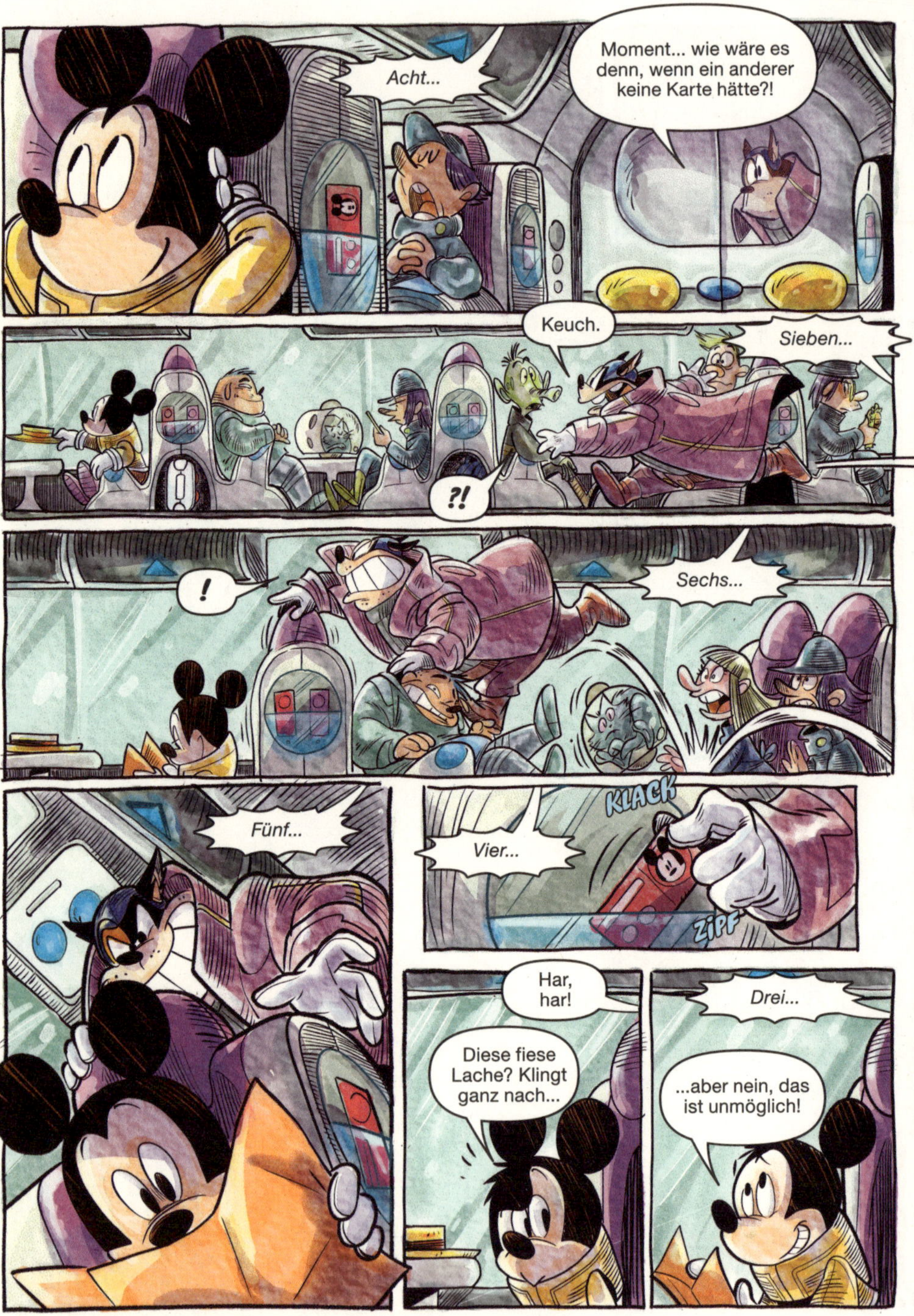
Acht...
Moment... wie wäre es denn, wenn ein anderer keine Karte hätte?!
Keuch.
Sieben...
?!
!
Sechs...
Fünf...
Vier...
KLACK
ZIPF
Har, har!
Diese fiese Lache? Klingt ganz nach...
Drei...
...aber nein, das ist unmöglich!

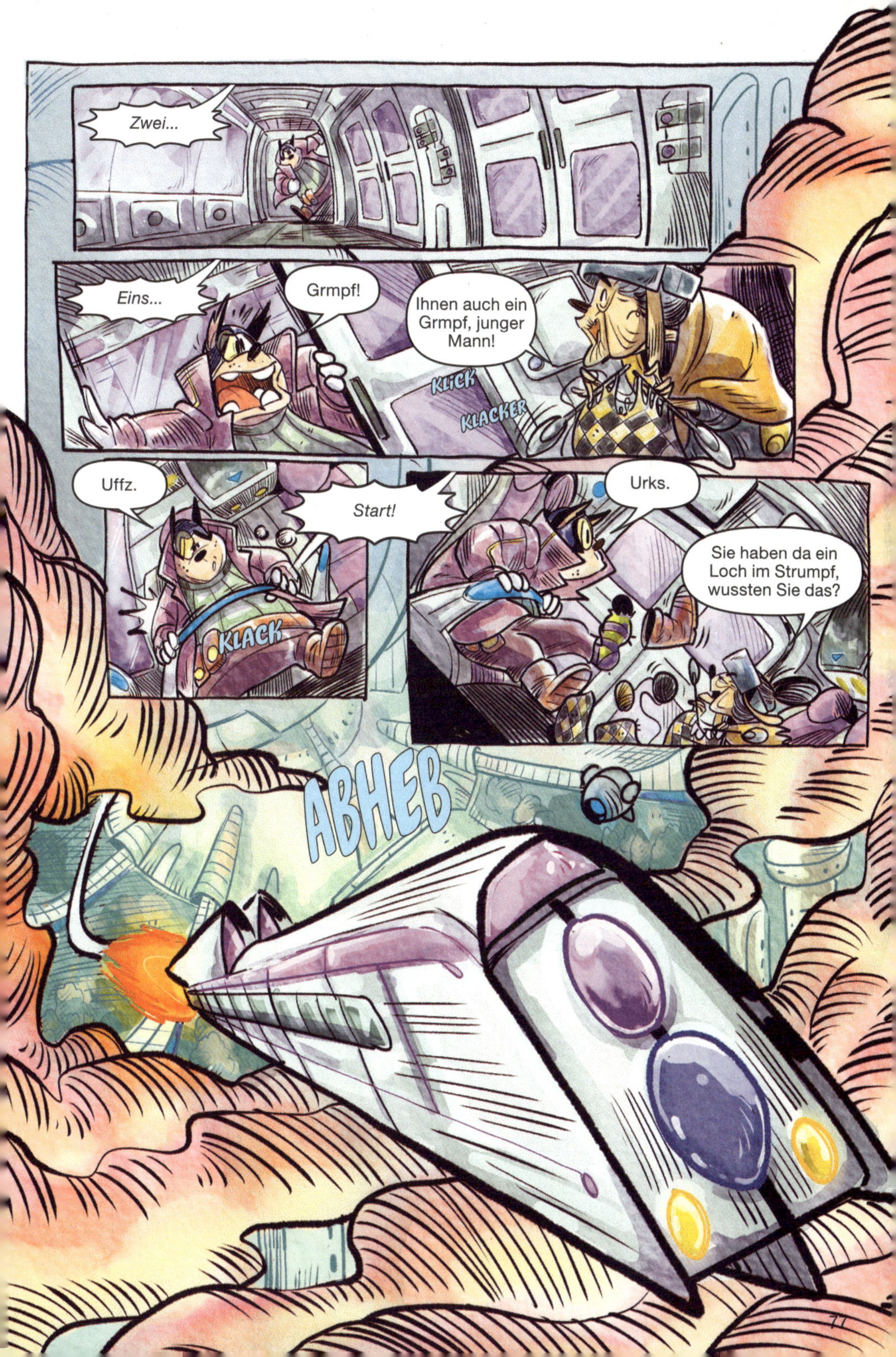
Zwei...
Eins...
Grmpf!
Ihnen auch ein Grmpf, junger Mann!
KLICK
KLACKER
Uffz.
Start!
KLACK
Urks.
Sie haben da ein Loch im Strumpf, wussten Sie das?
ABHEB

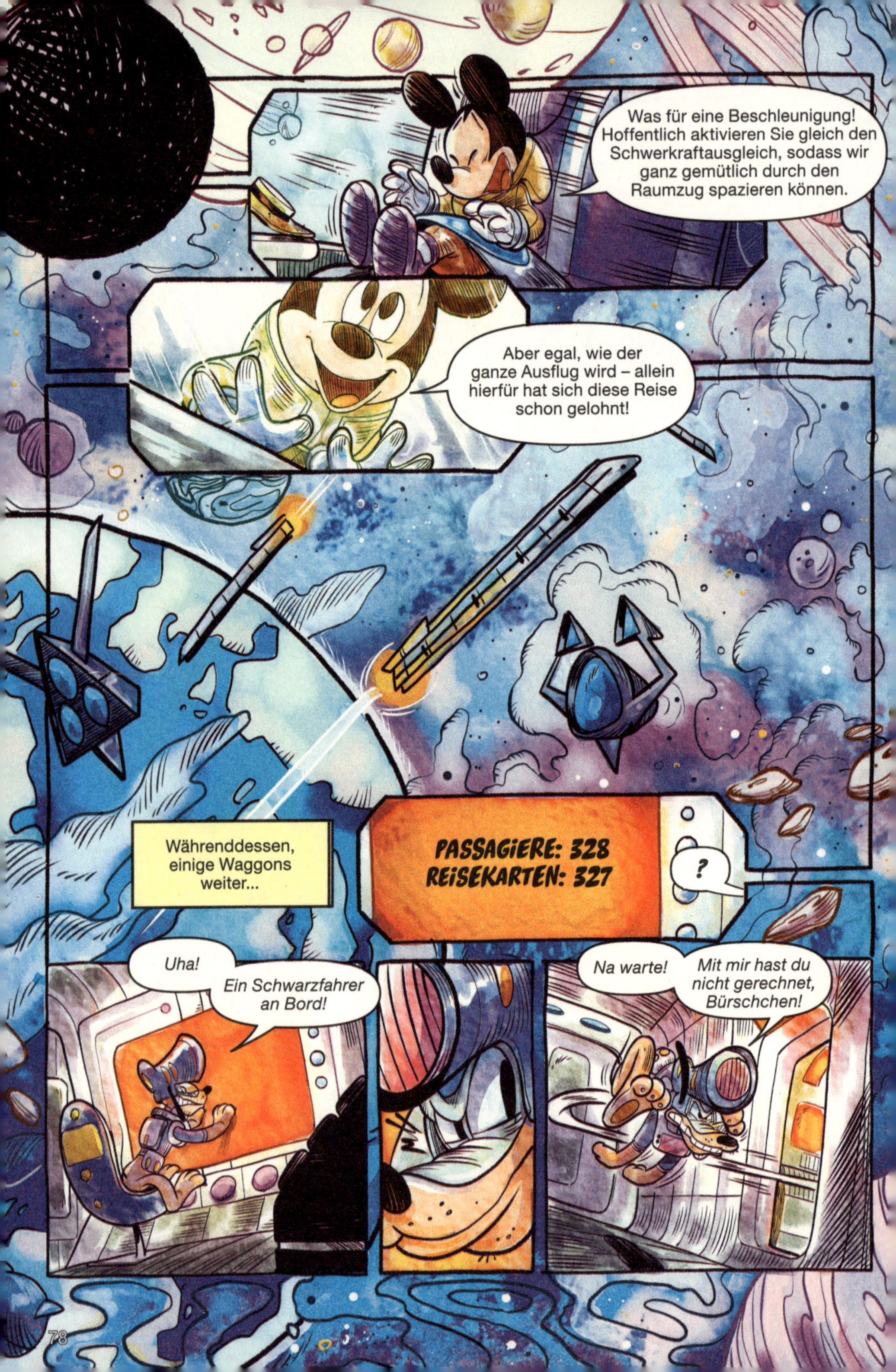

Was für eine Beschleunigung! Hoffentlich aktivieren Sie gleich den Schwerkraftausgleich, sodass wir ganz gemütlich durch den Raumzug spazieren können.
Aber egal, wie der ganze Ausflug wird – allein hierfür hat sich diese Reise schon gelohnt!
Währenddessen, einige Waggons weiter...
PASSAGIERE: 328
REISEKARTEN: 327
?
Uha!
Ein Schwarzfahrer an Bord!
Na warte!
Mit mir hast du nicht gerechnet, Bürschchen!

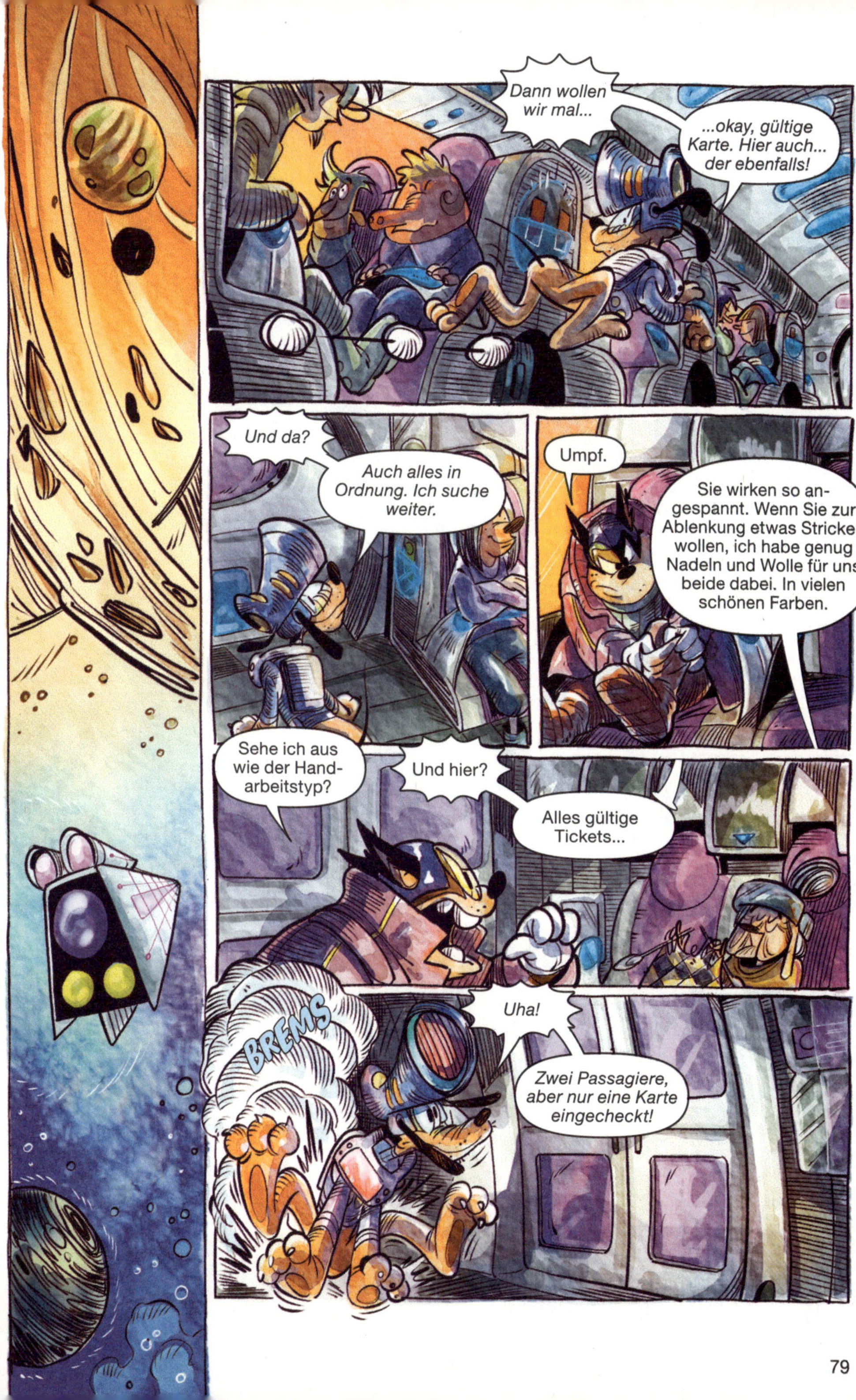
Dann wollen wir mal...
...okay, gültige Karte. Hier auch... der ebenfalls!
Und da?
Auch alles in Ordnung. Ich suche weiter.
Umpf.
Sie wirken so angespannt. Wenn Sie zur Ablenkung etwas Stricken wollen, ich habe genug Nadeln und Wolle für uns beide dabei. In vielen schönen Farben.
Sehe ich aus wie der Handarbeitstyp?
Und hier?
Alles gültige Tickets...
BREMS
Uha!
Zwei Passagiere, aber nur eine Karte eingecheckt!

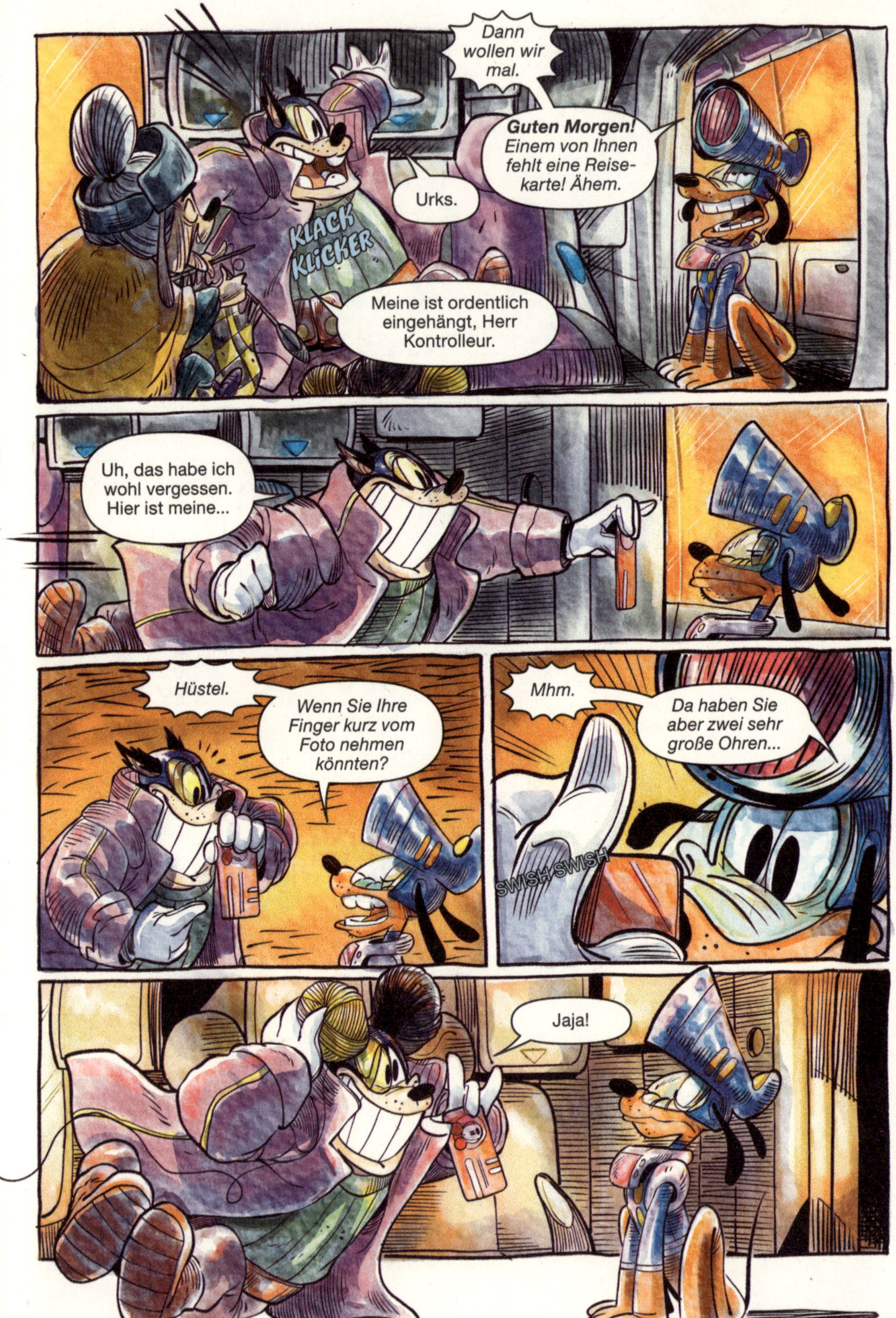
Dann wollen wir mal.
Guten Morgen! Einem von Ihnen fehlt eine Reisekarte! Ähem.
Urks.
KLACK KLICKER
Meine ist ordentlich eingehängt, Herr Kontrolleur.
Uh, das habe ich wohl vergessen. Hier ist meine...
Hüstel.
Wenn Sie Ihre Finger kurz vom Foto nehmen könnten?
Mhm.
Da haben Sie aber zwei sehr große Ohren...
SWISH SWISH
Jaja!

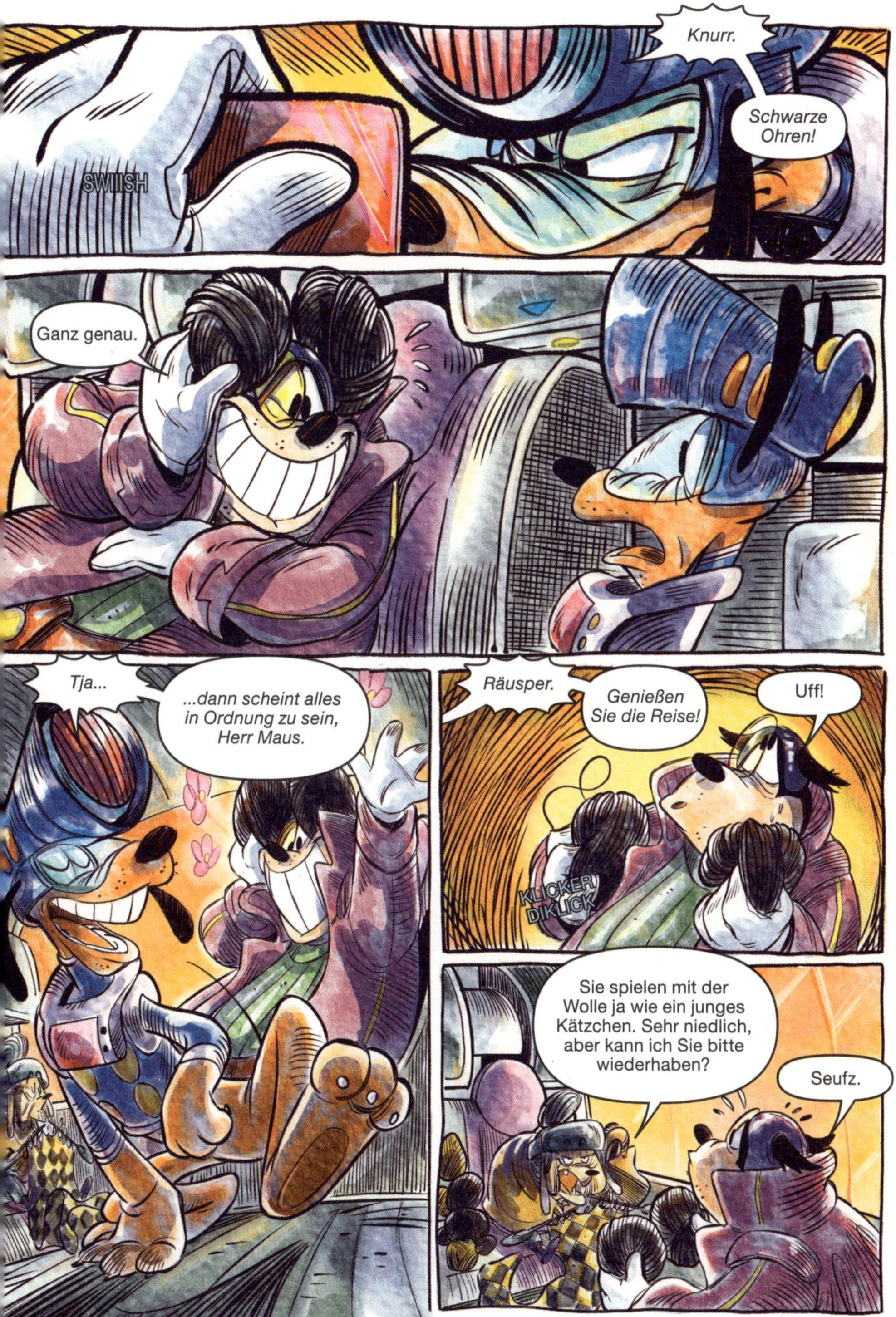
Knurr.
Schwarze Ohren!
SWIISH
Ganz genau.
Tja...
...dann scheint alles in Ordnung zu sein, Herr Maus.
Räusper.
Genießen Sie die Reise!
Uff!
KLICKER DIKLICK
Sie spielen mit der Wolle ja wie ein junges Kätzchen. Sehr niedlich, aber kann ich Sie bitte wiederhaben?
Seufz.

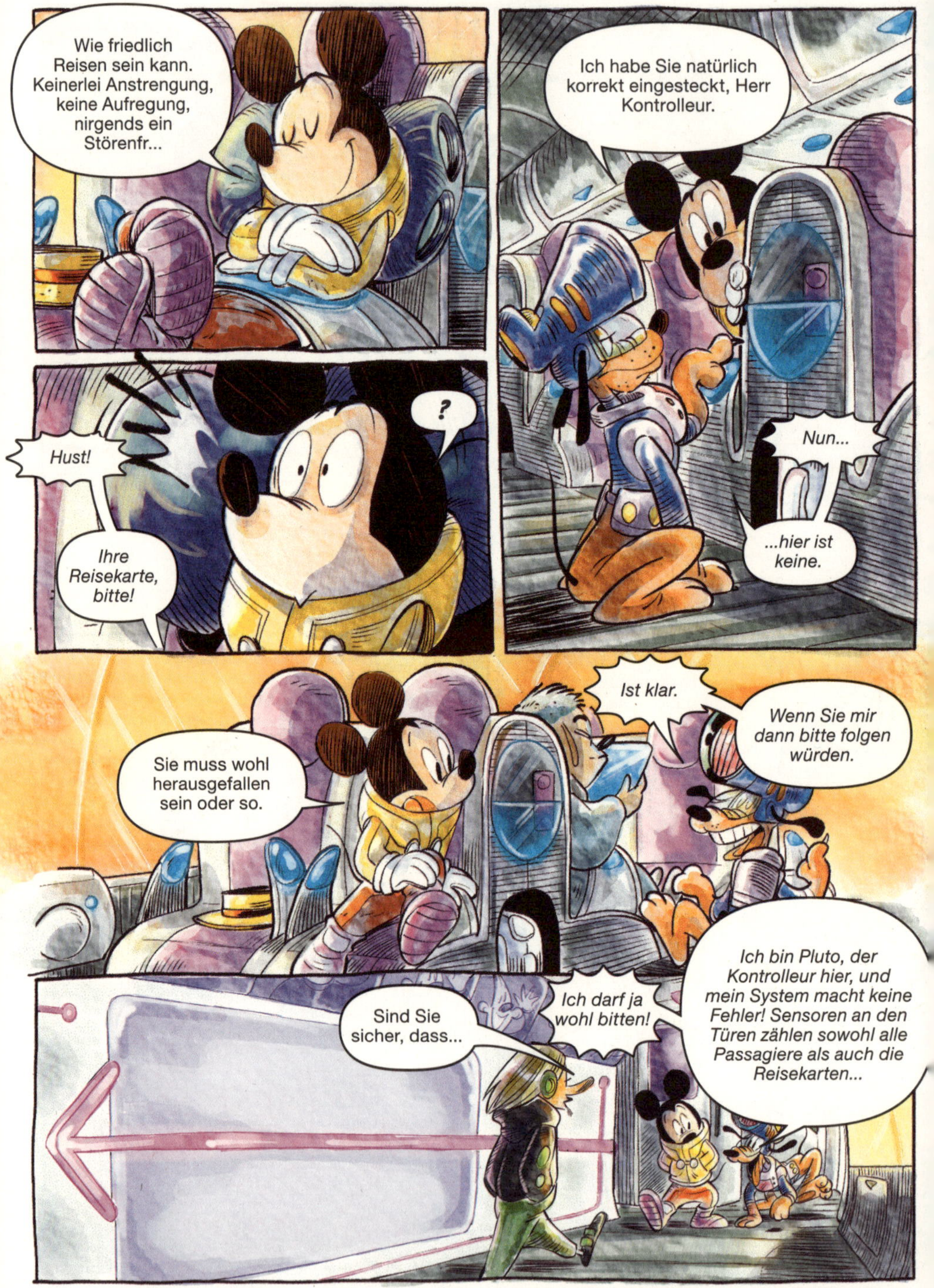

Wie friedlich Reisen sein kann. Keinerlei Anstrengung, keine Aufregung, nirgends ein Störenfr...
Hust!
Ihre Reisekarte, bitte!
?
Ich habe Sie natürlich korrekt eingesteckt, Herr Kontrolleur.
Nun...
...hier ist keine.
Sie muss wohl herausgefallen sein oder so.
Ist klar.
Wenn Sie mir dann bitte folgen würden.
Sind Sie sicher, dass...
Ich darf ja wohl bitten!
Ich bin Pluto, der Kontrolleur hier, und mein System macht keine Fehler! Sensoren an den Türen zählen sowohl alle Passagiere als auch die Reisekarten...

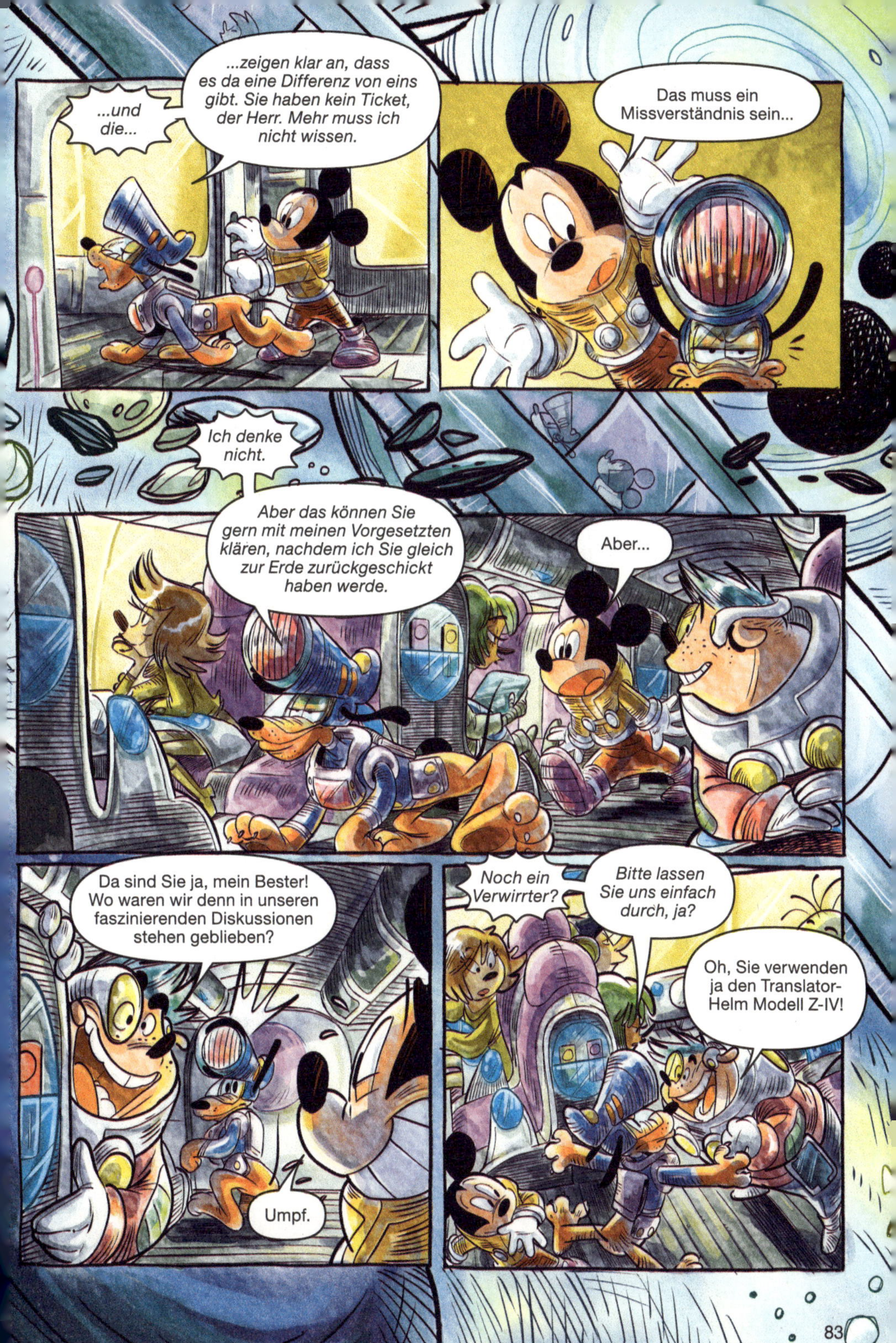

...und die...
...zeigen klar an, dass es da eine Differenz von eins gibt. Sie haben kein Ticket, der Herr. Mehr muss ich nicht wissen.
Das muss ein Missverständnis sein...
Ich denke nicht.
Aber das können Sie gern mit meinen Vorgesetzten klären, nachdem ich Sie gleich zur Erde zurückgeschickt haben werde.
Aber...
Da sind Sie ja, mein Bester! Wo waren wir denn in unseren faszinierenden Diskussionen stehen geblieben?
Umpf.
Noch ein Verwirrter?
Bitte lassen Sie uns einfach durch, ja?
Oh, Sie verwenden ja den Translator-Helm Modell Z-IV!

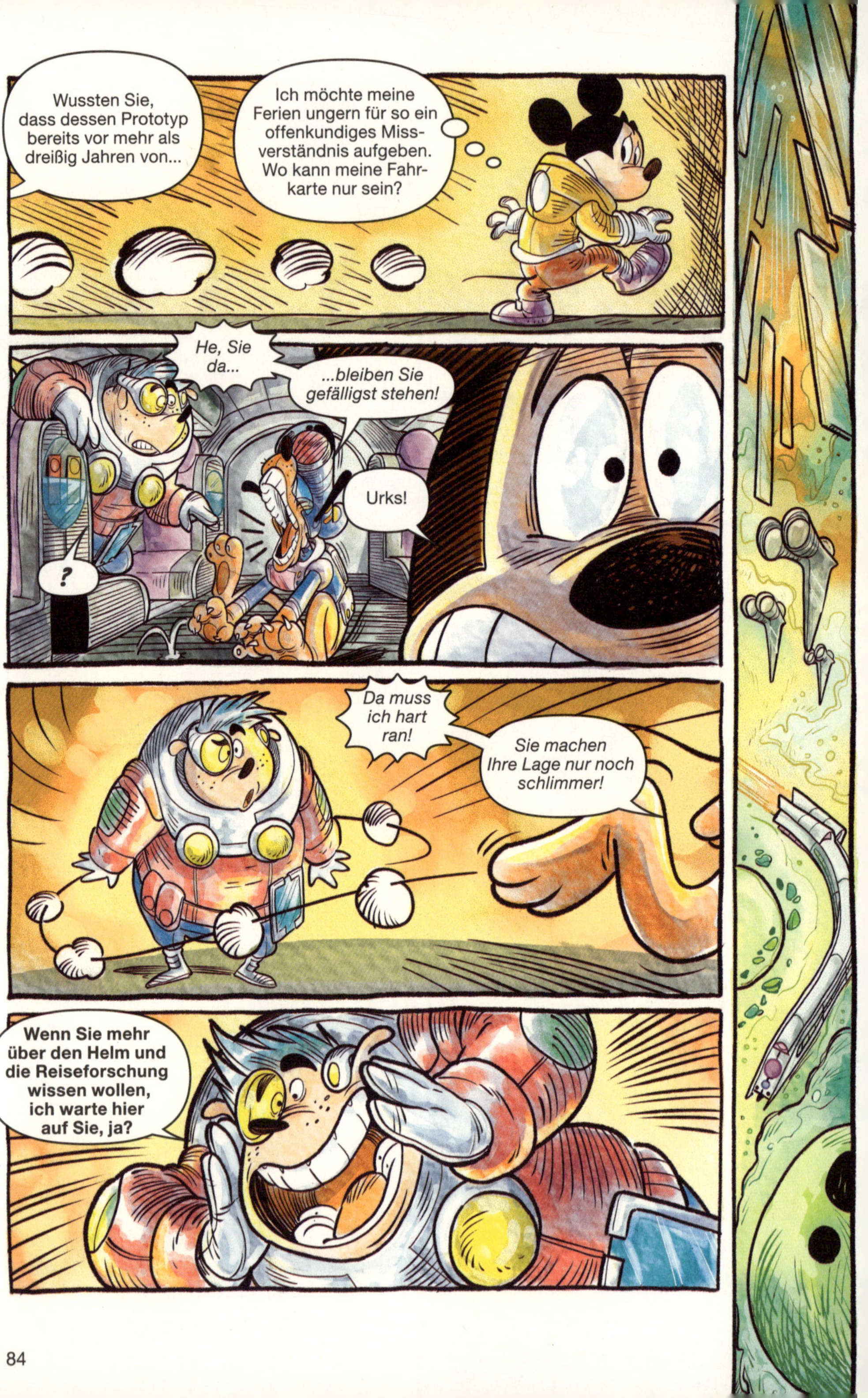
Wussten Sie, dass dessen Prototyp bereits vor mehr als dreißig Jahren von...
Ich möchte meine Ferien ungern für so ein offenkundiges Missverständnis aufgeben. Wo kann meine Fahrkarte nur sein?
He, Sie da...
...bleiben Sie gefälligst stehen!
Urks!
?
Da muss ich hart ran!
Sie machen Ihre Lage nur noch schlimmer!
Wenn Sie mehr über den Helm und die Reiseforschung wissen wollen, ich warte hier auf Sie, ja?

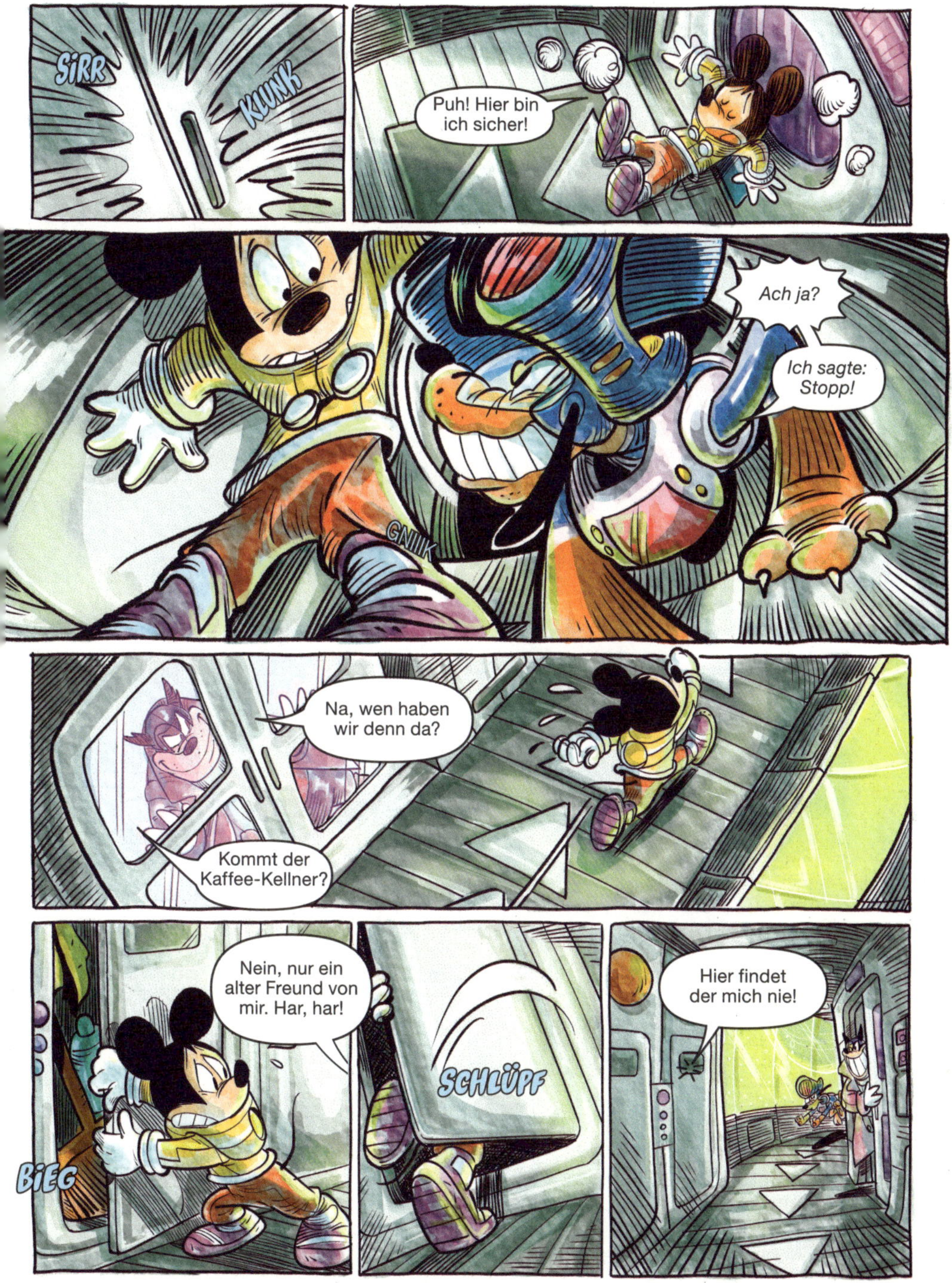
SIRR
KLUNK
Puh! Hier bin ich sicher!
Ach ja?
Ich sagte: Stopp!
GNIIK
Na, wen haben wir denn da?
Kommt der Kaffee-Kellner?
Nein, nur ein alter Freund von mir. Har, har!
BIEG
SCHLÜPF
Hier findet der mich nie!

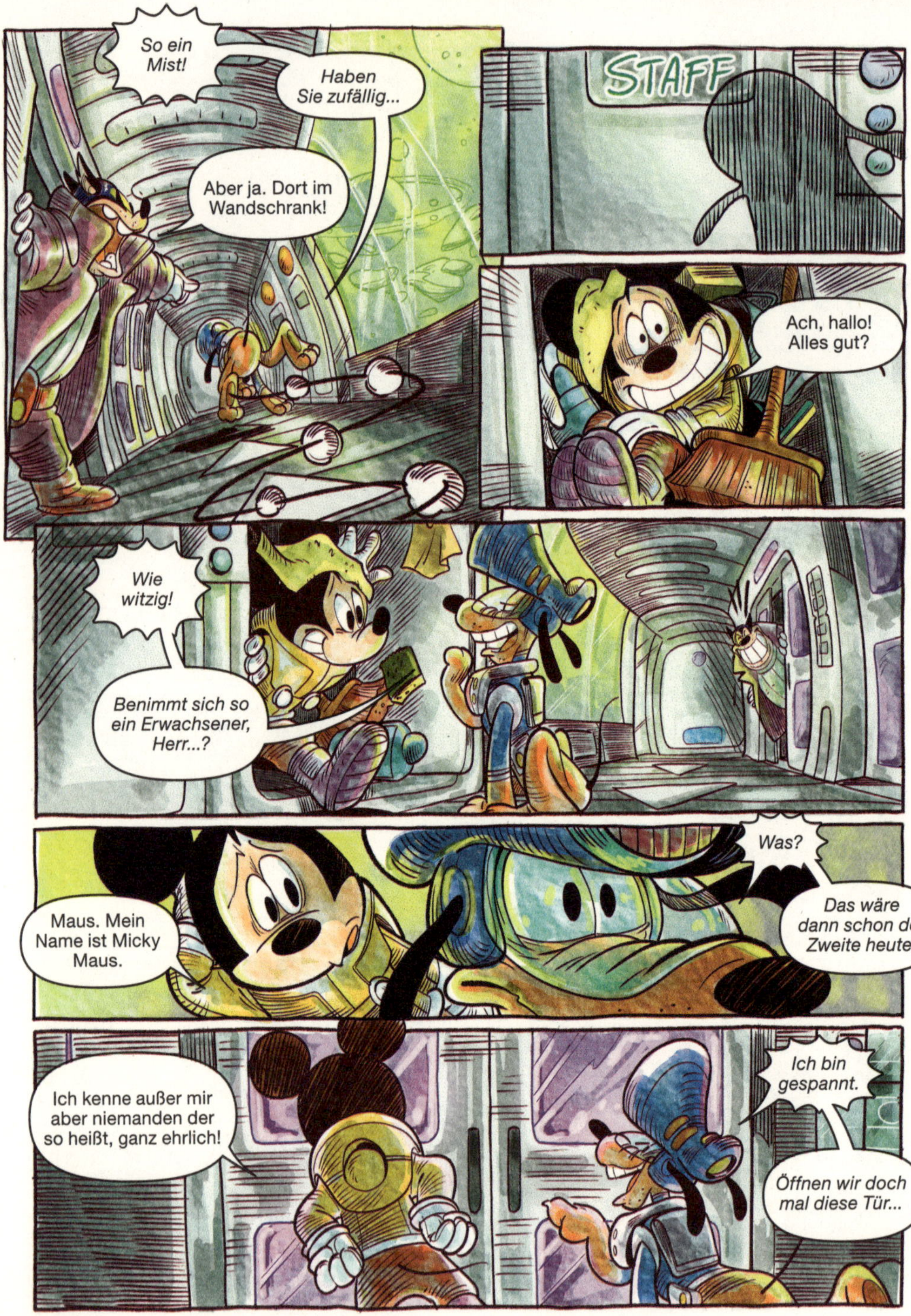
So ein Mist!
Haben Sie zufällig...
Aber ja. Dort im Wandschrank!
STAFF
Ach, hallo! Alles gut?
Wie witzig!
Benimmt sich so ein Erwachsener, Herr...?
Maus. Mein Name ist Micky Maus.
Was?
Das wäre dann schon der Zweite heute!
Ich kenne außer mir aber niemanden der so heißt, ganz ehrlich!
Ich bin gespannt.
Öffnen wir doch mal diese Tür...

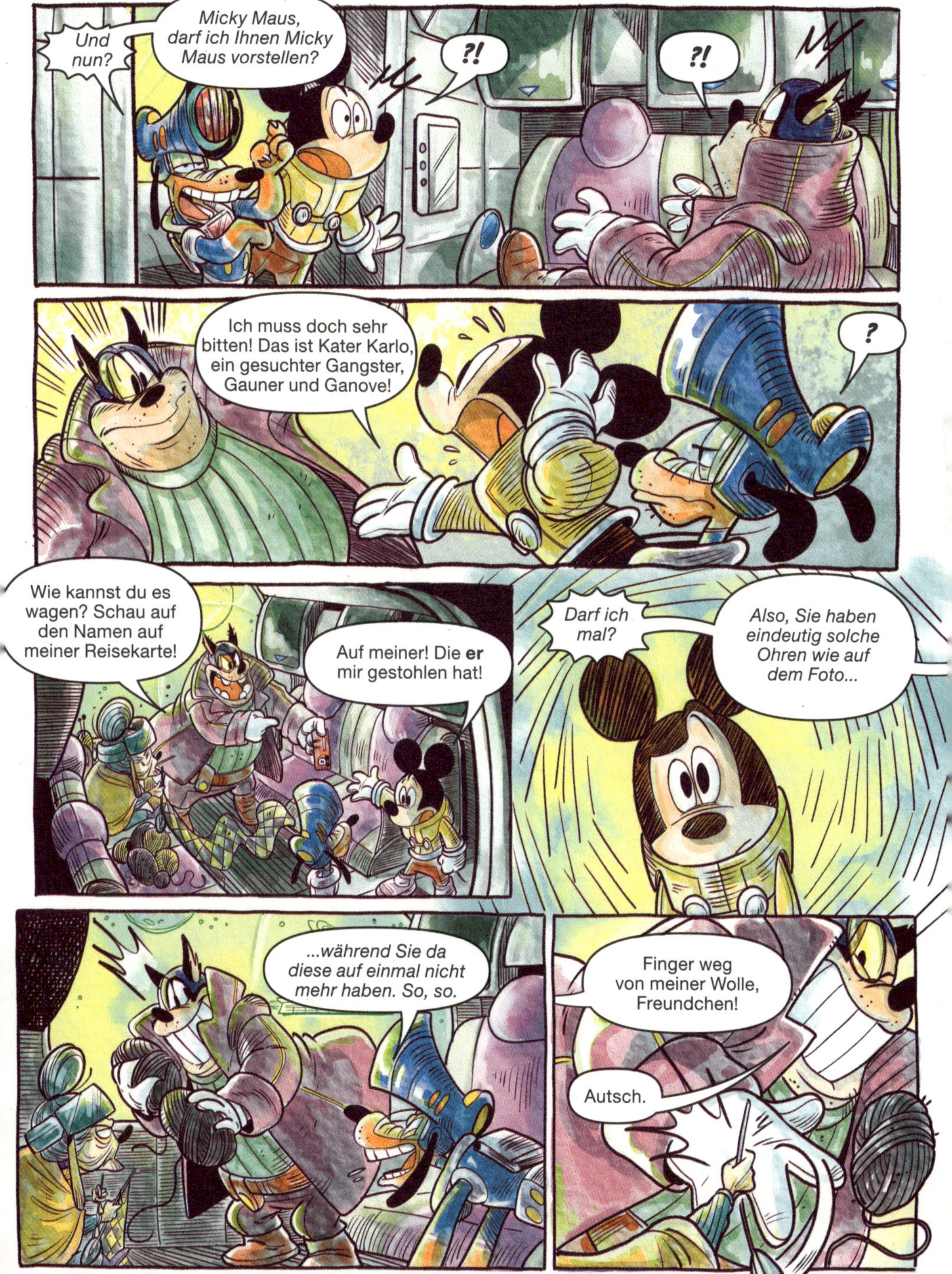
Und nun?
Micky Maus, darf ich Ihnen Micky Maus vorstellen?
?!
?!
Ich muss doch sehr bitten! Das ist Kater Karlo, ein gesuchter Gangster, Gauner und Ganove!
?
Wie kannst du es wagen? Schau auf den Namen auf meiner Reisekarte!
Auf meiner! Die **er** mir gestohlen hat!
Darf ich mal?
Also, Sie haben eindeutig solche Ohren wie auf dem Foto...
...während Sie da diese auf einmal nicht mehr haben. So, so.
Finger weg von meiner Wolle, Freundchen!
Autsch.

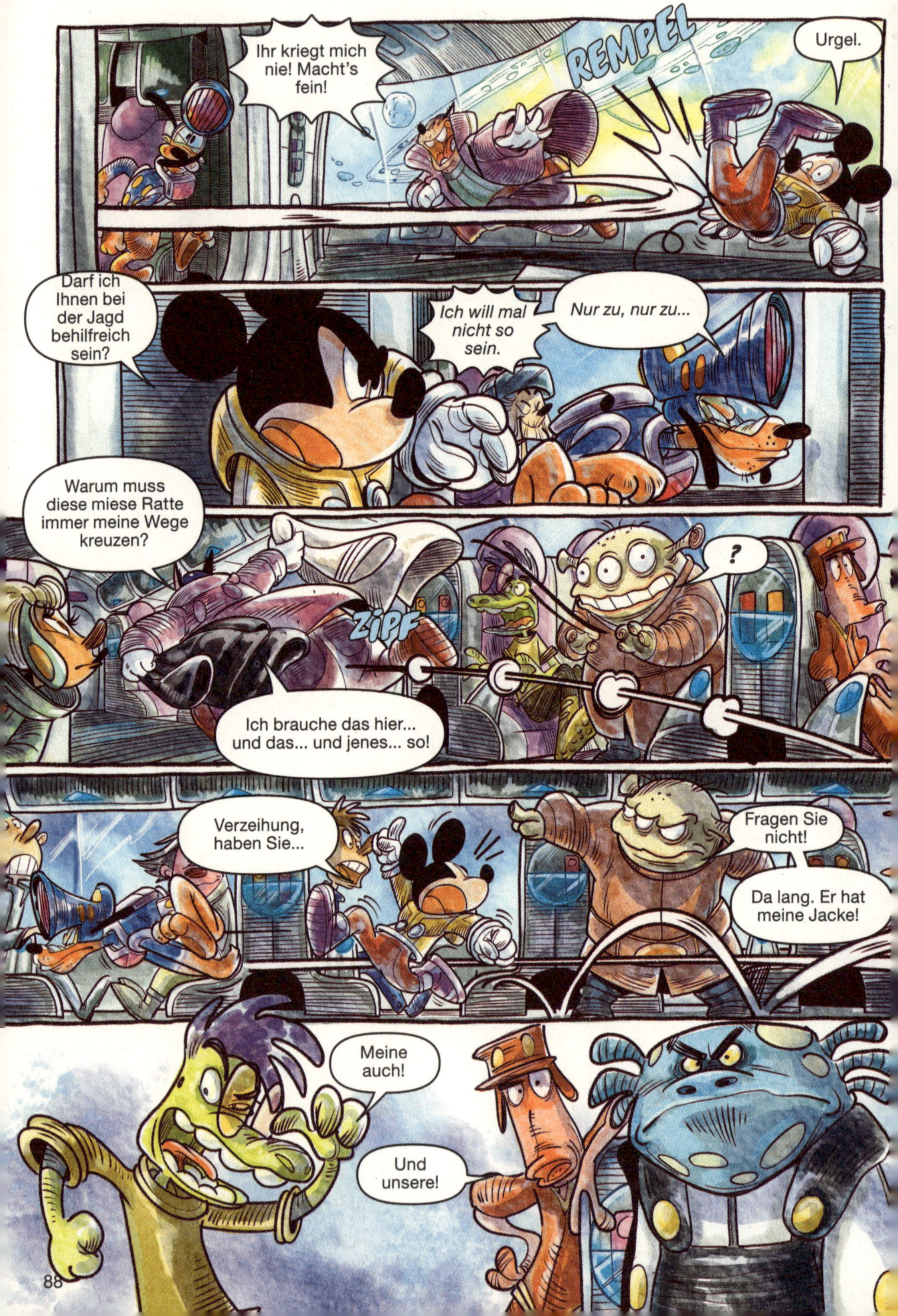
Ihr kriegt mich nie! Macht's fein!
REMPEL
Urgel.
Darf ich Ihnen bei der Jagd behilfreich sein?
Ich will mal nicht so sein.
Nur zu, nur zu...
Warum muss diese miese Ratte immer meine Wege kreuzen?
ZIPF
?
Ich brauche das hier... und das... und jenes... so!
Verzeihung, haben Sie...
Fragen Sie nicht!
Da lang. Er hat meine Jacke!
Meine auch!
Und unsere!

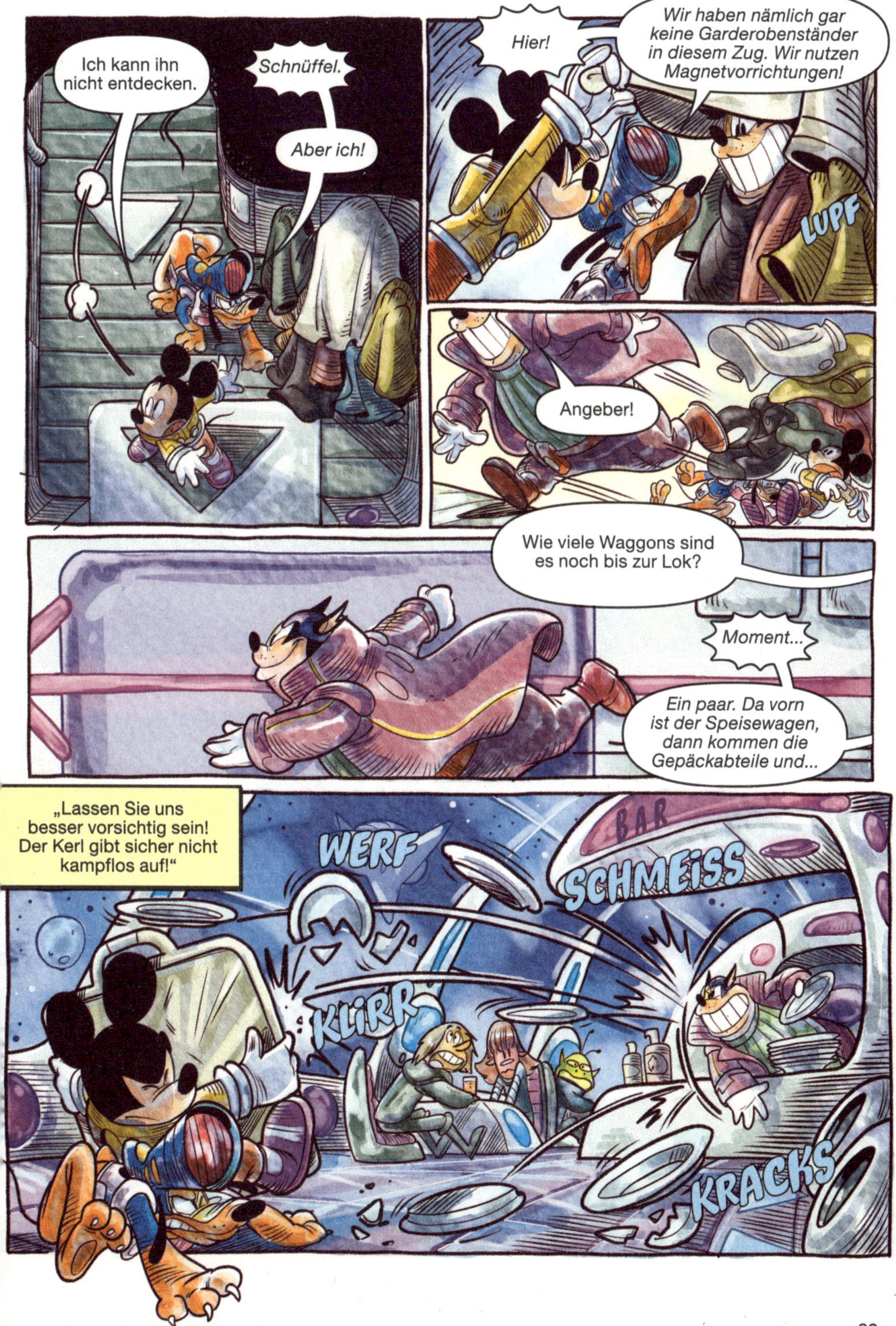
Ich kann ihn nicht entdecken.
Schnüffel.
Aber ich!
Hier!
Wir haben nämlich gar keine Garderobenständer in diesem Zug. Wir nutzen Magnetvorrichtungen!
LUPF
Angeber!
Wie viele Waggons sind es noch bis zur Lok?
Moment...
Ein paar. Da vorn ist der Speisewagen, dann kommen die Gepäckabteile und...
„Lassen Sie uns besser vorsichtig sein! Der Kerl gibt sicher nicht kampflos auf!“
WERF
BAR
SCHMEISS
KLIRR
KRACKS

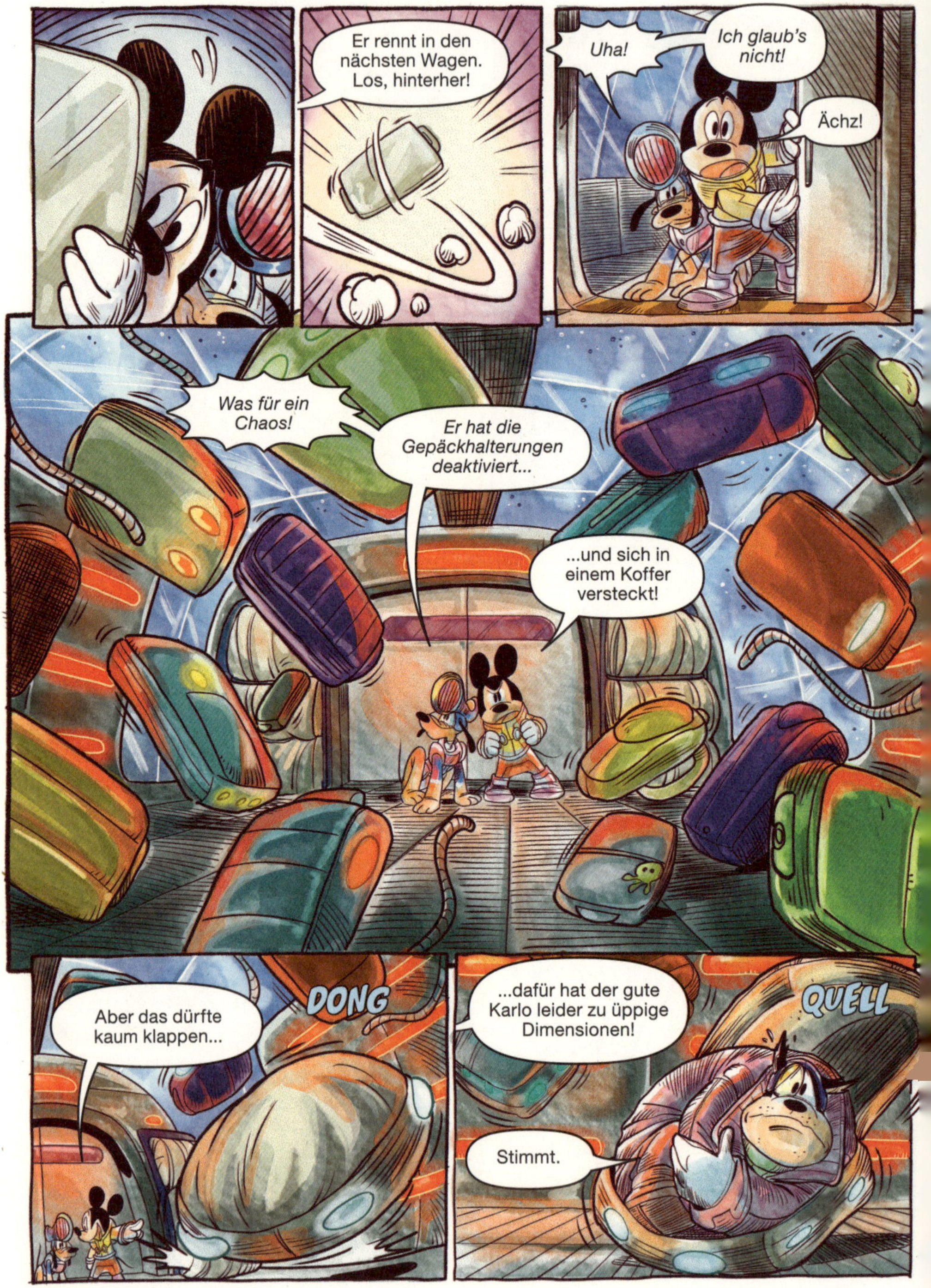
Er rennt in den nächsten Wagen. Los, hinterher!
Uha!
Ich glaub's nicht!
Ächz!
Was für ein Chaos!
Er hat die Gepäckhalterungen deaktiviert...
...und sich in einem Koffer versteckt!
Aber das dürfte kaum klappen...
DONG
...dafür hat der gute Karlo leider zu üppige Dimensionen!
QUELL
Stimmt.

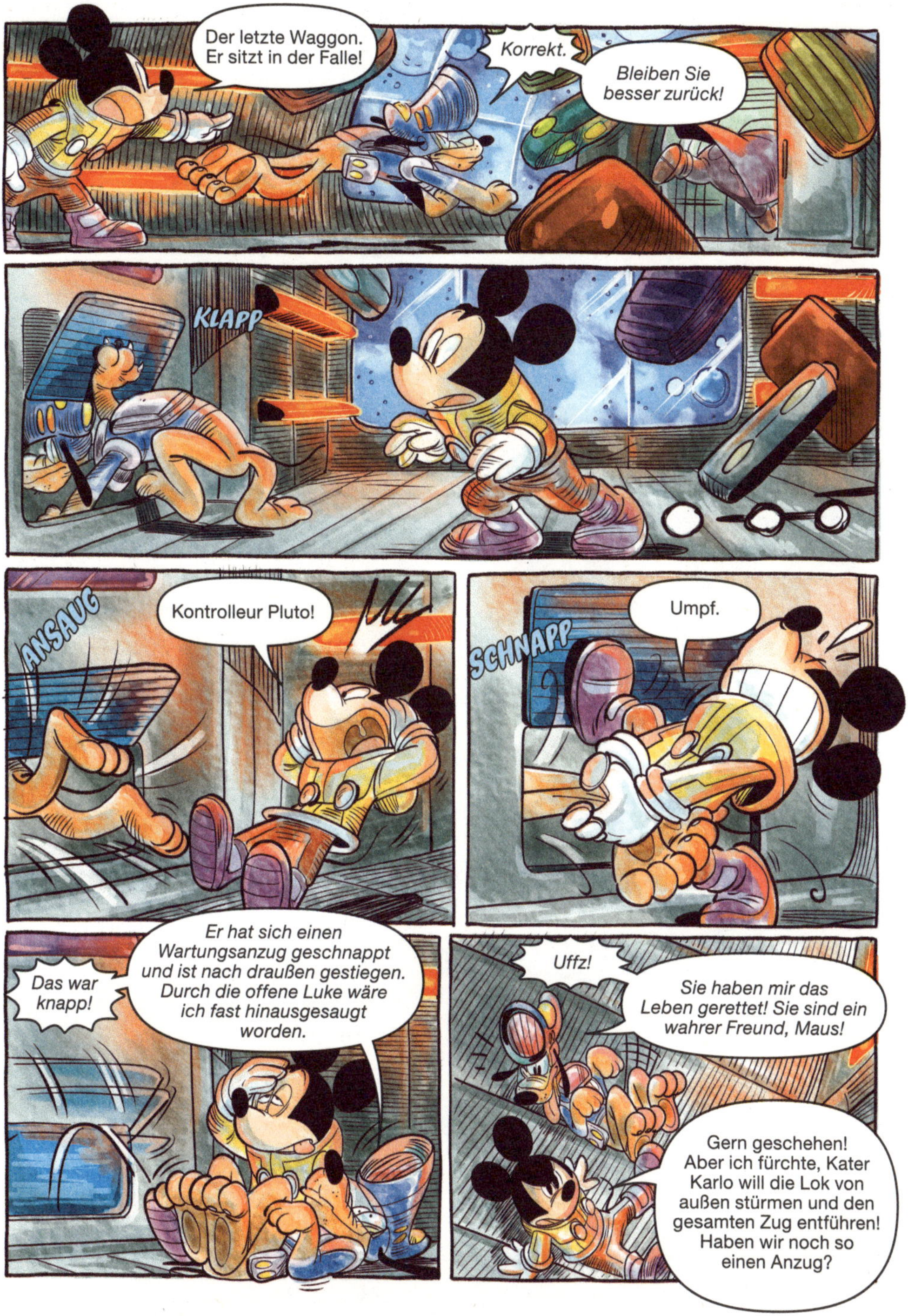
Der letzte Waggon. Er sitzt in der Falle!
Korrekt.
Bleiben Sie besser zurück!
KLAPP
ANSAUG
Kontrolleur Pluto!
SCHNAPP
Umpf.
Das war knapp!
Er hat sich einen Wartungsanzug geschnappt und ist nach draußen gestiegen. Durch die offene Luke wäre ich fast hinausgesaugt worden.
Uffz!
Sie haben mir das Leben gerettet! Sie sind ein wahrer Freund, Maus!
Gern geschehen! Aber ich fürchte, Kater Karlo will die Lok von außen stürmen und den gesamten Zug entführen! Haben wir noch so einen Anzug?

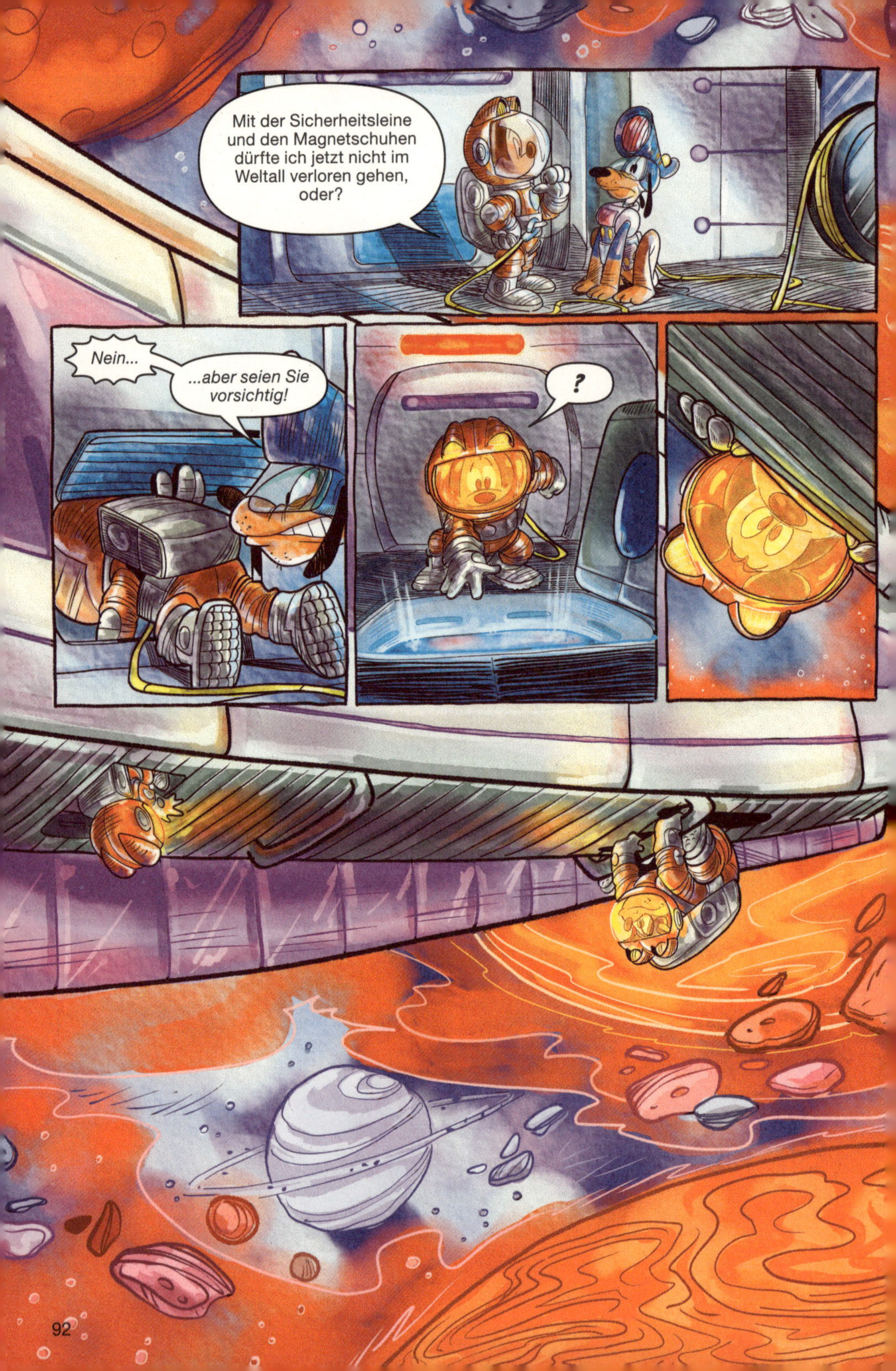

Mit der Sicherheitsleine und den Magnetschuhen dürfte ich jetzt nicht im Weltall verloren gehen, oder?
Nein...
...aber seien Sie vorsichtig!
?

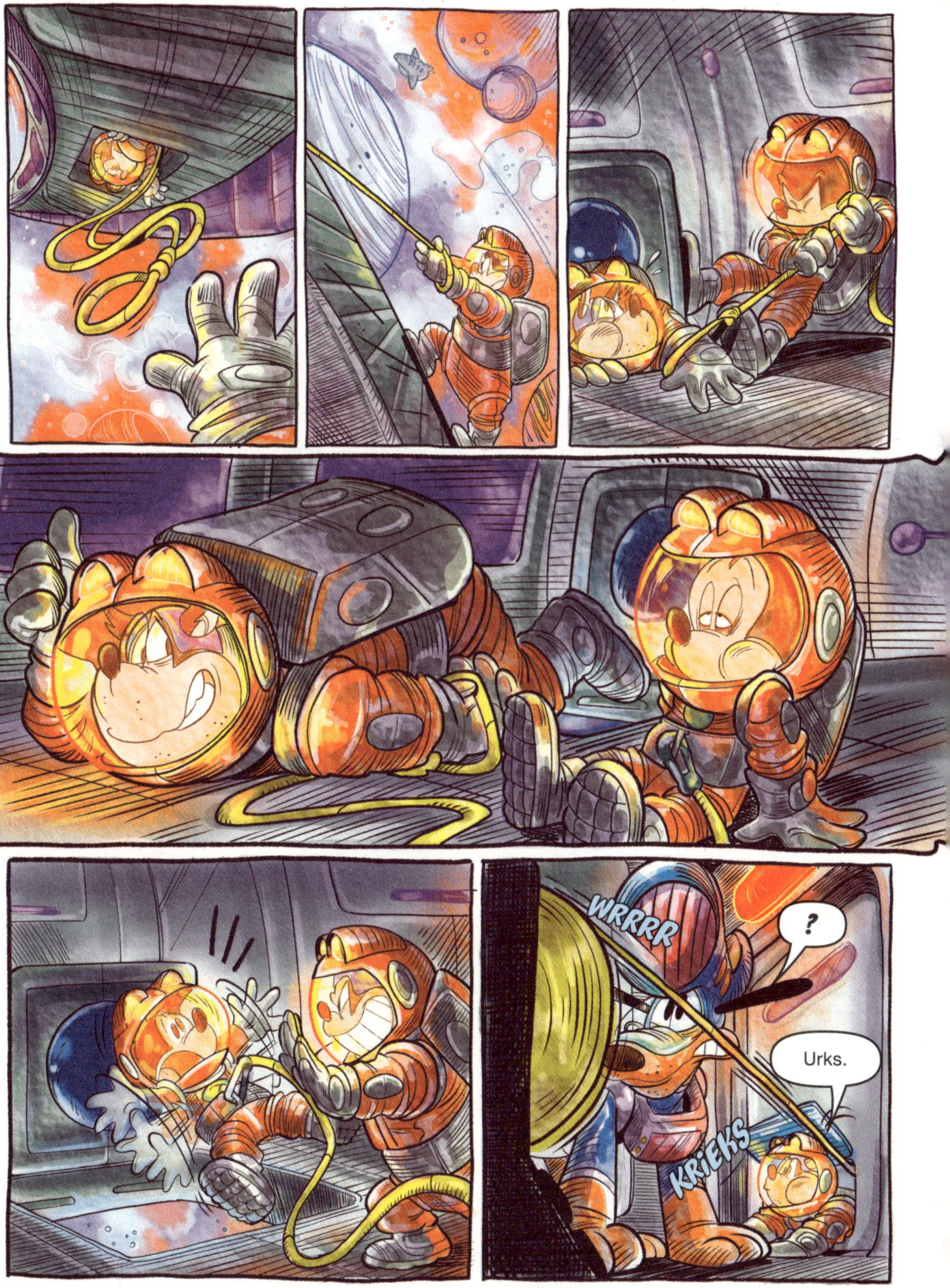
WRRRR
?
Urks.
KRIEKS

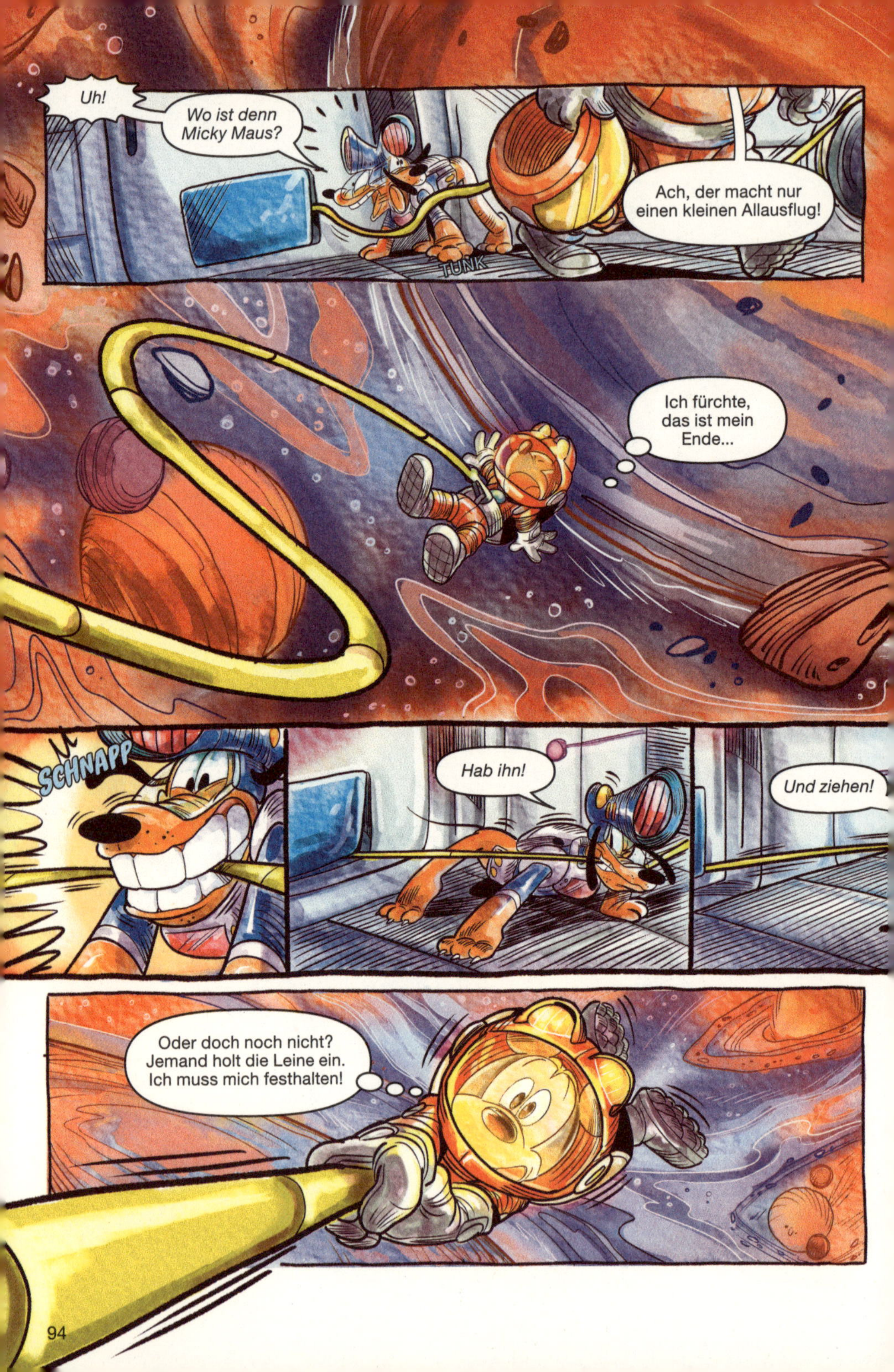
Uh!
Wo ist denn Micky Maus?
Ach, der macht nur einen kleinen Allausflug!
TUNK
Ich fürchte, das ist mein Ende...
SCHNAPP
Hab ihn!
Und ziehen!
Oder doch noch nicht? Jemand holt die Leine ein. Ich muss mich festhalten!

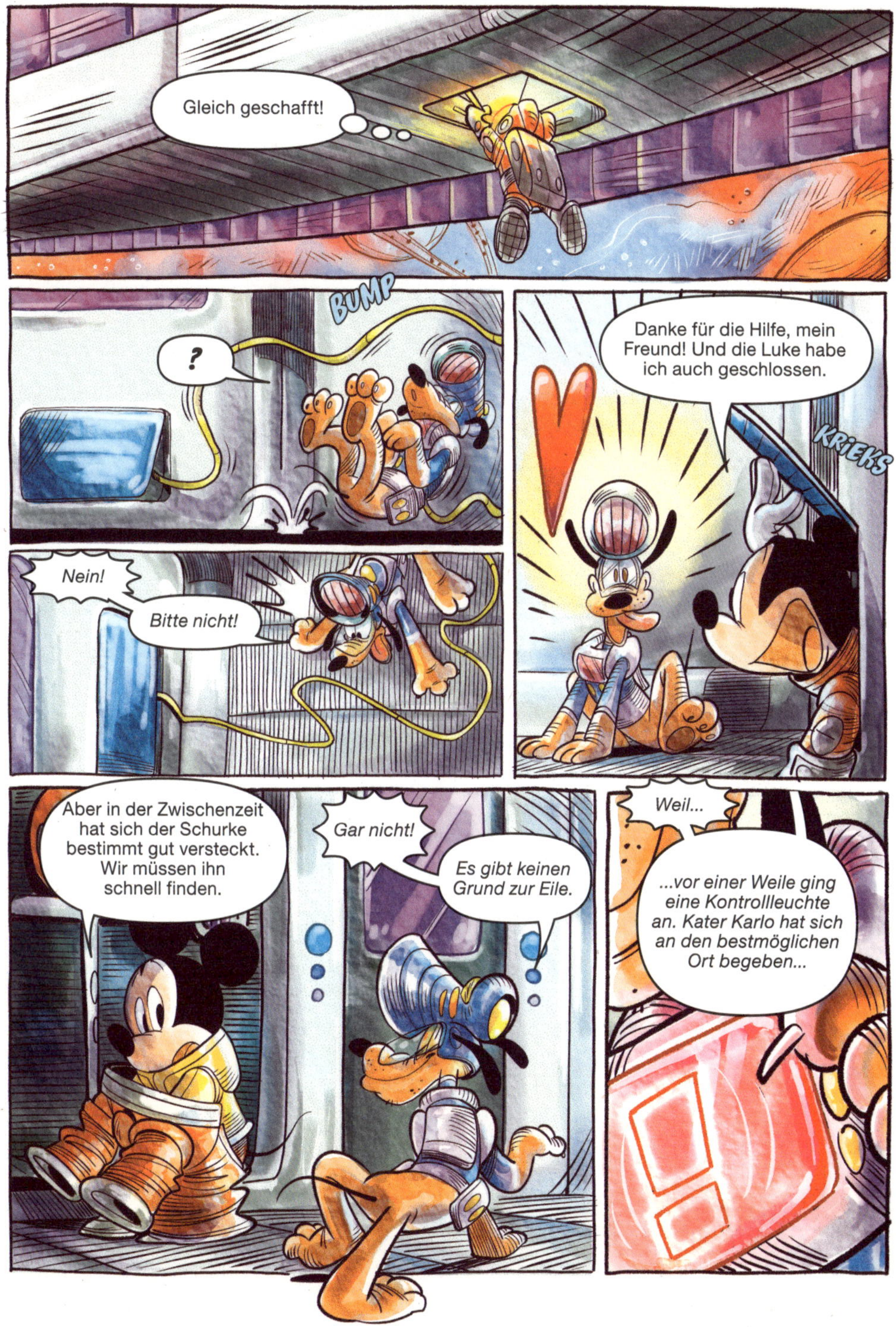
Gleich geschafft!
BUMP
?
Nein!
Bitte nicht!
Danke für die Hilfe, mein Freund! Und die Luke habe ich auch geschlossen.
KRIEKS
Aber in der Zwischenzeit hat sich der Schurke bestimmt gut versteckt. Wir müssen ihn schnell finden.
Gar nicht!
Es gibt keinen Grund zur Eile.
Weil...
...vor einer Weile ging eine Kontrollleuchte an. Kater Karlo hat sich an den bestmöglichen Ort begeben...

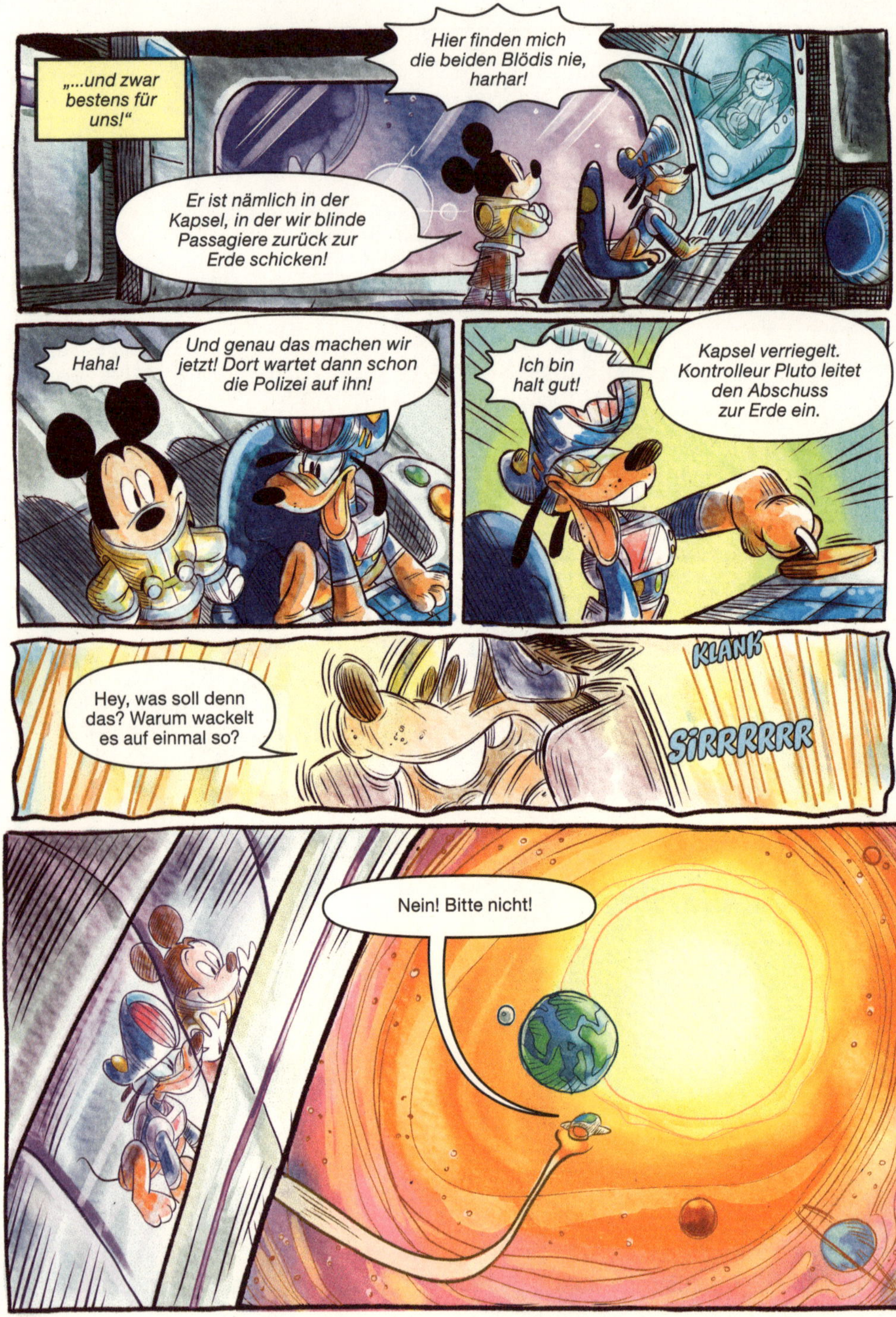
„...und zwar bestens für uns!“
Hier finden mich die beiden Blödis nie, harhar!
Er ist nämlich in der Kapsel, in der wir blinde Passagiere zurück zur Erde schicken!
Haha!
Und genau das machen wir jetzt! Dort wartet dann schon die Polizei auf ihn!
Ich bin halt gut!
Kapsel verriegelt. Kontrolleur Pluto leitet den Abschuss zur Erde ein.
KLANK
Hey, was soll denn das? Warum wackelt es auf einmal so?
SIRRRRRR
Nein! Bitte nicht!

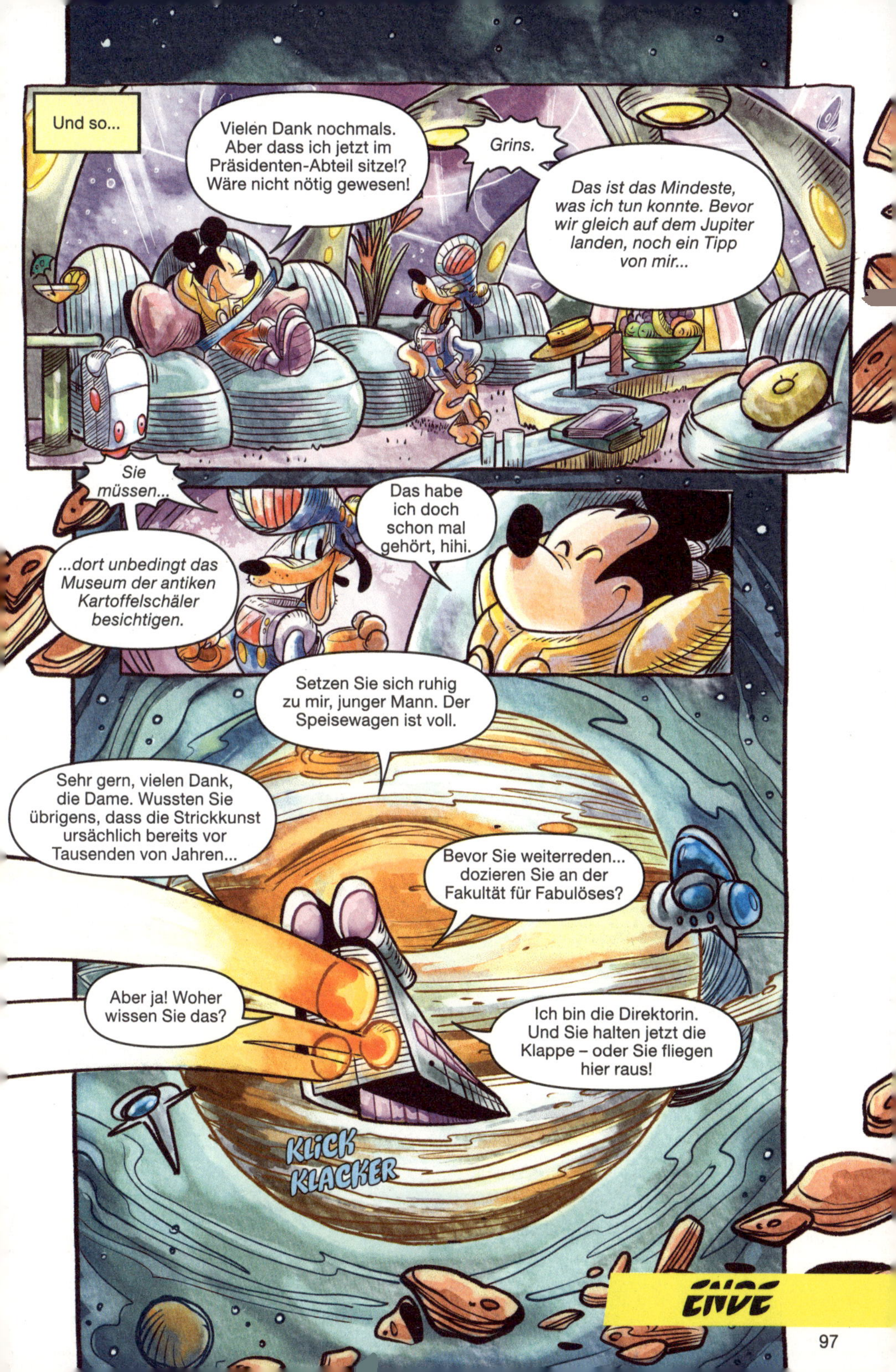
Und so...
Vielen Dank nochmals. Aber dass ich jetzt im Präsidenten-Abteil sitze!? Wäre nicht nötig gewesen!
Grins.
Das ist das Mindeste, was ich tun konnte. Bevor wir gleich auf dem Jupiter landen, noch ein Tipp von mir...
Sie müssen...
...dort unbedingt das Museum der antiken Kartoffelschäler besichtigen.
Das habe ich doch schon mal gehört, hihi.
Setzen Sie sich ruhig zu mir, junger Mann. Der Speisewagen ist voll.
Sehr gern, vielen Dank, die Dame. Wussten Sie übrigens, dass die Strickkunst ursächlich bereits vor Tausenden von Jahren...
Bevor Sie weiterreden... dozieren Sie an der Fakultät für Fabulöses?
Aber ja! Woher wissen Sie das?
Ich bin die Direktorin. Und Sie halten jetzt die Klappe – oder Sie fliegen hier raus!
KLICK KLACKER
ENDE

1935

# Mickey's FIRE BRIGADE

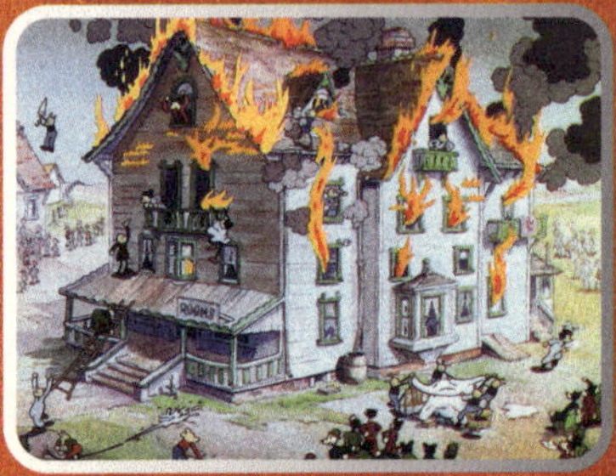

**Deutscher Titel: Mickys Löschzug.** Feuerwehrchef Micky rast mit seinem Wagen und seinen hilfsbereiten, aber gewohnt tollpatschigen Helfern Donald und Goofy zu einer brennenden Pension.

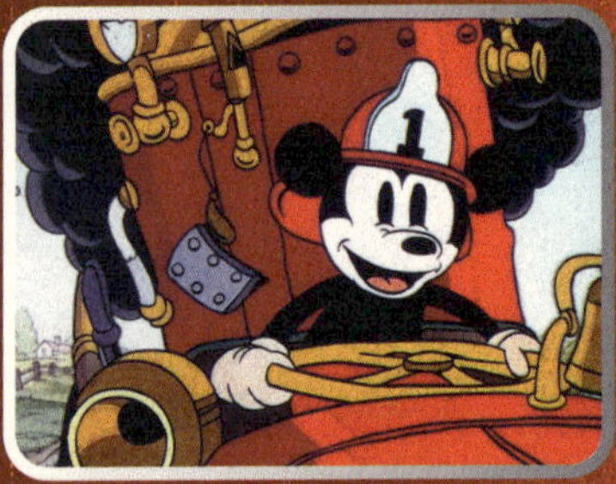

Dort bekommt Micky Probleme mit einem außer Kontrolle geratenen Feuerwehrschlauch und einer widerspenstigen Leiter. Donald kämpft mit Flammen, die ihren eigenen Willen haben und recht aktiv zurückschlagen, während Goofy Gegenstände zu deren Rettung aus dem Fenster wirft – dabei aber unwissentlich das Feuer weiter anheizt.

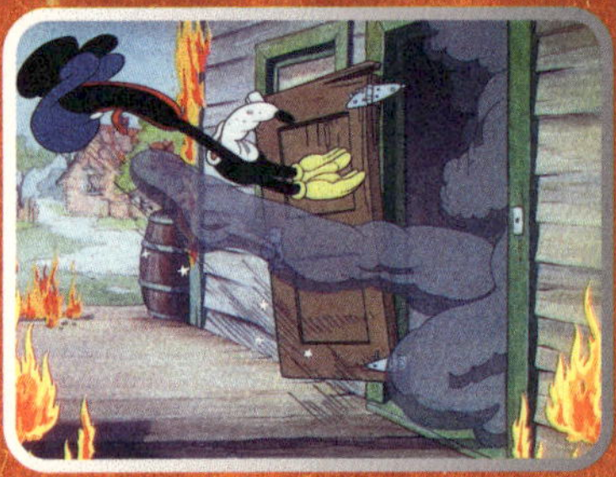

Währenddessen sitzt in einem der Zimmer Klarabella Kuh singend in der Badewanne, ohne überhaupt zu bemerken, dass das Haus in Flammen steht. Als Feuerwehrmann Goofy versucht, sie zu retten, will sie nichts davon wissen und schlägt keifend mit ihrer Rückenbürste auf den vermeintlichen Eindringling ein.

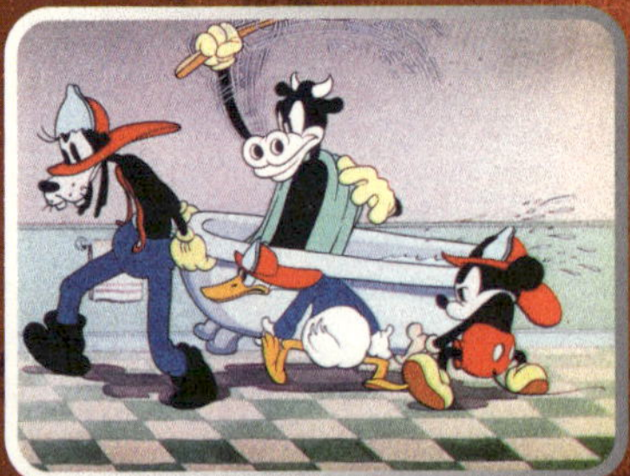

Den Feuerwehrleuten gelingt es schließlich, sie zu retten, indem sie die gesamte Badewanne samt Klarabella und Badewasser hinaustragen! Schon zuvor, in dem Schwarz-Weiß-Cartoon „The Fire Fighters" (1930), war Micky bereits einmal allein als Feuerwehrchef zu sehen, der Minnie aus einem brennenden Gebäude rettet. Dieser unterhaltsame und spannende Kurzfilm ist der zweite Auftritt des fulminanten Trios Micky, Donald und Goofy – und der erste in Farbe!

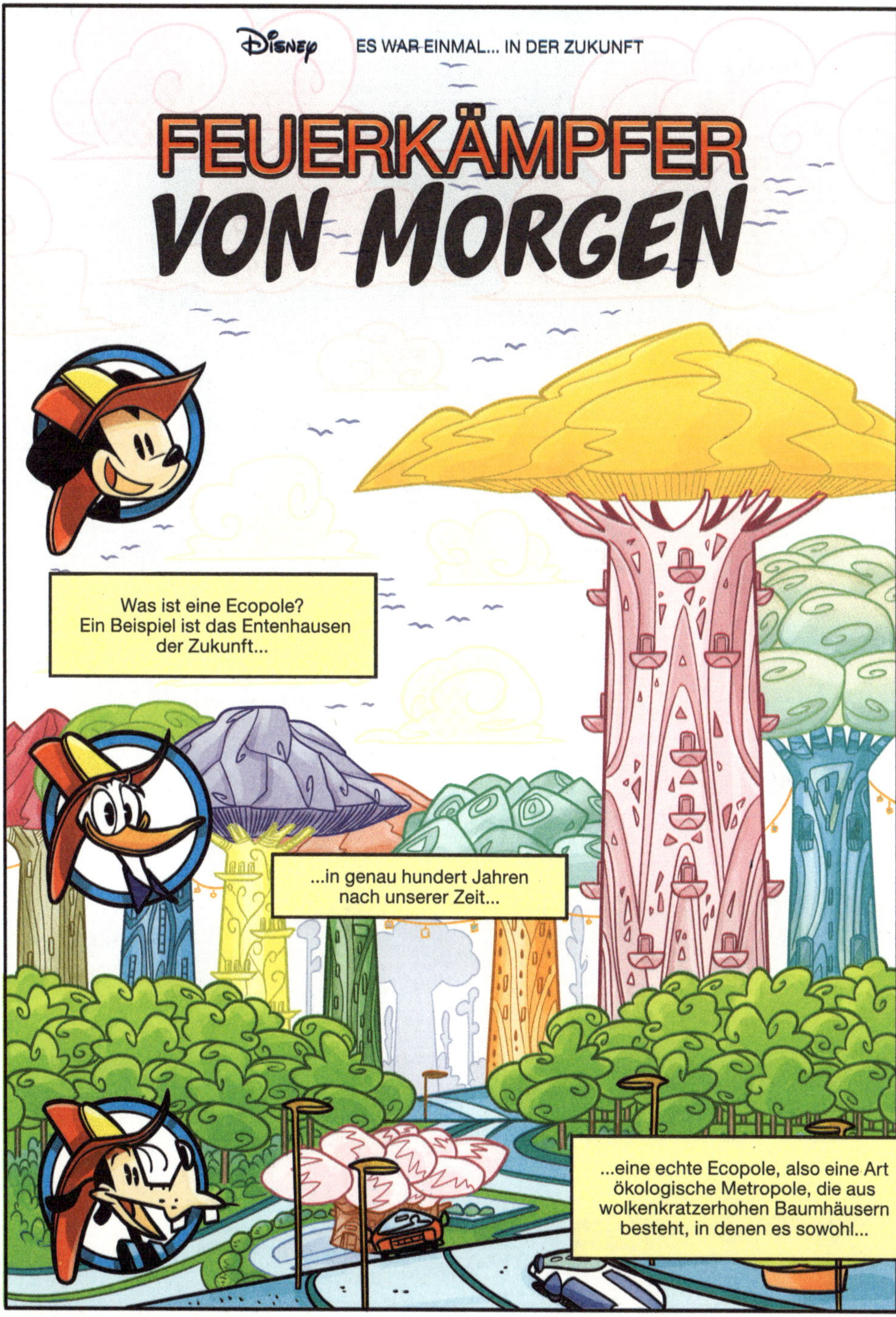


**Francesco Artibani** & **Carlo Panaro** (Story, inspiriert von „Mickey's Fire Brigade"),
**Donald Soffritti** (Zeichnungen)

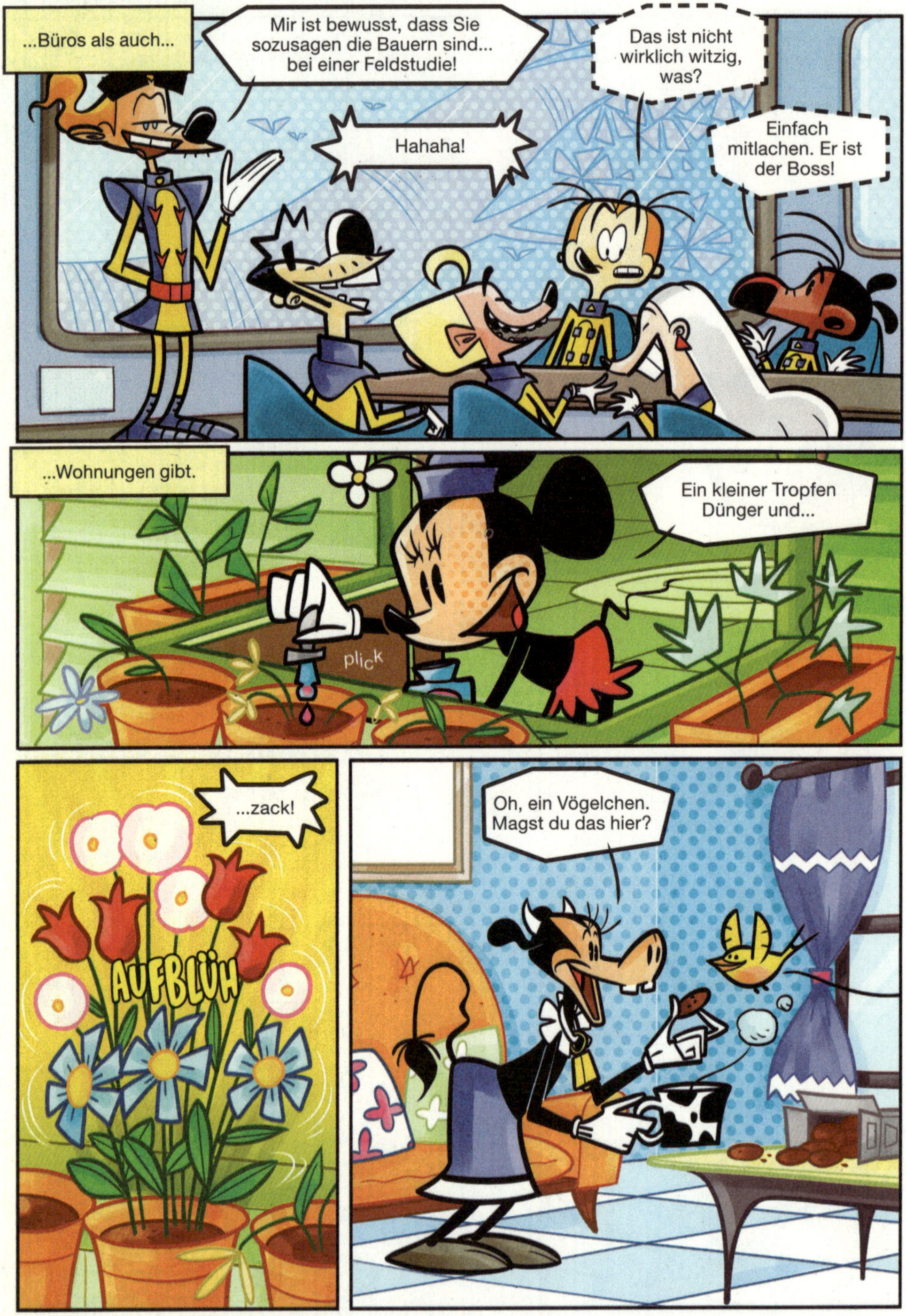
...Büros als auch...
Mir ist bewusst, dass Sie sozusagen die Bauern sind... bei einer Feldstudie!
Hahaha!
Das ist nicht wirklich witzig, was?
Einfach mitlachen. Er ist der Boss!
...Wohnungen gibt.
Ein kleiner Tropfen Dünger und...
plick
...zack!
AUFBLÜH
Oh, ein Vögelchen. Magst du das hier?

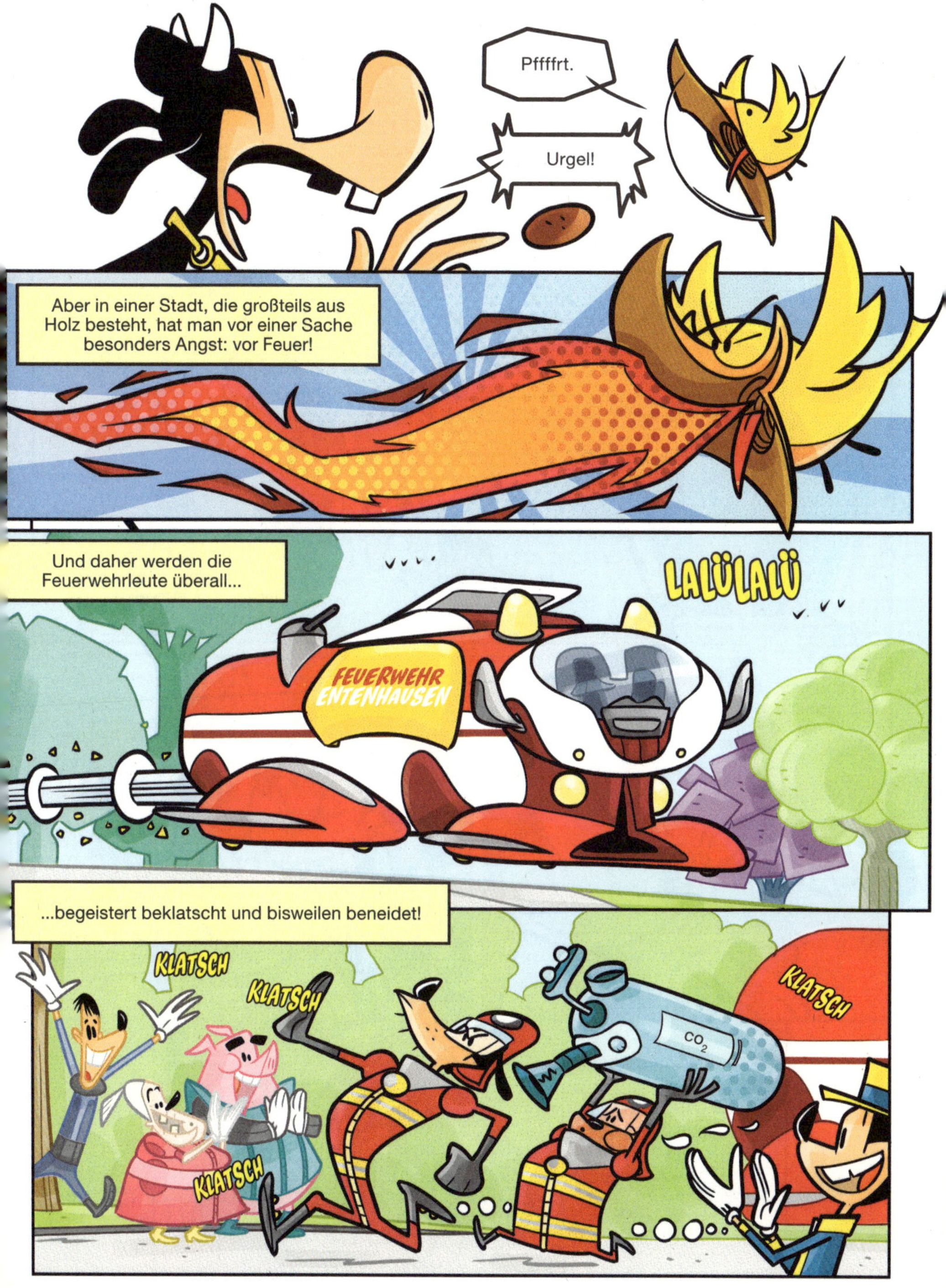
Pffffrt.
Urgel!
Aber in einer Stadt, die großteils aus Holz besteht, hat man vor einer Sache besonders Angst: vor Feuer!
Und daher werden die Feuerwehrleute überall...
LALÜLALÜ
FEUERWEHR ENTENHAUSEN
...begeistert beklatscht und bisweilen beneidet!
KLATSCH
KLATSCH
KLATSCH
KLATSCH
CO2

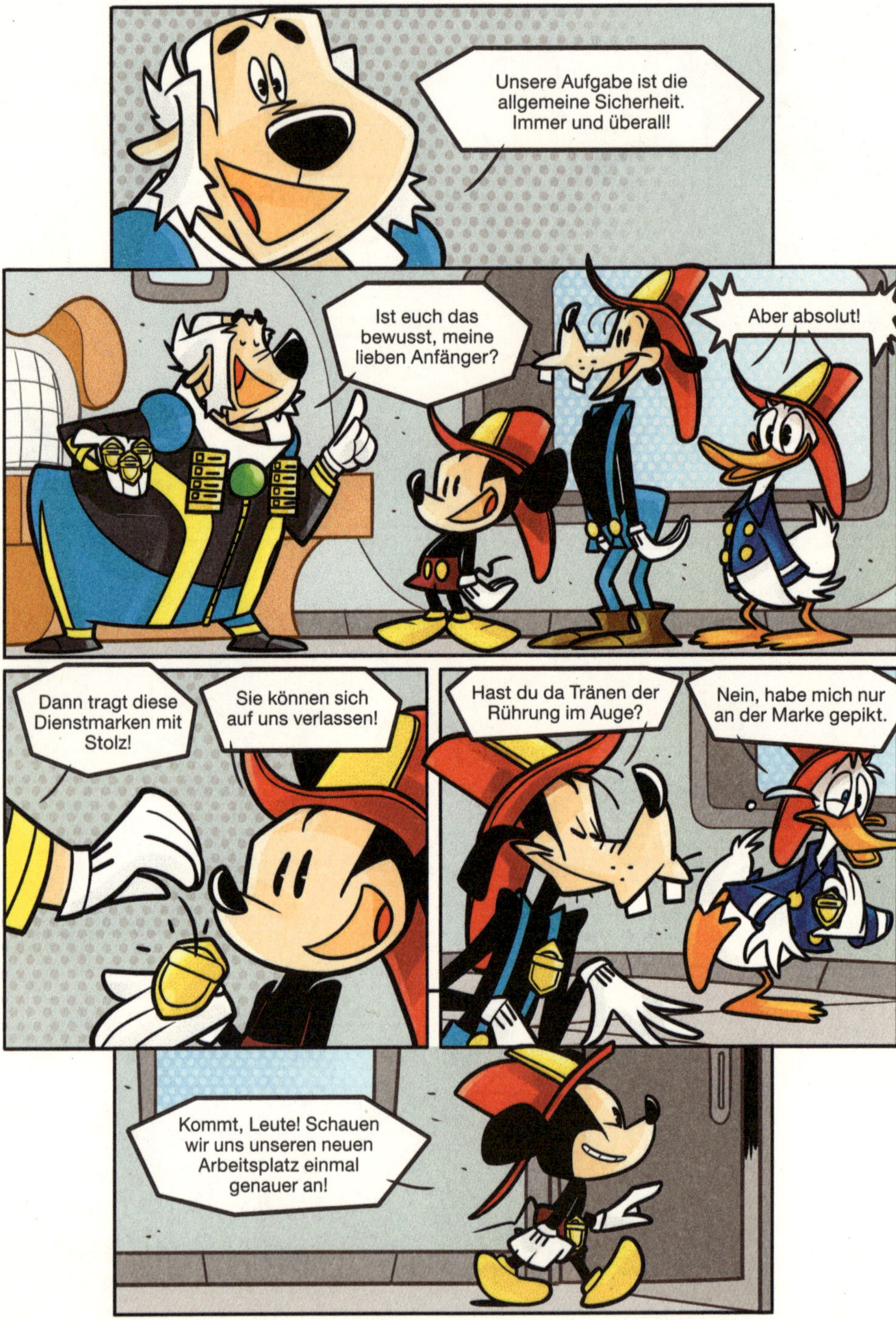
Unsere Aufgabe ist die allgemeine Sicherheit. Immer und überall!
Ist euch das bewusst, meine lieben Anfänger?
Aber absolut!
Dann tragt diese Dienstmarken mit Stolz!
Sie können sich auf uns verlassen!
Hast du da Tränen der Rührung im Auge?
Nein, habe mich nur an der Marke gepikt.
Kommt, Leute! Schauen wir uns unseren neuen Arbeitsplatz einmal genauer an!

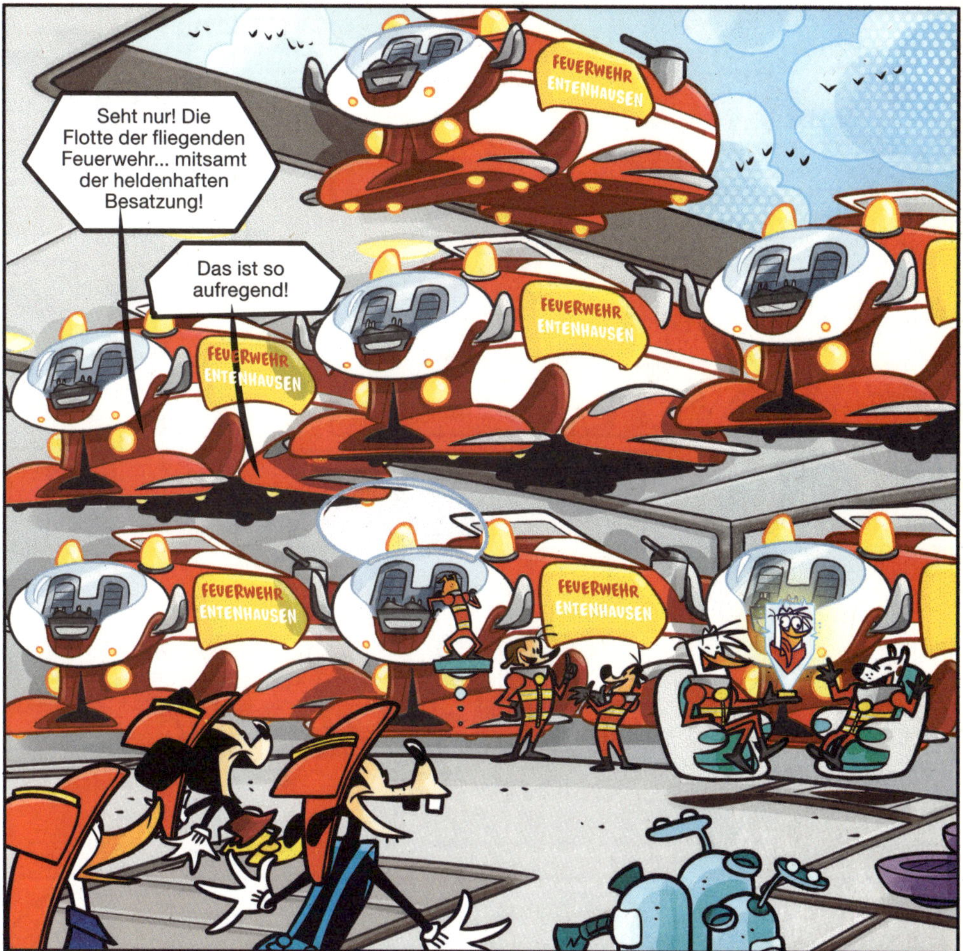
Seht nur! Die Flotte der fliegenden Feuerwehr... mitsamt der heldenhaften Besatzung!
Das ist so aufregend!
FEUERWEHR ENTENHAUSEN

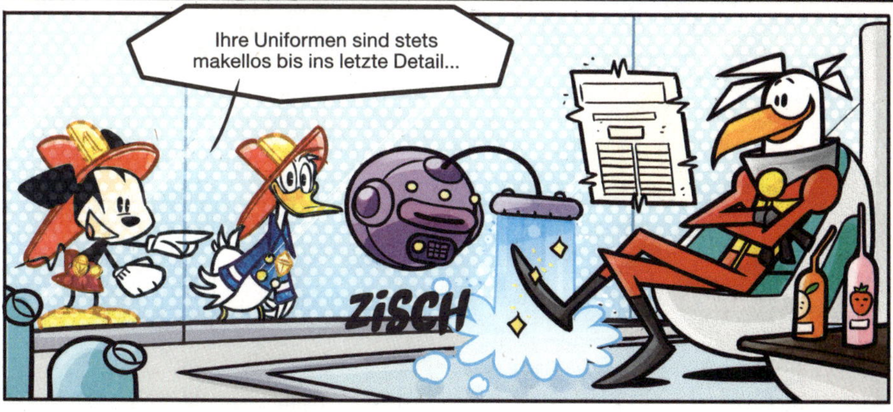
Ihre Uniformen sind stets makellos bis ins letzte Detail...
ZISCH

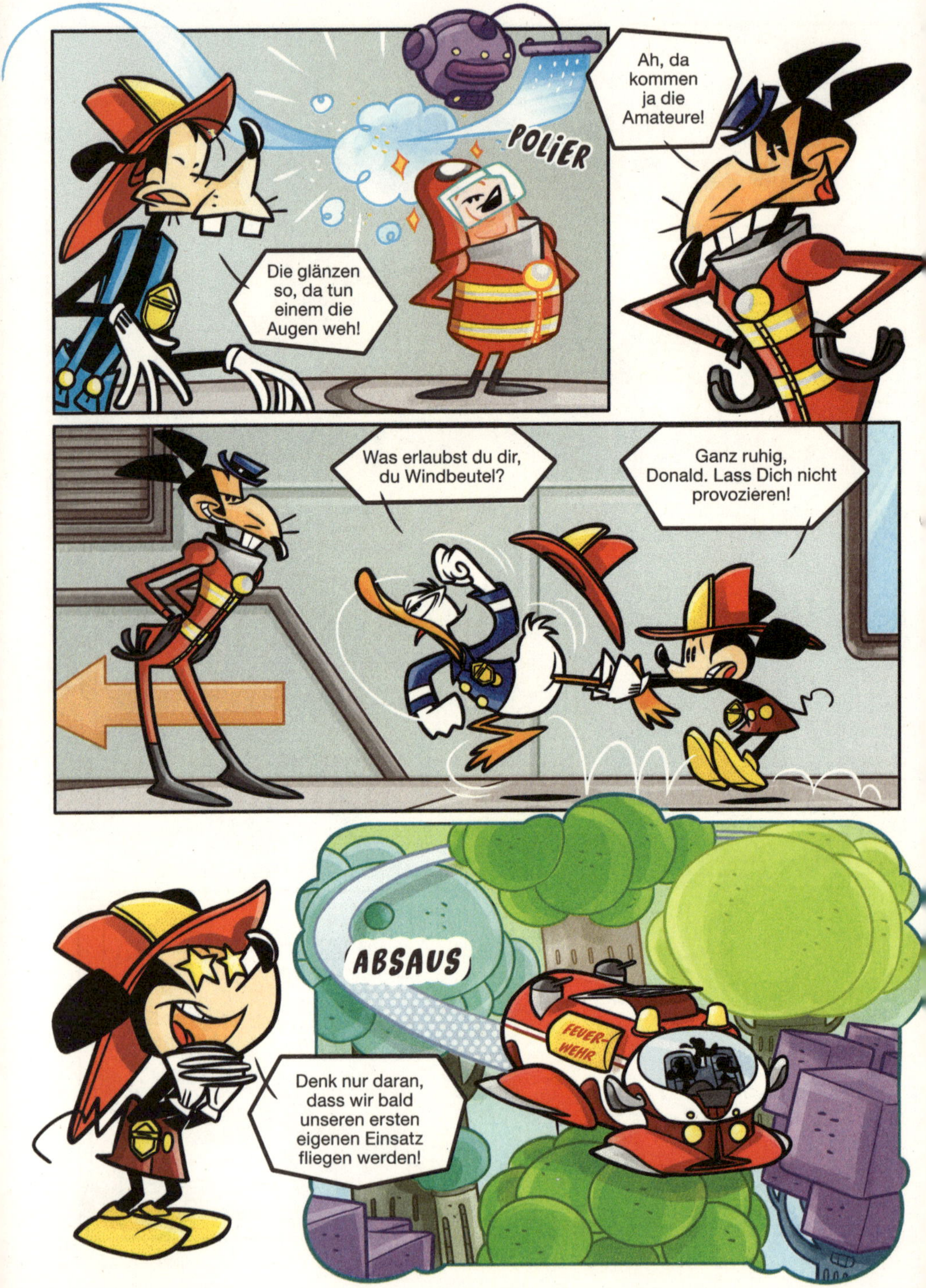
POLIER
Die glänzen so, da tun einem die Augen weh!
Ah, da kommen ja die Amateure!
Was erlaubst du dir, du Windbeutel?
Ganz ruhig, Donald. Lass Dich nicht provozieren!
ABSAUS
FEUER-WEHR
Denk nur daran, dass wir bald unseren ersten eigenen Einsatz fliegen werden!

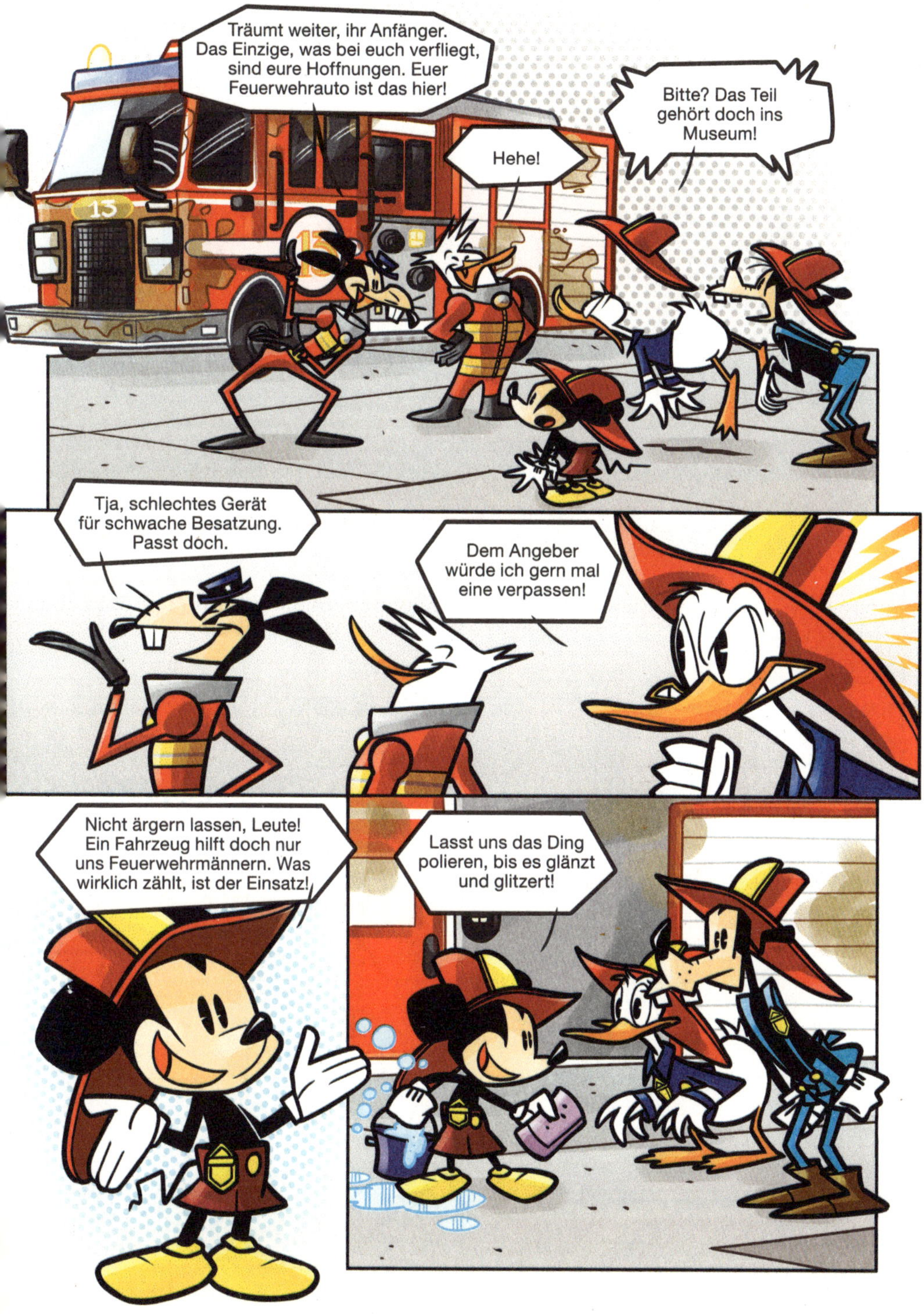
Träumt weiter, ihr Anfänger. Das Einzige, was bei euch verfliegt, sind eure Hoffnungen. Euer Feuerwehrauto ist das hier!
Hehe!
Bitte? Das Teil gehört doch ins Museum!
Tja, schlechtes Gerät für schwache Besatzung. Passt doch.
Dem Angeber würde ich gern mal eine verpassen!
Nicht ärgern lassen, Leute! Ein Fahrzeug hilft doch nur uns Feuerwehrmännern. Was wirklich zählt, ist der Einsatz!
Lasst uns das Ding polieren, bis es glänzt und glitzert!

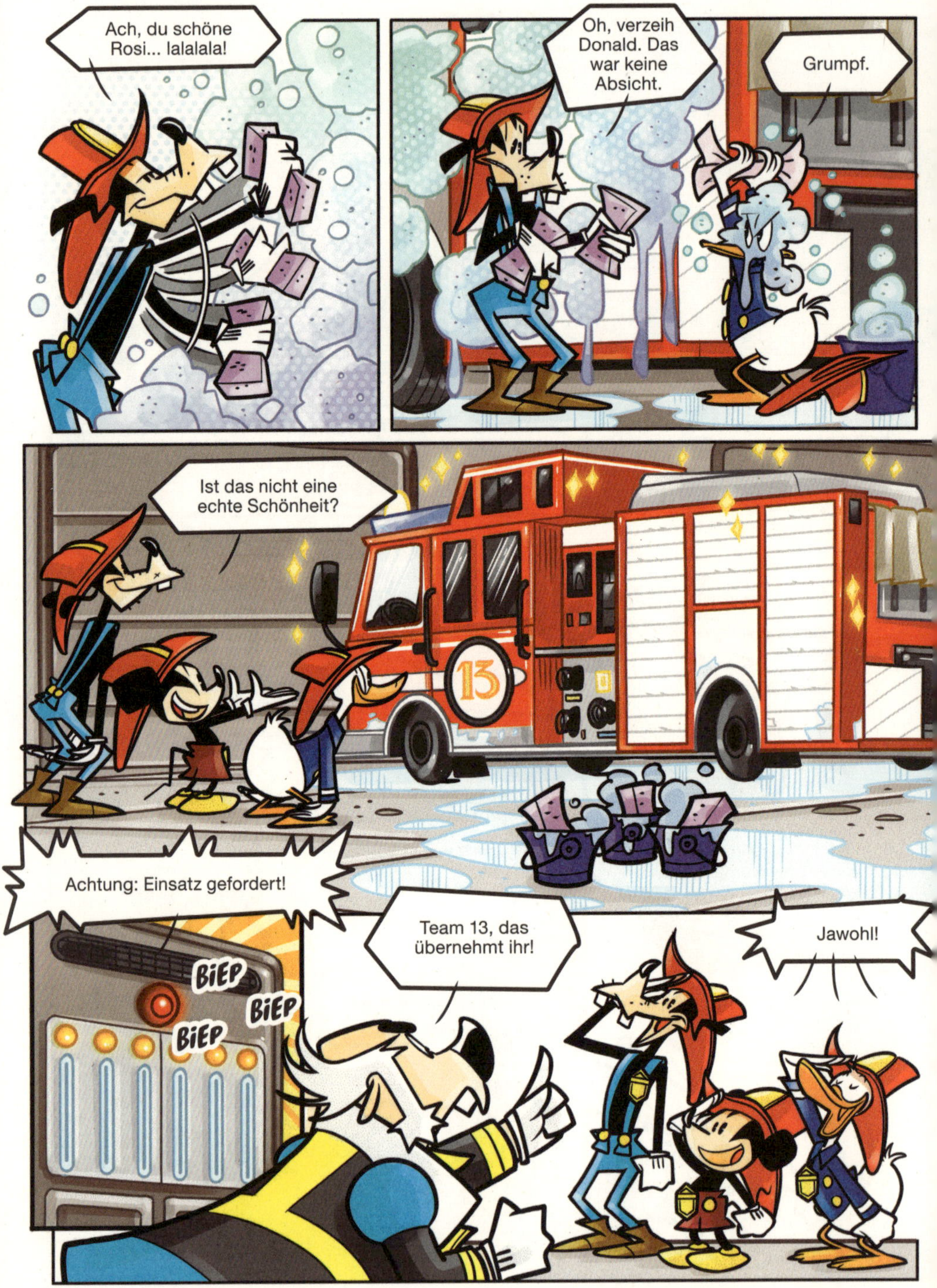
Ach, du schöne Rosi... lalalala!
Oh, verzeih Donald. Das war keine Absicht.
Grumpf.
Ist das nicht eine echte Schönheit?
13
Achtung: Einsatz gefordert!
BiEP
BiEP
BiEP
Team 13, das übernehmt ihr!
Jawohl!

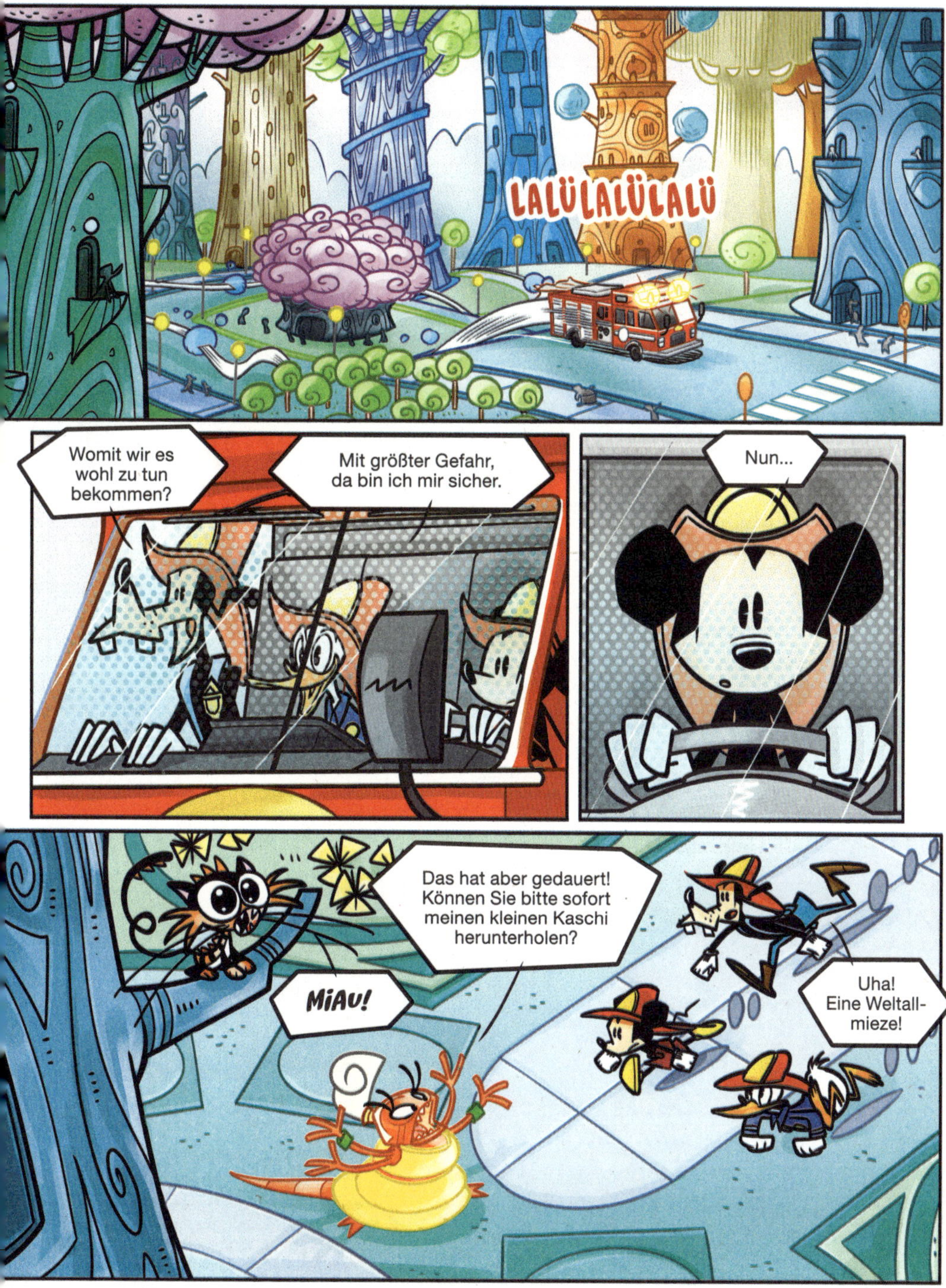
LALÜLALÜLALÜ
Womit wir es wohl zu tun bekommen?
Mit größter Gefahr, da bin ich mir sicher.
Nun...
Das hat aber gedauert! Können Sie bitte sofort meinen kleinen Kaschi herunterholen?
MIAU!
Uha! Eine Weltall-mieze!

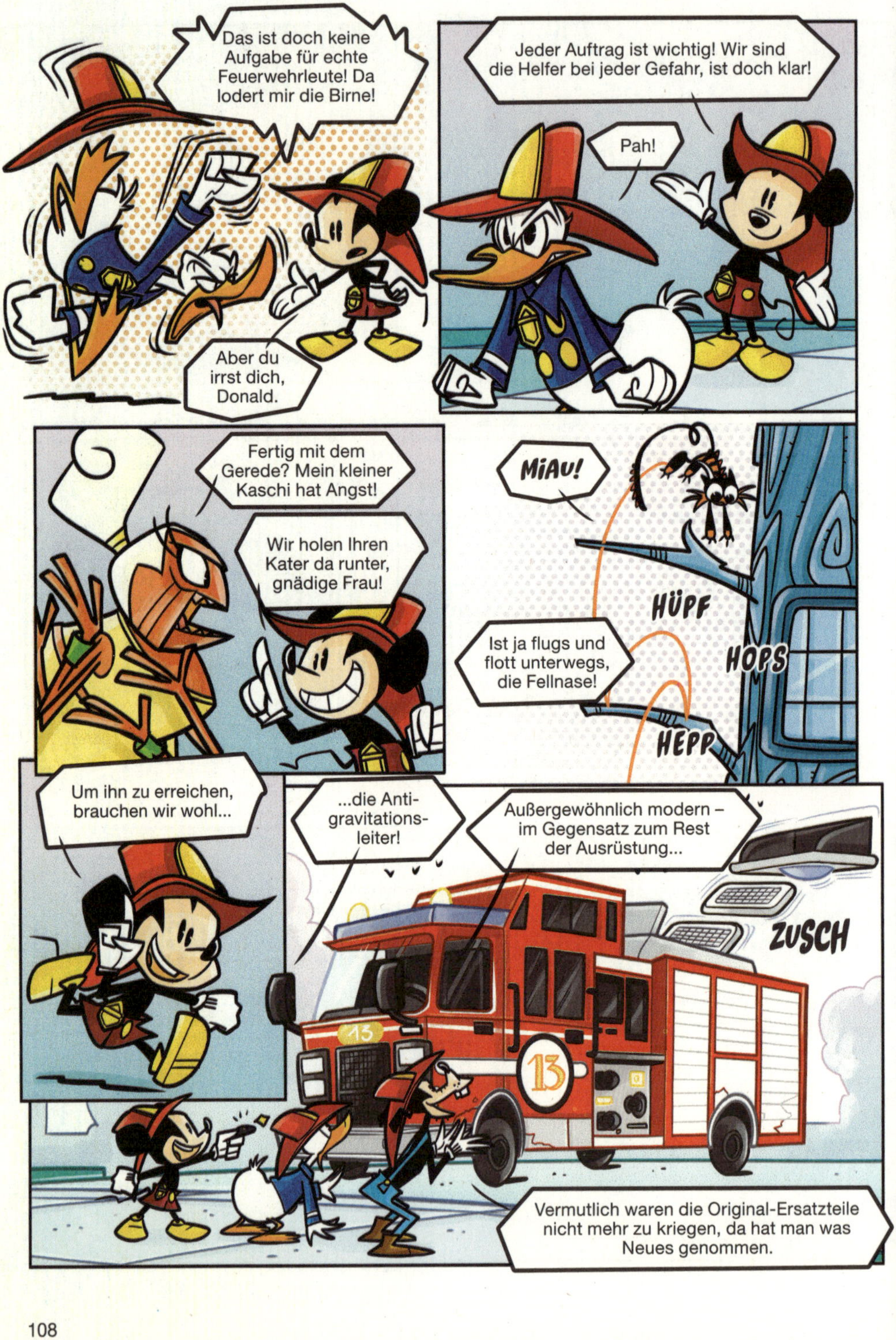
Das ist doch keine Aufgabe für echte Feuerwehrleute! Da lodert mir die Birne!
Aber du irrst dich, Donald.
Jeder Auftrag ist wichtig! Wir sind die Helfer bei jeder Gefahr, ist doch klar!
Pah!
Fertig mit dem Gerede? Mein kleiner Kaschi hat Angst!
Wir holen Ihren Kater da runter, gnädige Frau!
MIAU!
HÜPF
HOPS
HEPP
Ist ja flugs und flott unterwegs, die Fellnase!
Um ihn zu erreichen, brauchen wir wohl...
...die Anti-gravitations-leiter!
Außergewöhnlich modern – im Gegensatz zum Rest der Ausrüstung...
ZUSCH
Vermutlich waren die Original-Ersatzteile nicht mehr zu kriegen, da hat man was Neues genommen.

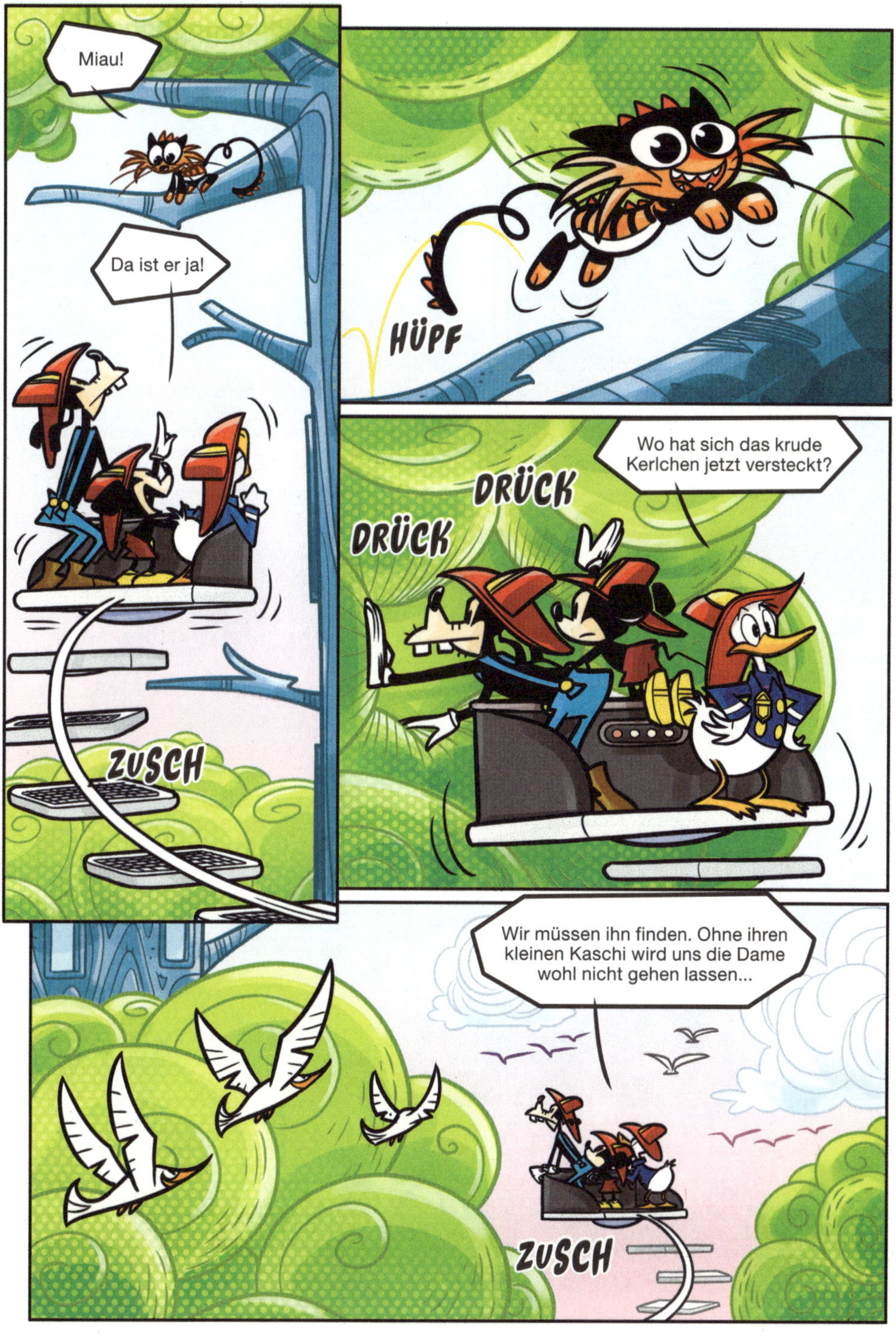
Miau!
Da ist er ja!
ZUSCH
HÜPF
Wo hat sich das krude Kerlchen jetzt versteckt?
DRÜCK
DRÜCK
Wir müssen ihn finden. Ohne ihren kleinen Kaschi wird uns die Dame wohl nicht gehen lassen...
ZUSCH

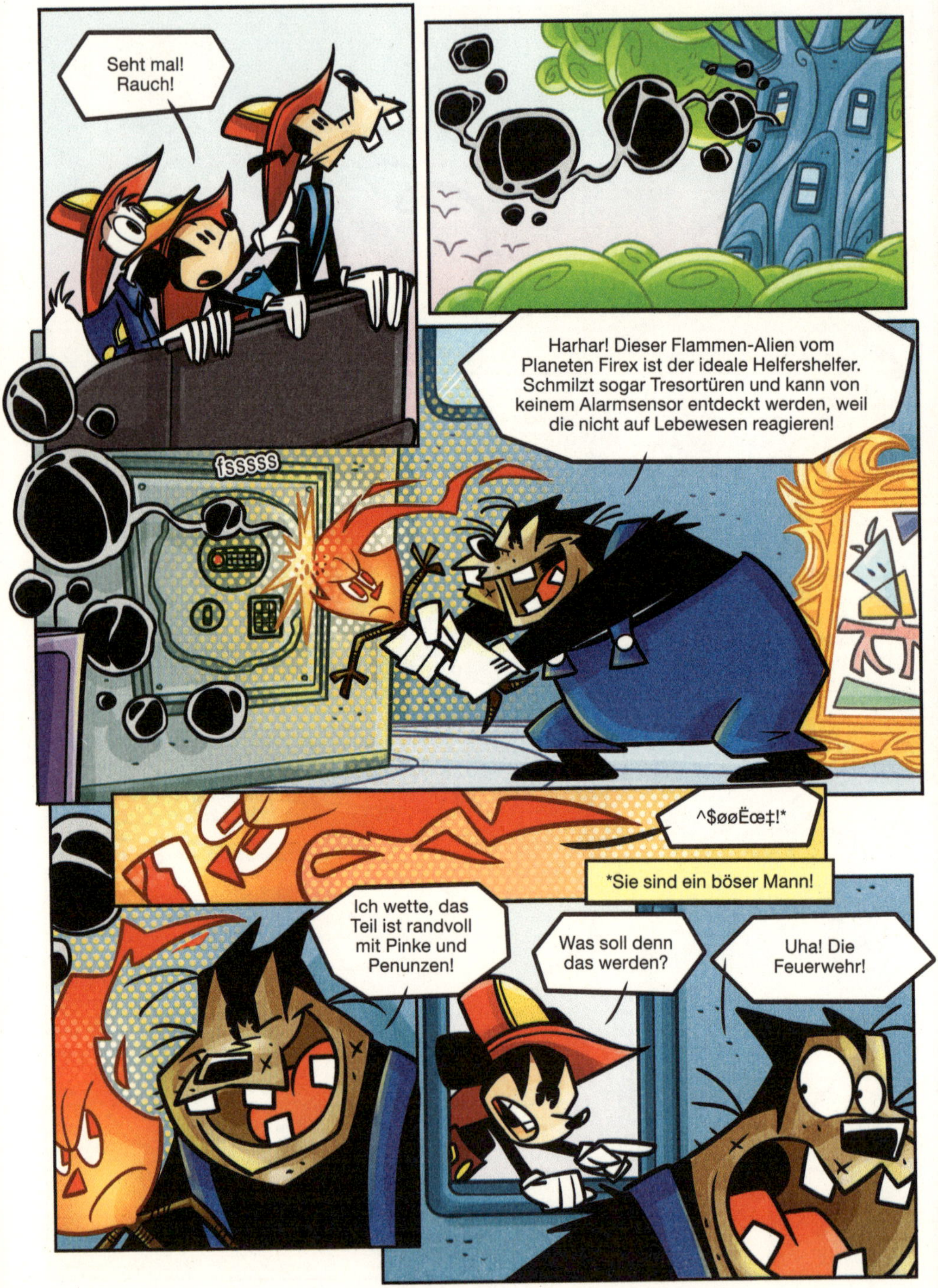
Seht mal! Rauch!
Harhar! Dieser Flammen-Alien vom Planeten Firex ist der ideale Helfershelfer. Schmilzt sogar Tresortüren und kann von keinem Alarmsensor entdeckt werden, weil die nicht auf Lebewesen reagieren!
fsssss
^$øøËœ‡!*
*Sie sind ein böser Mann!
Ich wette, das Teil ist randvoll mit Pinke und Penunzen!
Was soll denn das werden?
Uha! Die Feuerwehr!

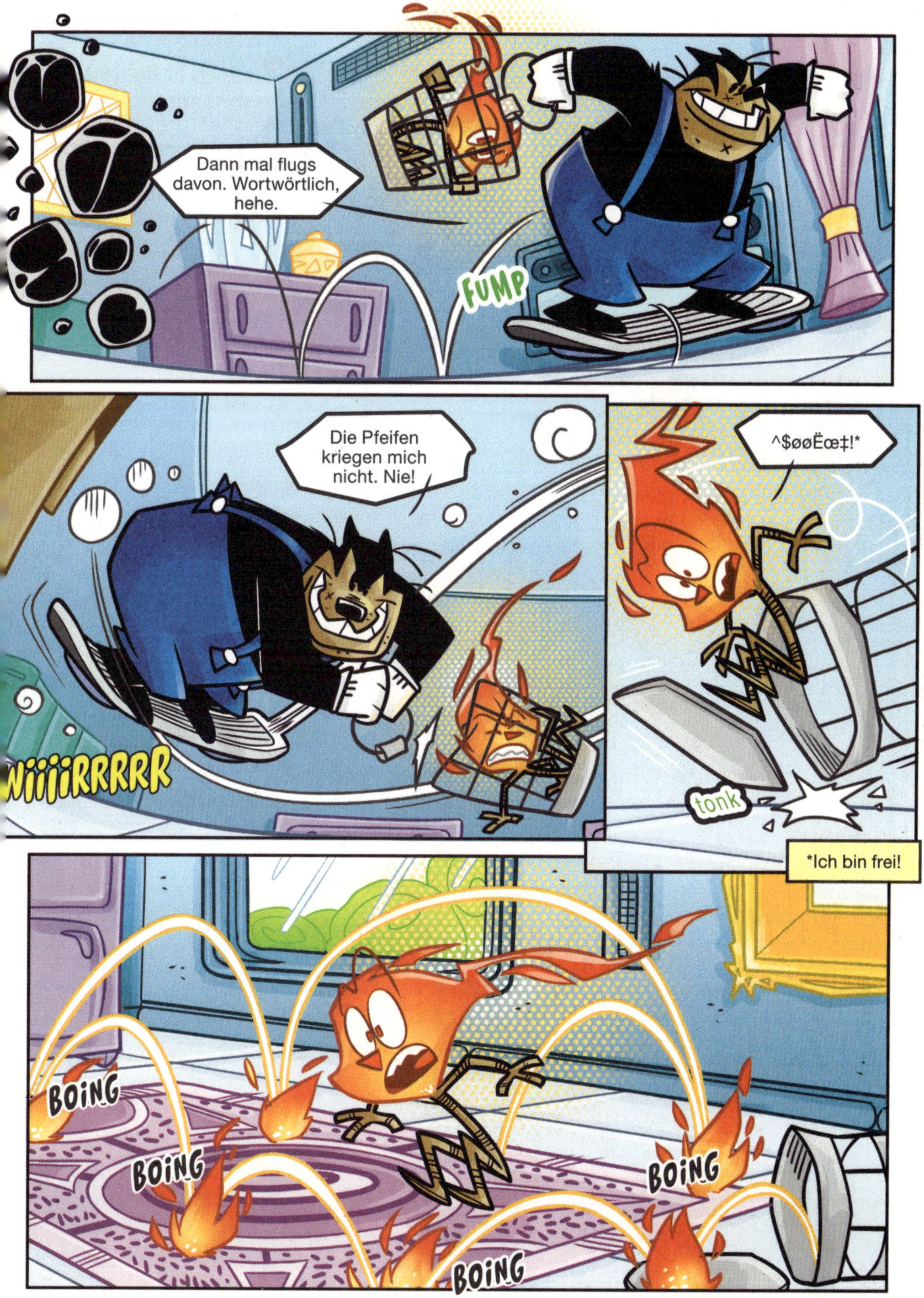
Dann mal flugs davon. Wortwörtlich, hehe.
FUMP
Die Pfeifen kriegen mich nicht. Nie!
WiiiiRRRRR
^$øøËœ‡!*
tonk
*Ich bin frei!
BOING
BOING
BOING
BOING

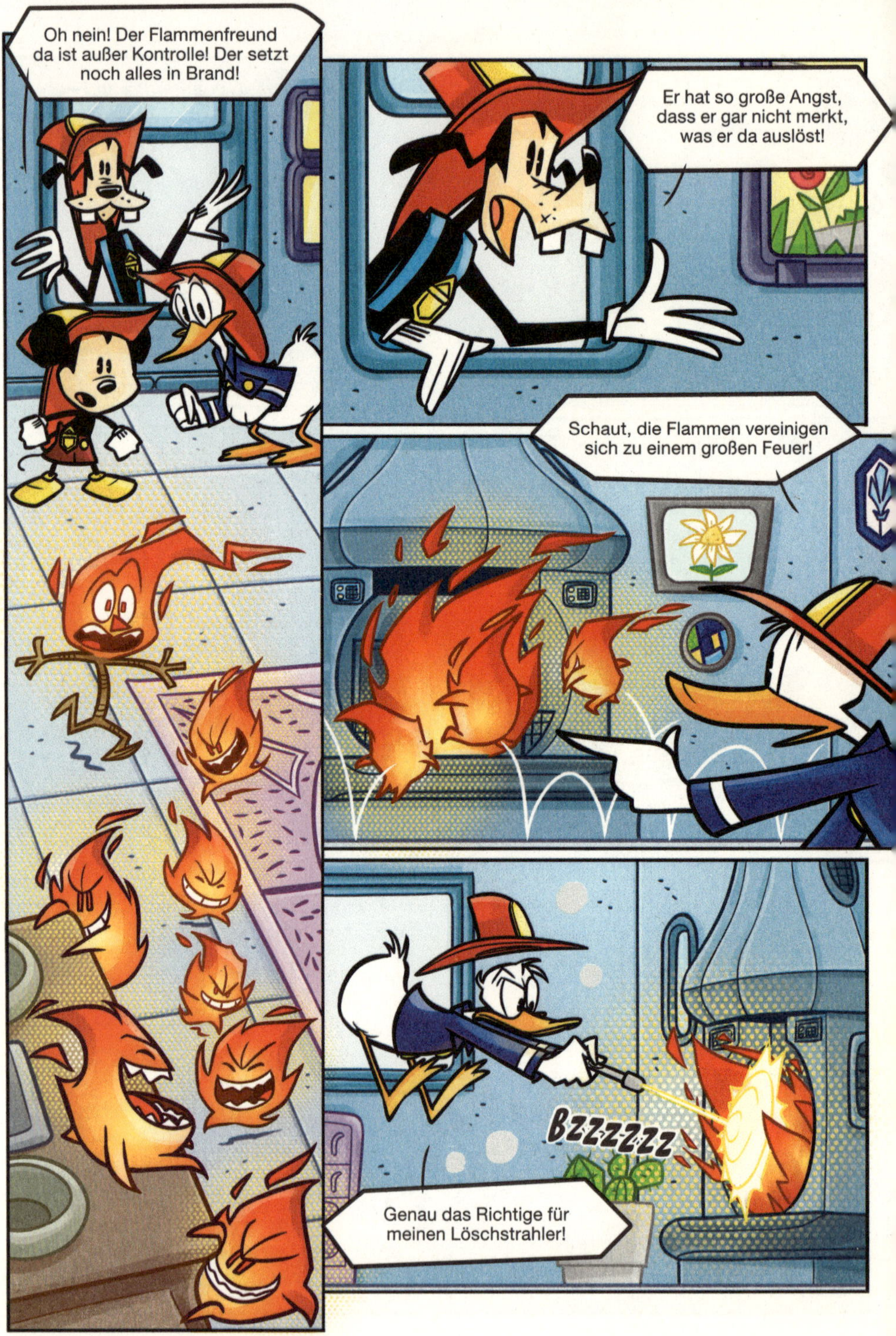
Oh nein! Der Flammenfreund da ist außer Kontrolle! Der setzt noch alles in Brand!
Er hat so große Angst, dass er gar nicht merkt, was er da auslöst!
Schaut, die Flammen vereinigen sich zu einem großen Feuer!
BZZZZZZ
Genau das Richtige für meinen Löschstrahler!

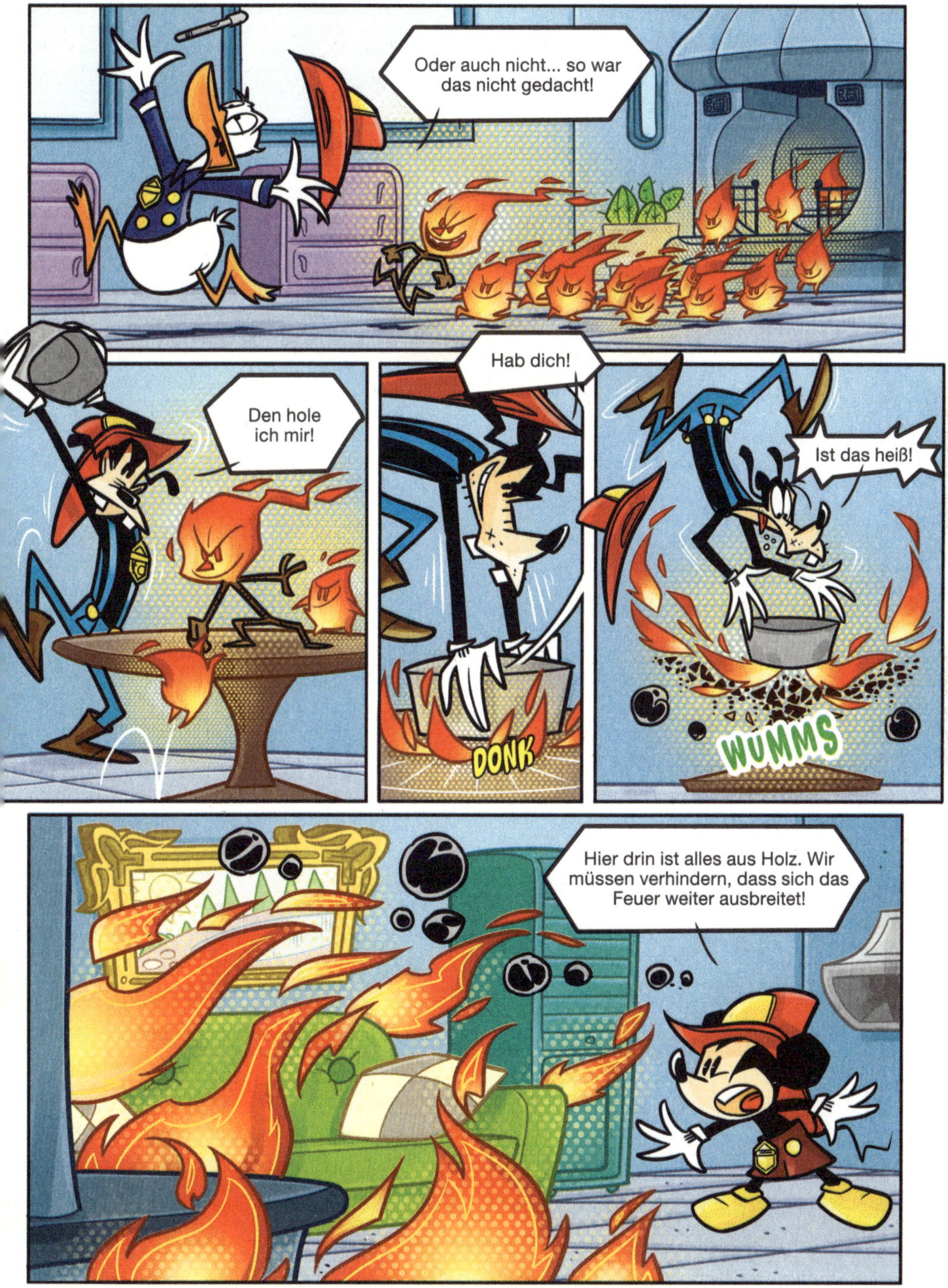
Oder auch nicht... so war das nicht gedacht!
Den hole ich mir!
Hab dich!
DONK
Ist das heiß!
WUMMS
Hier drin ist alles aus Holz. Wir müssen verhindern, dass sich das Feuer weiter ausbreitet!

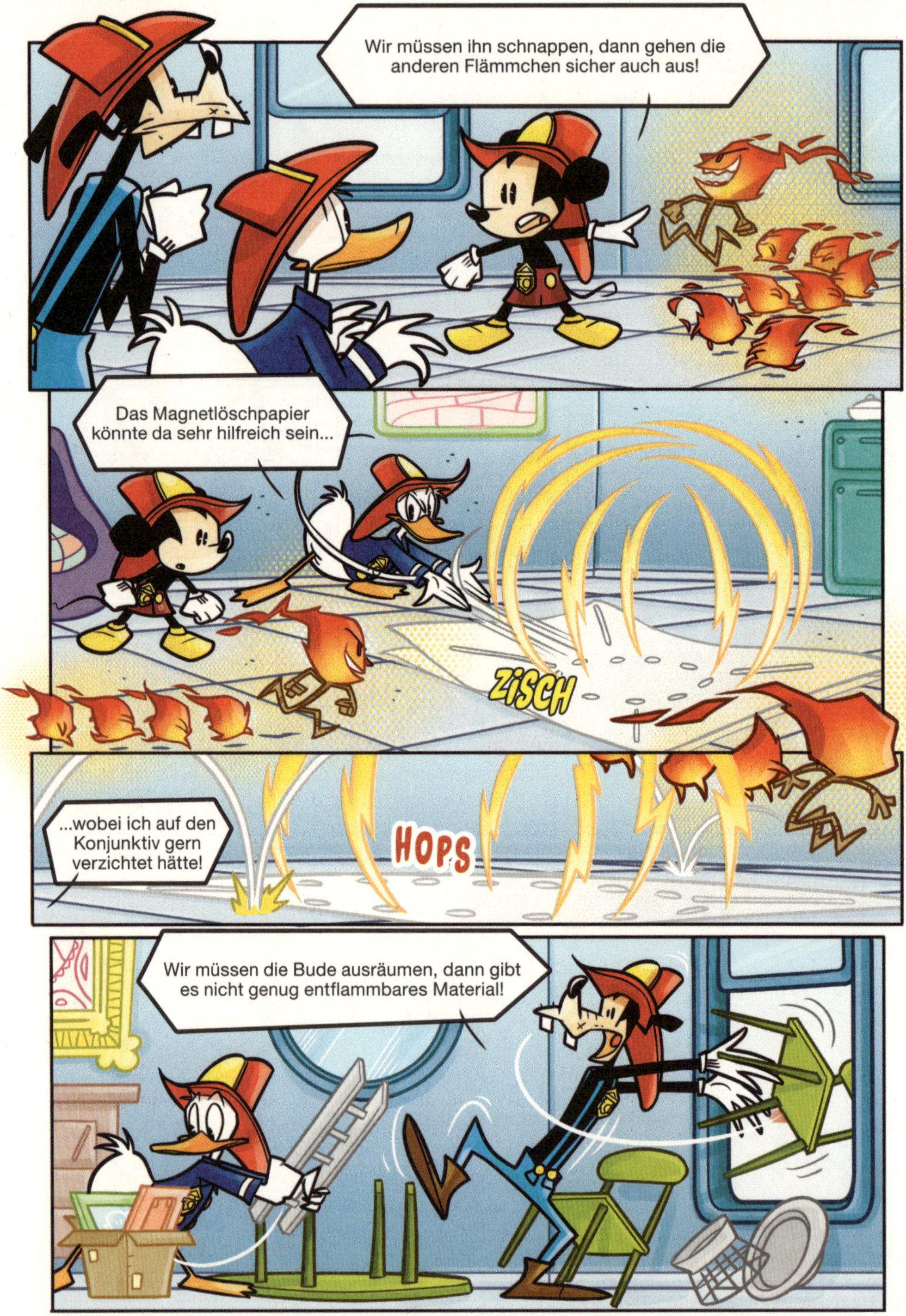

Wir müssen ihn schnappen, dann gehen die anderen Flämmchen sicher auch aus!
Das Magnetlöschpapier könnte da sehr hilfreich sein...
ZISCH
...wobei ich auf den Konjunktiv gern verzichtet hätte!
HOPS
Wir müssen die Bude ausräumen, dann gibt es nicht genug entflammbares Material!

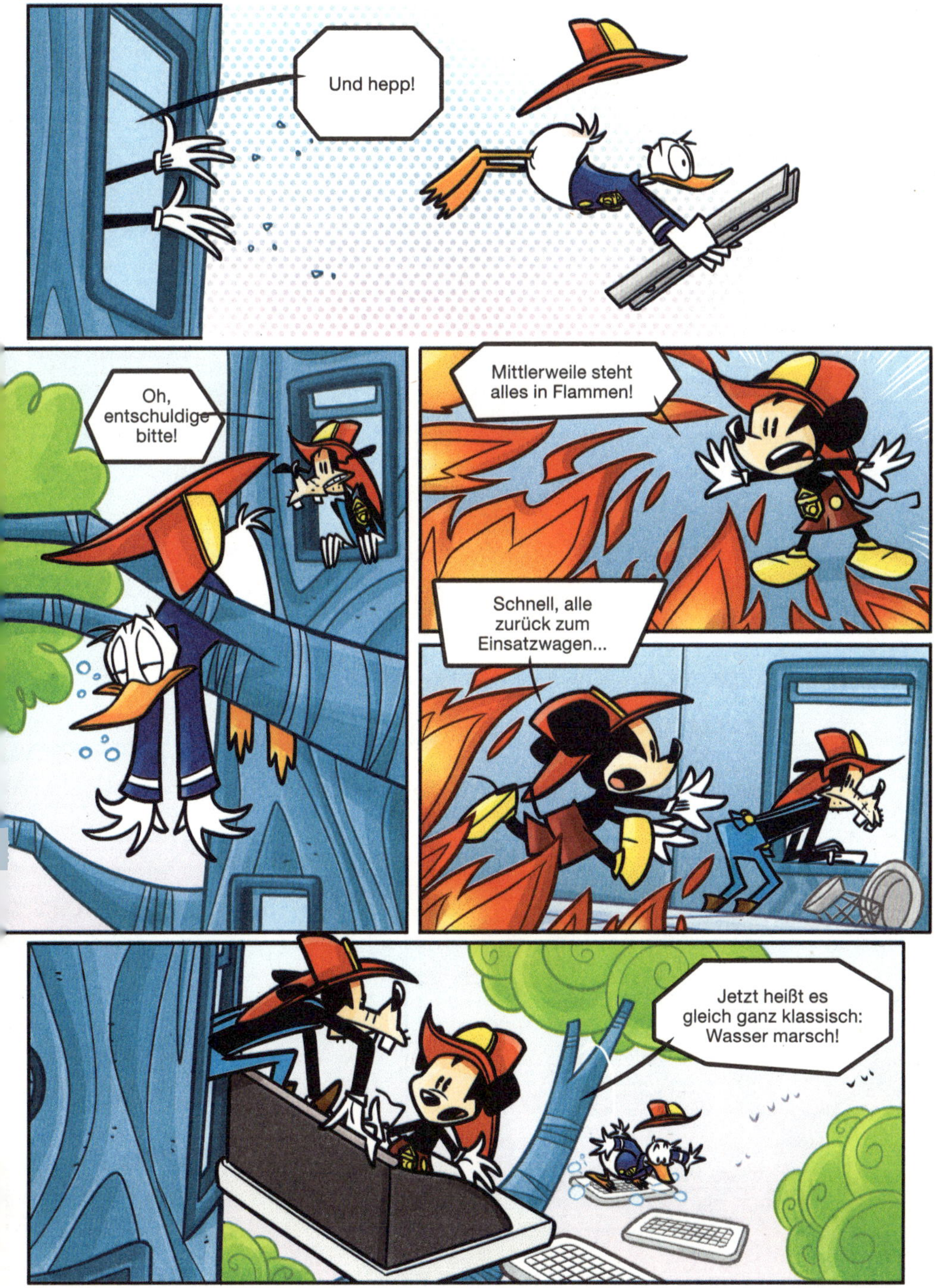
Und hepp!
Oh, entschuldige bitte!
Mittlerweile steht alles in Flammen!
Schnell, alle zurück zum Einsatzwagen...
Jetzt heißt es gleich ganz klassisch: Wasser marsch!

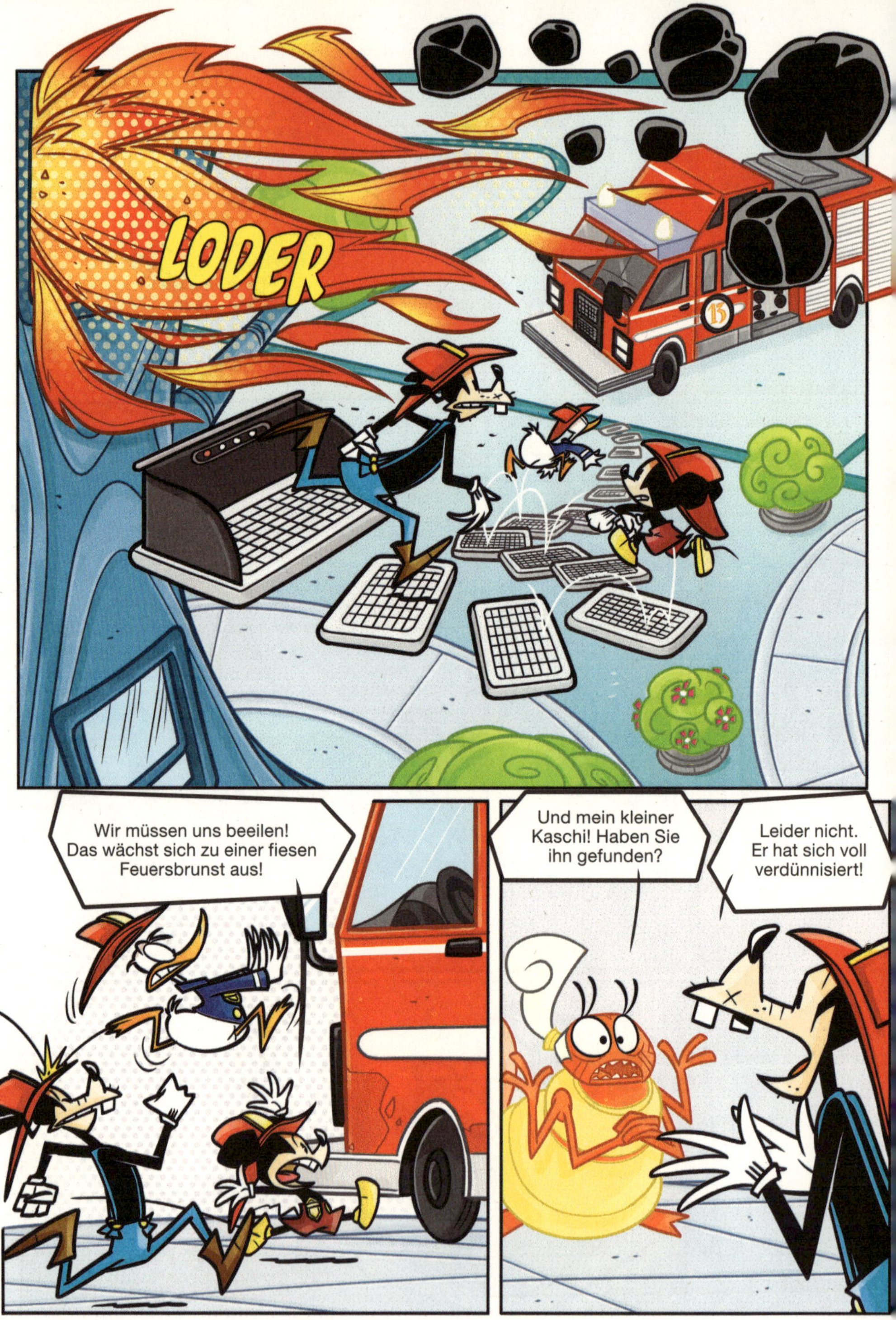
LODER
Wir müssen uns beeilen! Das wächst sich zu einer fiesen Feuersbrunst aus!
Und mein kleiner Kaschi! Haben Sie ihn gefunden?
Leider nicht. Er hat sich voll verdünnisiert!

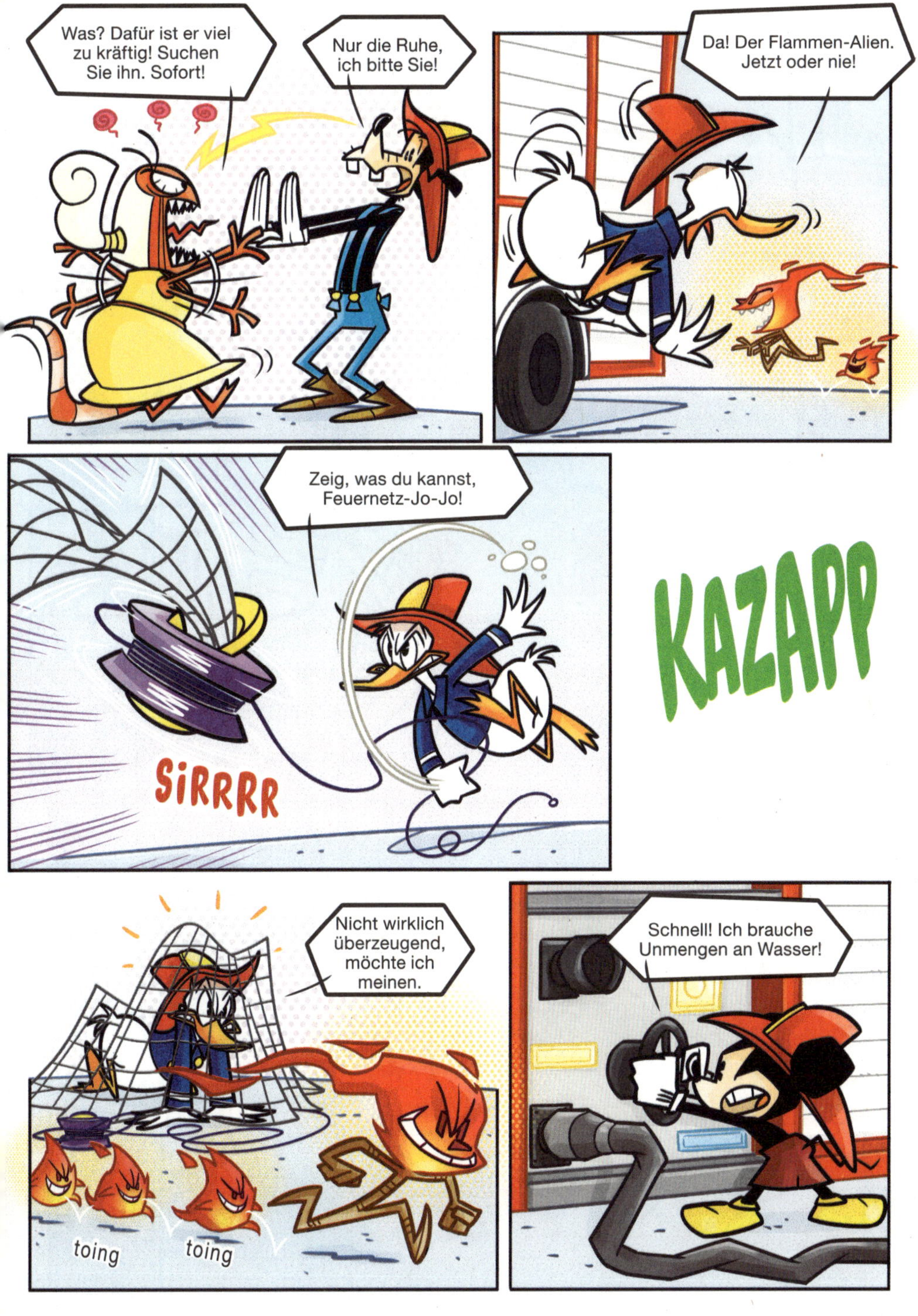
Was? Dafür ist er viel zu kräftig! Suchen Sie ihn. Sofort!
Nur die Ruhe, ich bitte Sie!
Da! Der Flammen-Alien. Jetzt oder nie!
Zeig, was du kannst, Feuernetz-Jo-Jo!
SIRRRR
KAZAPP
Nicht wirklich überzeugend, möchte ich meinen.
toing
toing
Schnell! Ich brauche Unmengen an Wasser!

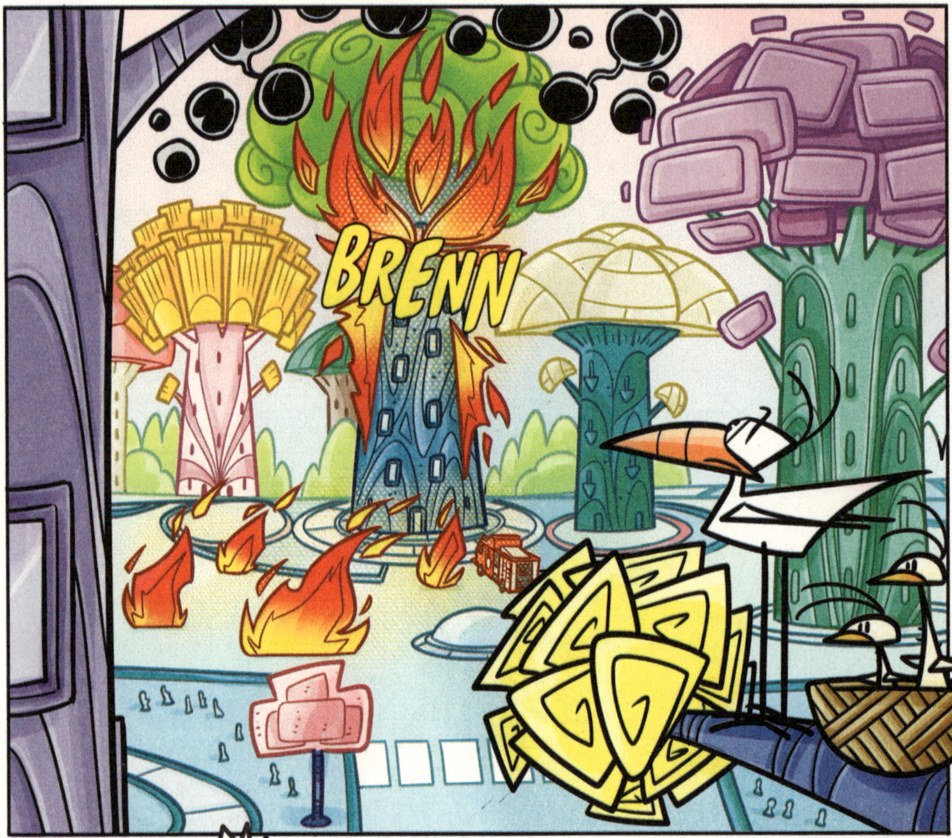
BRENN

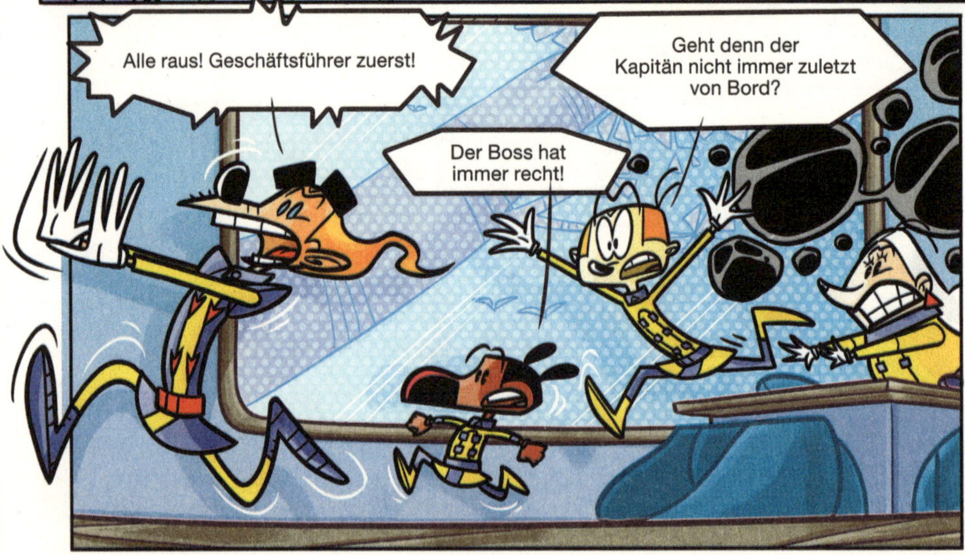
Alle raus! Geschäftsführer zuerst!
Geht denn der Kapitän nicht immer zuletzt von Bord?
Der Boss hat immer recht!

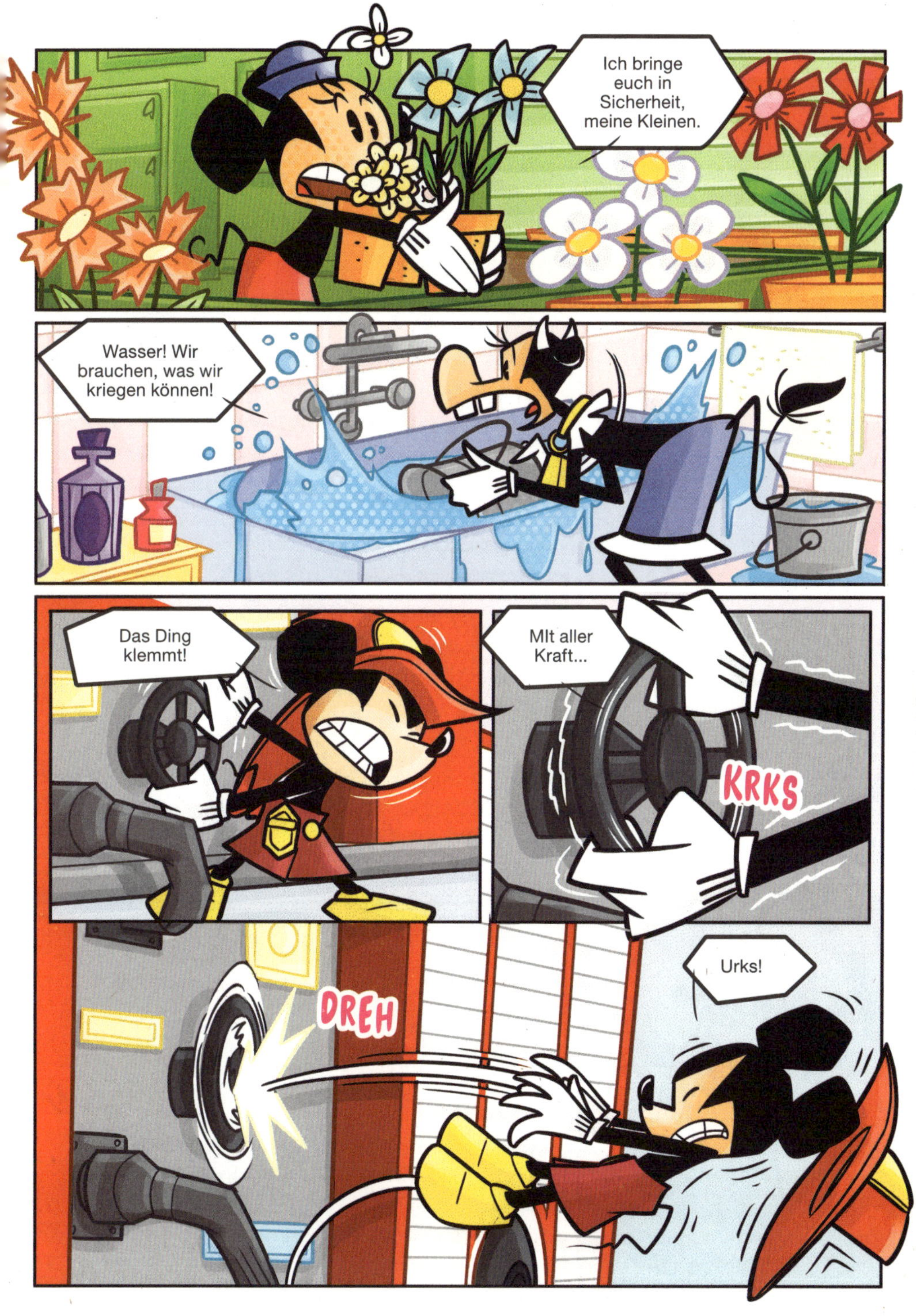
Ich bringe euch in Sicherheit, meine Kleinen.
Wasser! Wir brauchen, was wir kriegen können!
Das Ding klemmt!
MIt aller Kraft...
KRKS
DREH
Urks!

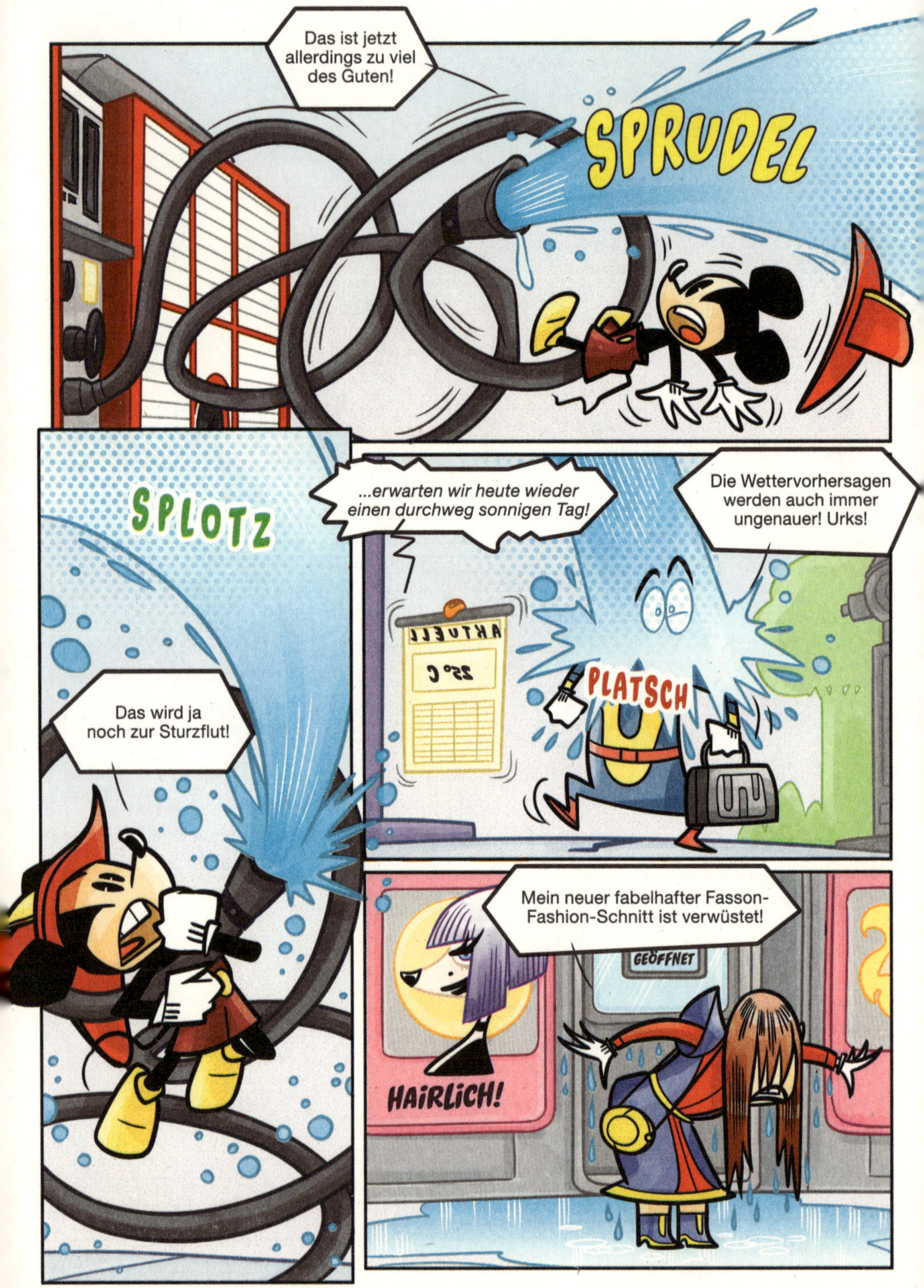
Das ist jetzt allerdings zu viel des Guten!
SPRUDEL
SPLOTZ
...erwarten wir heute wieder einen durchweg sonnigen Tag!
Die Wettervorhersagen werden auch immer ungenauer! Urks!
AKTUELL
25 °C
PLATSCH
Das wird ja noch zur Sturzflut!
Mein neuer fabelhafter Fasson-Fashion-Schnitt ist verwüstet!
GEÖFFNET
HAIRLICH!

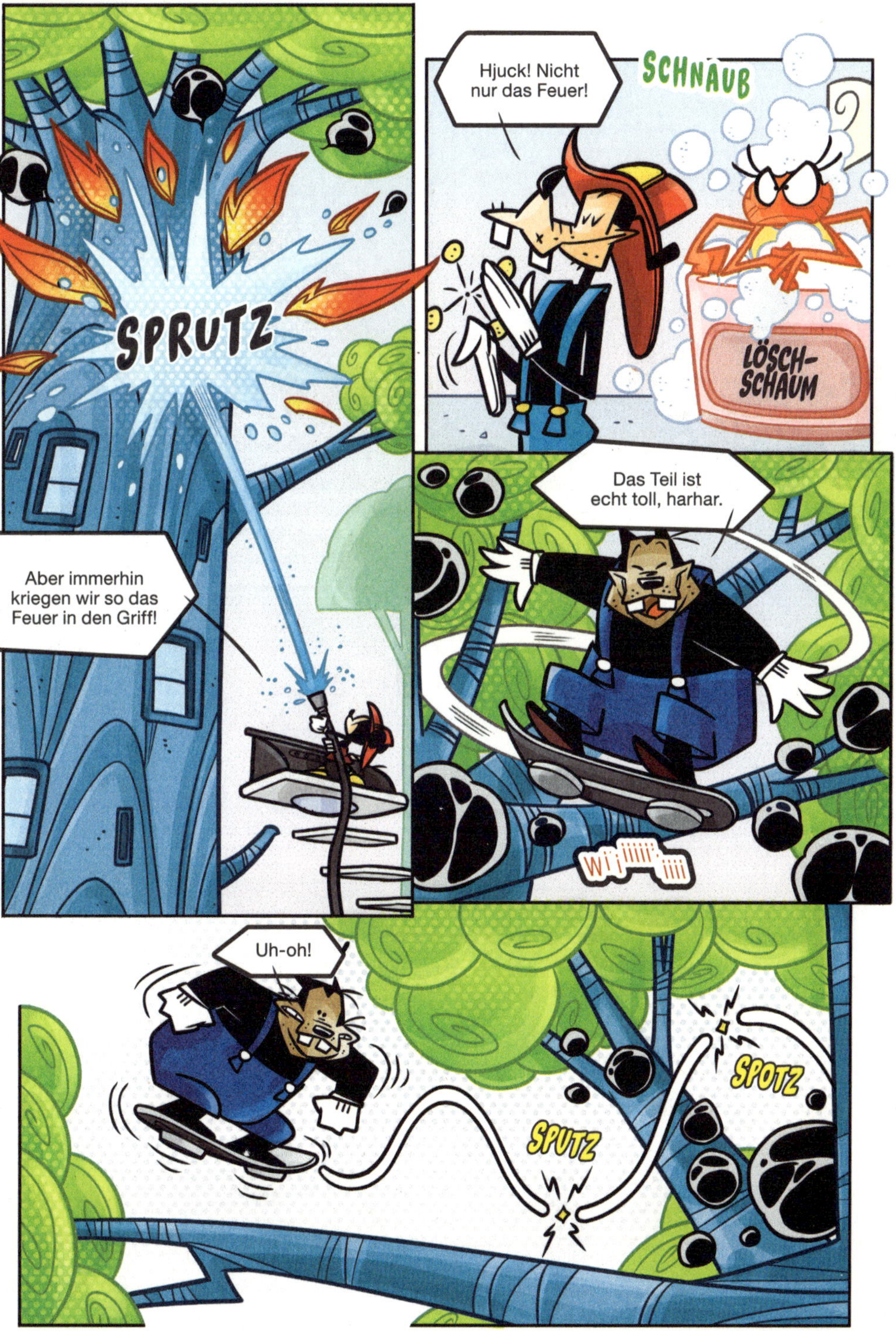
SPRUTZ
Aber immerhin kriegen wir so das Feuer in den Griff!
Hjuck! Nicht nur das Feuer!
SCHNAUB
LÖSCH-SCHAUM
Das Teil ist echt toll, harhar.
Uh-oh!
SPUTZ
SPOTZ

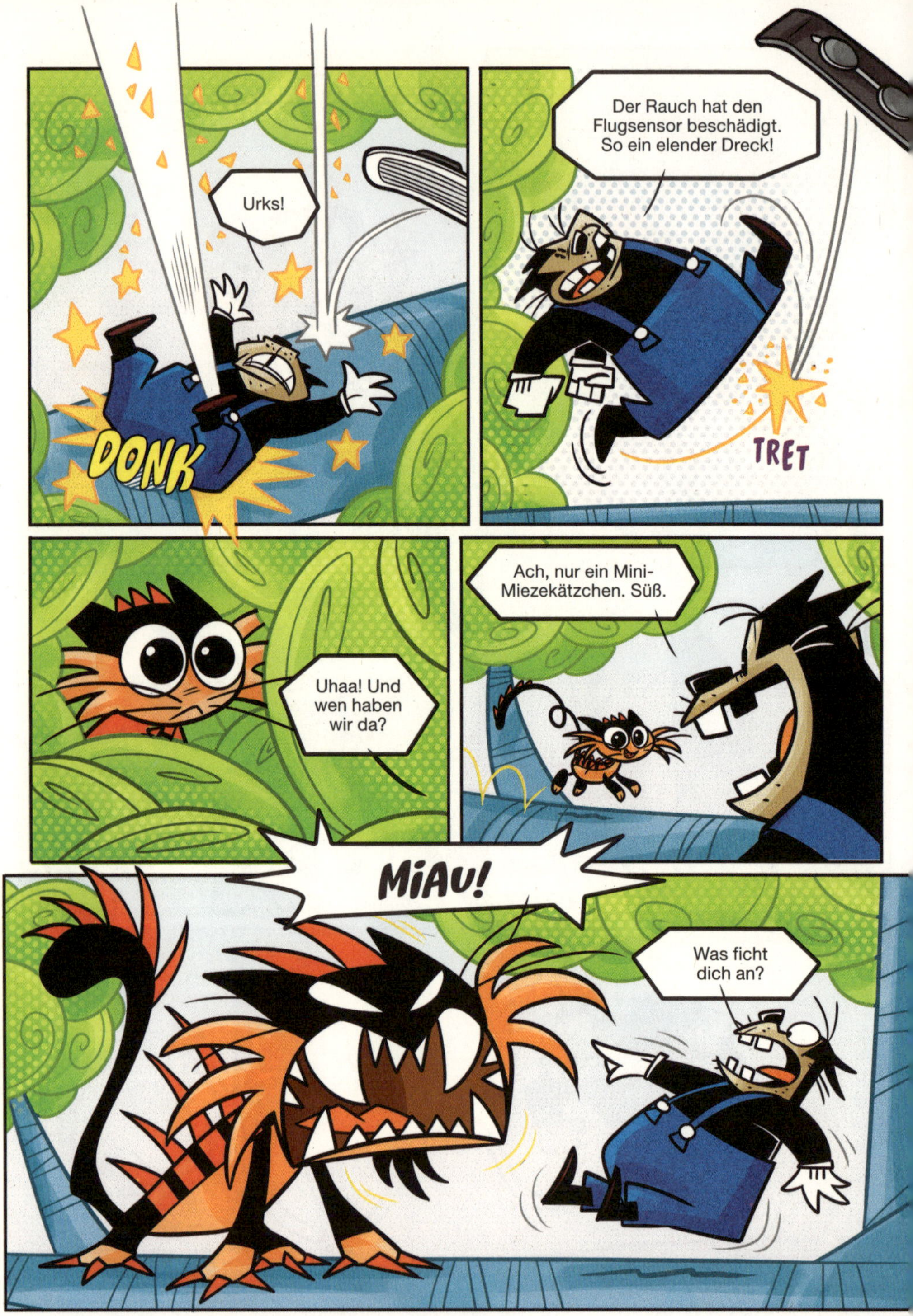
Urks!
DONK
Der Rauch hat den Flugsensor beschädigt. So ein elender Dreck!
TRET
Uhaa! Und wen haben wir da?
Ach, nur ein Mini-Miezekätzchen. Süß.
MIAU!
Was ficht dich an?

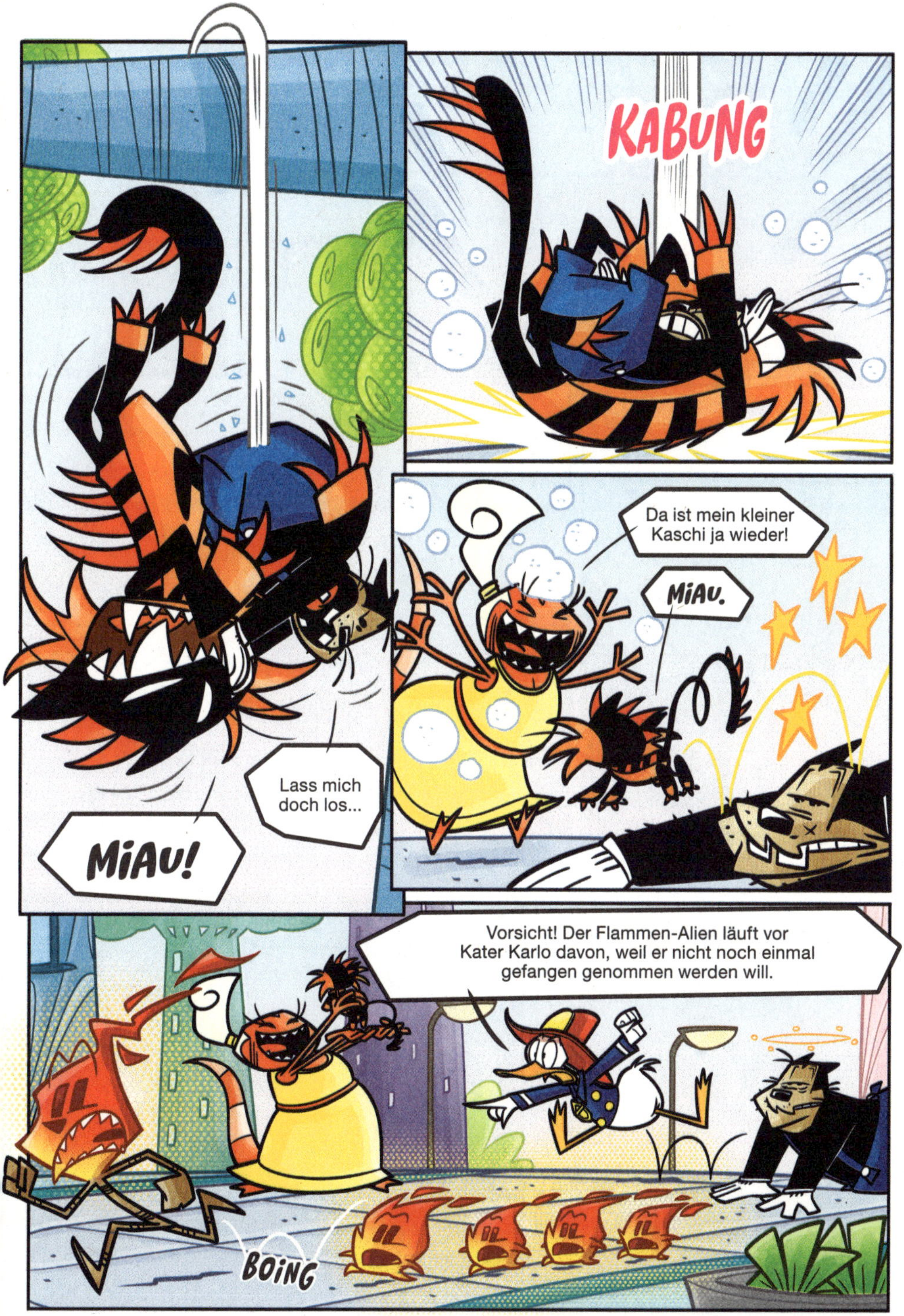

Lass mich doch los...
MIAU!
KABUNG
Da ist mein kleiner Kaschi ja wieder!
MIAU.
Vorsicht! Der Flammen-Alien läuft vor Kater Karlo davon, weil er nicht noch einmal gefangen genommen werden will.
BOING

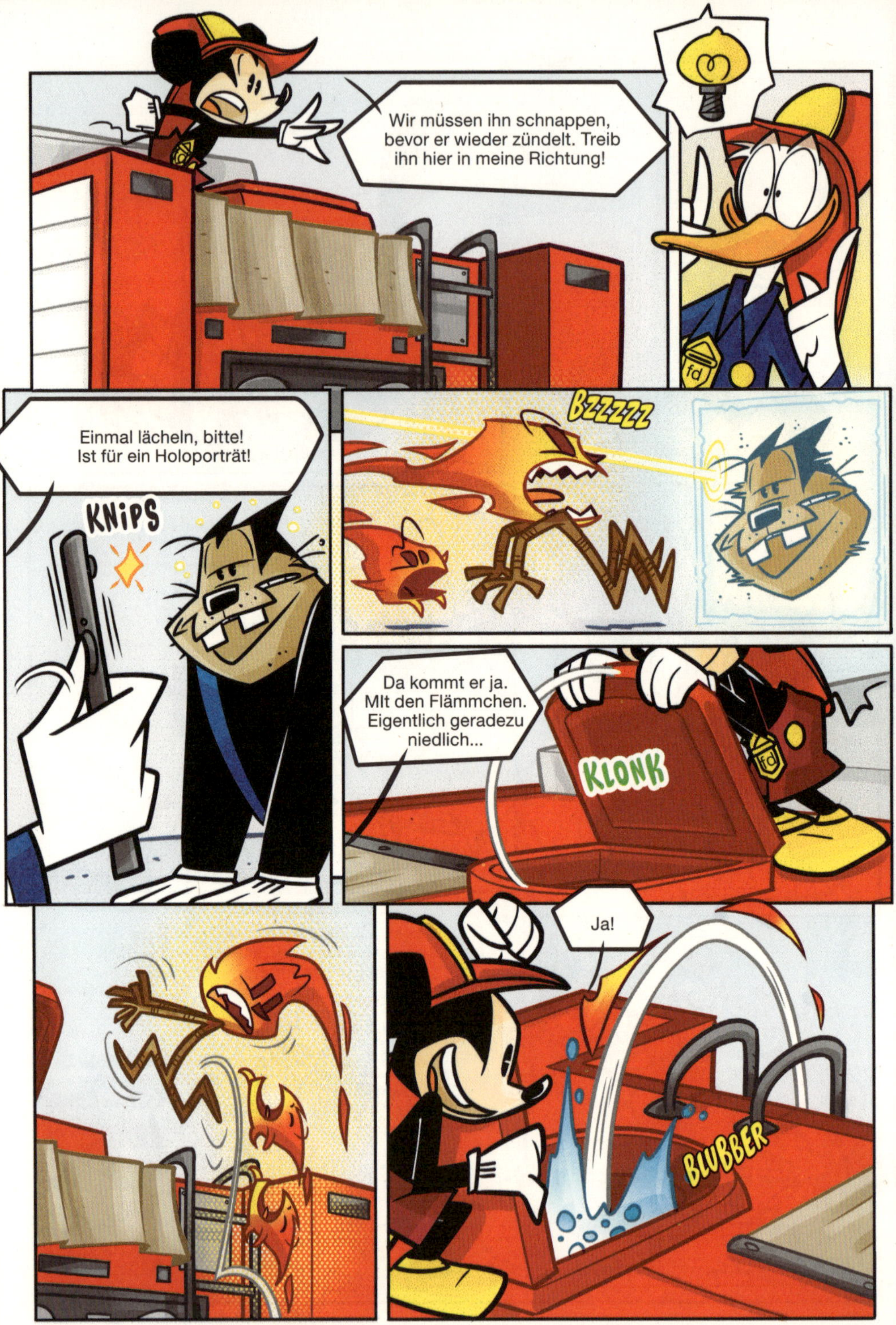
Wir müssen ihn schnappen, bevor er wieder zündelt. Treib ihn hier in meine Richtung!
Einmal lächeln, bitte! Ist für ein Holoporträt!
KNIPS
BZZZZZ
Da kommt er ja. MIt den Flämmchen. Eigentlich geradezu niedlich...
KLONK
Ja!
BLUBBER

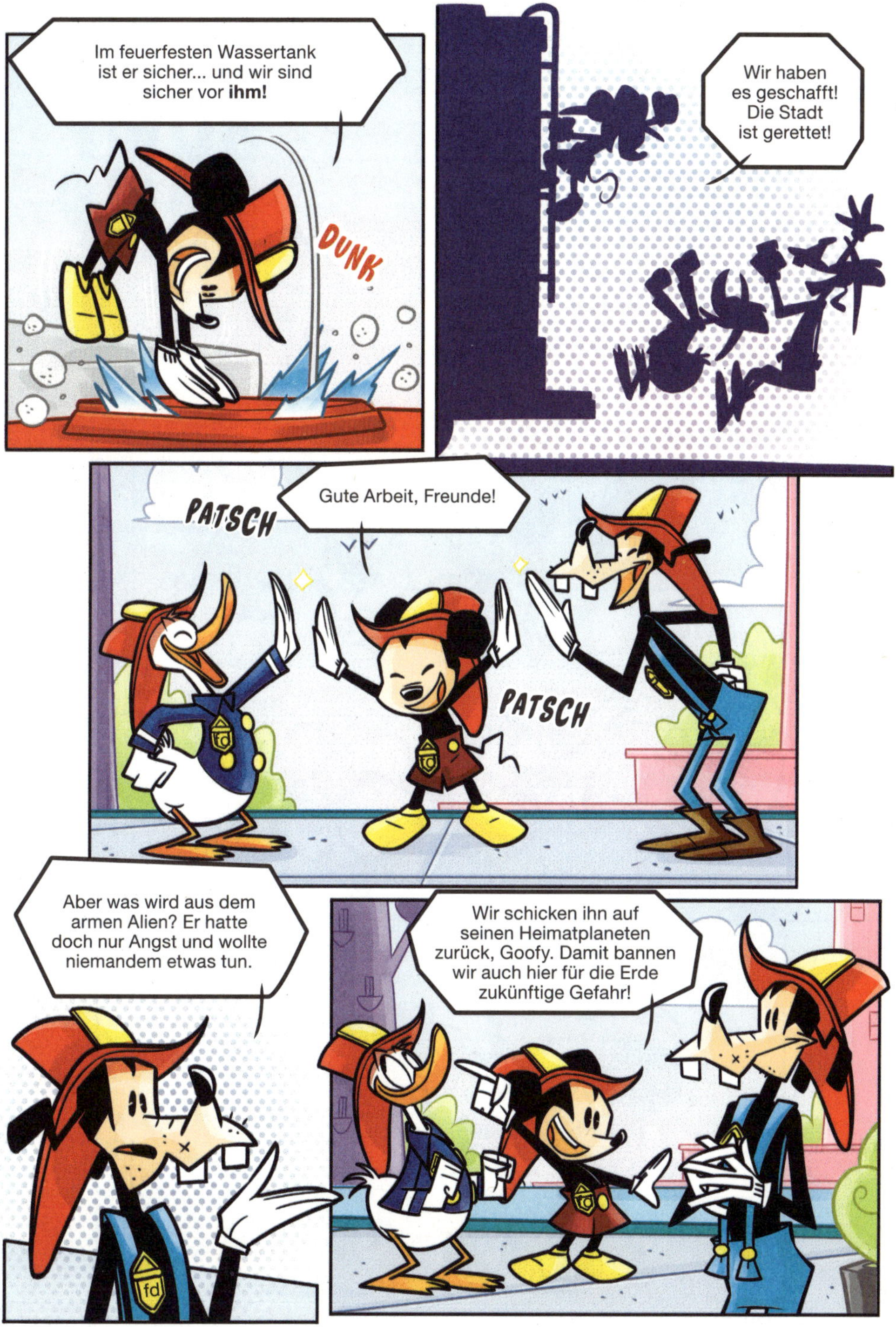

Im feuerfesten Wassertank ist er sicher... und wir sind sicher vor **ihm!**
DUNK
Wir haben es geschafft! Die Stadt ist gerettet!
PATSCH
Gute Arbeit, Freunde!
PATSCH
Aber was wird aus dem armen Alien? Er hatte doch nur Angst und wollte niemandem etwas tun.
Wir schicken ihn auf seinen Heimatplaneten zurück, Goofy. Damit bannen wir auch hier für die Erde zukünftige Gefahr!

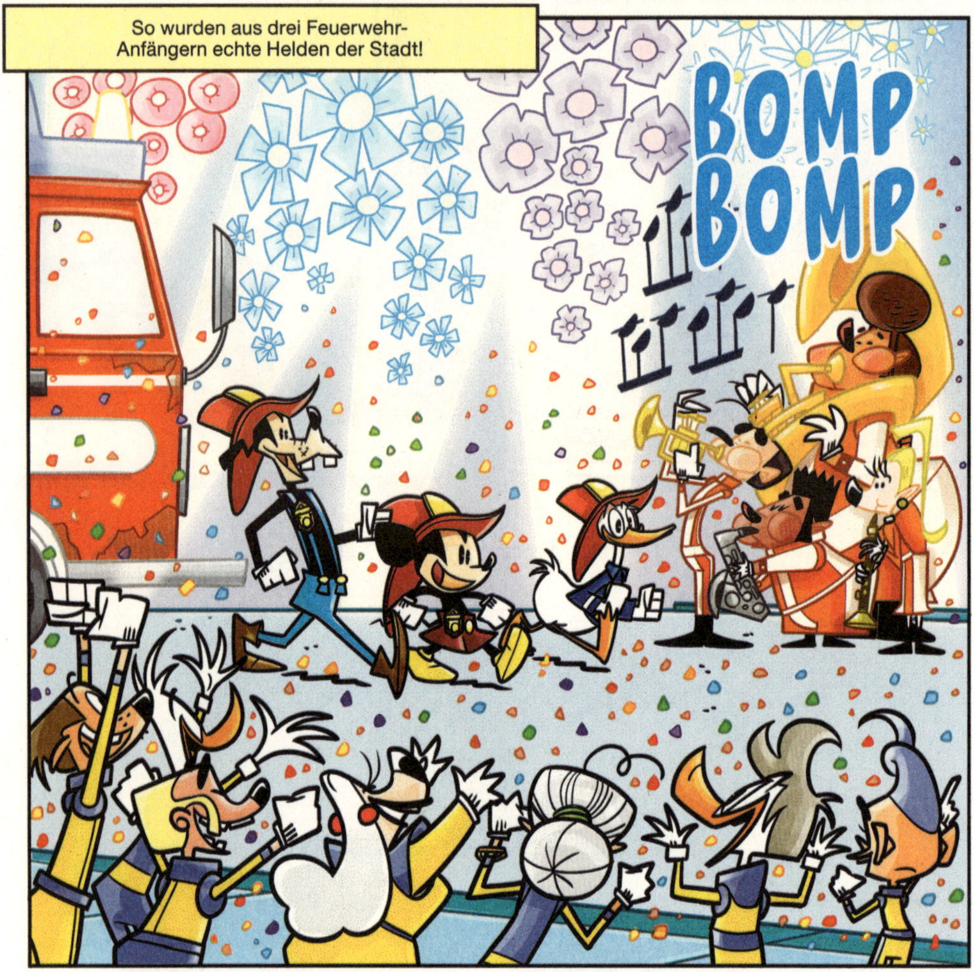
So wurden aus drei Feuerwehr-
Anfängern echte Helden der Stadt!
BOMP
BOMP

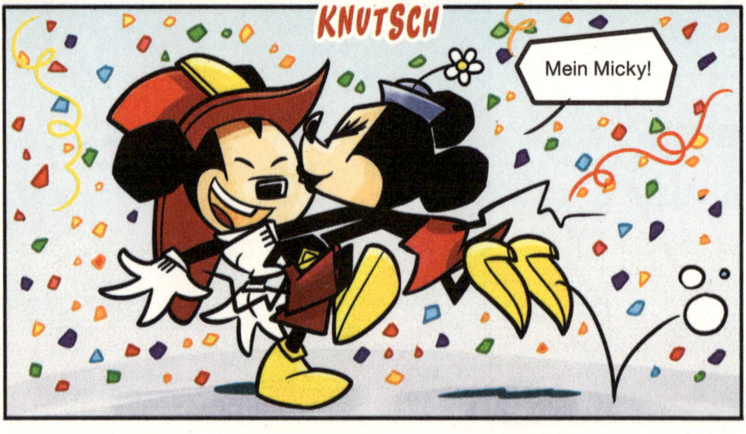
KNUTSCH
Mein Micky!

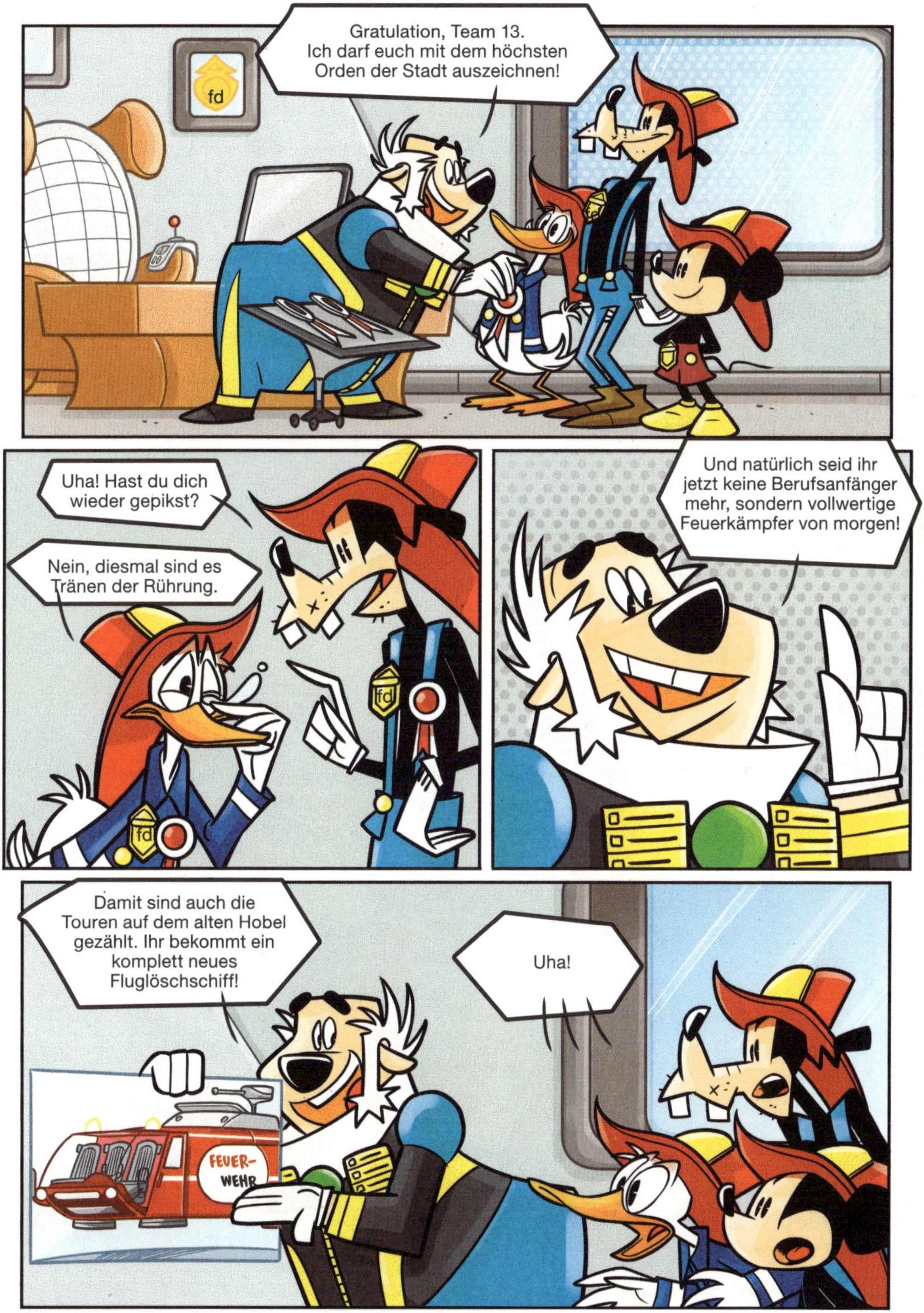
Gratulation, Team 13.
Ich darf euch mit dem höchsten Orden der Stadt auszeichnen!
fd
Uha! Hast du dich wieder gepikst?
Nein, diesmal sind es Tränen der Rührung.
fd
fd
Und natürlich seid ihr jetzt keine Berufsanfänger mehr, sondern vollwertige Feuerkämpfer von morgen!
Damit sind auch die Touren auf dem alten Hobel gezählt. Ihr bekommt ein komplett neues Fluglöschschiff!
Uha!
FEUER-WEHR

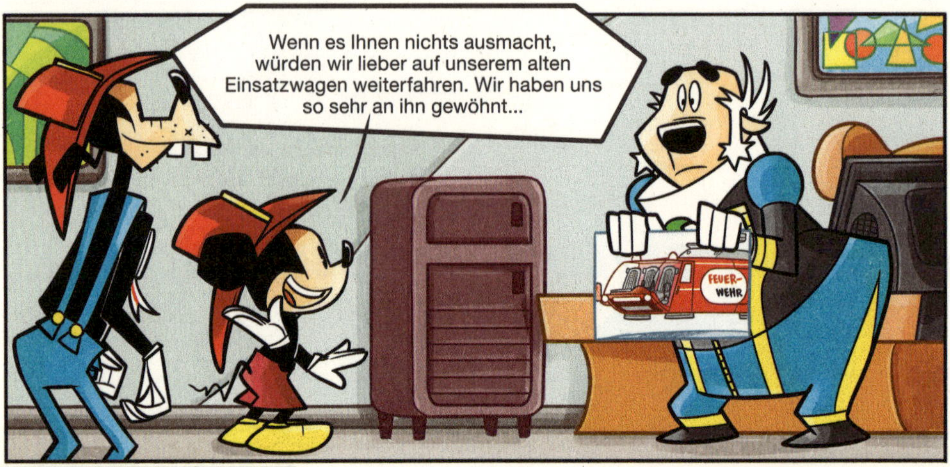
Wenn es Ihnen nichts ausmacht, würden wir lieber auf unserem alten Einsatzwagen weiterfahren. Wir haben uns so sehr an ihn gewöhnt...
FEUER-WEHR

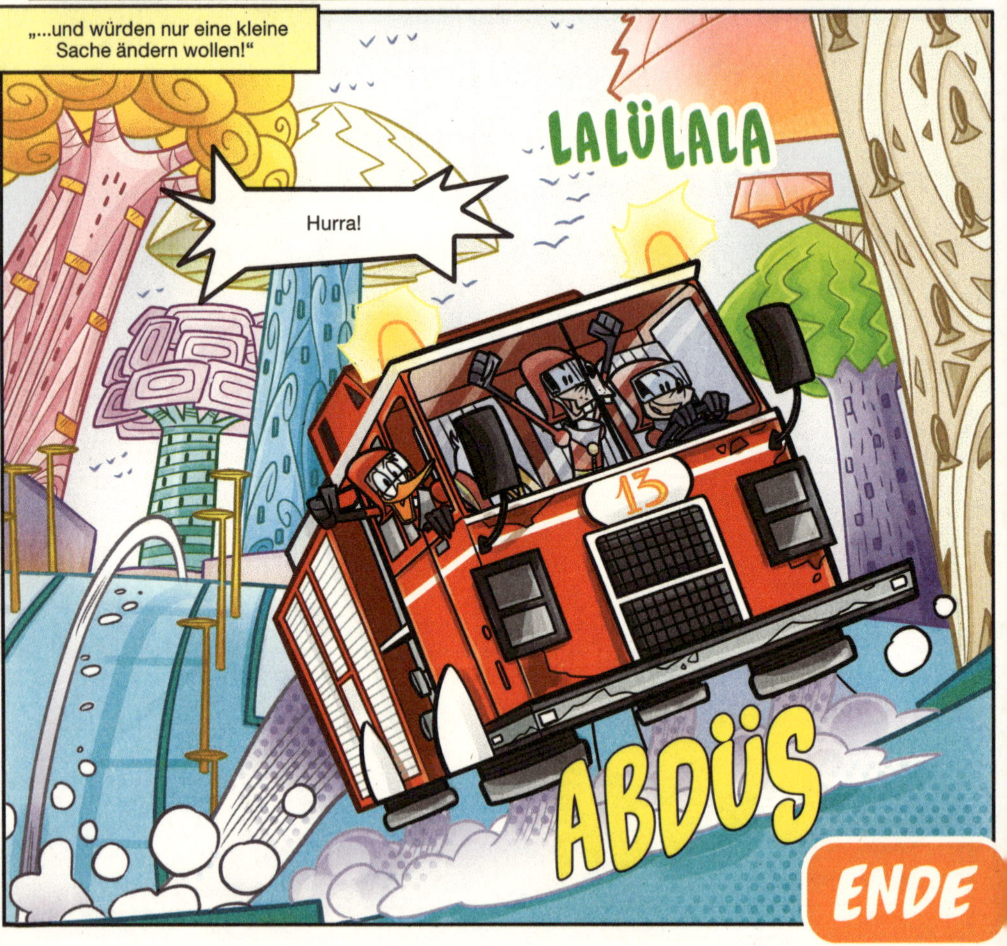
„...und würden nur eine kleine Sache ändern wollen!“
LALÜLALA
Hurra!
13
ABDÜS
ENDE

# 1938

# BOAT BUILDERS

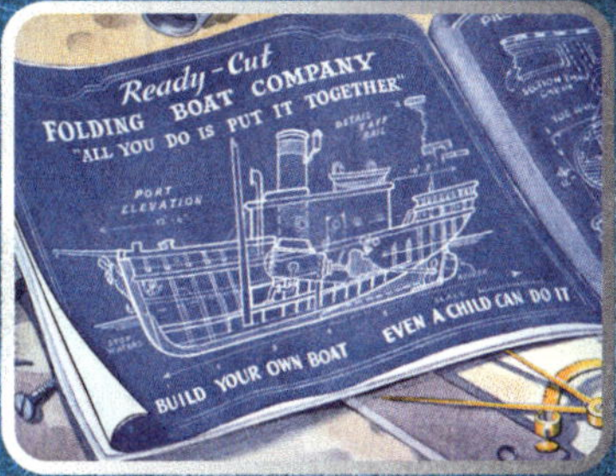


**Deutscher Titel: Die Bootsbauer.** Es sollte eigentlich kinderleicht sein... Doch als Micky, Donald und Goofy versuchen, den vorgefertigten Bausatz eines Boots zu montieren („Sie müssen es nur noch zusammenbauen!"), läuft nichts wie geplant. Denn Einsatz und Eifer führen leider zu den merkwürdigsten Verwicklungen, so als sich Micky am Steuer und Donald am Ruder gegenseitig hochschaukeln.

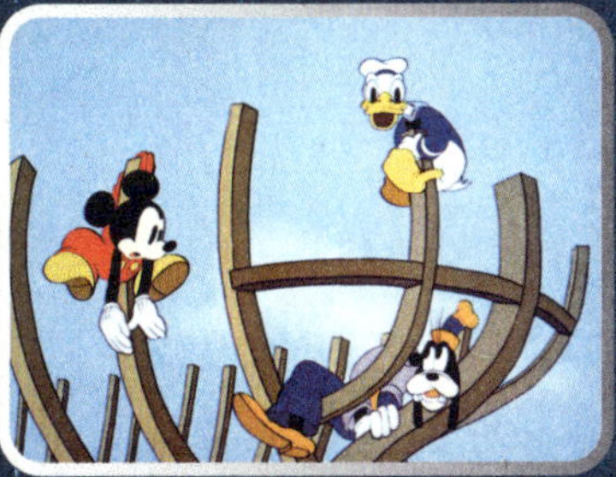

Goofy hingegen verliebt sich in die kokette Figur einer Meerjungfrau. Alles mündet in ein Finale mit Stapellaufzeremonie, bei der Micky, als Admiral verkleidet, das Boot auf den Namen „Queen Minnie" tauft. Doch als die Champagnerflasche den Rumpf trifft, zerfällt das Boot, sodass Micky, Donald und Goofy mit ins Wasser fallen! Bei der Schiffstaufe sind zudem Rudi Ross und Klarabella Kuh anwesend, außerdem Mickys Neffen Mack und Muck, die zum ersten Mal seit ihrem Debüt in „Mickey's Steam-Roller" (1934) wieder auf der Leinwand zu sehen sind.

In einem Story-Aufriss vom 5. Dezember 1936 (zufällig Walt Disneys Geburtstag) heißt es: „Wir möchten eine Reihe guter Gag-Sequenzen erstellen, die es den drei Hauptdarstellern ermöglicht, ihre unterschiedlichen Charaktere in vollen Zügen auszuleben!" Das Story-Team schrieb außerdem: „Ihre Haltung wird natürlich von Enthusiasmus und versuchter Effizienz geprägt sein, aber ihr Mangel an Geschick wird zu den komischsten Situationen führen und daher für jede Menge Lacher sorgen (hoffen wir zumindest!)."

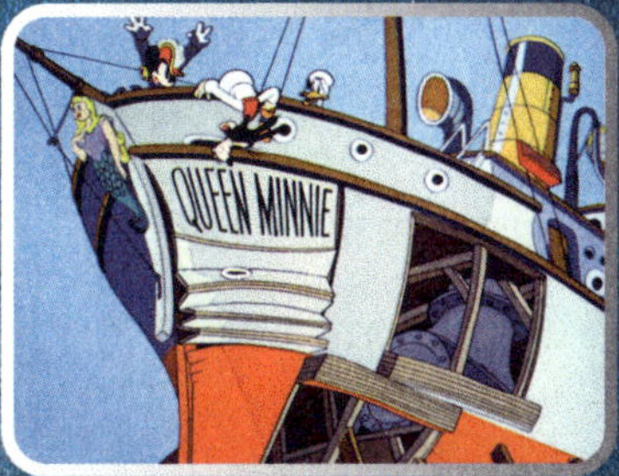


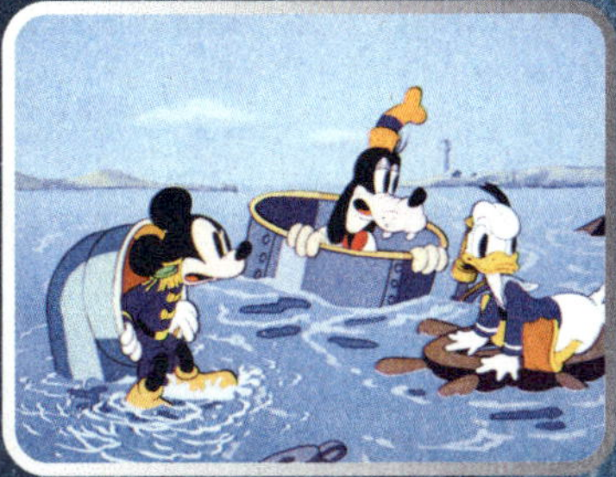

Um die Bedeutung der Animation der jeweiligen Persönlichkeiten in Disney-Kurzfilmen widerzuspiegeln, wurde im Entwurf unterstrichen: „Wir möchten vor allem betonen, dass das Gelingen eines Gags weitgehend davon abhängt, den richtigen Charakter für die Handlung auszuwählen und diesen in seinen etablierten Eigenschaften darzustellen!" Daher ist es nicht verwunderlich, dass Goofy in seiner Fantasie sogar Figuren und Dinge zum Leben erwecken kann...

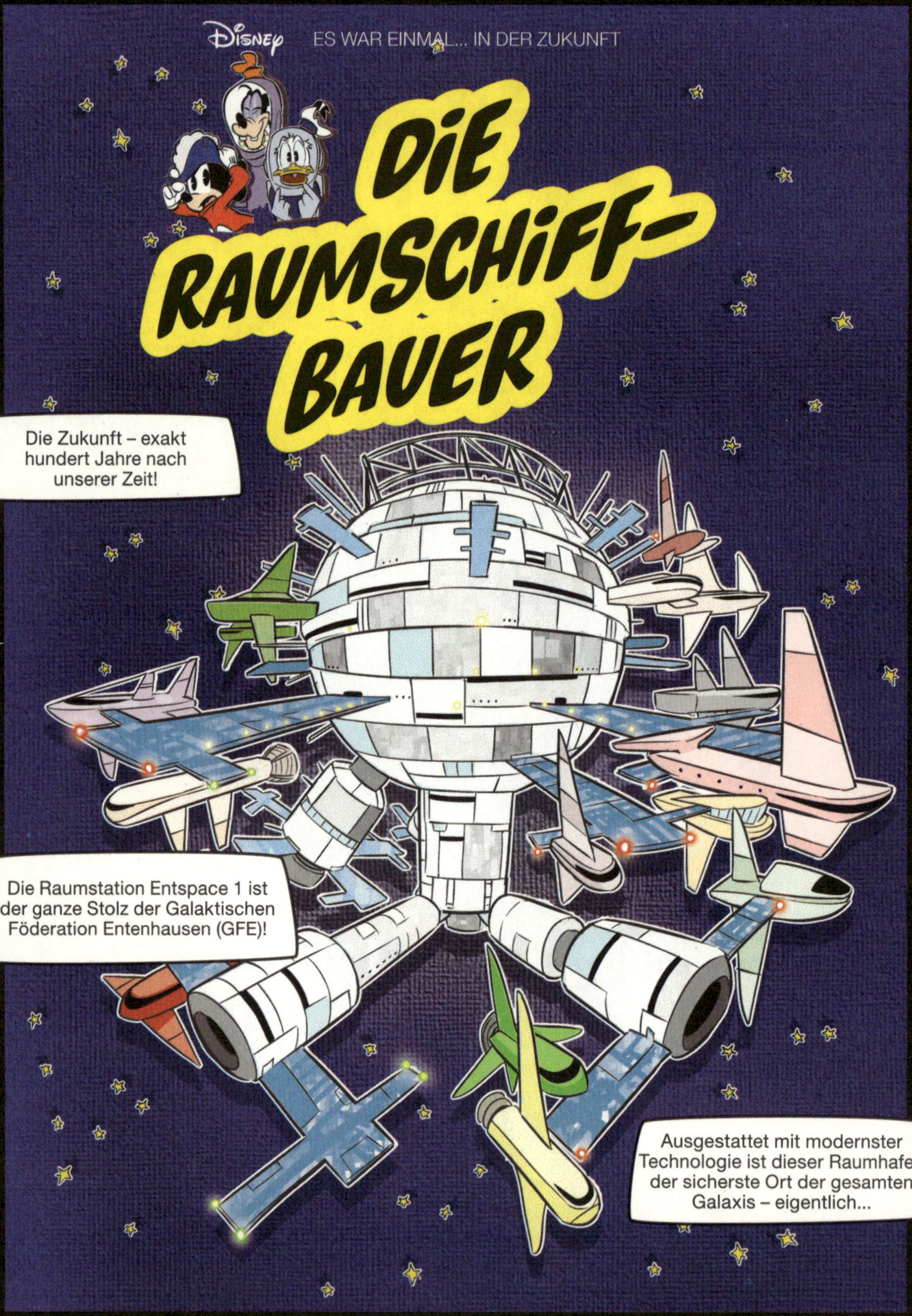


Created 2022

**Francesco Artibani** (Story, inspiriert von „Boat Builders"), **Claudio Sciarrone** (Zeichnungen)

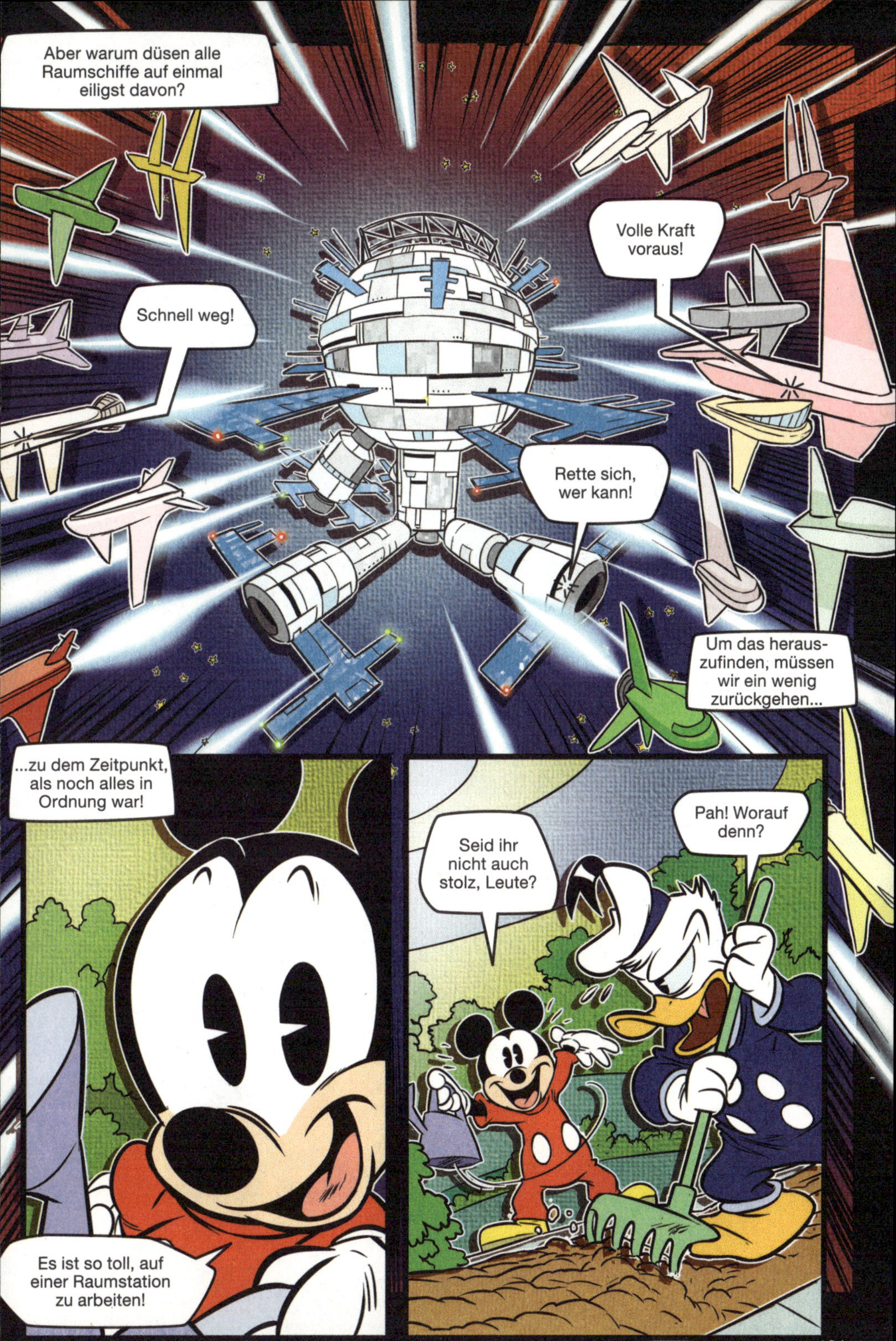
Aber warum düsen alle Raumschiffe auf einmal eiligst davon?
Volle Kraft voraus!
Schnell weg!
Rette sich, wer kann!
Um das herauszufinden, müssen wir ein wenig zurückgehen...
...zu dem Zeitpunkt, als noch alles in Ordnung war!
Es ist so toll, auf einer Raumstation zu arbeiten!
Seid ihr nicht auch stolz, Leute?
Pah! Worauf denn?

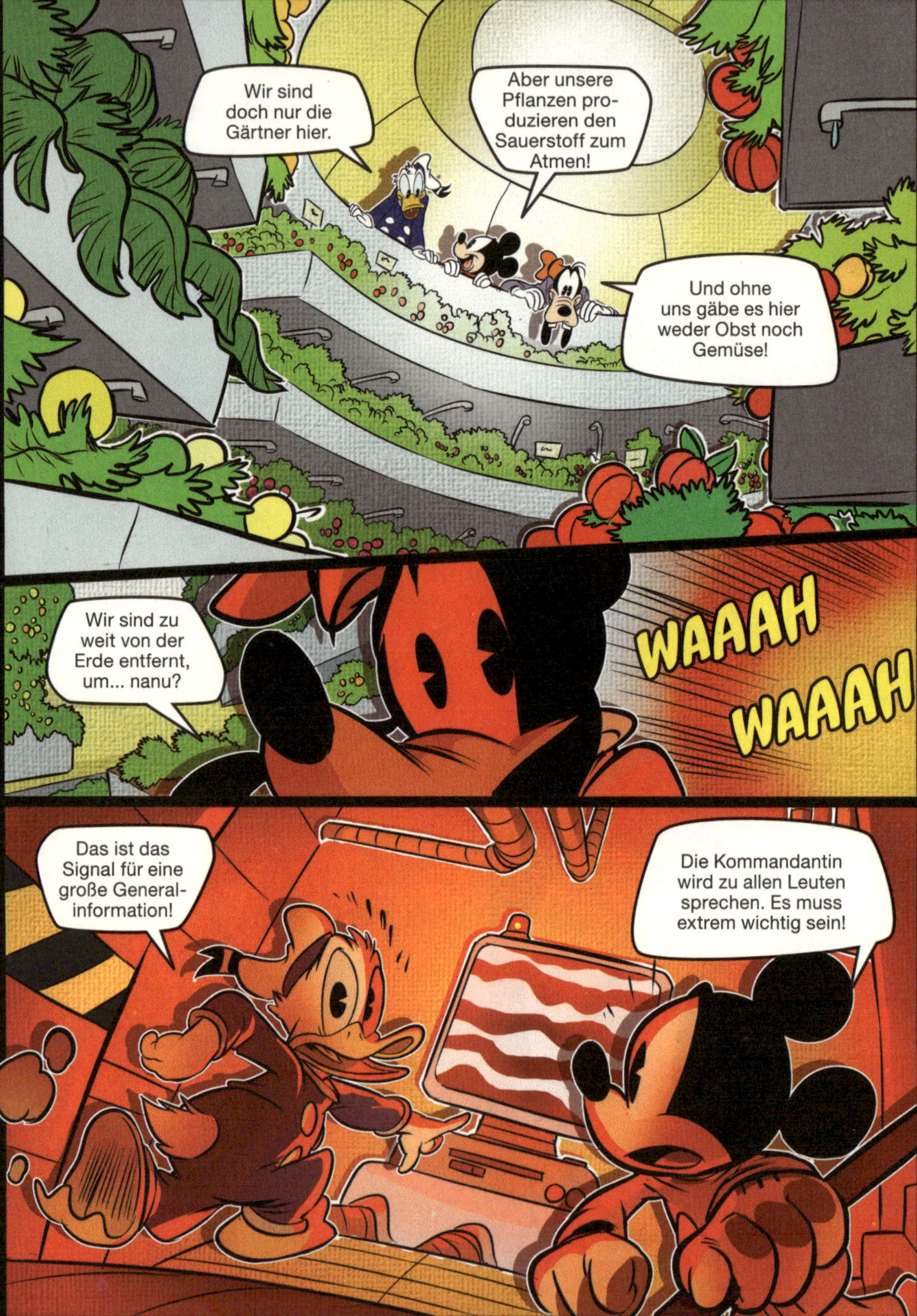
Wir sind doch nur die Gärtner hier.
Aber unsere Pflanzen pro- duzieren den Sauerstoff zum Atmen!
Und ohne uns gäbe es hier weder Obst noch Gemüse!
Wir sind zu weit von der Erde entfernt, um... nanu?
WAAAH
WAAAH
Das ist das Signal für eine große General- information!
Die Kommandantin wird zu allen Leuten sprechen. Es muss extrem wichtig sein!

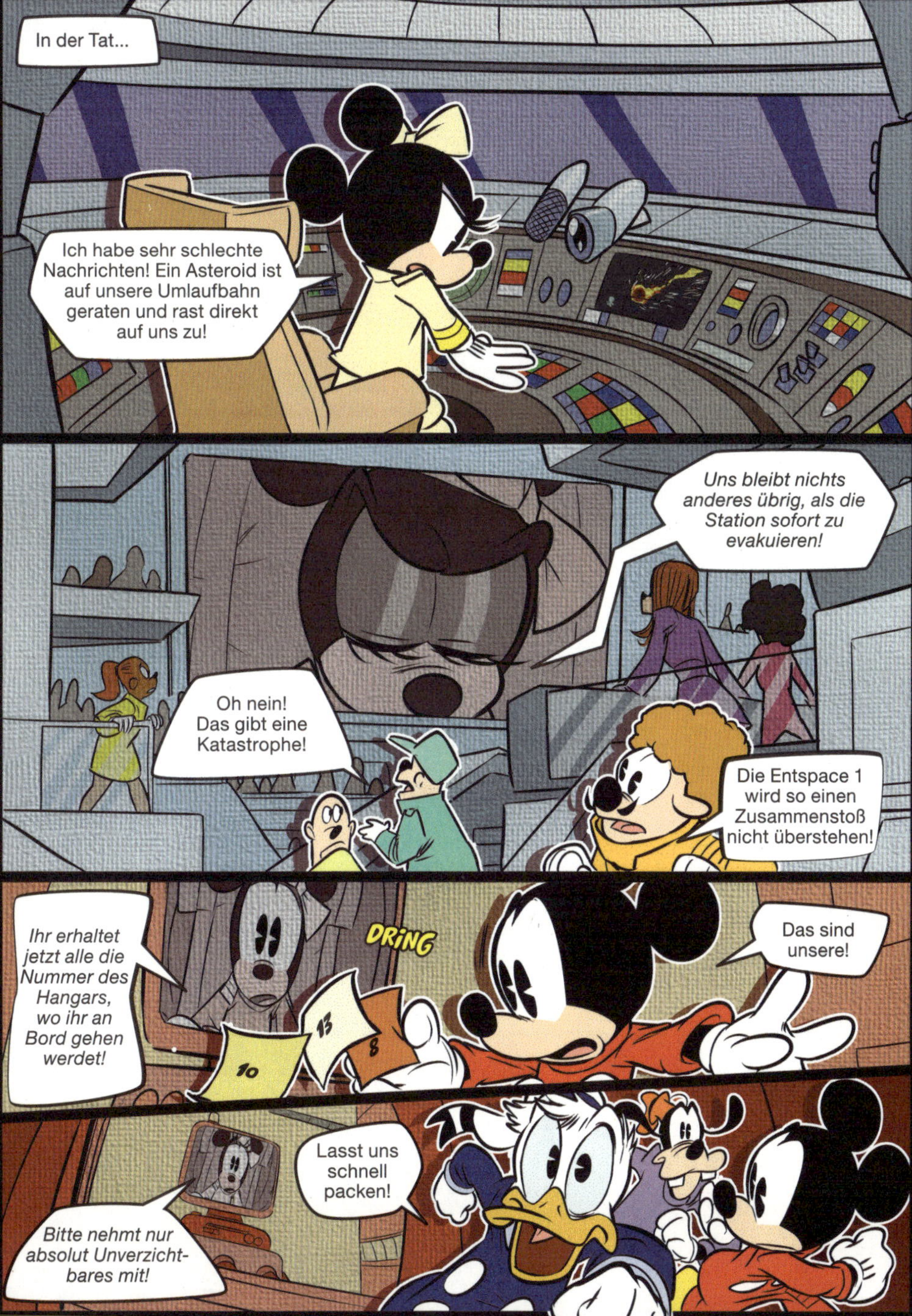

In der Tat...
Ich habe sehr schlechte Nachrichten! Ein Asteroid ist auf unsere Umlaufbahn geraten und rast direkt auf uns zu!
Uns bleibt nichts anderes übrig, als die Station sofort zu evakuieren!
Oh nein! Das gibt eine Katastrophe!
Die Entspace 1 wird so einen Zusammenstoß nicht überstehen!
Ihr erhaltet jetzt alle die Nummer des Hangars, wo ihr an Bord gehen werdet!
DRING
Das sind unsere!
10
13
8
Lasst uns schnell packen!
Bitte nehmt nur absolut Unverzichtbares mit!

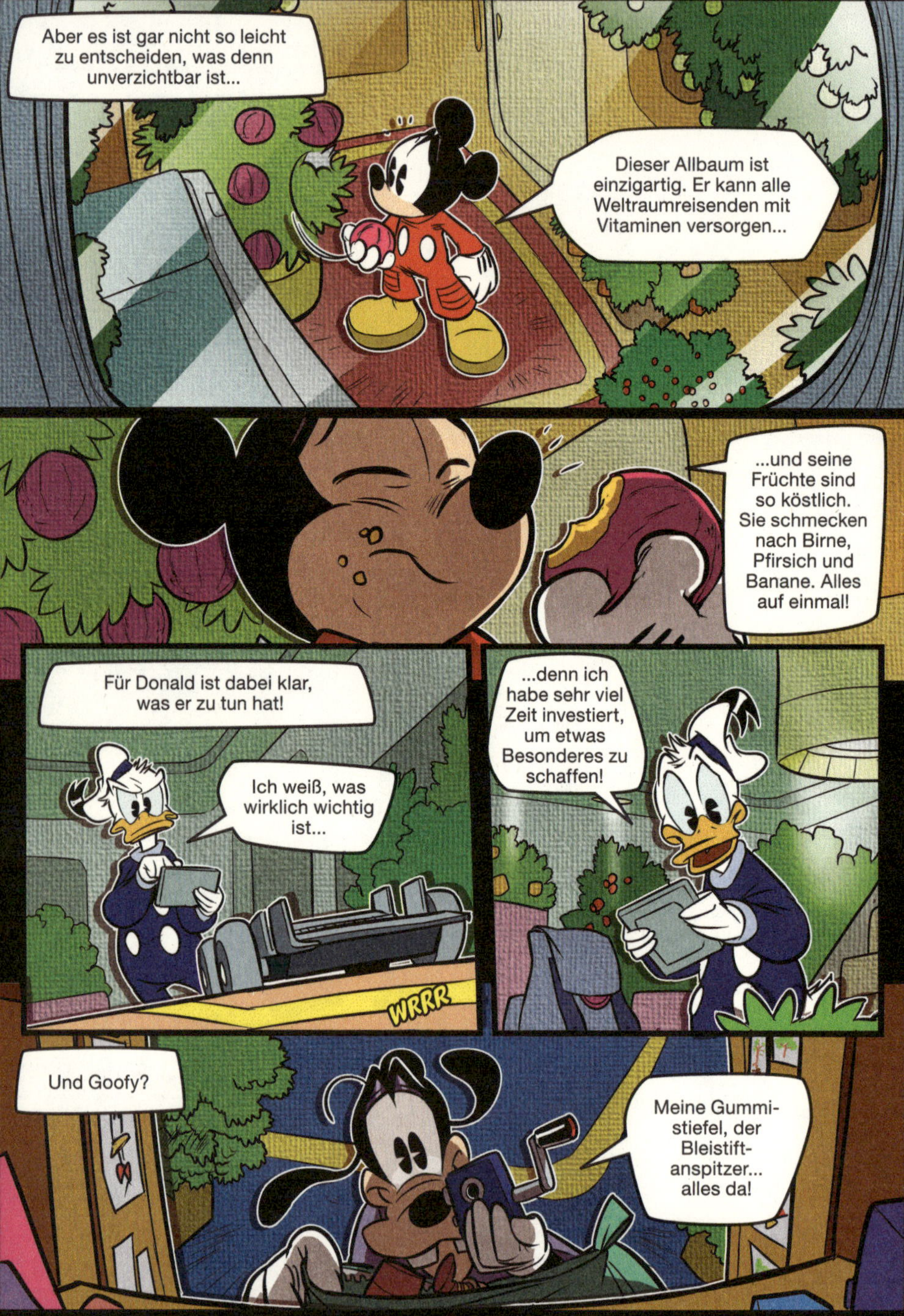

Aber es ist gar nicht so leicht zu entscheiden, was denn unverzichtbar ist...
Dieser Allbaum ist einzigartig. Er kann alle Weltraumreisenden mit Vitaminen versorgen...
...und seine Früchte sind so köstlich. Sie schmecken nach Birne, Pfirsich und Banane. Alles auf einmal!
Für Donald ist dabei klar, was er zu tun hat!
Ich weiß, was wirklich wichtig ist...
WRRR
...denn ich habe sehr viel Zeit investiert, um etwas Besonderes zu schaffen!
Und Goofy?
Meine Gummistiefel, der Bleistiftanspitzer... alles da!

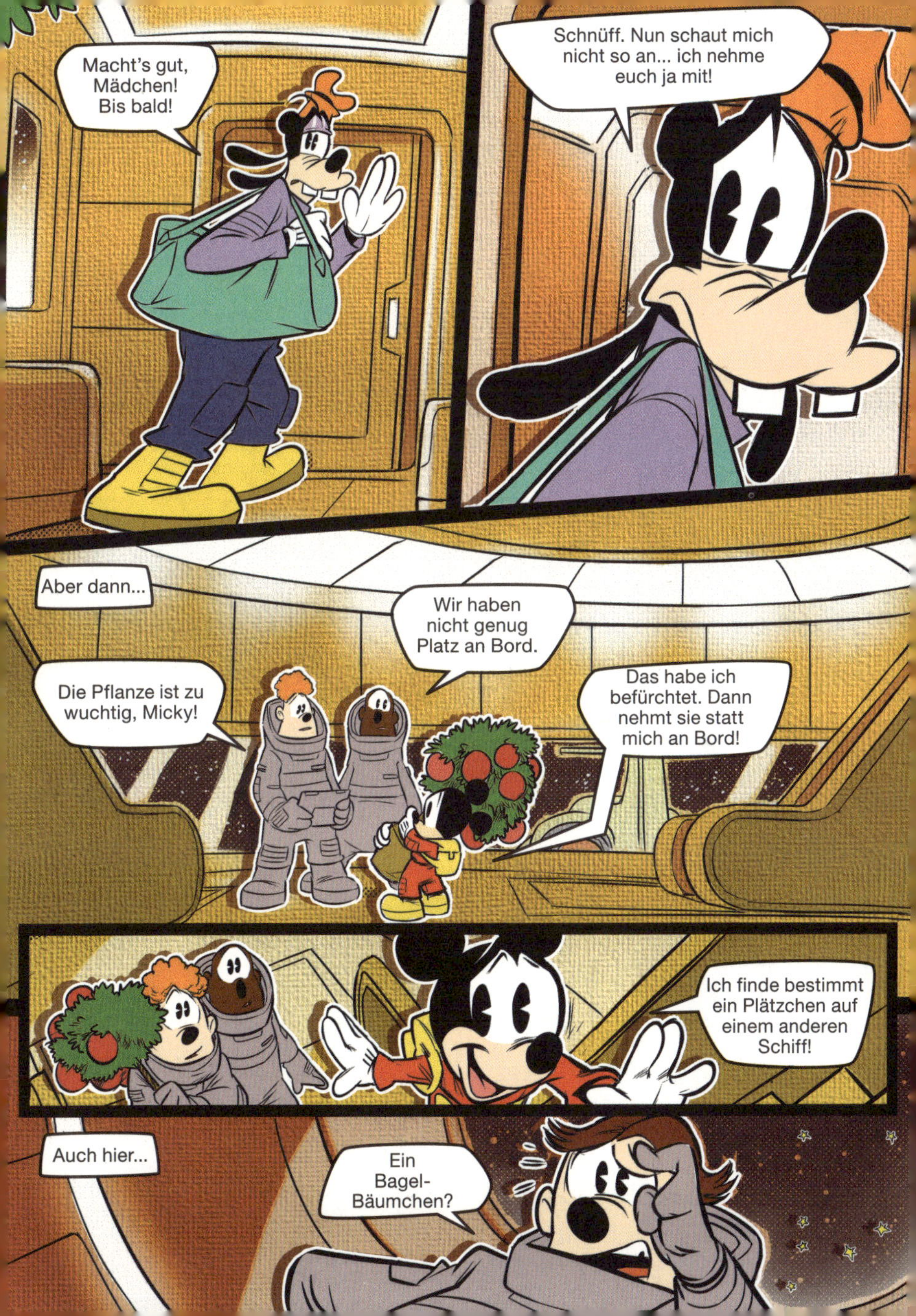
Macht's gut, Mädchen! Bis bald!
Schnüff. Nun schaut mich nicht so an... ich nehme euch ja mit!
Aber dann...
Die Pflanze ist zu wuchtig, Micky!
Wir haben nicht genug Platz an Bord.
Das habe ich befürchtet. Dann nehmt sie statt mich an Bord!
Ich finde bestimmt ein Plätzchen auf einem anderen Schiff!
Auch hier...
Ein Bagel-Bäumchen?

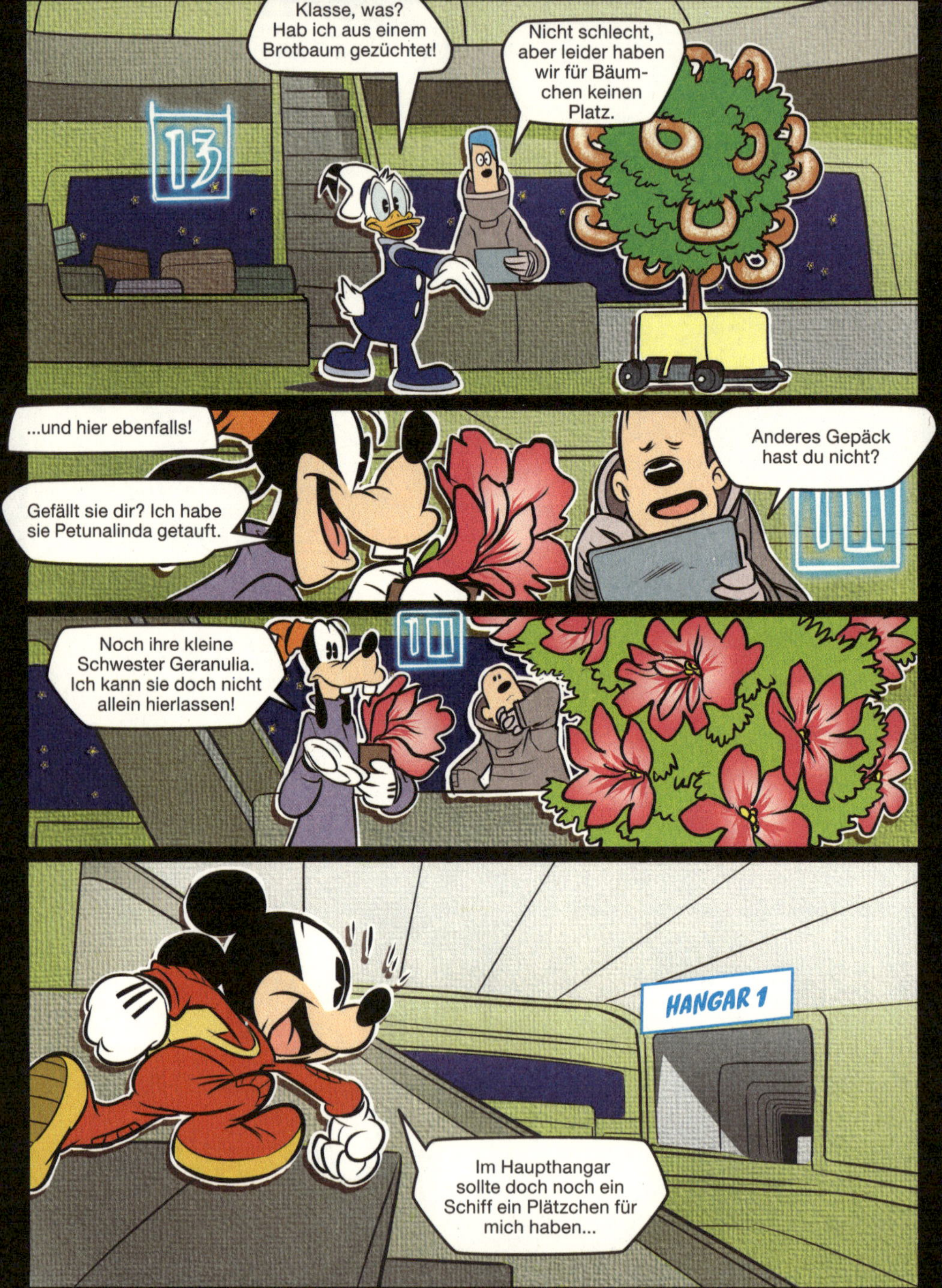
Klasse, was?
Hab ich aus einem
Brotbaum gezüchtet!
Nicht schlecht,
aber leider haben
wir für Bäum-
chen keinen
Platz.
...und hier ebenfalls!
Gefällt sie dir? Ich habe
sie Petunalinda getauft.
Anderes Gepäck
hast du nicht?
Noch ihre kleine
Schwester Geranulia.
Ich kann sie doch nicht
allein hierlassen!
HANGAR 1
Im Haupthangar
sollte doch noch ein
Schiff ein Plätzchen für
mich haben...

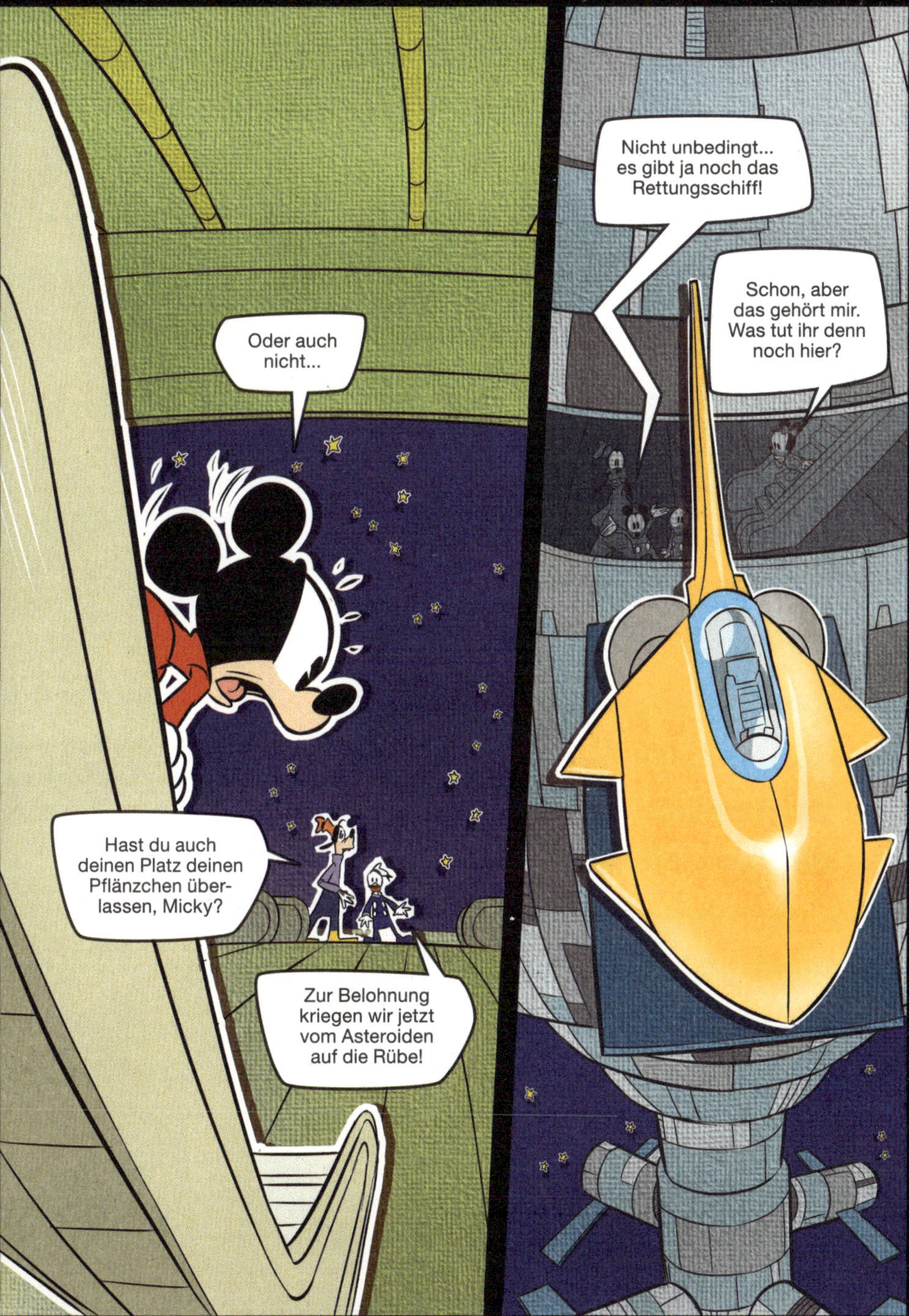
Oder auch nicht...
Hast du auch deinen Platz deinen Pflänzchen überlassen, Micky?
Zur Belohnung kriegen wir jetzt vom Asteroiden auf die Rübe!
Nicht unbedingt... es gibt ja noch das Rettungsschiff!
Schon, aber das gehört mir. Was tut ihr denn noch hier?

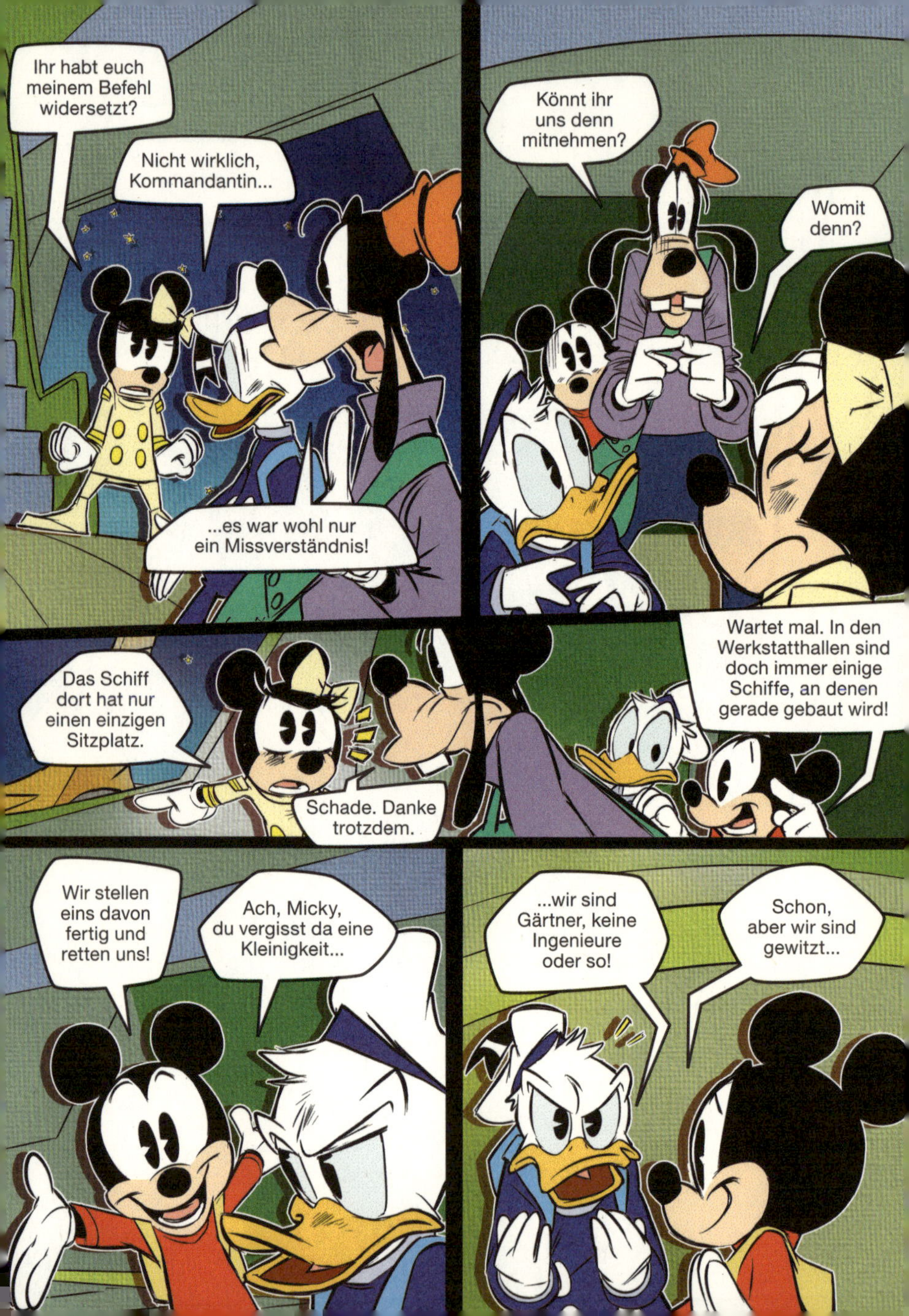
Ihr habt euch meinem Befehl widersetzt?
Nicht wirklich, Kommandantin...
...es war wohl nur ein Missverständnis!
Könnt ihr uns denn mitnehmen?
Womit denn?
Das Schiff dort hat nur einen einzigen Sitzplatz.
Schade. Danke trotzdem.
Wartet mal. In den Werkstatthallen sind doch immer einige Schiffe, an denen gerade gebaut wird!
Wir stellen eins davon fertig und retten uns!
Ach, Micky, du vergisst da eine Kleinigkeit...
...wir sind Gärtner, keine Ingenieure oder so!
Schon, aber wir sind gewitzt...

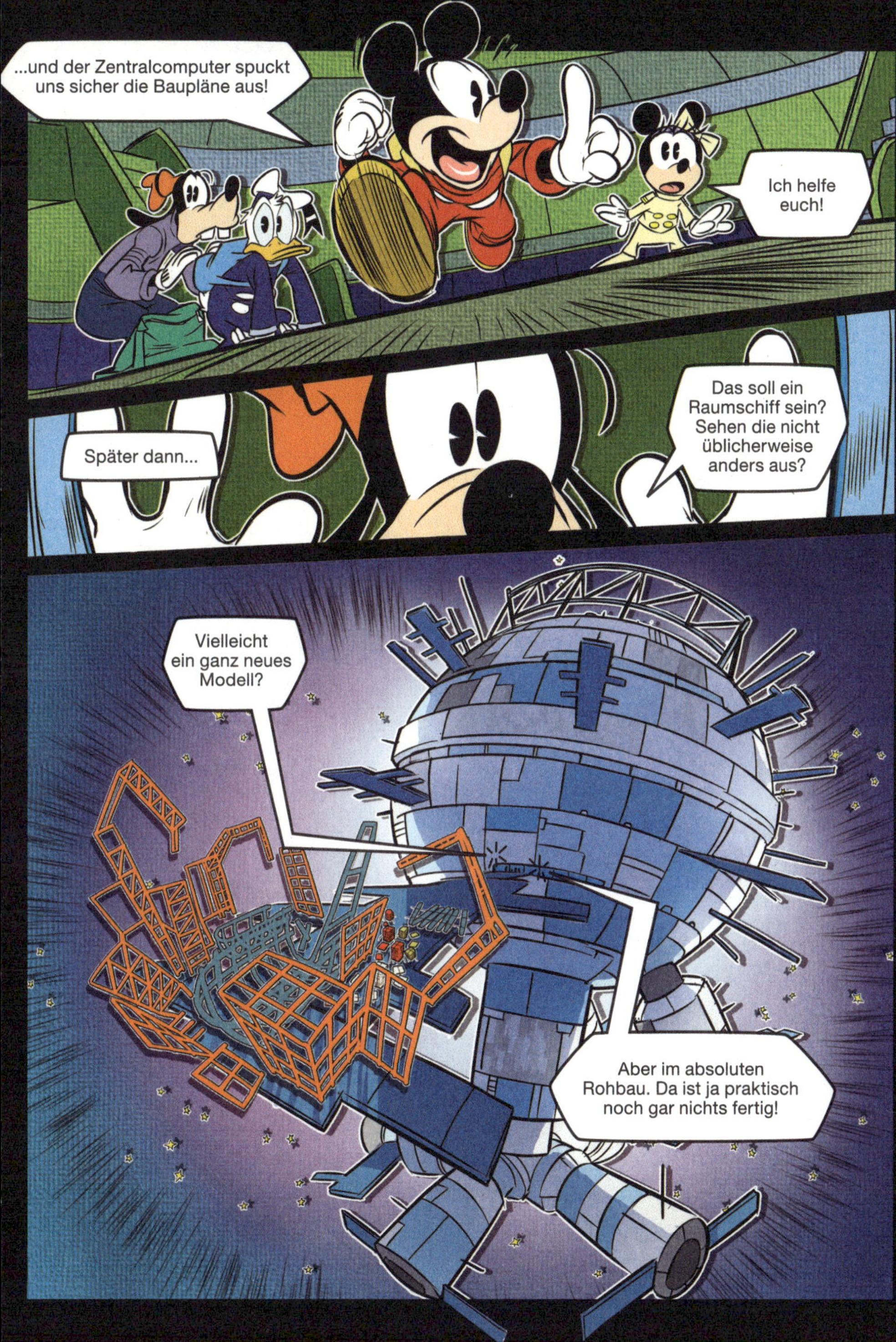
...und der Zentralcomputer spuckt uns sicher die Baupläne aus!
Ich helfe euch!
Später dann...
Das soll ein Raumschiff sein? Sehen die nicht üblicherweise anders aus?
Vielleicht ein ganz neues Modell?
Aber im absoluten Rohbau. Da ist ja praktisch noch gar nichts fertig!

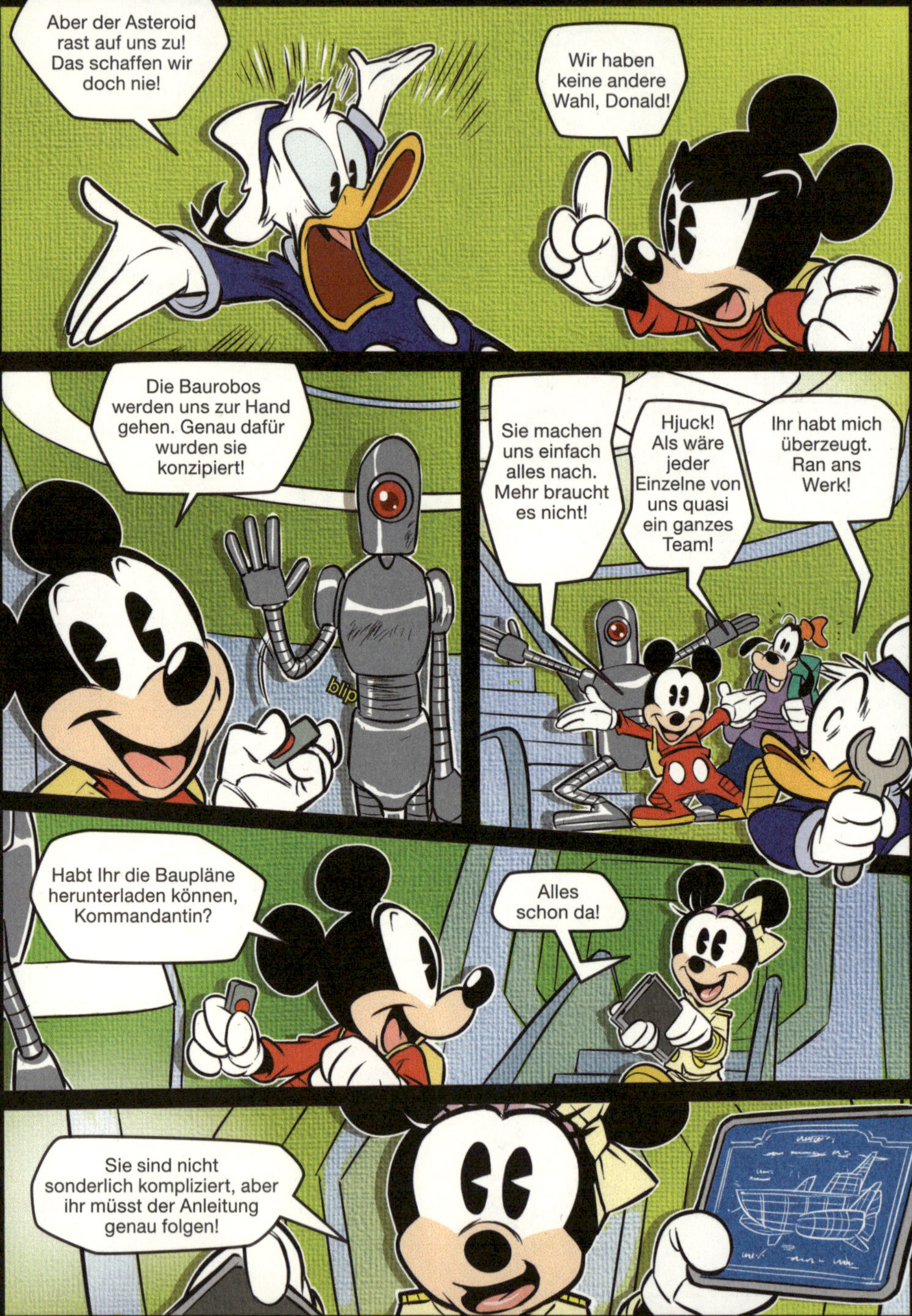
Aber der Asteroid rast auf uns zu! Das schaffen wir doch nie!
Wir haben keine andere Wahl, Donald!
Die Baurobos werden uns zur Hand gehen. Genau dafür wurden sie konzipiert!
blip
Sie machen uns einfach alles nach. Mehr braucht es nicht!
Hjuck! Als wäre jeder Einzelne von uns quasi ein ganzes Team!
Ihr habt mich überzeugt. Ran ans Werk!
Habt Ihr die Baupläne herunterladen können, Kommandantin?
Alles schon da!
Sie sind nicht sonderlich kompliziert, aber ihr müsst der Anleitung genau folgen!

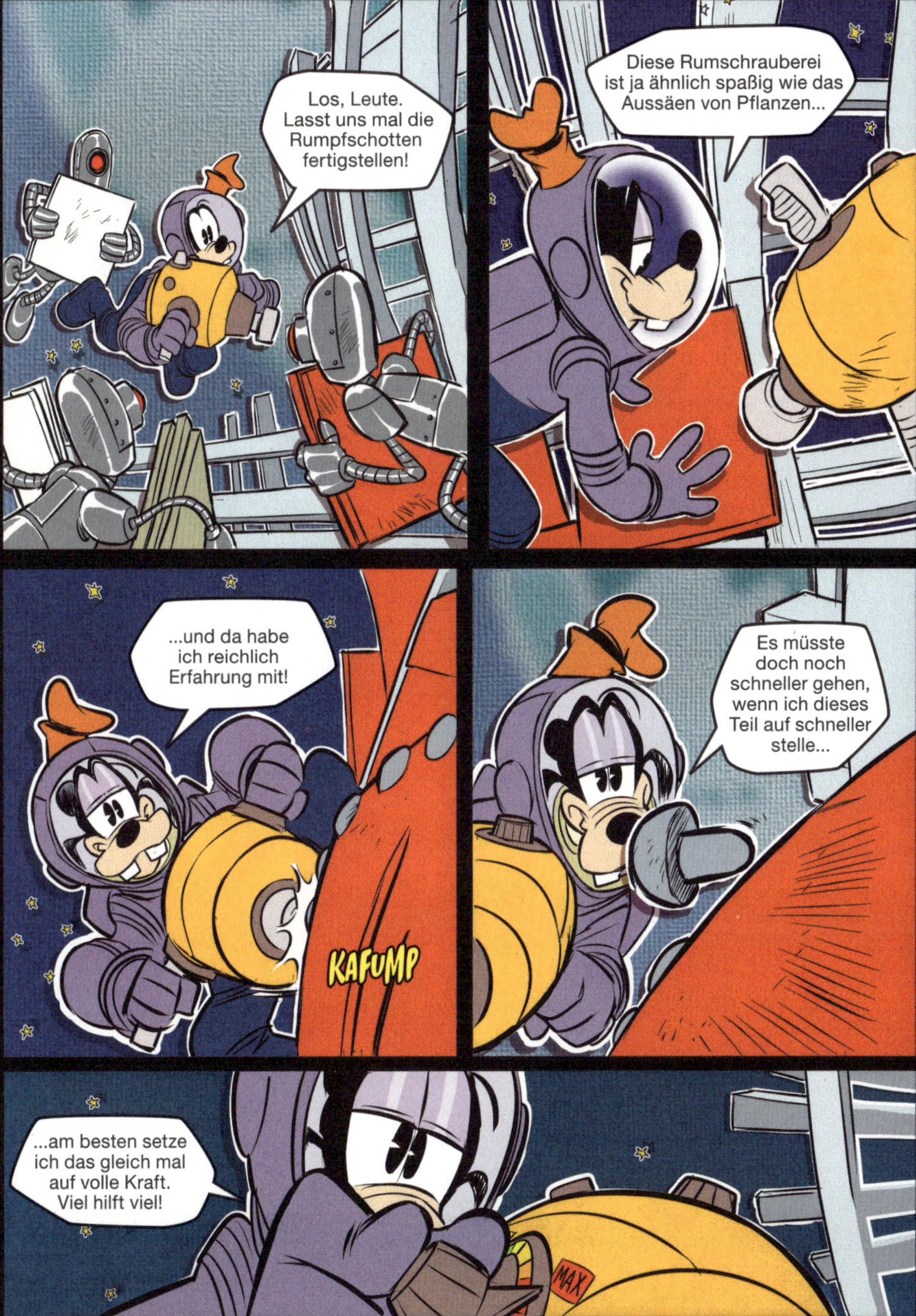
Los, Leute. Lasst uns mal die Rumpfschotten fertigstellen!
Diese Rumschrauberei ist ja ähnlich spaßig wie das Aussäen von Pflanzen...
...und da habe ich reichlich Erfahrung mit!
KAFUMP
Es müsste doch noch schneller gehen, wenn ich dieses Teil auf schneller stelle...
...am besten setze ich das gleich mal auf volle Kraft. Viel hilft viel!
MAX

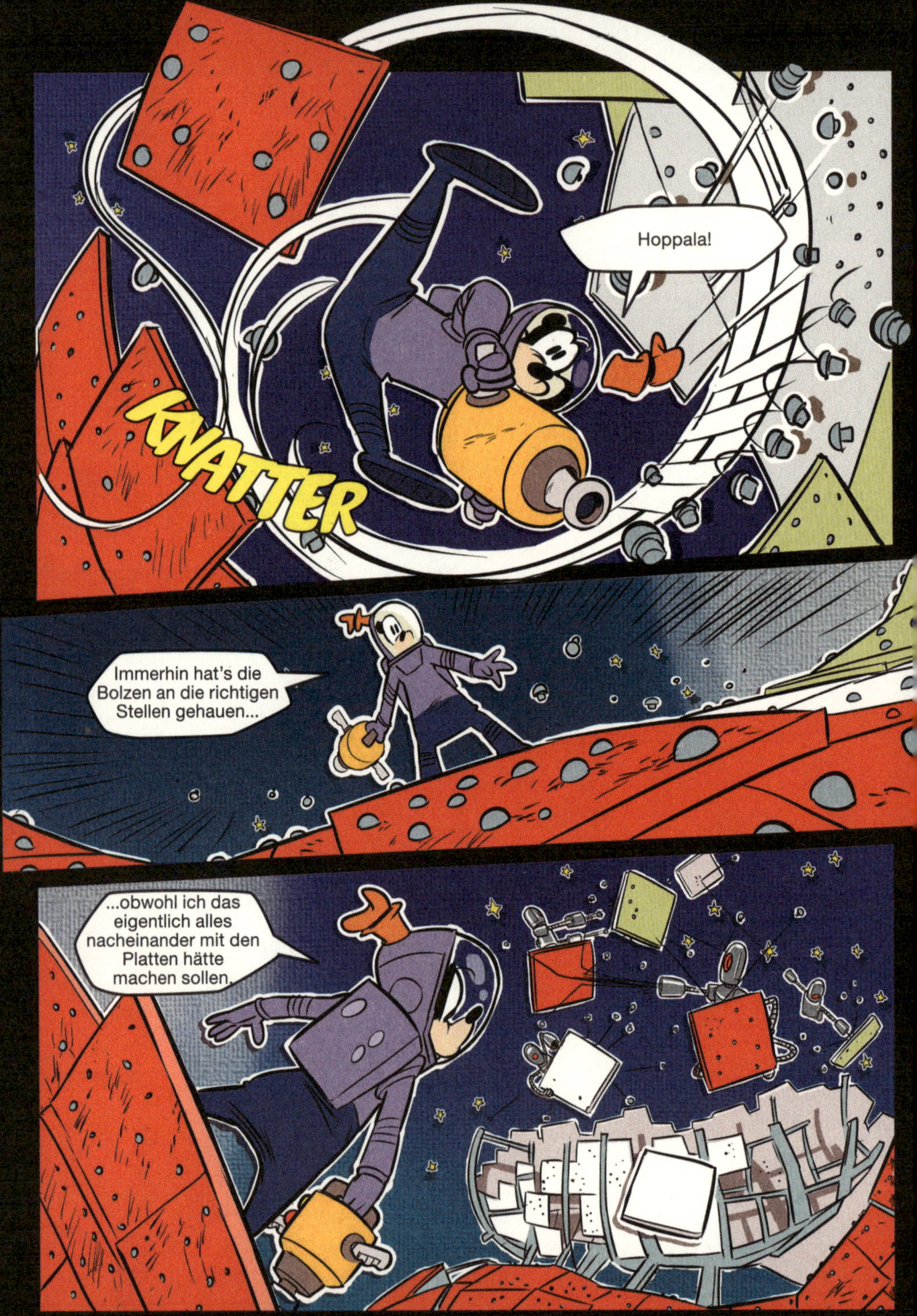
Hoppala!
KNATTER
Immerhin hat's die Bolzen an die richtigen Stellen gehauen...
...obwohl ich das eigentlich alles nacheinander mit den Platten hätte machen sollen.

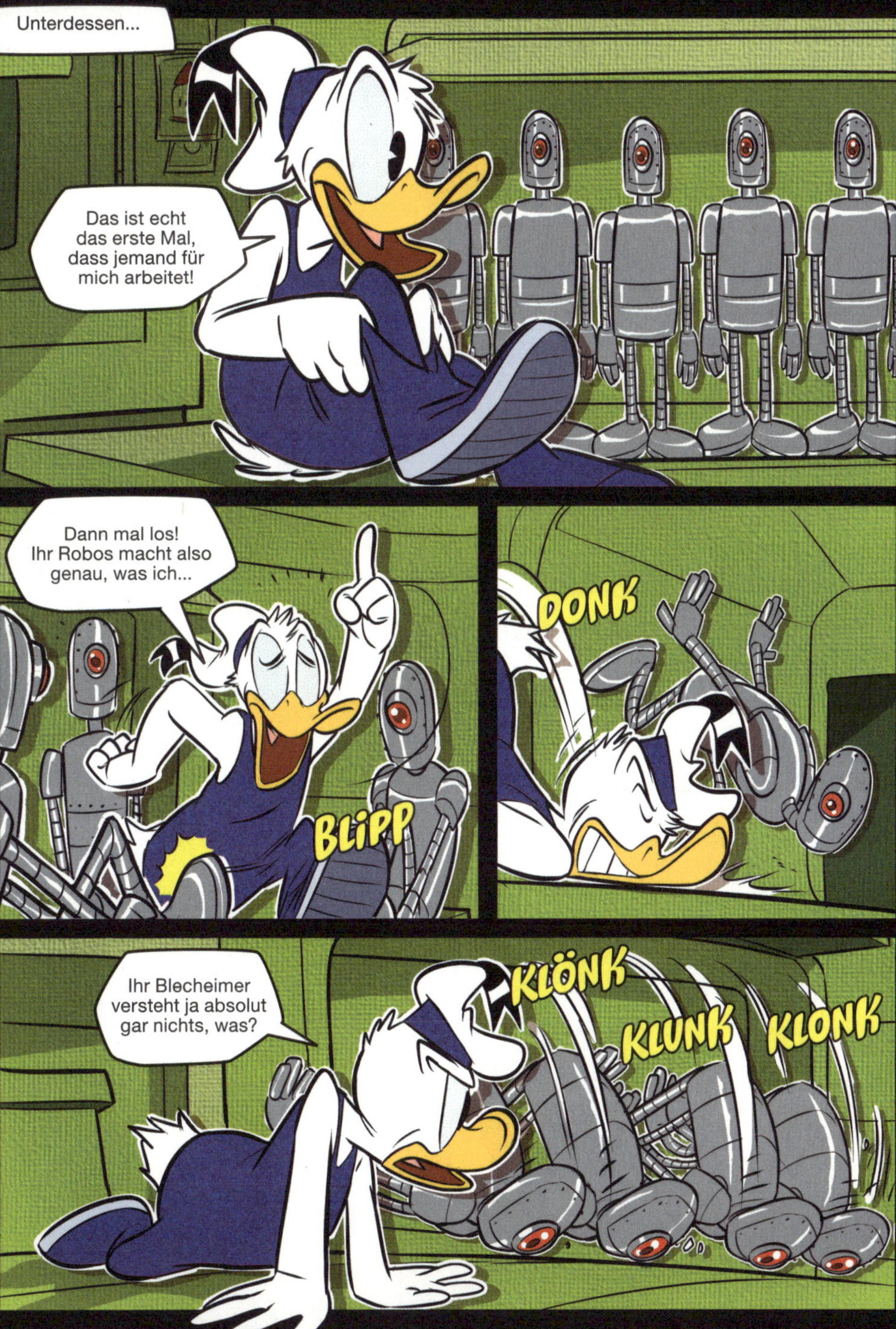
Unterdessen...
Das ist echt das erste Mal, dass jemand für mich arbeitet!
Dann mal los! Ihr Robos macht also genau, was ich...
BLIPP
DONK
Ihr Blecheimer versteht ja absolut gar nichts, was?
KLÖNK
KLUNK
KLONK

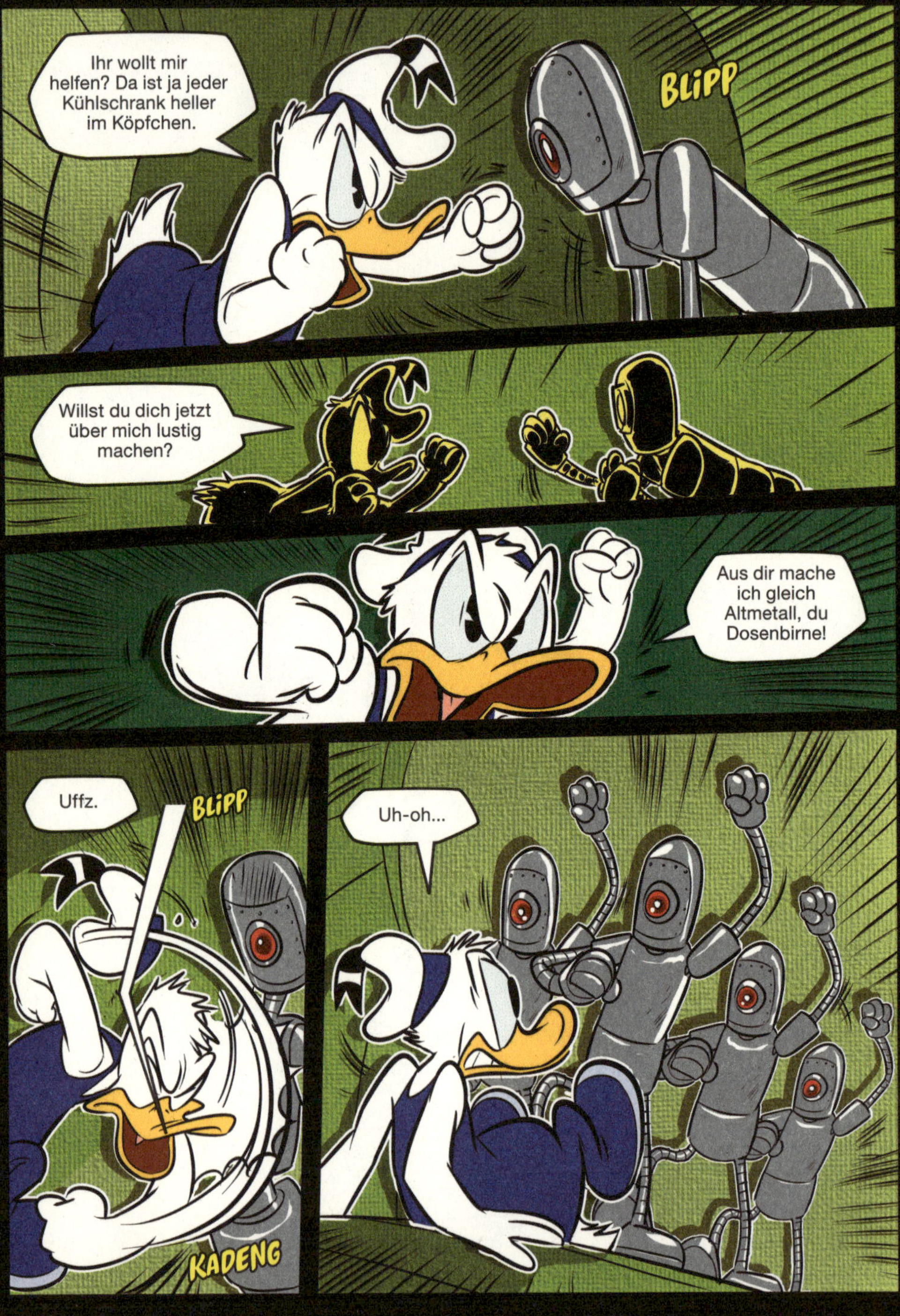
Ihr wollt mir helfen? Da ist ja jeder Kühlschrank heller im Köpfchen.
BLIPP
Willst du dich jetzt über mich lustig machen?
Aus dir mache ich gleich Altmetall, du Dosenbirne!
Uffz.
BLIPP
KADENG
Uh-oh...

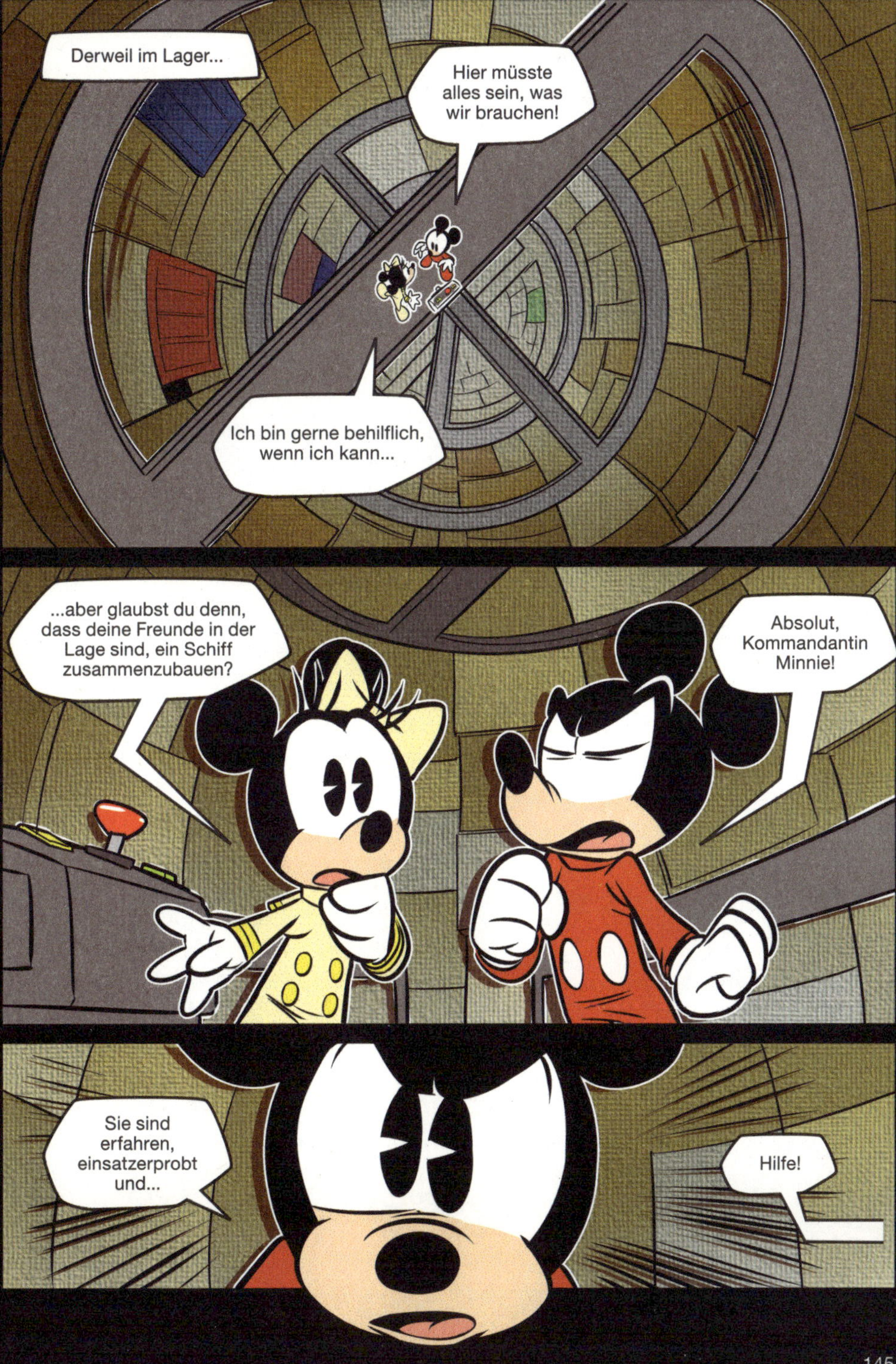
Derweil im Lager...
Hier müsste alles sein, was wir brauchen!
Ich bin gerne behilflich, wenn ich kann...
...aber glaubst du denn, dass deine Freunde in der Lage sind, ein Schiff zusammenzubauen?
Absolut, Kommandantin Minnie!
Sie sind erfahren, einsatzerprobt und...
Hilfe!

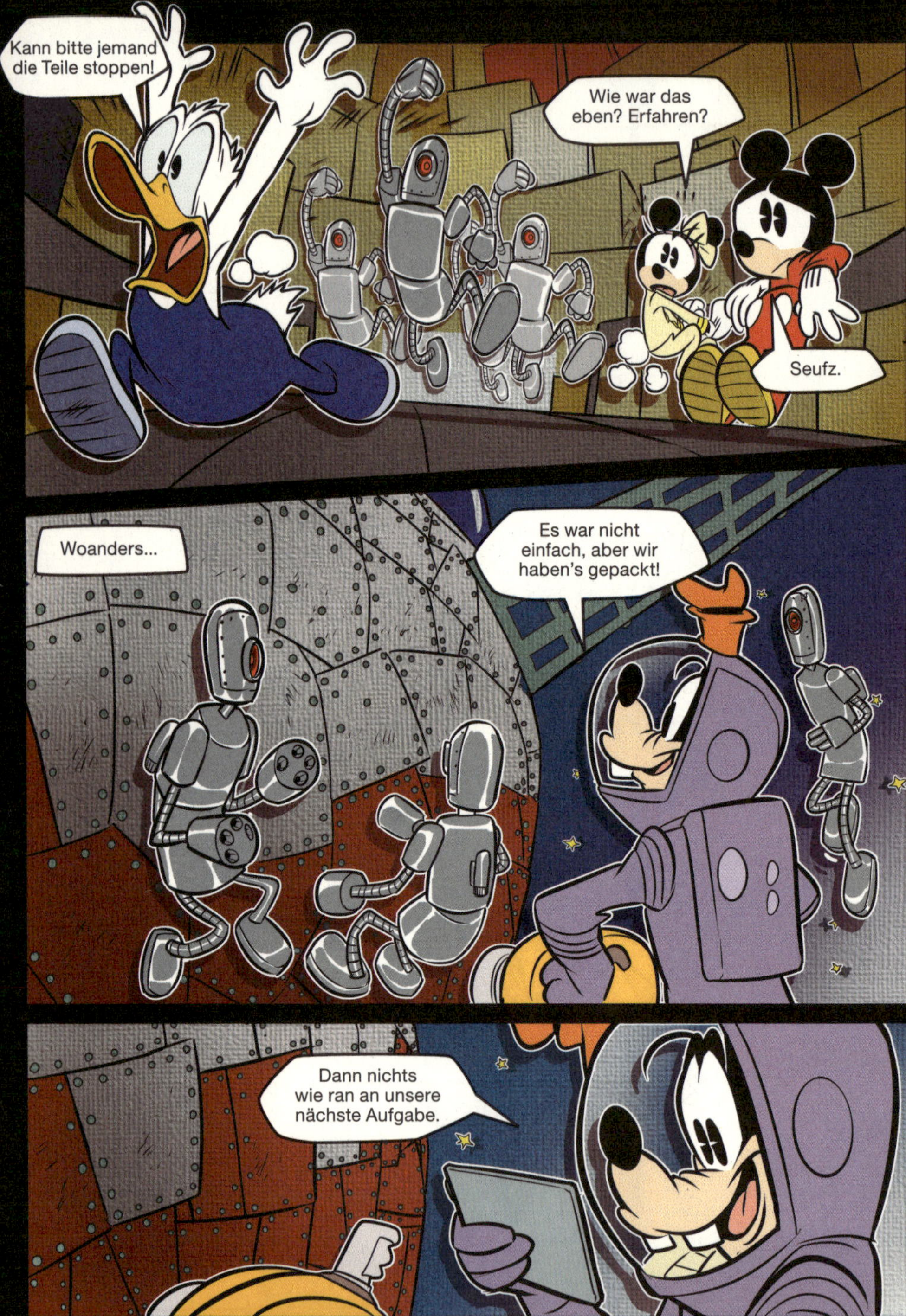
Kann bitte jemand die Teile stoppen!
Wie war das eben? Erfahren?
Seufz.
Woanders...
Es war nicht einfach, aber wir haben's gepackt!
Dann nichts wie ran an unsere nächste Aufgabe.

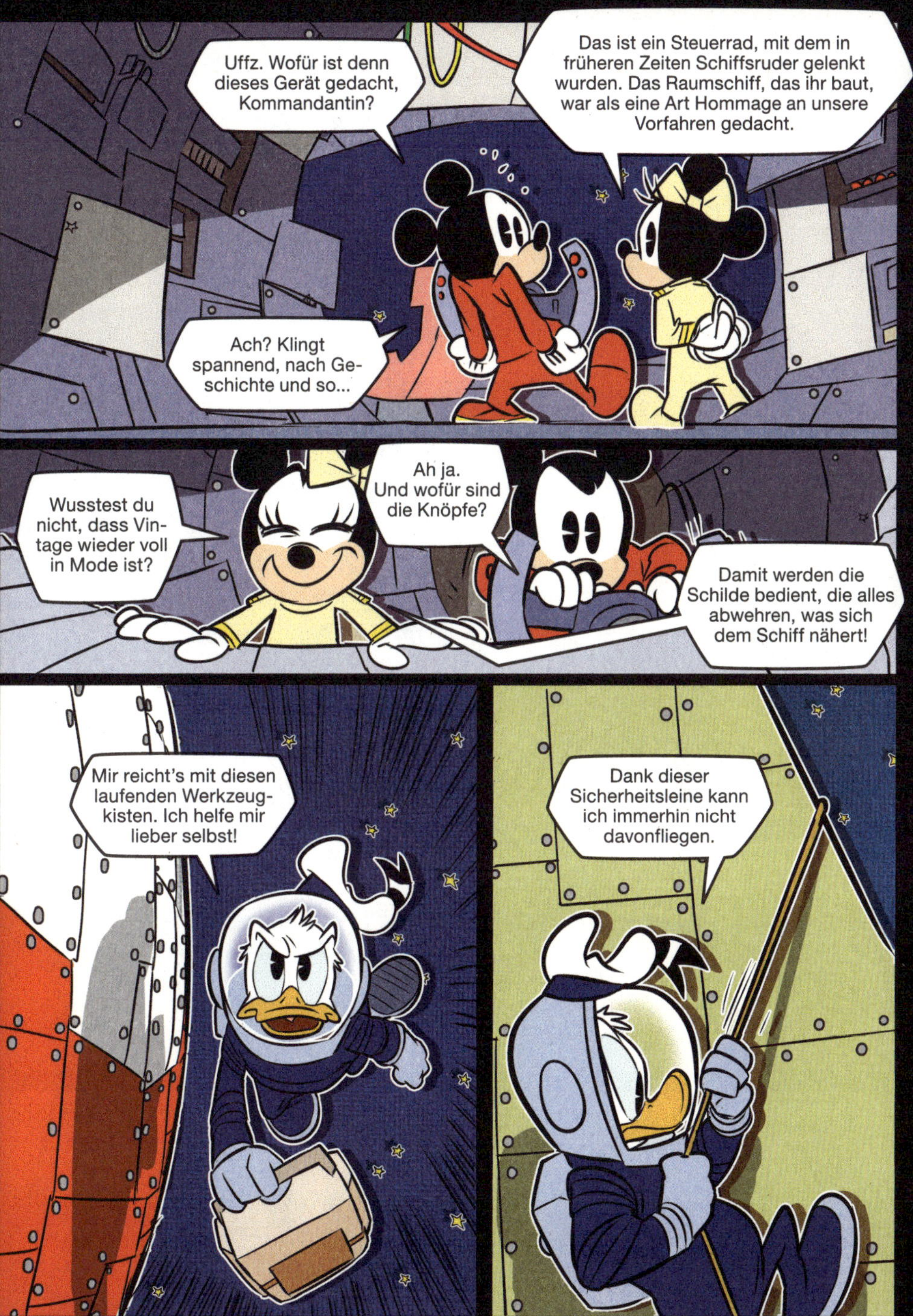
Uffz. Wofür ist denn dieses Gerät gedacht, Kommandantin?
Das ist ein Steuerrad, mit dem in früheren Zeiten Schiffsruder gelenkt wurden. Das Raumschiff, das ihr baut, war als eine Art Hommage an unsere Vorfahren gedacht.
Ach? Klingt spannend, nach Geschichte und so...
Wusstest du nicht, dass Vintage wieder voll in Mode ist?
Ah ja. Und wofür sind die Knöpfe?
Damit werden die Schilde bedient, die alles abwehren, was sich dem Schiff nähert!
Mir reicht's mit diesen laufenden Werkzeugkisten. Ich helfe mir lieber selbst!
Dank dieser Sicherheitsleine kann ich immerhin nicht davonfliegen.

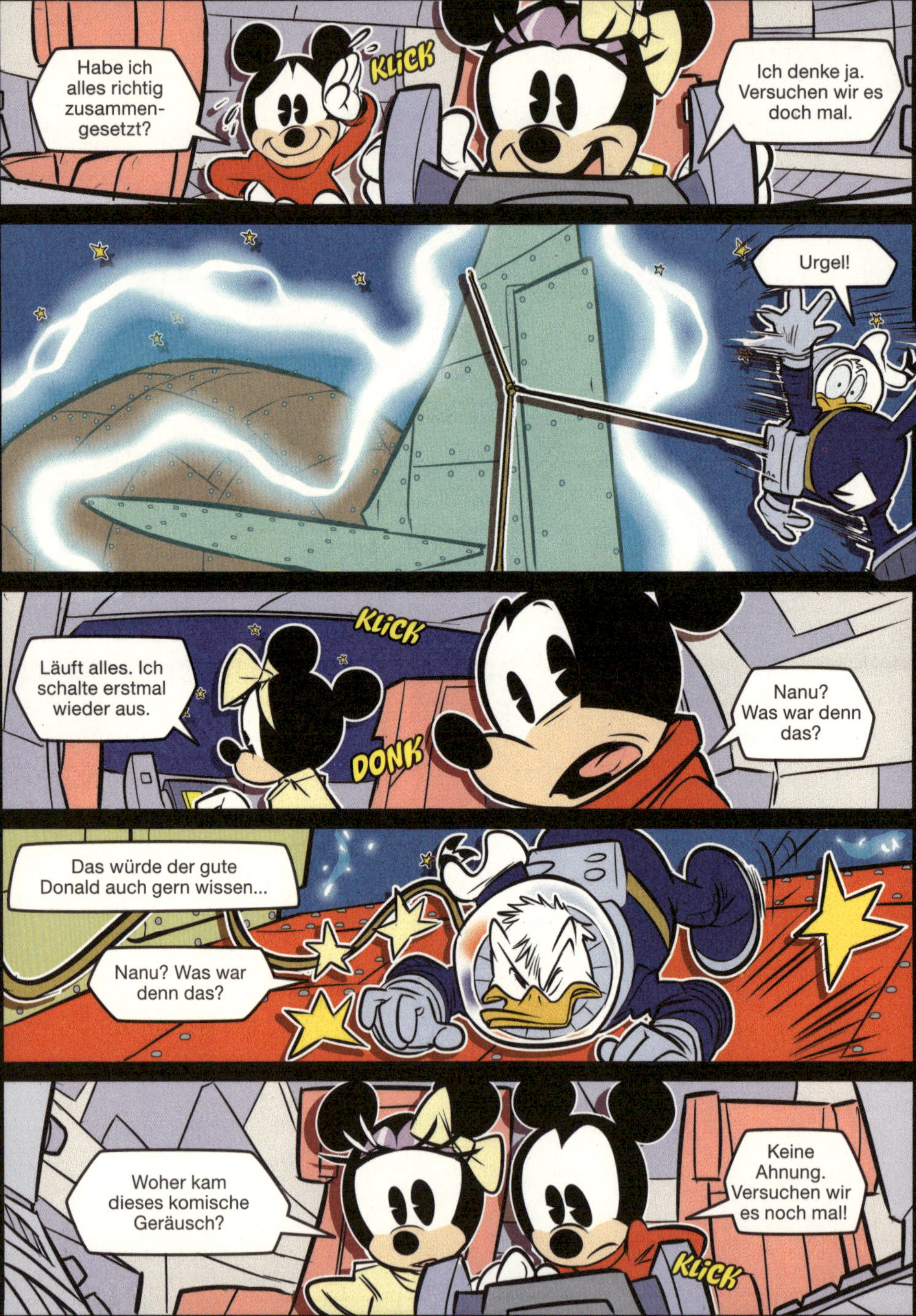
Habe ich alles richtig zusammengesetzt?
KLICK
Ich denke ja. Versuchen wir es doch mal.
Urgel!
KLICK
Läuft alles. Ich schalte erstmal wieder aus.
DONK
Nanu? Was war denn das?
Das würde der gute Donald auch gern wissen...
Nanu? Was war denn das?
Woher kam dieses komische Geräusch?
Keine Ahnung. Versuchen wir es noch mal!
KLICK

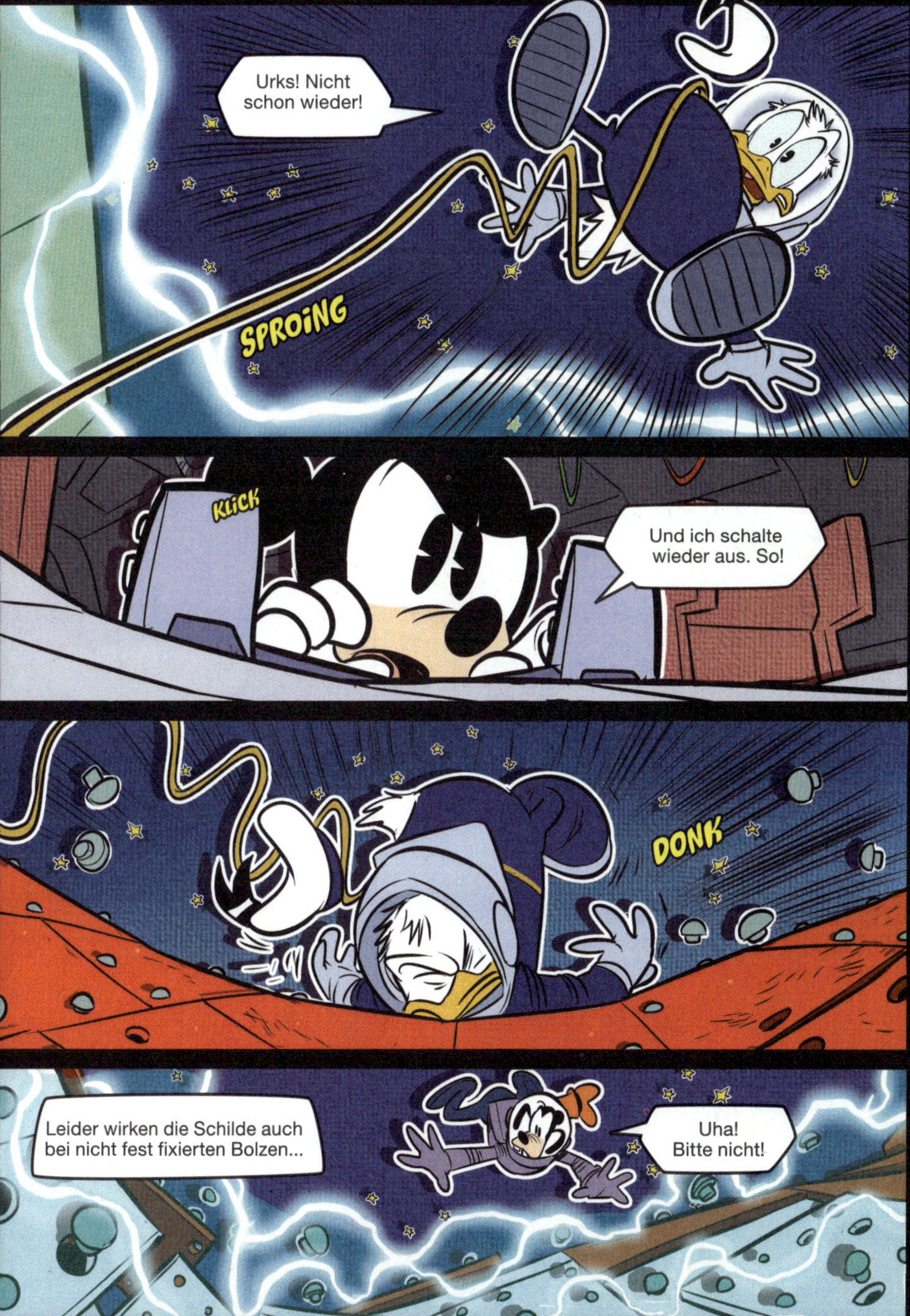
Urks! Nicht schon wieder!
SPROING
KLICK
Und ich schalte wieder aus. So!
DONK
Leider wirken die Schilde auch bei nicht fest fixierten Bolzen...
Uha! Bitte nicht!

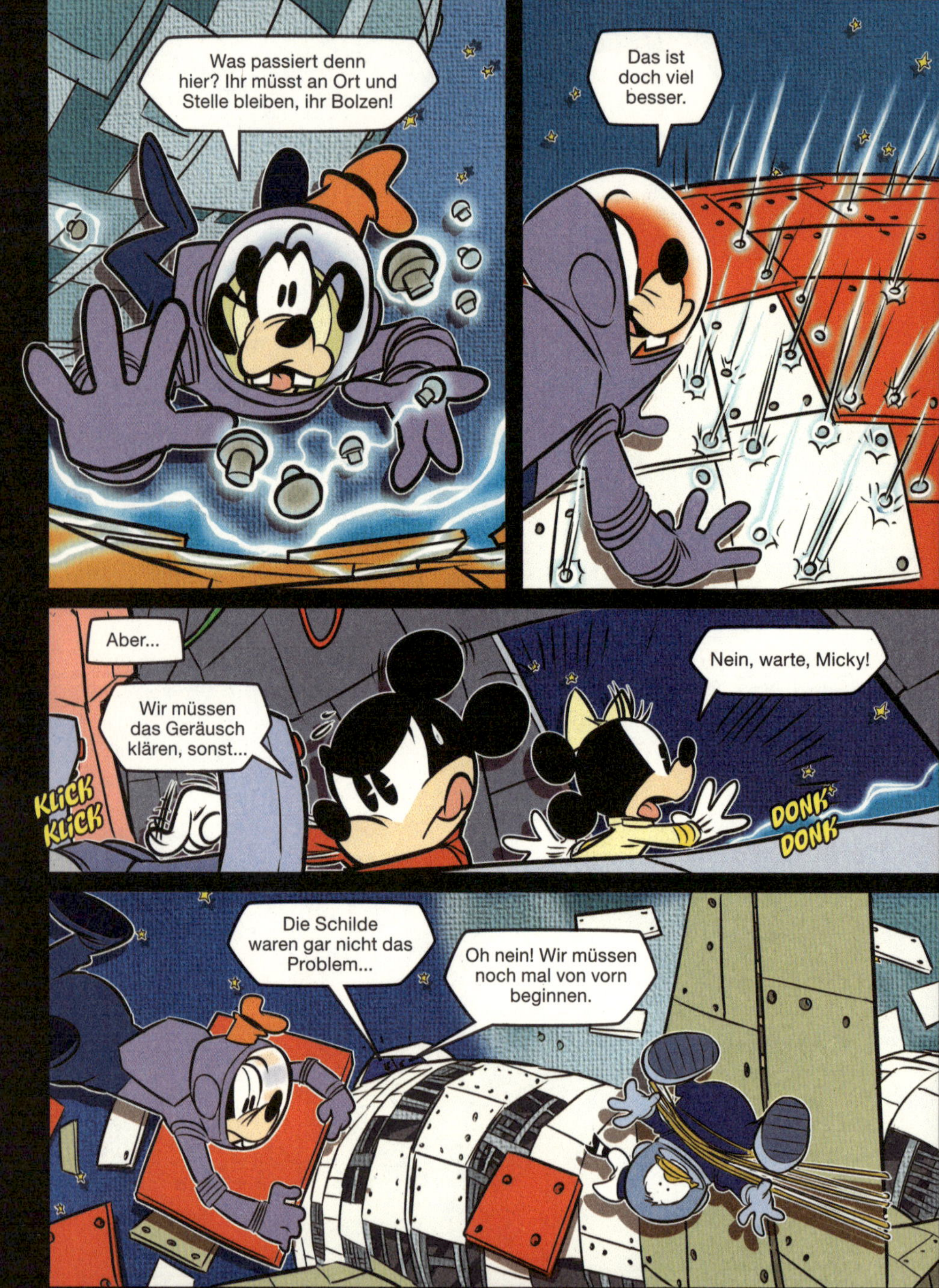
Was passiert denn hier? Ihr müsst an Ort und Stelle bleiben, ihr Bolzen!
Das ist doch viel besser.
Aber...
Wir müssen das Geräusch klären, sonst...
KLICK KLICK
Nein, warte, Micky!
DONK DONK
Die Schilde waren gar nicht das Problem...
Oh nein! Wir müssen noch mal von vorn beginnen.

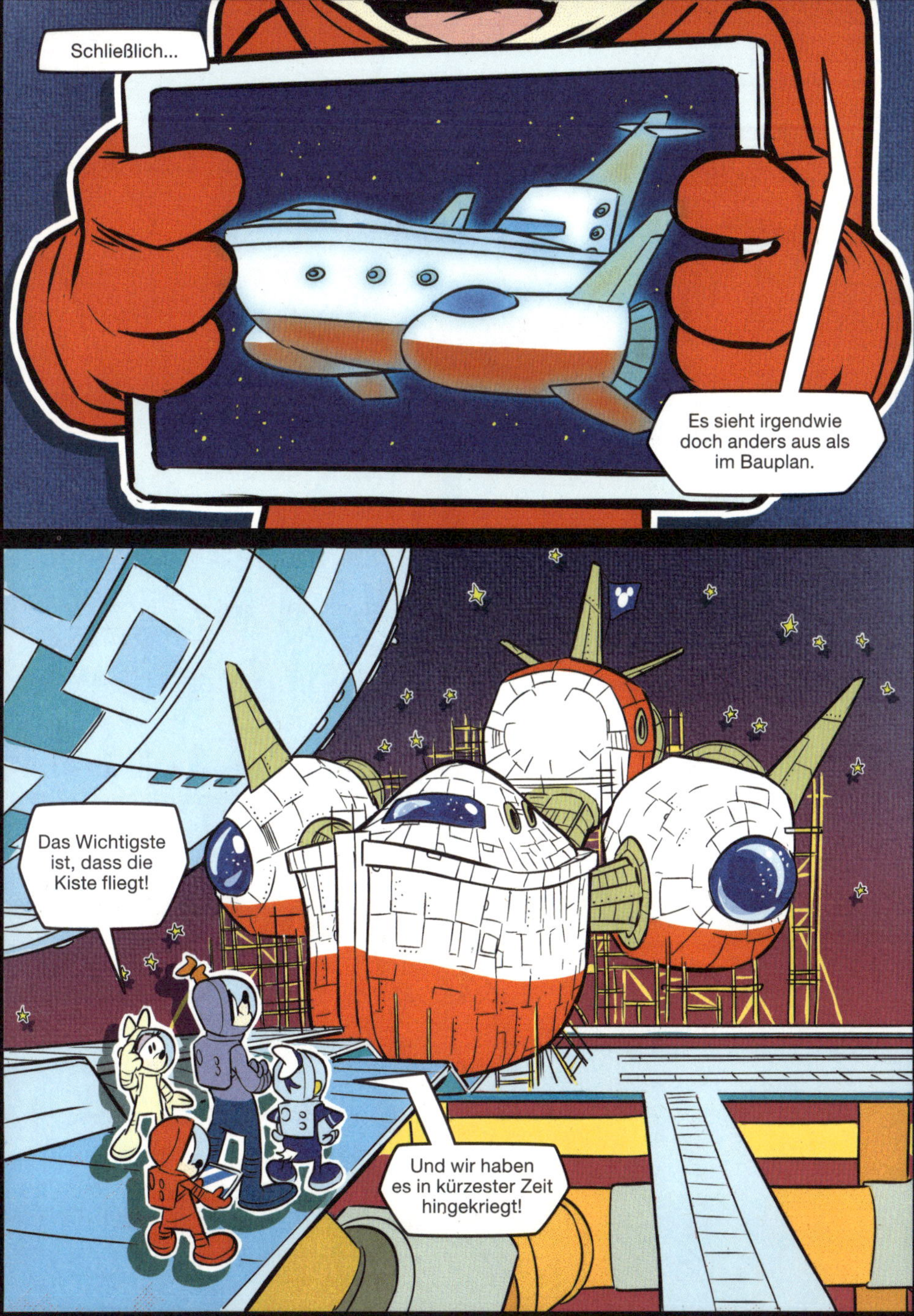

Schließlich...
Es sieht irgendwie doch anders aus als im Bauplan.
Das Wichtigste ist, dass die Kiste fliegt!
Und wir haben es in kürzester Zeit hingekriegt!

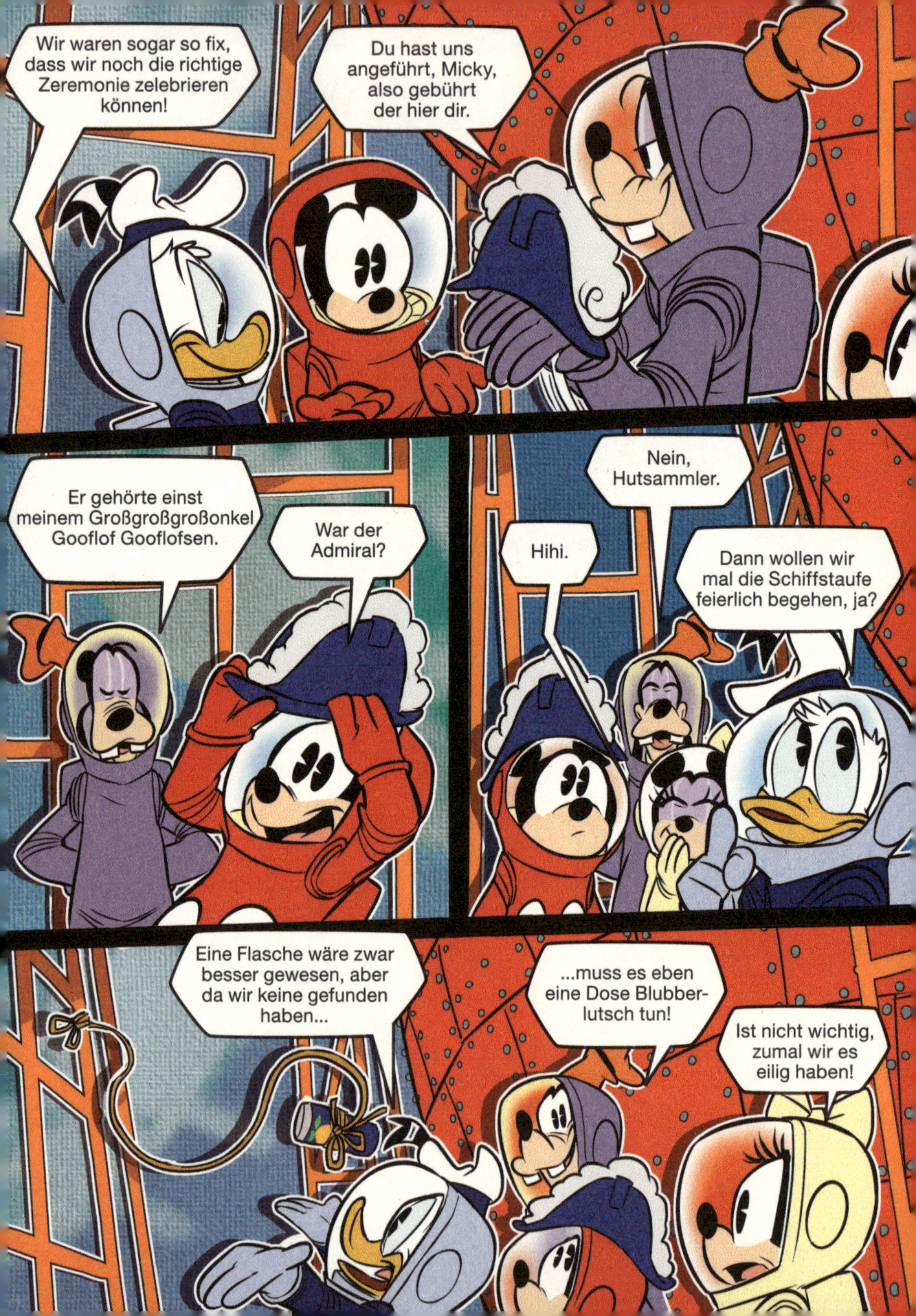
Wir waren sogar so fix, dass wir noch die richtige Zeremonie zelebrieren können!
Du hast uns angeführt, Micky, also gebührt der hier dir.
Er gehörte einst meinem Großgroßgroßonkel Gooflof Gooflofsen.
War der Admiral?
Nein, Hutsammler.
Hihi.
Dann wollen wir mal die Schiffstaufe feierlich begehen, ja?
Eine Flasche wäre zwar besser gewesen, aber da wir keine gefunden haben...
...muss es eben eine Dose Blubberlutsch tun!
Ist nicht wichtig, zumal wir es eilig haben!

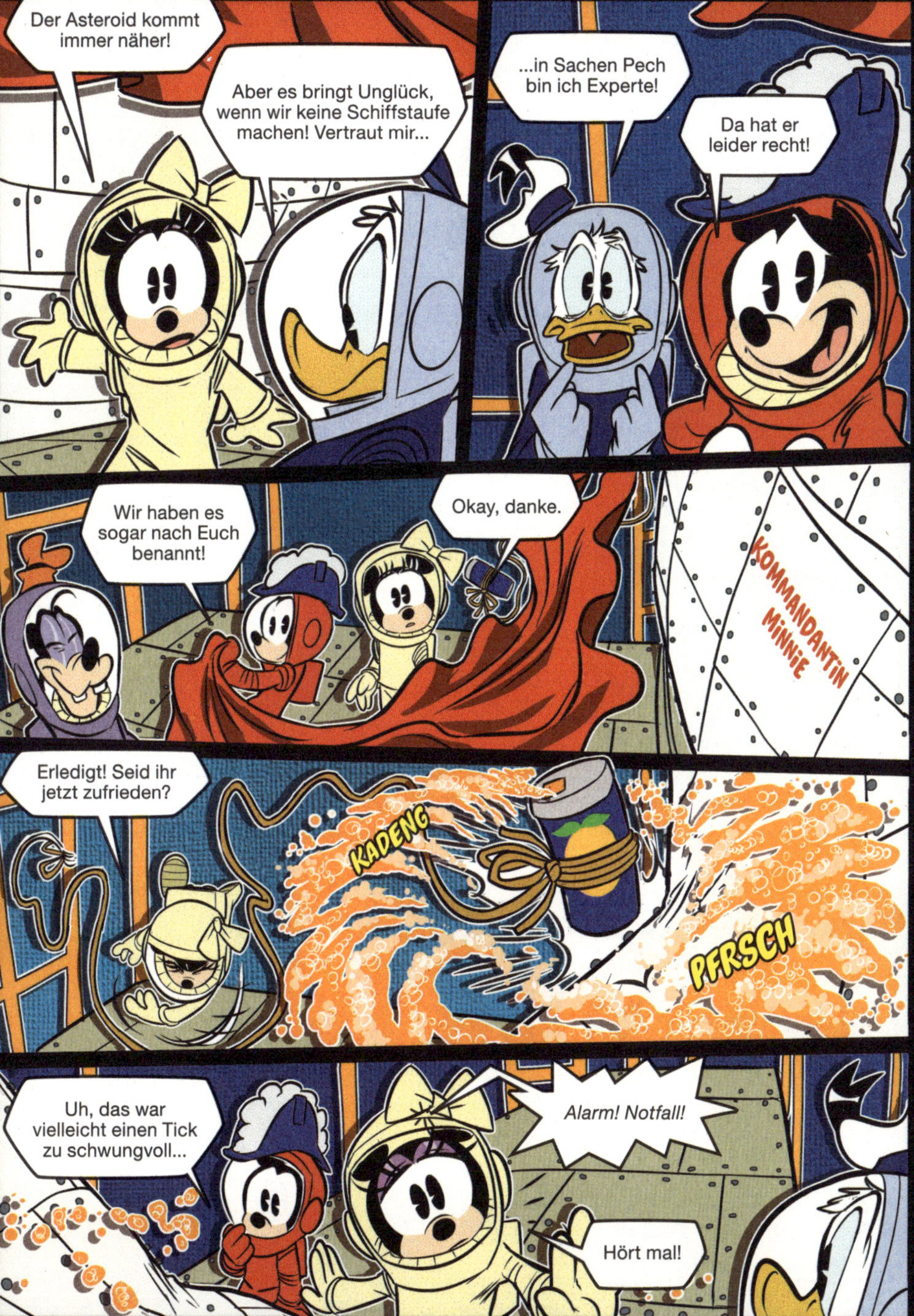
Der Asteroid kommt immer näher!
Aber es bringt Unglück, wenn wir keine Schiffstaufe machen! Vertraut mir...
...in Sachen Pech bin ich Experte!
Da hat er leider recht!
Wir haben es sogar nach Euch benannt!
Okay, danke.
KOMMANDANTIN MINNIE
Erledigt! Seid ihr jetzt zufrieden?
KADENG
PFRSCH
Uh, das war vielleicht einen Tick zu schwungvoll...
Alarm! Notfall!
Hört mal!

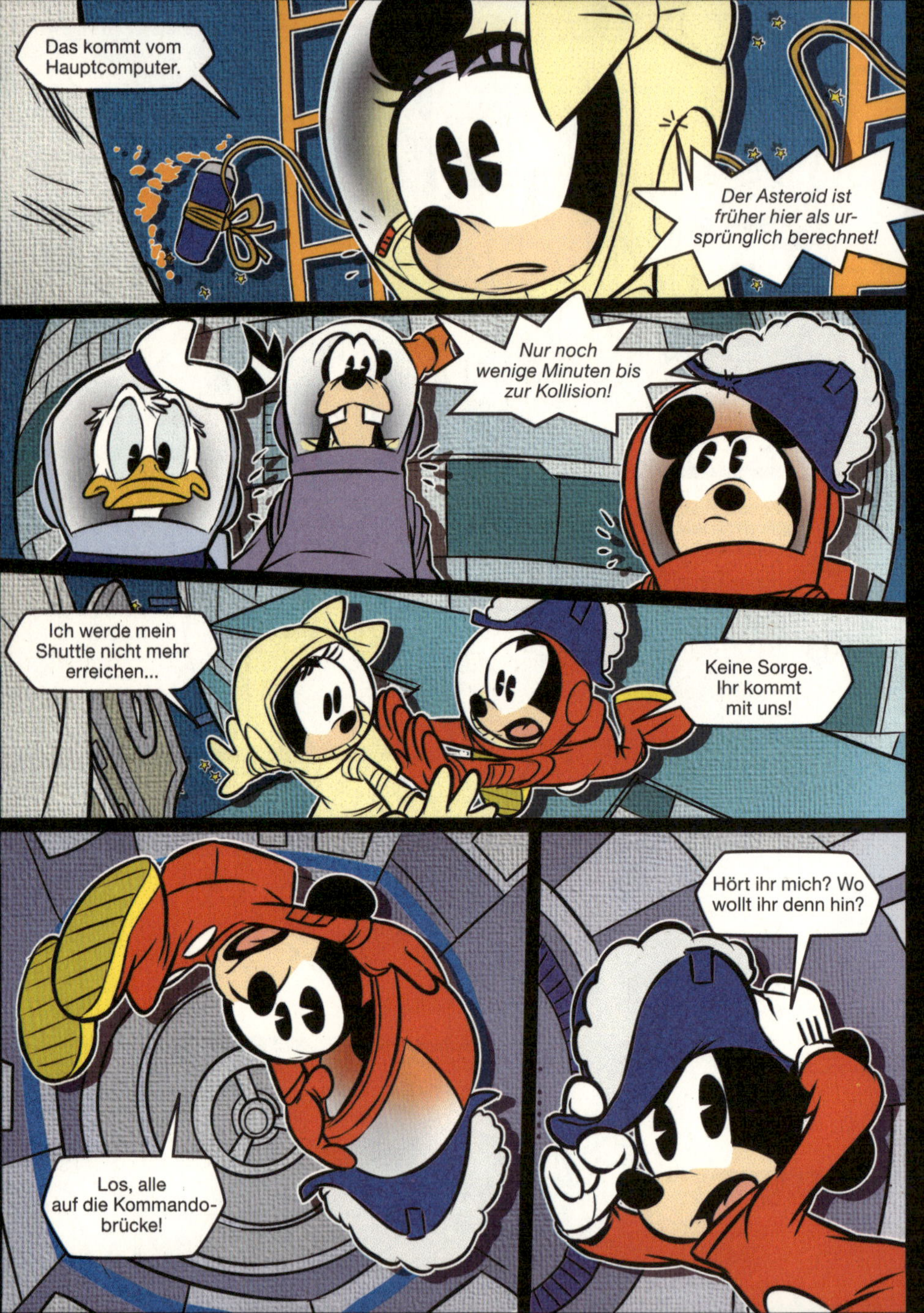
Das kommt vom Hauptcomputer.
Der Asteroid ist früher hier als ursprünglich berechnet!
Nur noch wenige Minuten bis zur Kollision!
Ich werde mein Shuttle nicht mehr erreichen...
Keine Sorge. Ihr kommt mit uns!
Los, alle auf die Kommandobrücke!
Hört ihr mich? Wo wollt ihr denn hin?

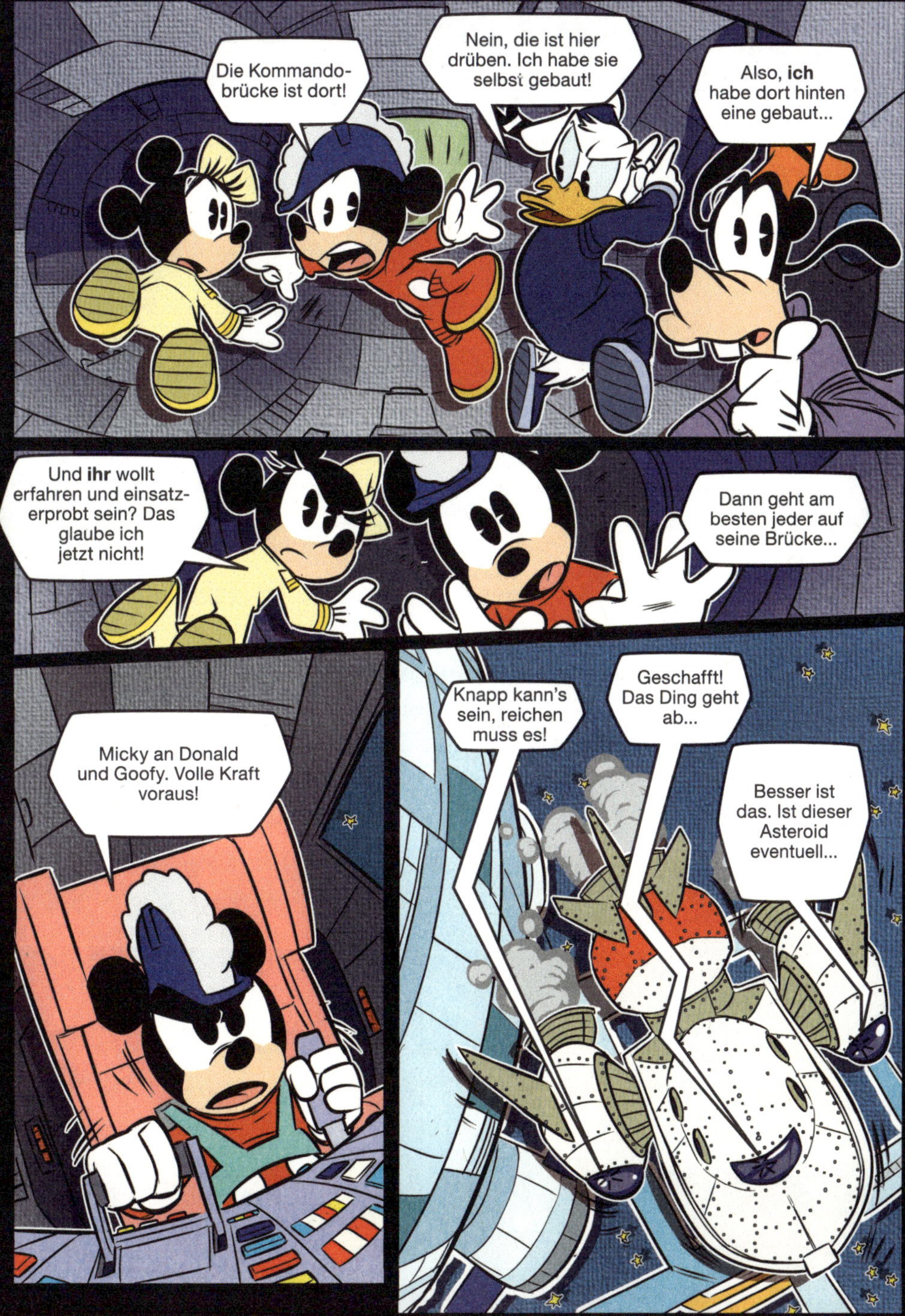

Die Kommando-brücke ist dort!
Nein, die ist hier drüben. Ich habe sie selbst gebaut!
Also, **ich** habe dort hinten eine gebaut...
Und **ihr** wollt erfahren und einsatz-erprobt sein? Das glaube ich jetzt nicht!
Dann geht am besten jeder auf seine Brücke...
Micky an Donald und Goofy. Volle Kraft voraus!
Knapp kann's sein, reichen muss es!
Geschafft! Das Ding geht ab...
Besser ist das. Ist dieser Asteroid eventuell...

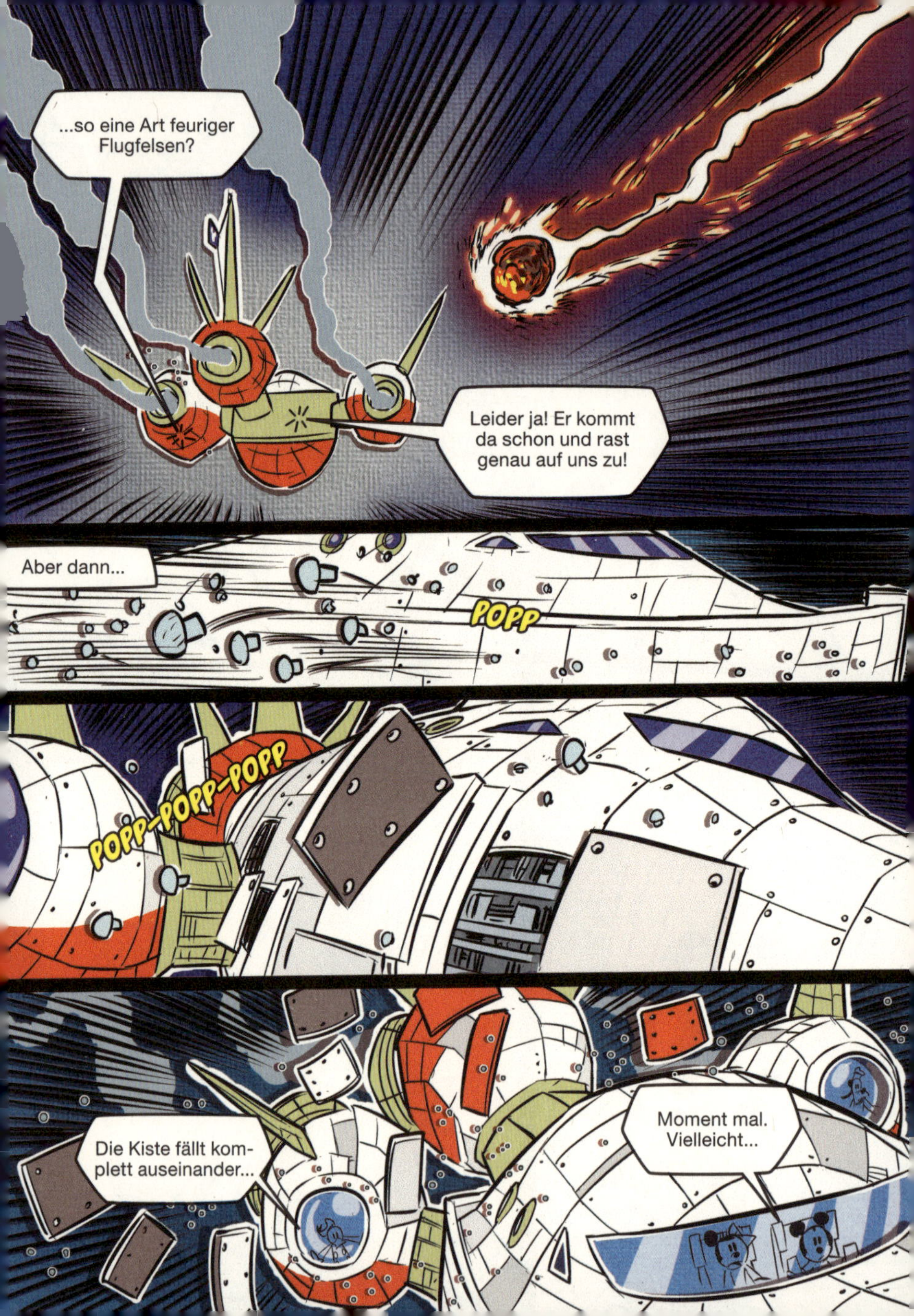
...so eine Art feuriger Flugfelsen?
Leider ja! Er kommt da schon und rast genau auf uns zu!
Aber dann...
POPP
POPP-POPP-POPP
Die Kiste fällt komplett auseinander...
Moment mal. Vielleicht...

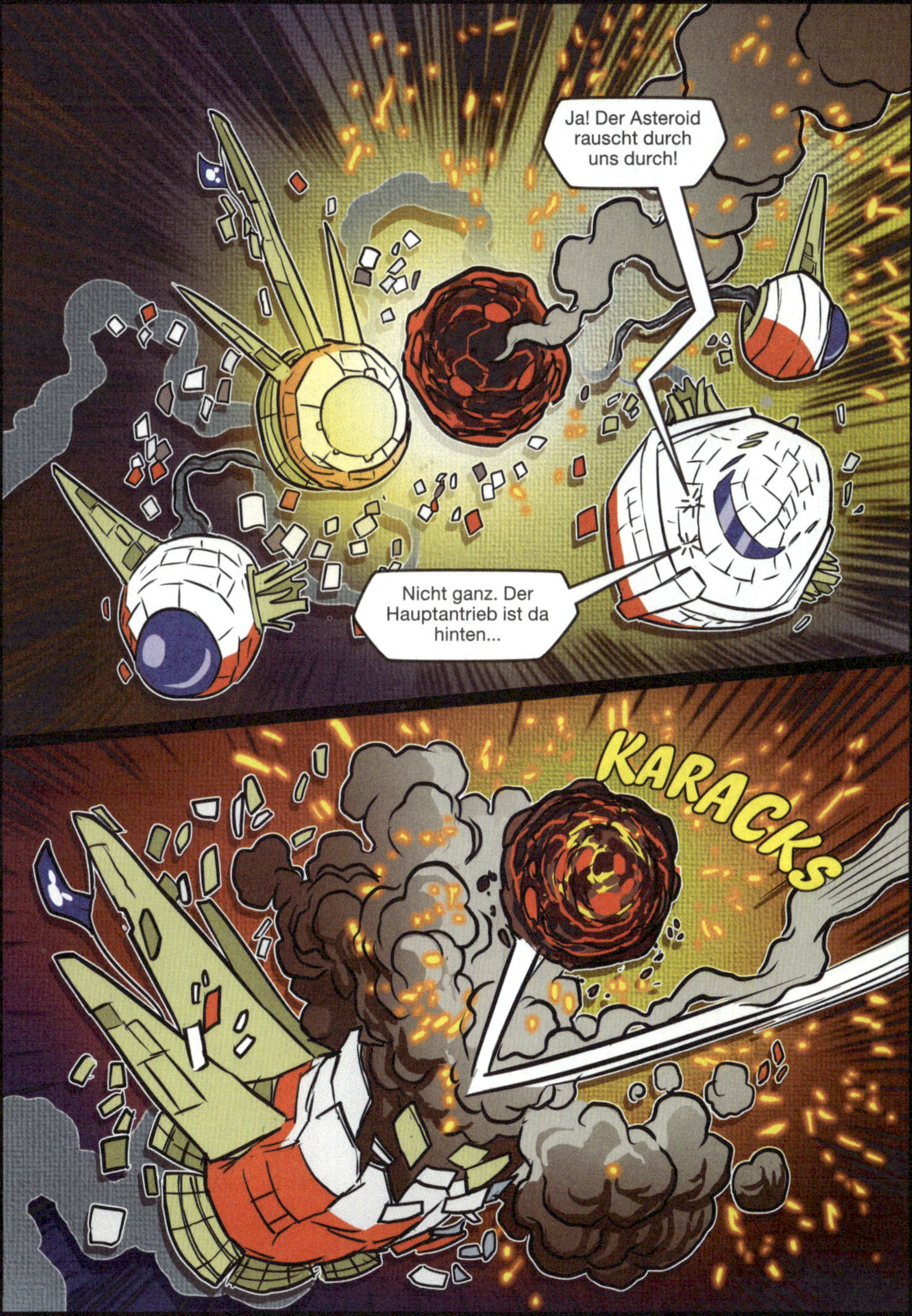
Ja! Der Asteroid rauscht durch uns durch!
Nicht ganz. Der Hauptantrieb ist da hinten...
KARACKS

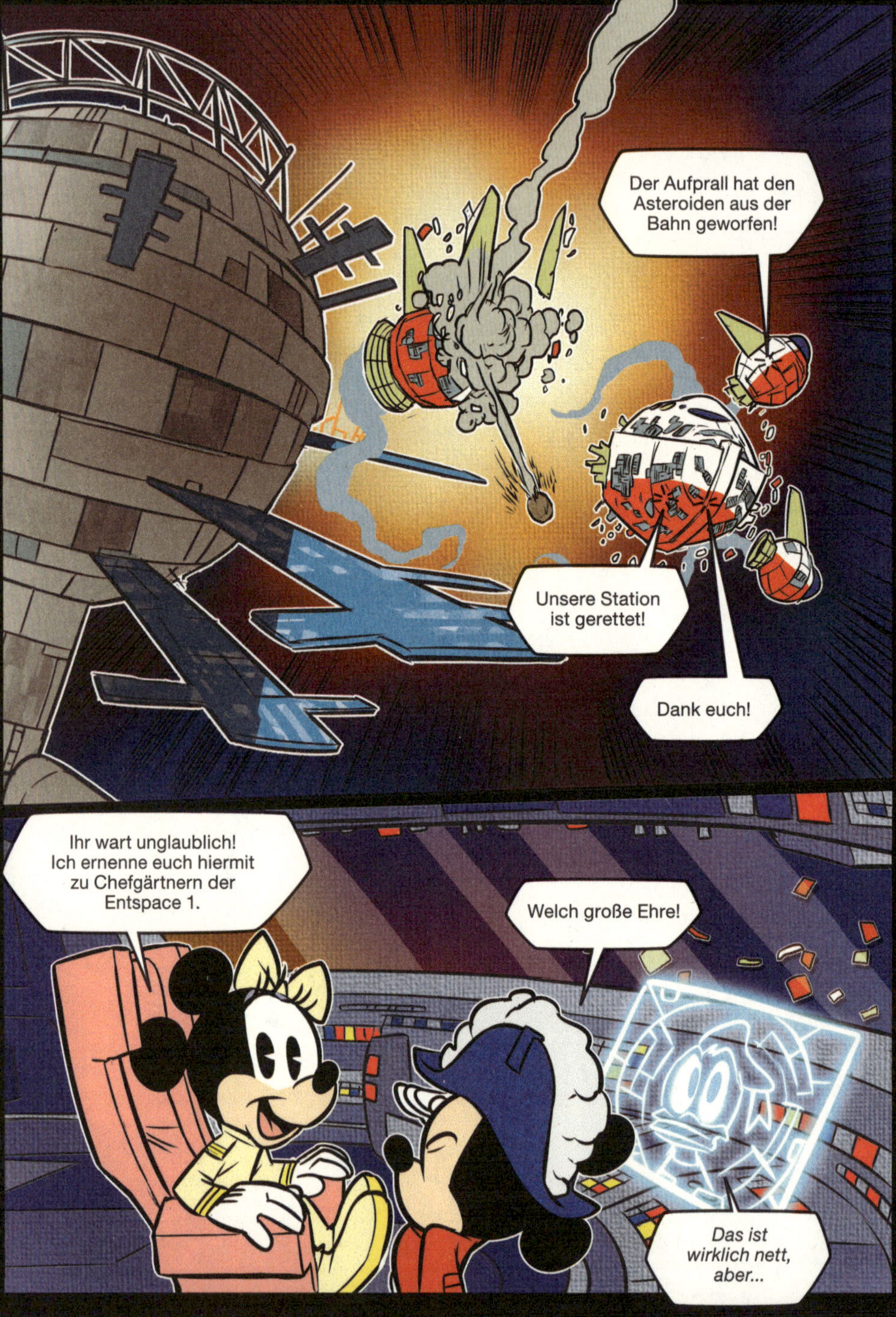
Der Aufprall hat den Asteroiden aus der Bahn geworfen!
Unsere Station ist gerettet!
Dank euch!
Ihr wart unglaublich! Ich ernenne euch hiermit zu Chefgärtnern der Entspace 1.
Welch große Ehre!
Das ist wirklich nett, aber...

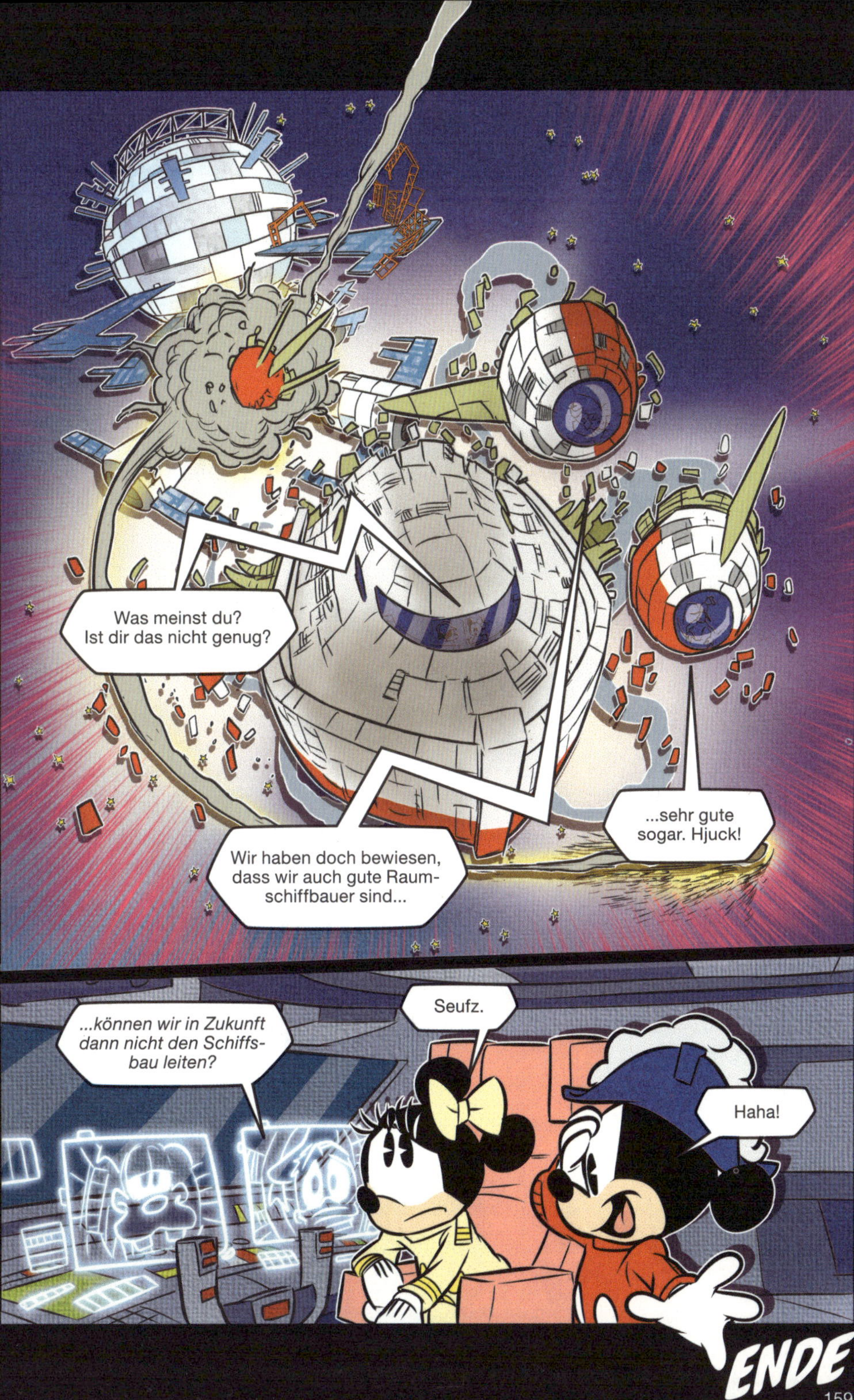
Was meinst du?
Ist dir das nicht genug?
Wir haben doch bewiesen, dass wir auch gute Raumschiffbauer sind...
...sehr gute sogar. Hjuck!
...können wir in Zukunft dann nicht den Schiffsbau leiten?
Seufz.
Haha!
ENDE

# 1940

# Mickey's Trailer

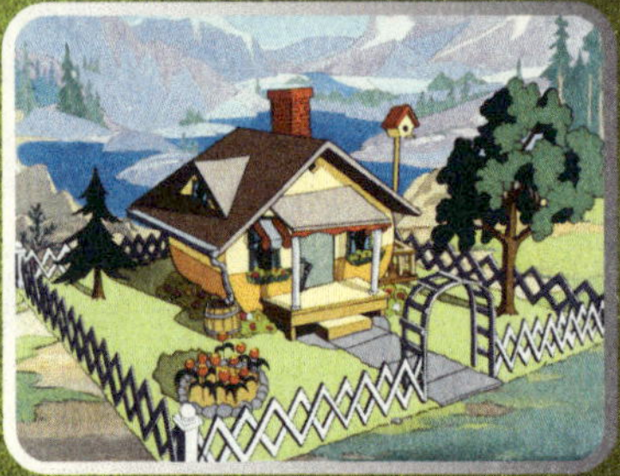

**Deutscher Titel: Mickys Wohnwagen.**
Micky, Donald und Goofy stürzen sich in ein neues Abenteuer in der Natur mit einem hochmodernen Wohnwagen. In der musikalisch eindrucksvollen Eingangssequenz beschließt Micky einen Start am frühen Morgen. Er macht Frühstück, während Goofy am Steuer sitzt und Donald aus erholsamem Schlaf erwacht.

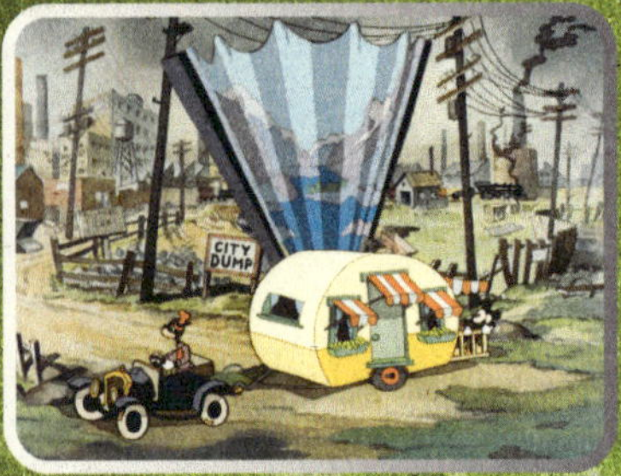


Modernste Technik macht den Anhänger zu einem Luxus-Camper. Per Knopfdruck wird dank Schiebewänden aus dem Schlafzimmer ein Bad, mitsamt einer sich selbstständig entfaltenen und voll gefüllten Wanne! Ein weiterer Druck aufs Knöpfchen – und aus dem Badezimmer wird ein gemütliches Esszimmer.

Alles läuft einwandfrei... bis auf die Fähigkeiten des Fahrers. Als Goofy ahnungslos seinen Frühstücksplatz verlässt, entwickelt sich eine haarsträubende Comedy-Action-Sequenz, in der der Anhänger versehentlich vom Auto abgekuppelt wird und rückwärts eine kurvenreiche Bergstraße hinunterrast...

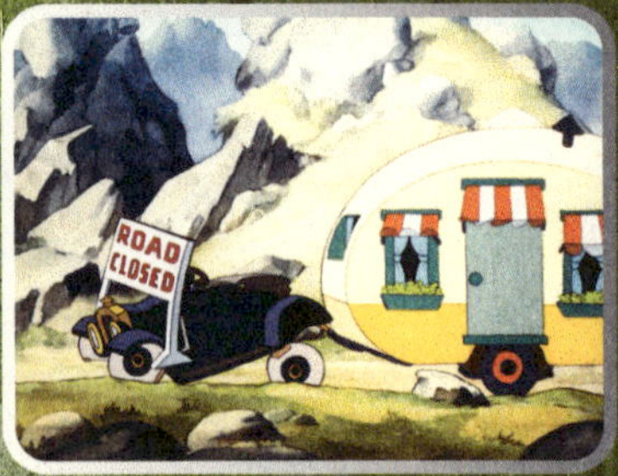


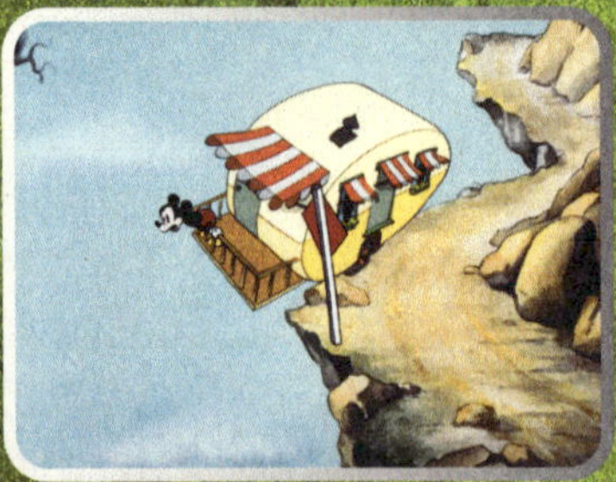

Die Inspiration zu diesem Kurzfilm entstand auf einer Reise mit dem Erfinder William Stout, der Walt Disney seinen neu entworfenen mobilen Wohnwagen vorführen wollte. Der Anhänger sollte auch für Fahrten in bergigen Landschaften taugen, im schlimmsten Fall sogar auf zwei Rädern – was natürlich eine ideale Anregung für ein Abenteuer bot!

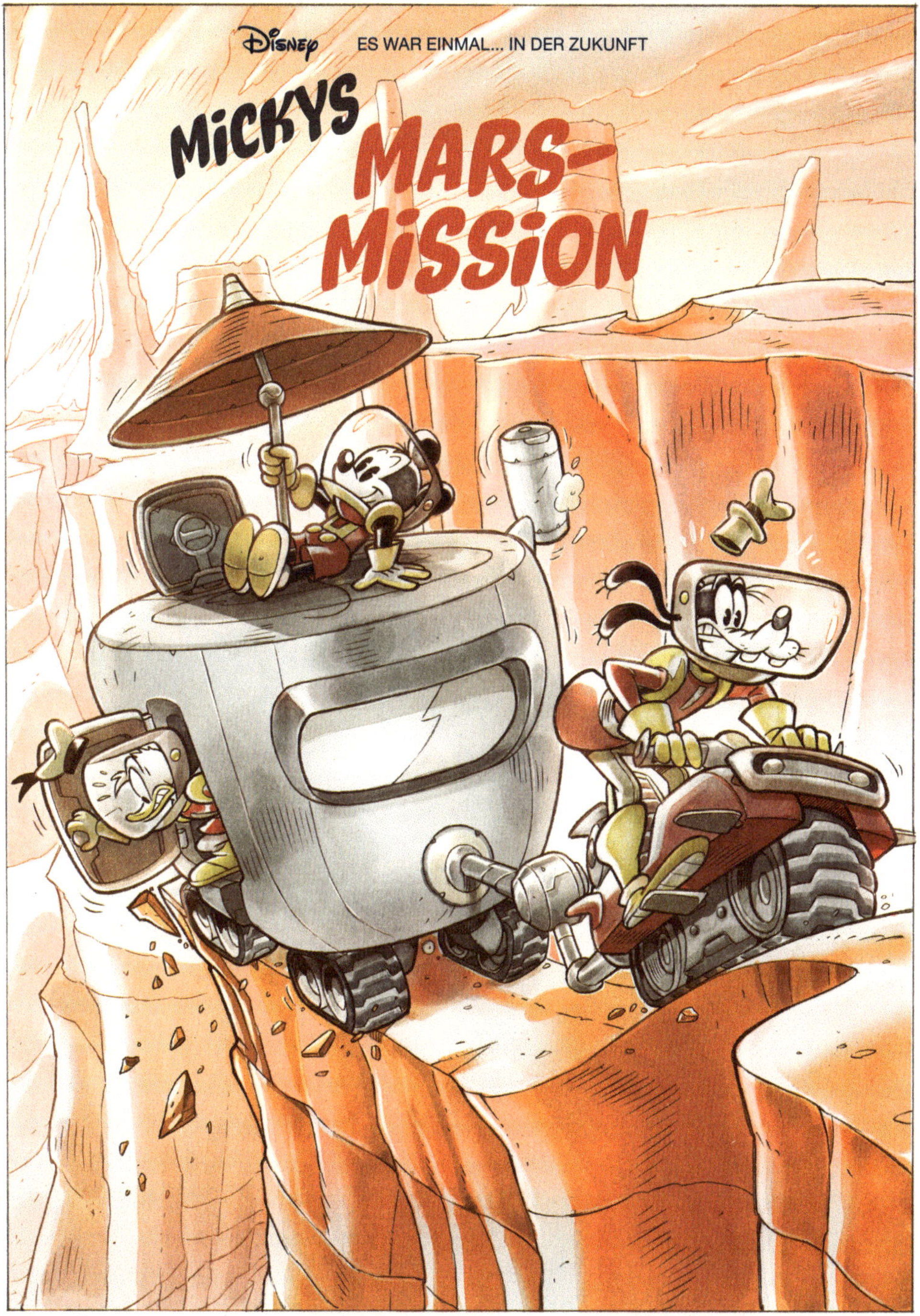




**Francesco Artibani** (Story, inspiriert von „Mickey's Trailer"), **Lorenzo Pastrovicchio** (Zeichnungen)

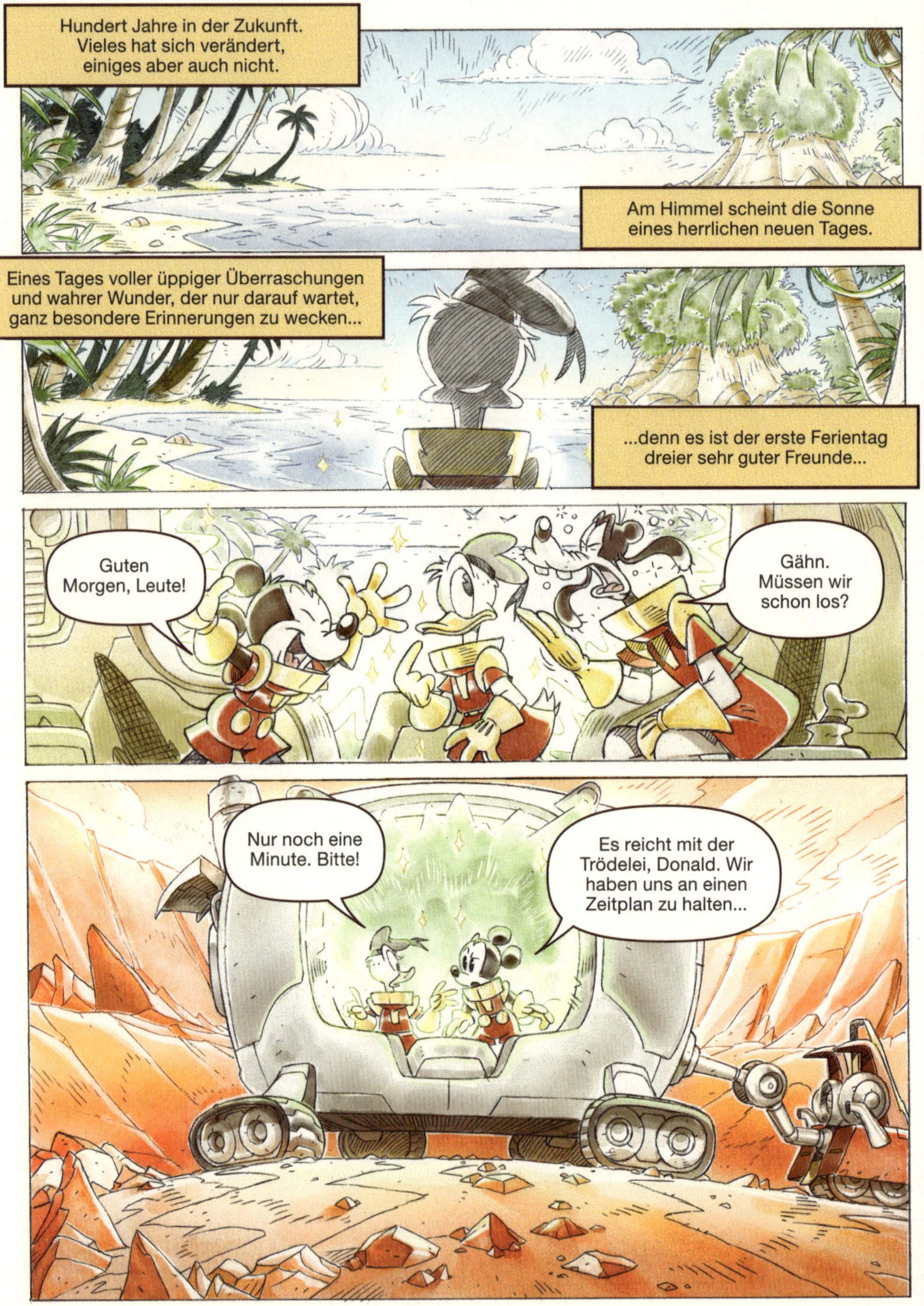
Hundert Jahre in der Zukunft. Vieles hat sich verändert, einiges aber auch nicht.
Am Himmel scheint die Sonne eines herrlichen neuen Tages.
Eines Tages voller üppiger Überraschungen und wahrer Wunder, der nur darauf wartet, ganz besondere Erinnerungen zu wecken...
...denn es ist der erste Ferientag dreier sehr guter Freunde...
Guten Morgen, Leute!
Gähn. Müssen wir schon los?
Nur noch eine Minute. Bitte!
Es reicht mit der Trödelei, Donald. Wir haben uns an einen Zeitplan zu halten...

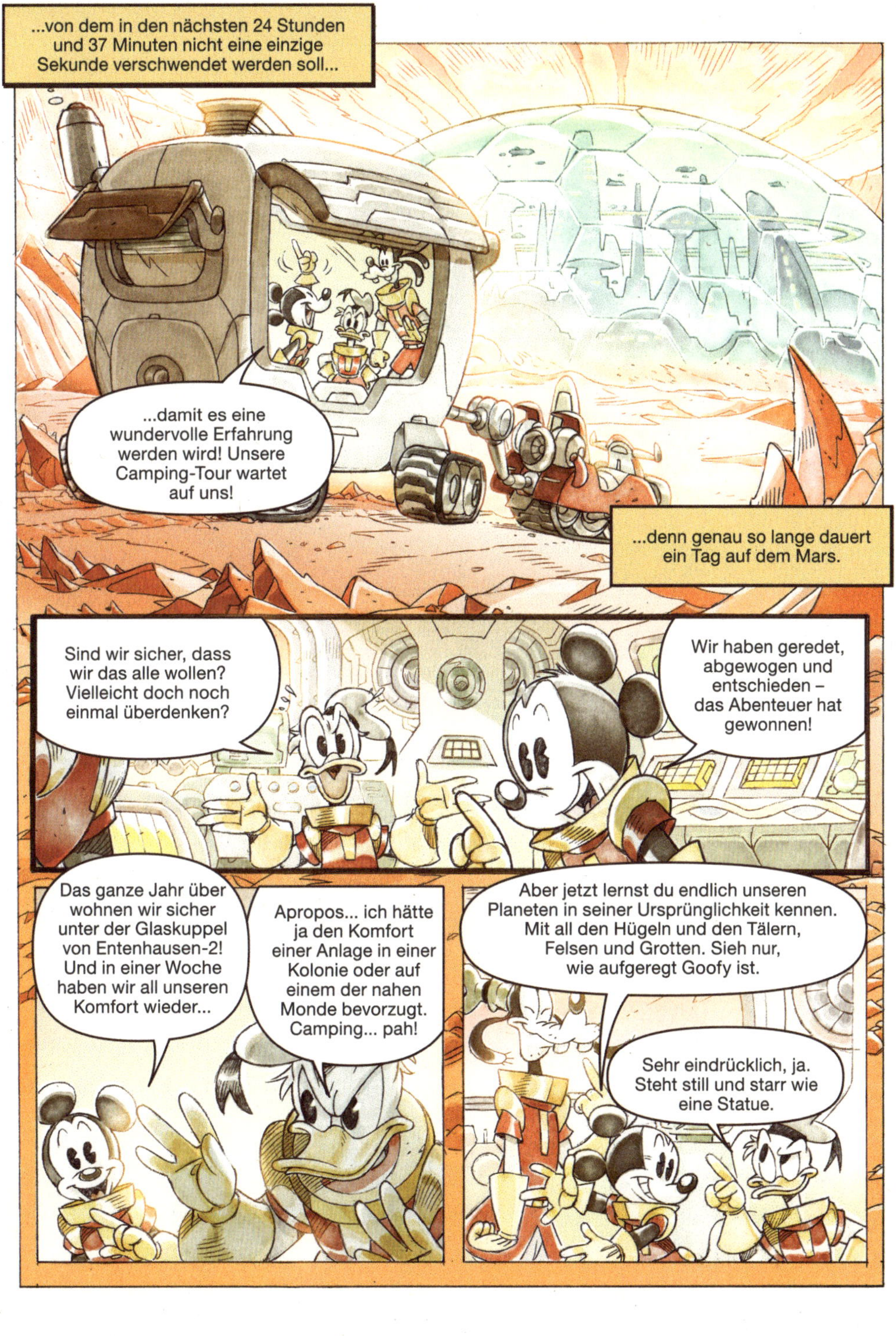
...von dem in den nächsten 24 Stunden und 37 Minuten nicht eine einzige Sekunde verschwendet werden soll...
...damit es eine wundervolle Erfahrung werden wird! Unsere Camping-Tour wartet auf uns!
...denn genau so lange dauert ein Tag auf dem Mars.
Sind wir sicher, dass wir das alle wollen? Vielleicht doch noch einmal überdenken?
Wir haben geredet, abgewogen und entschieden – das Abenteuer hat gewonnen!
Das ganze Jahr über wohnen wir sicher unter der Glaskuppel von Entenhausen-2! Und in einer Woche haben wir all unseren Komfort wieder...
Apropos... ich hätte ja den Komfort einer Anlage in einer Kolonie oder auf einem der nahen Monde bevorzugt. Camping... pah!
Aber jetzt lernst du endlich unseren Planeten in seiner Ursprünglichkeit kennen. Mit all den Hügeln und den Tälern, Felsen und Grotten. Sieh nur, wie aufgeregt Goofy ist.
Sehr eindrücklich, ja. Steht still und starr wie eine Statue.

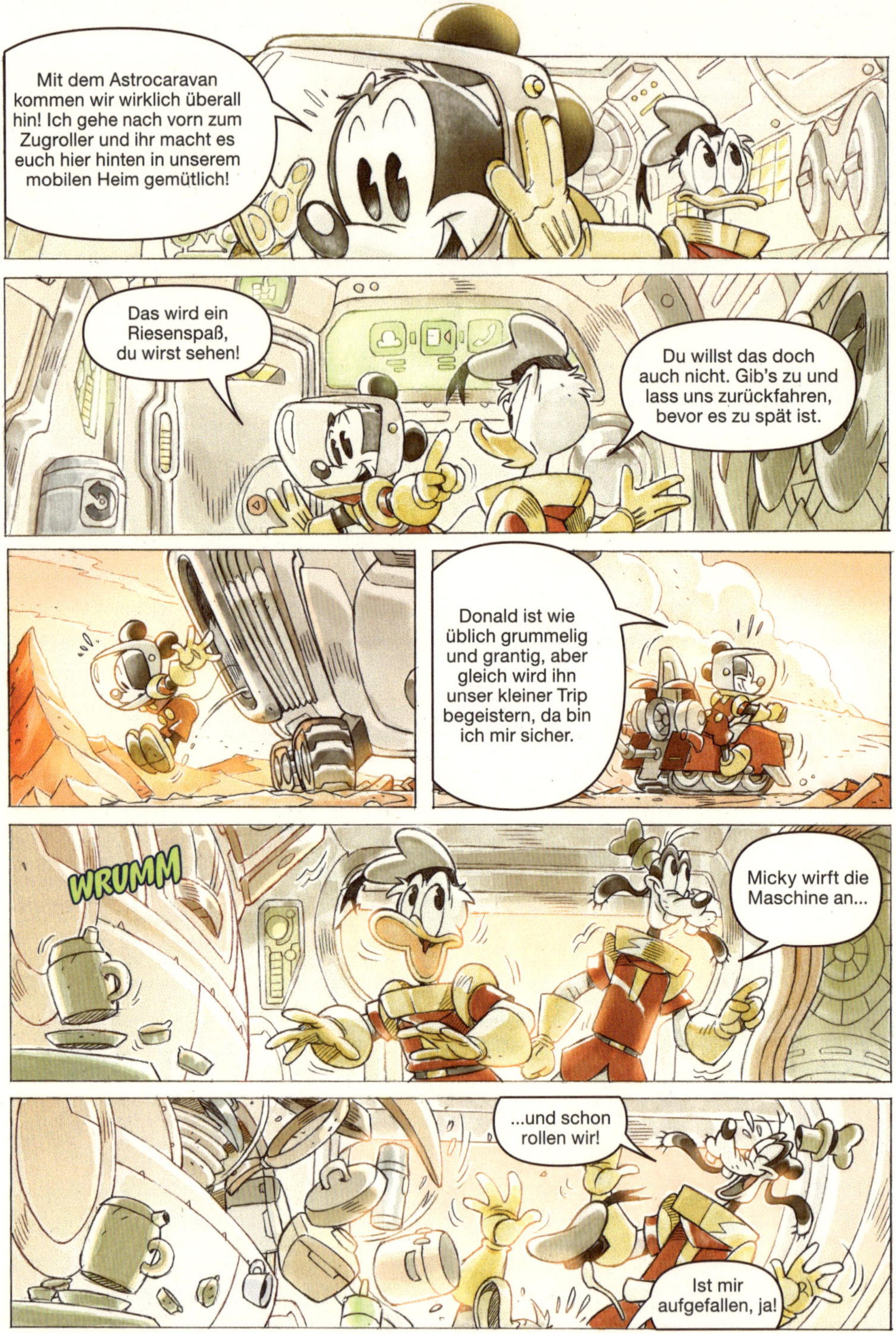
Mit dem Astrocaravan kommen wir wirklich überall hin! Ich gehe nach vorn zum Zugroller und ihr macht es euch hier hinten in unserem mobilen Heim gemütlich!
Das wird ein Riesenspaß, du wirst sehen!
Du willst das doch auch nicht. Gib's zu und lass uns zurückfahren, bevor es zu spät ist.
Donald ist wie üblich grummelig und grantig, aber gleich wird ihn unser kleiner Trip begeistern, da bin ich mir sicher.
WRUMM
Micky wirft die Maschine an...
...und schon rollen wir!
Ist mir aufgefallen, ja!

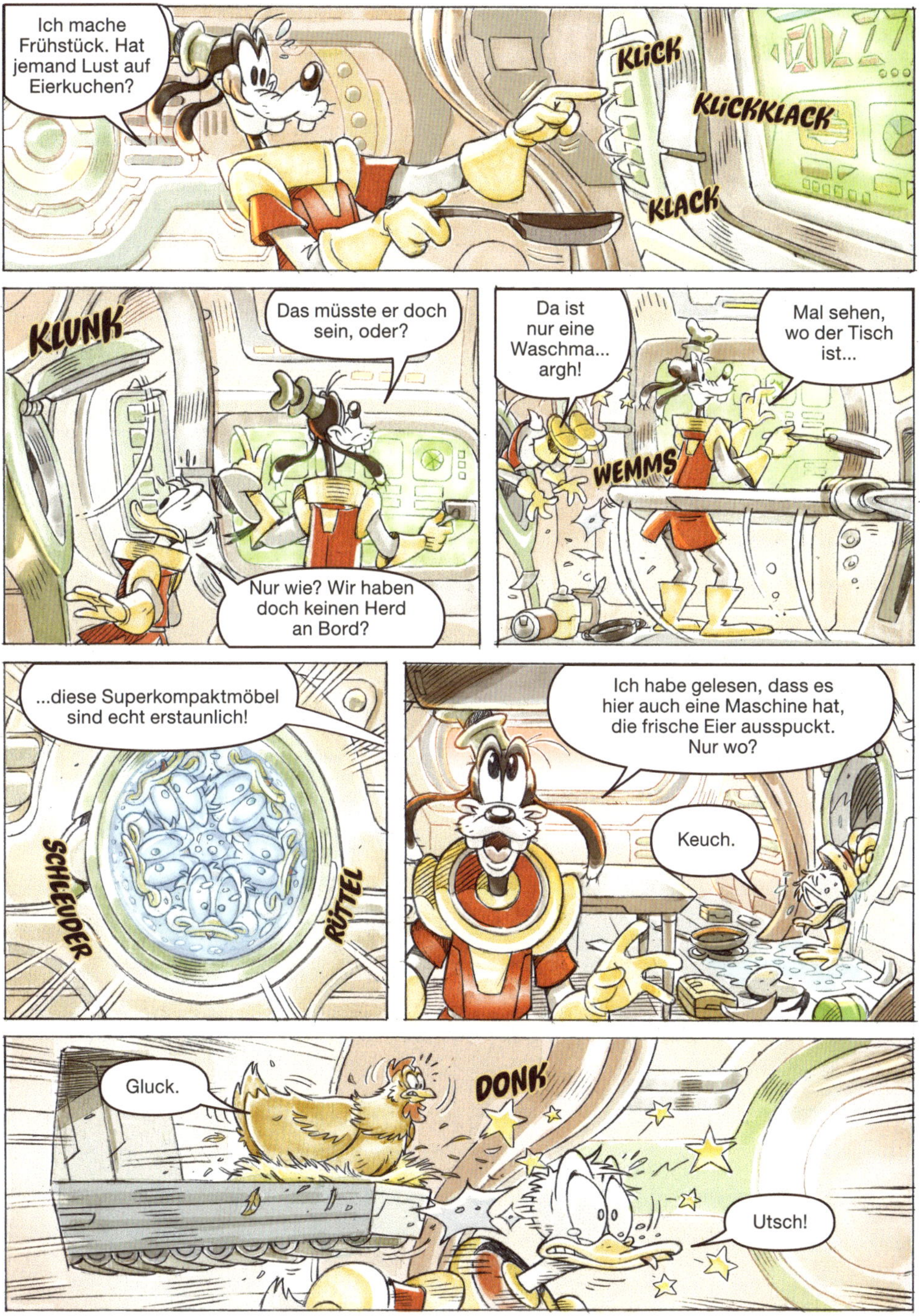

Ich mache Frühstück. Hat jemand Lust auf Eierkuchen?
KLICK
KLICKKLACK
KLACK
KLUNK
Das müsste er doch sein, oder?
Nur wie? Wir haben doch keinen Herd an Bord?
Da ist nur eine Waschma... argh!
Mal sehen, wo der Tisch ist...
WEMMS
...diese Superkompaktmöbel sind echt erstaunlich!
SCHLEUDER
RÜTTEL
Ich habe gelesen, dass es hier auch eine Maschine hat, die frische Eier ausspuckt. Nur wo?
Keuch.
Gluck.
DONK
Utsch!

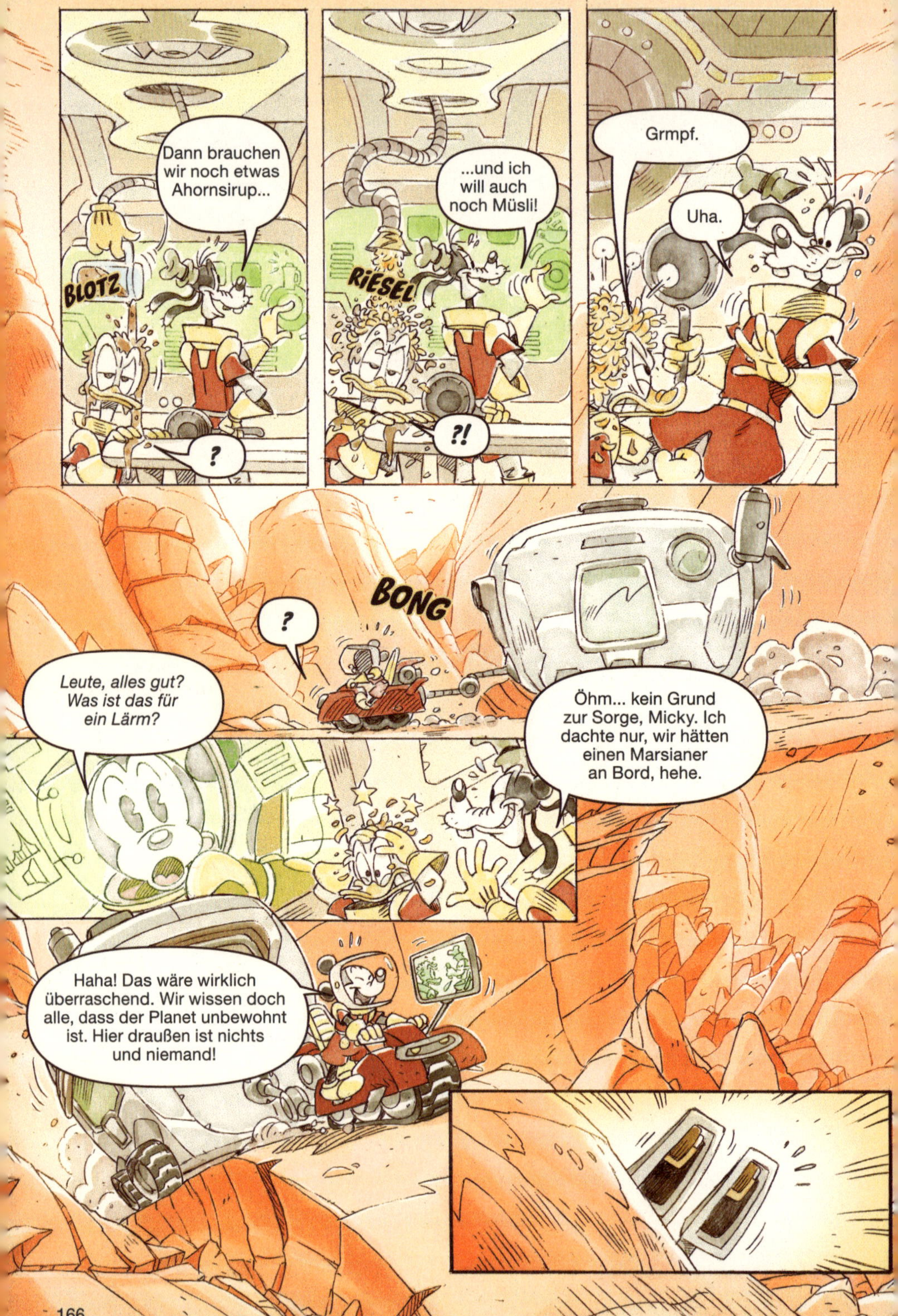

Dann brauchen wir noch etwas Ahornsirup...
BLOTZ
?
...und ich will auch noch Müsli!
RIESEL
?!
Grmpf.
Uha.
BONG
?
Leute, alles gut? Was ist das für ein Lärm?
Öhm... kein Grund zur Sorge, Micky. Ich dachte nur, wir hätten einen Marsianer an Bord, hehe.
Haha! Das wäre wirklich überraschend. Wir wissen doch alle, dass der Planet unbewohnt ist. Hier draußen ist nichts und niemand!

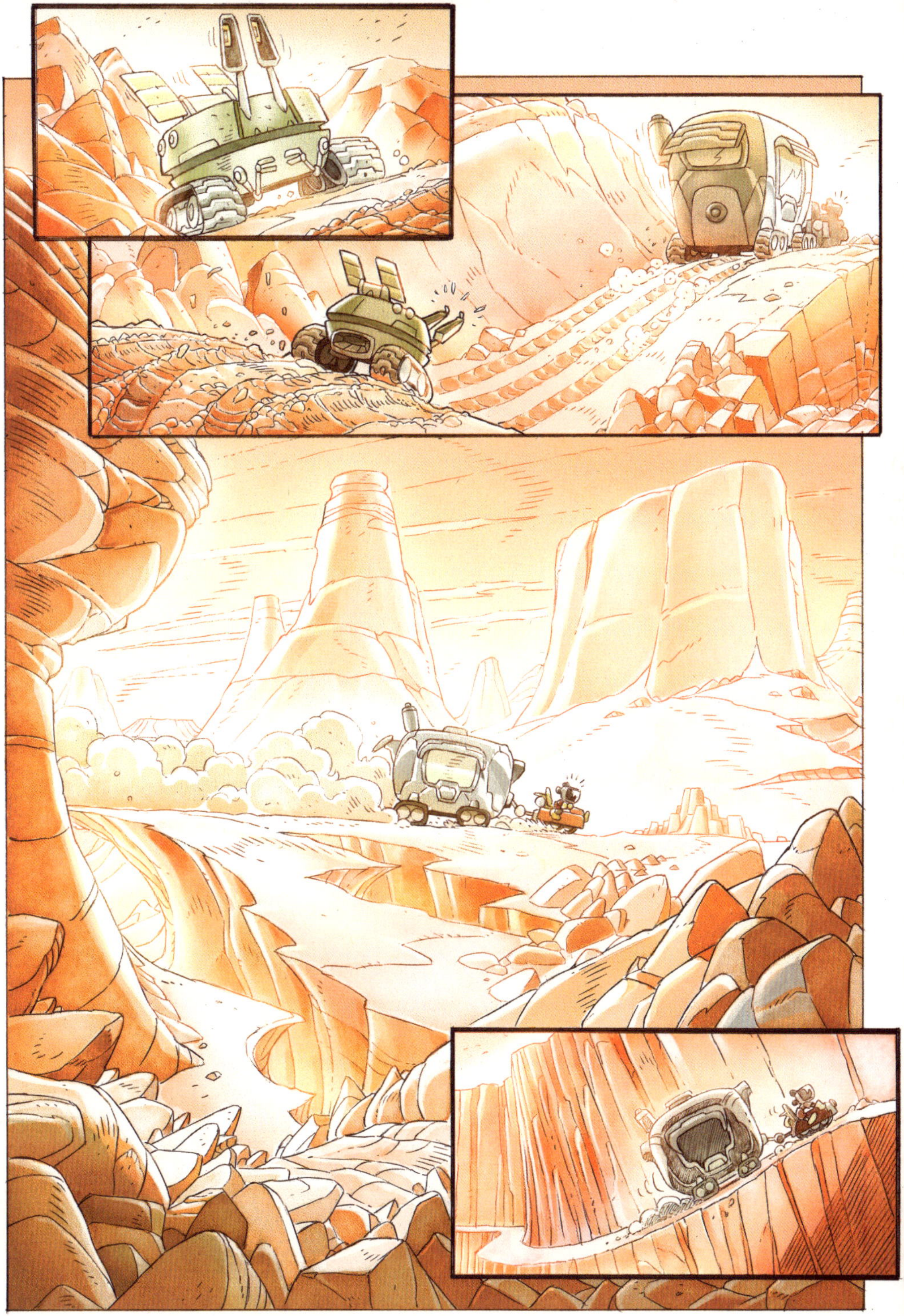

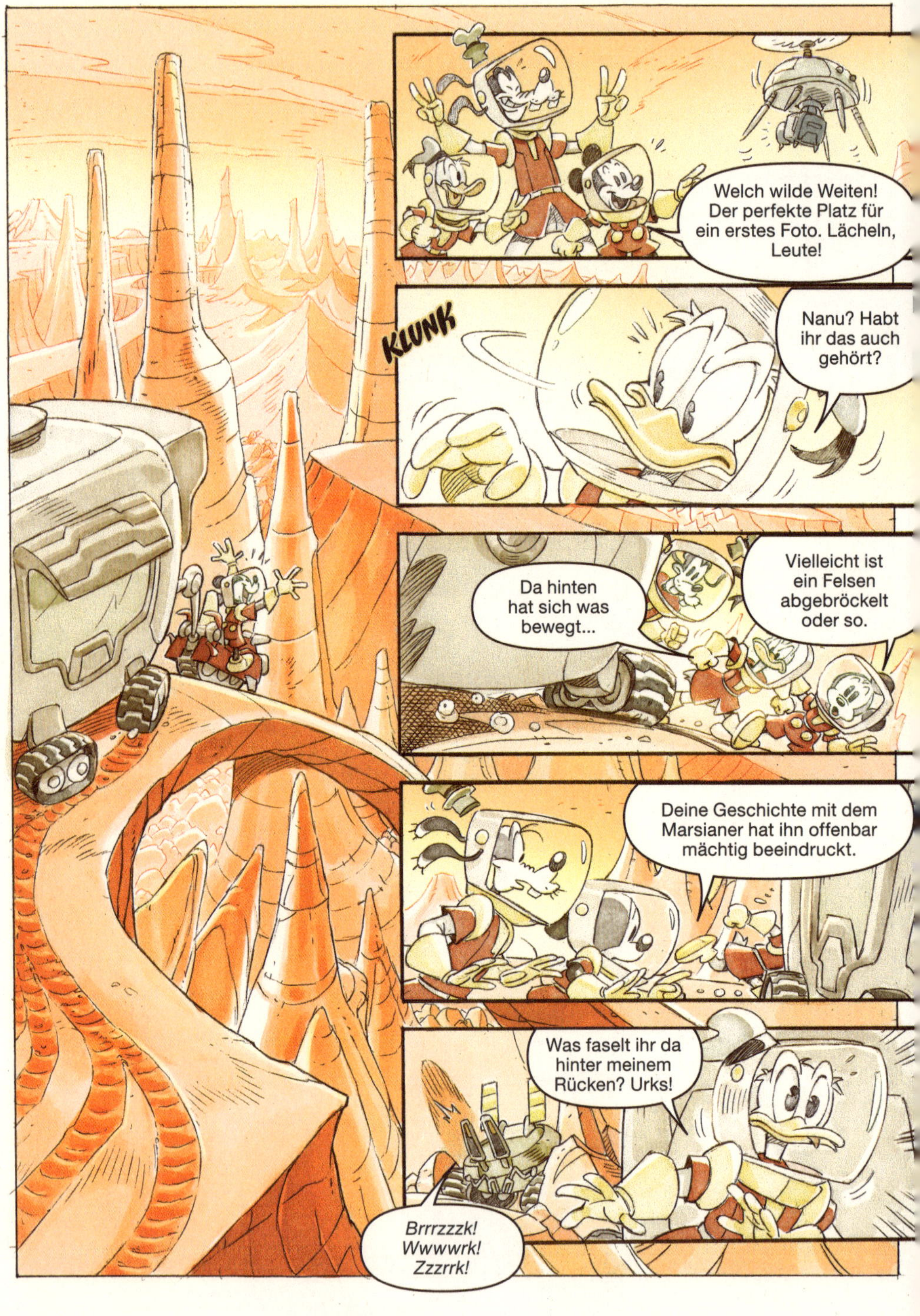
Welch wilde Weiten! Der perfekte Platz für ein erstes Foto. Lächeln, Leute!
KLUNK
Nanu? Habt ihr das auch gehört?
Da hinten hat sich was bewegt...
Vielleicht ist ein Felsen abgebröckelt oder so.
Deine Geschichte mit dem Marsianer hat ihn offenbar mächtig beeindruckt.
Was faselt ihr da hinter meinem Rücken? Urks!
*Brrrzzzk! Wwwwrk! Zzzrrk!*

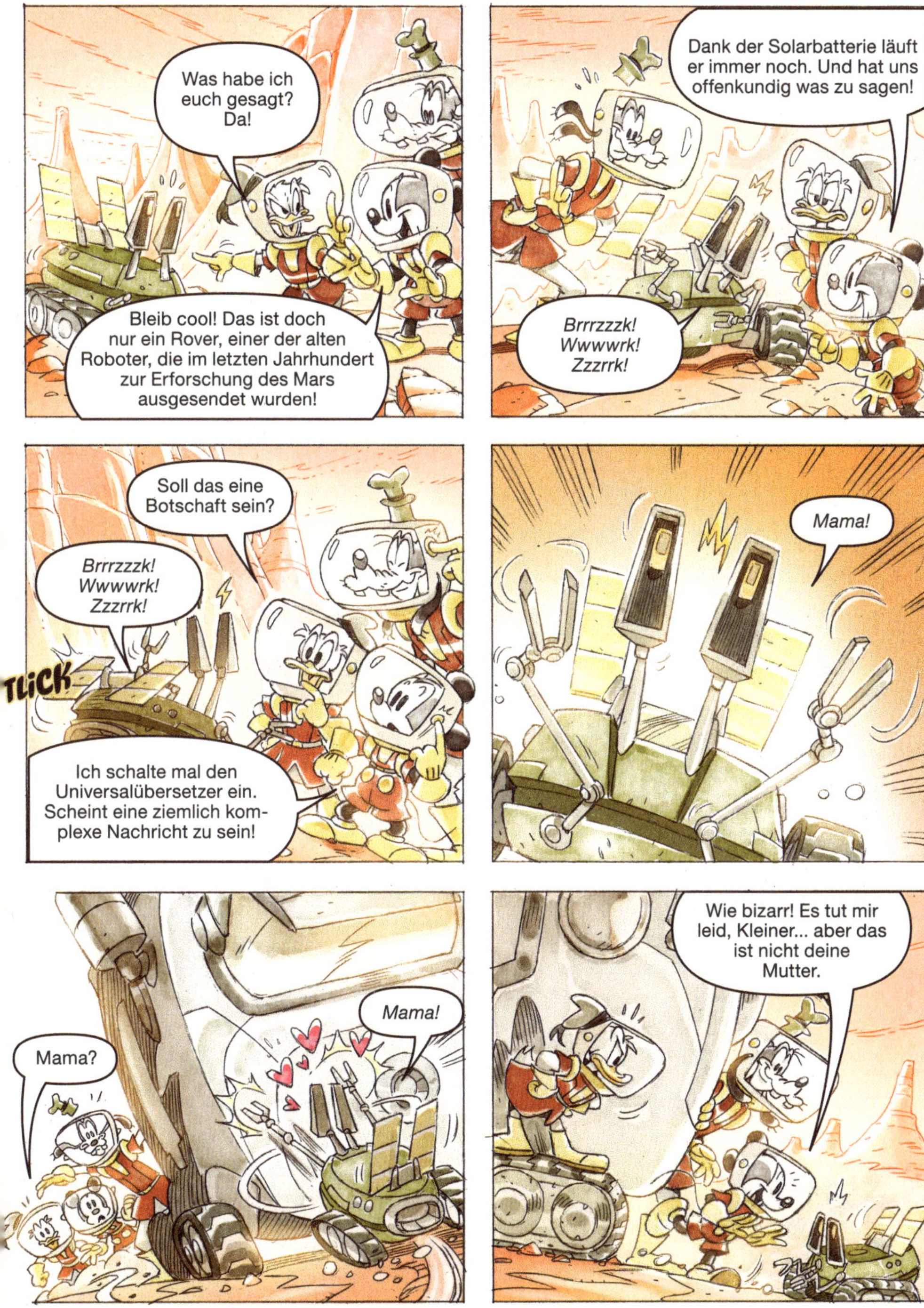
Was habe ich euch gesagt? Da!
Bleib cool! Das ist doch nur ein Rover, einer der alten Roboter, die im letzten Jahrhundert zur Erforschung des Mars ausgesendet wurden!
Dank der Solarbatterie läuft er immer noch. Und hat uns offenkundig was zu sagen!
Brrrzzzk! Wwwwrk! Zzzrrk!
Soll das eine Botschaft sein?
Brrrzzzk! Wwwwrk! Zzzrrk!
TLICK
Ich schalte mal den Universalübersetzer ein. Scheint eine ziemlich komplexe Nachricht zu sein!
Mama!
Mama?
Mama!
Wie bizarr! Es tut mir leid, Kleiner... aber das ist nicht deine Mutter.

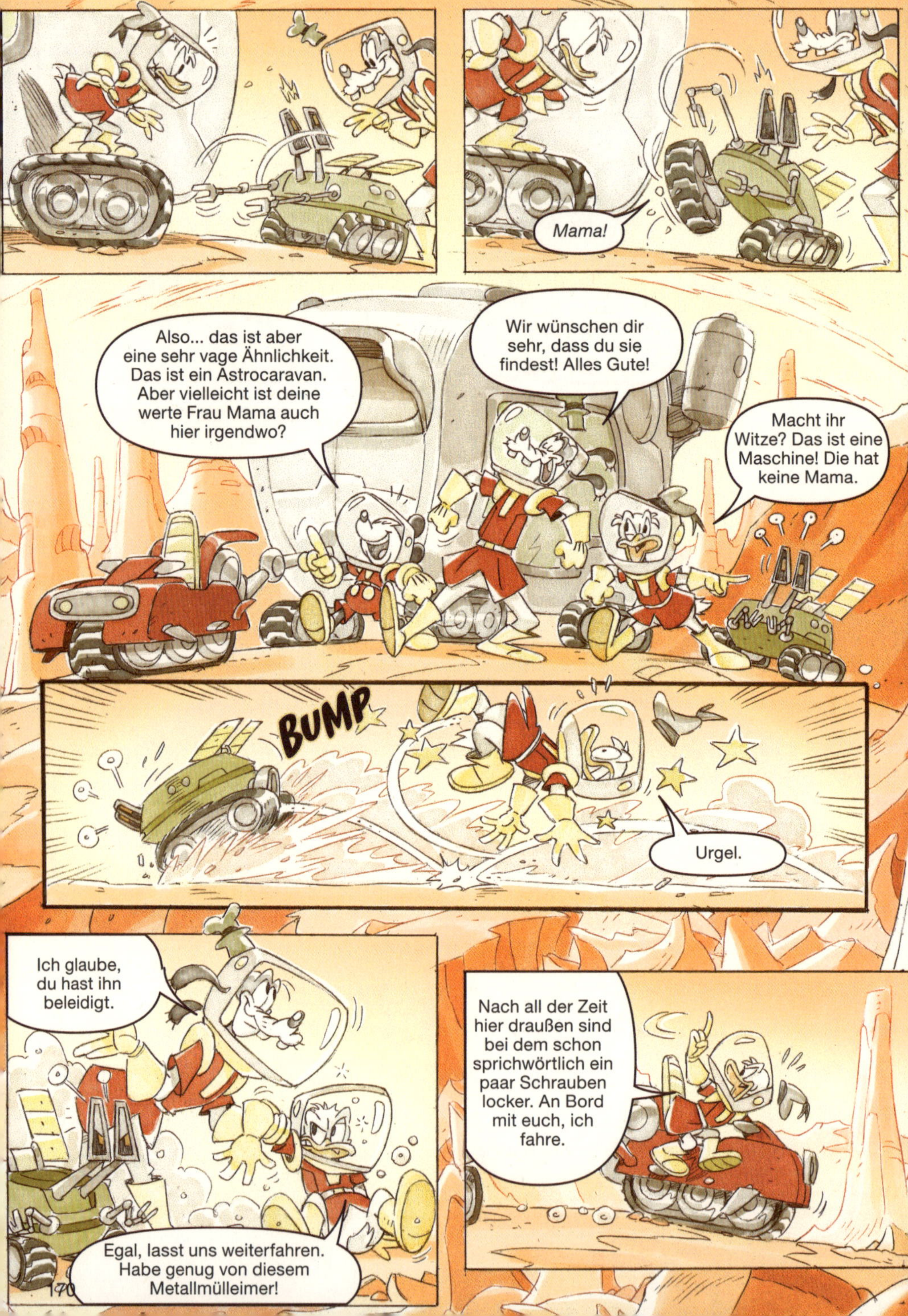
Mama!
Also... das ist aber eine sehr vage Ähnlichkeit. Das ist ein Astrocaravan. Aber vielleicht ist deine werte Frau Mama auch hier irgendwo?
Wir wünschen dir sehr, dass du sie findest! Alles Gute!
Macht ihr Witze? Das ist eine Maschine! Die hat keine Mama.
BUMP
Urgel.
Ich glaube, du hast ihn beleidigt.
Egal, lasst uns weiterfahren. Habe genug von diesem Metallmülleimer!
Nach all der Zeit hier draußen sind bei dem schon sprichwörtlich ein paar Schrauben locker. An Bord mit euch, ich fahre.

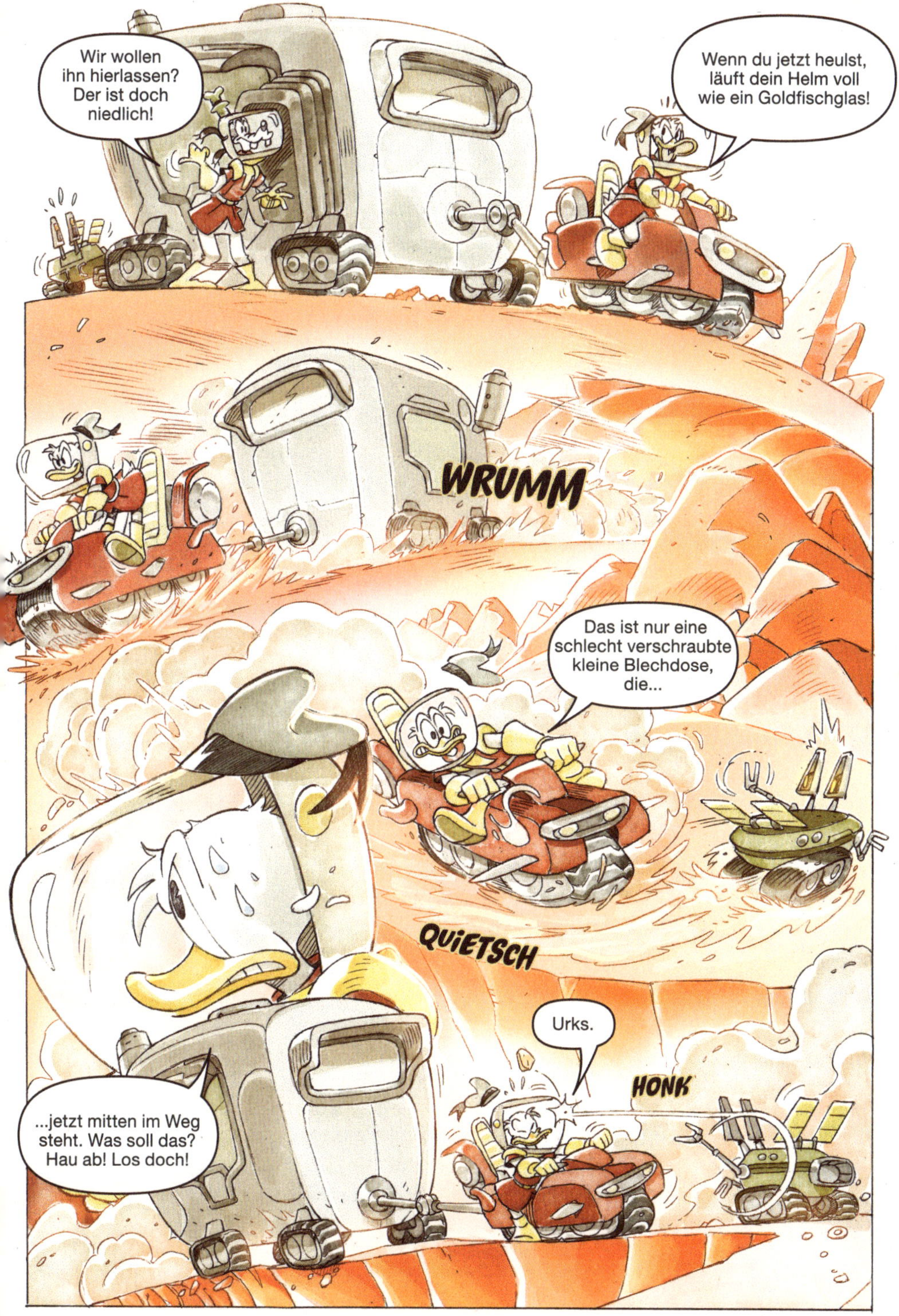
Wir wollen ihn hierlassen? Der ist doch niedlich!
Wenn du jetzt heulst, läuft dein Helm voll wie ein Goldfischglas!
WRUMM
Das ist nur eine schlecht verschraubte kleine Blechdose, die...
QUIETSCH
Urks.
HONK
...jetzt mitten im Weg steht. Was soll das? Hau ab! Los doch!

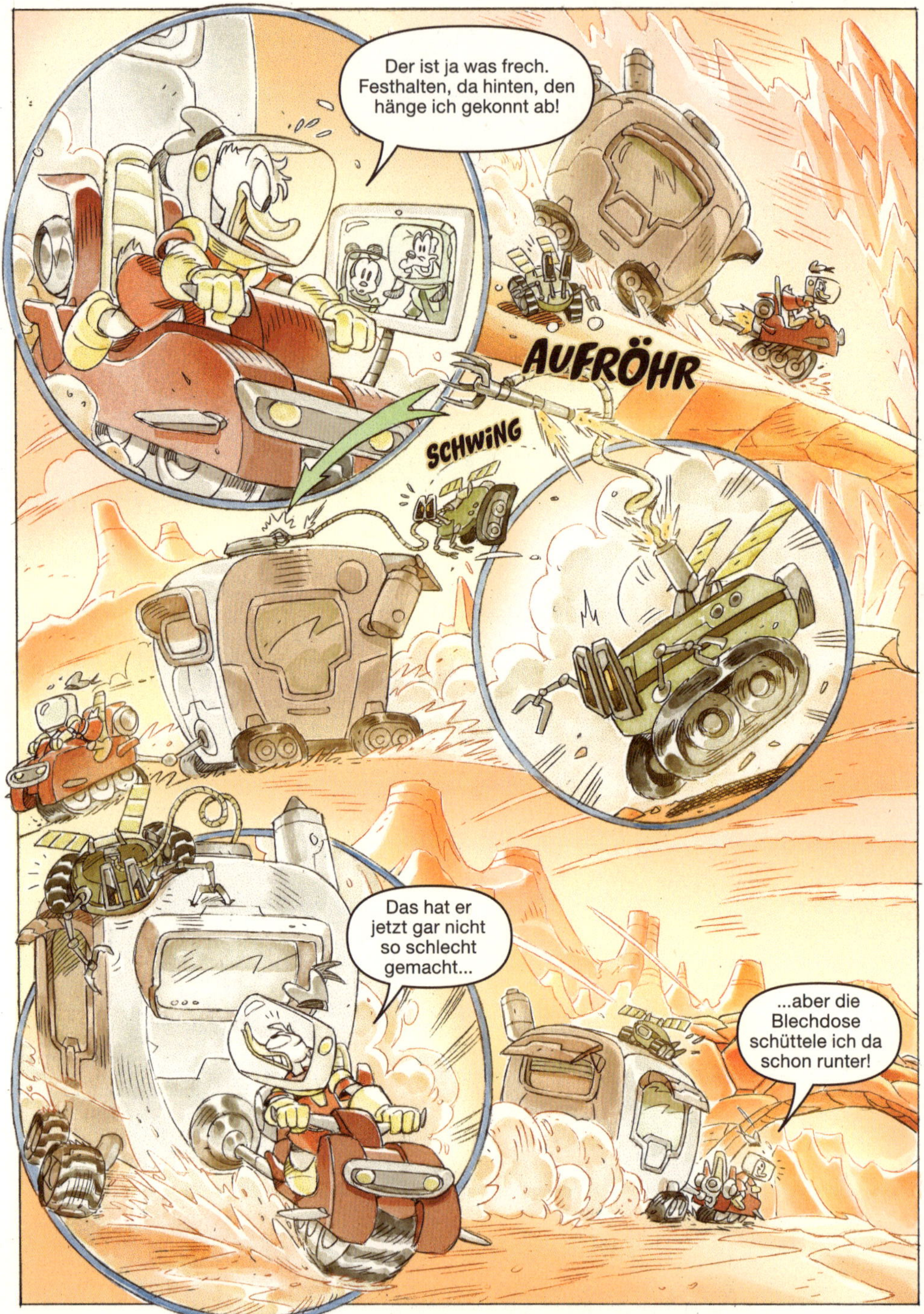
Der ist ja was frech. Festhalten, da hinten, den hänge ich gekonnt ab!
AUFRÖHR
SCHWING
Das hat er jetzt gar nicht so schlecht gemacht...
...aber die Blechdose schüttele ich da schon runter!

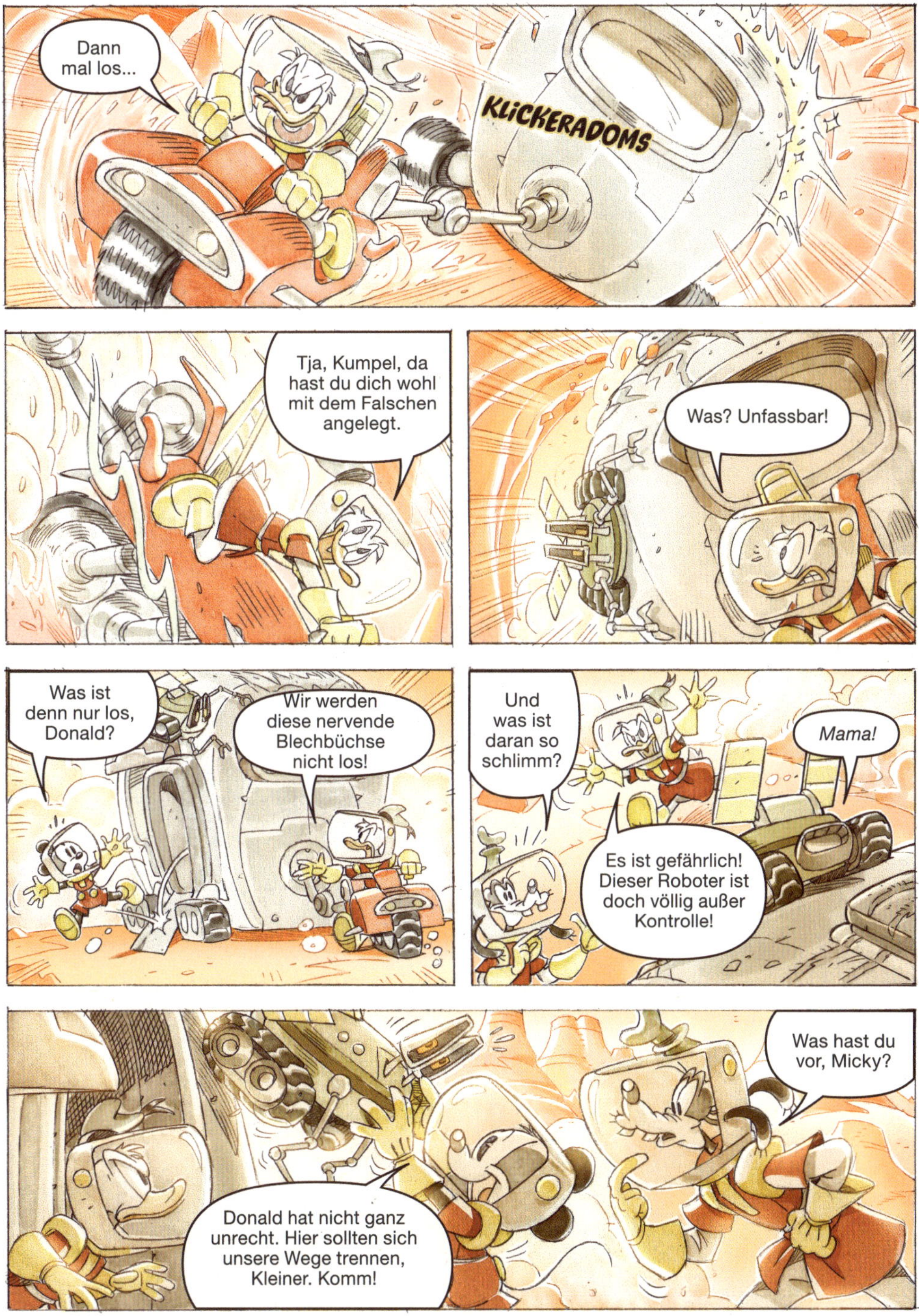
Dann mal los...
KLICKERADOMS
Tja, Kumpel, da hast du dich wohl mit dem Falschen angelegt.
Was? Unfassbar!
Was ist denn nur los, Donald?
Wir werden diese nervende Blechbüchse nicht los!
Und was ist daran so schlimm?
Mama!
Es ist gefährlich! Dieser Roboter ist doch völlig außer Kontrolle!
Was hast du vor, Micky?
Donald hat nicht ganz unrecht. Hier sollten sich unsere Wege trennen, Kleiner. Komm!

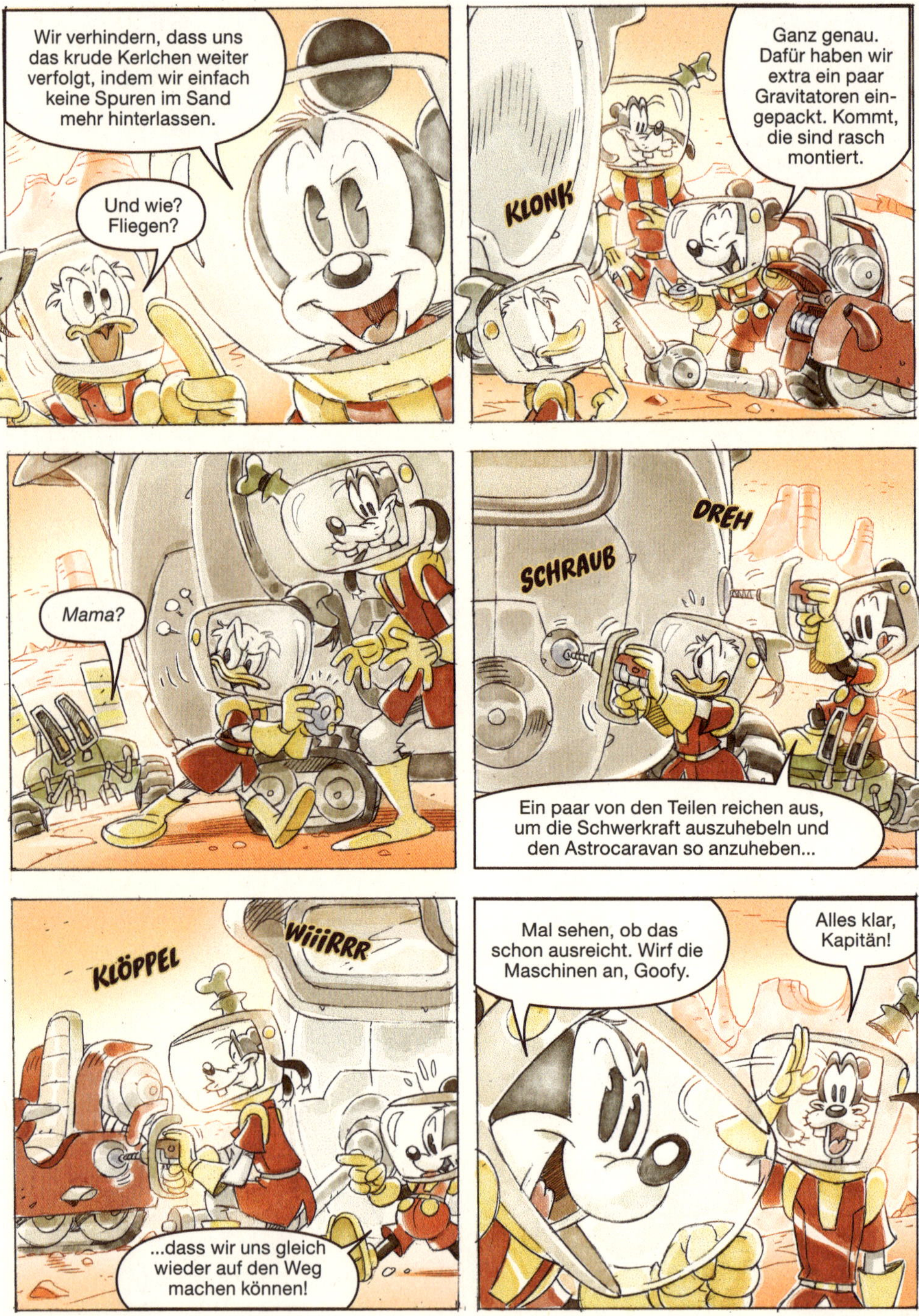
Wir verhindern, dass uns das krude Kerlchen weiter verfolgt, indem wir einfach keine Spuren im Sand mehr hinterlassen.
Und wie? Fliegen?
Ganz genau. Dafür haben wir extra ein paar Gravitatoren eingepackt. Kommt, die sind rasch montiert.
KLONK
Mama?
DREH
SCHRAUB
Ein paar von den Teilen reichen aus, um die Schwerkraft auszuhebeln und den Astrocaravan so anzuheben...
KLÖPPEL
WiiiRRR
...dass wir uns gleich wieder auf den Weg machen können!
Mal sehen, ob das schon ausreicht. Wirf die Maschinen an, Goofy.
Alles klar, Kapitän!

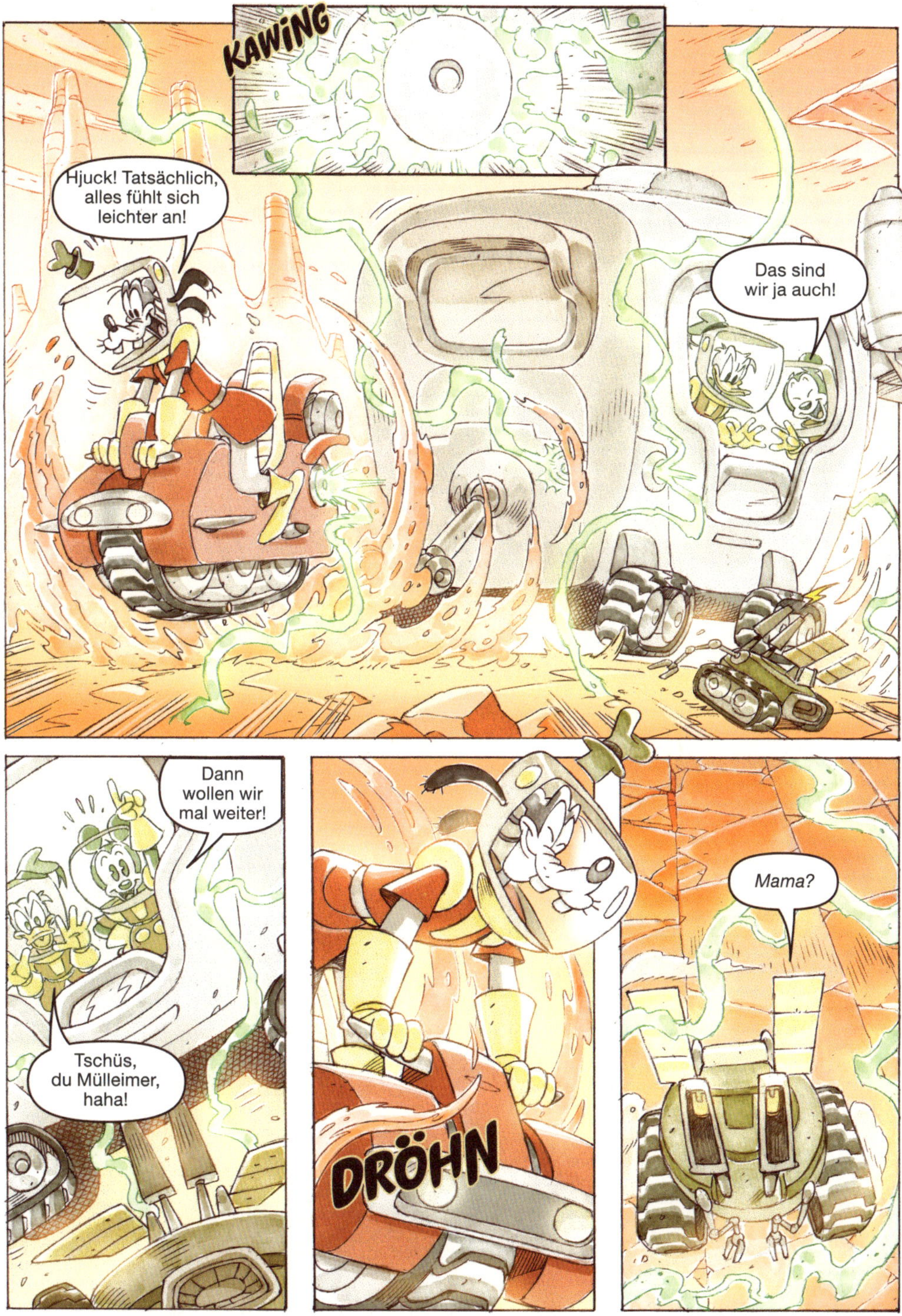
KAWING
Hjuck! Tatsächlich, alles fühlt sich leichter an!
Das sind wir ja auch!
Dann wollen wir mal weiter!
Tschüs, du Mülleimer, haha!
DRÖHN
Mama?

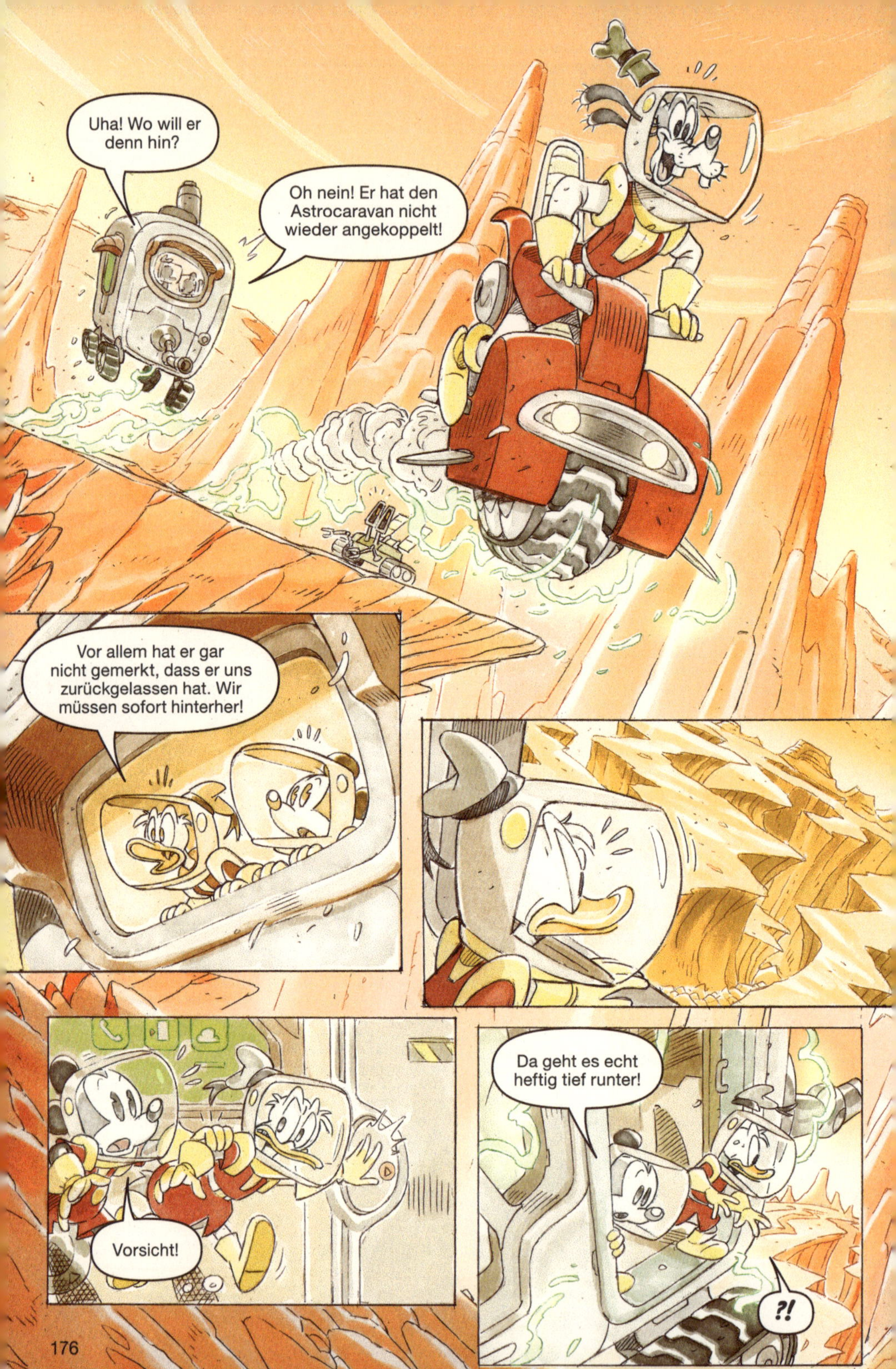
Uha! Wo will er denn hin?
Oh nein! Er hat den Astrocaravan nicht wieder angekoppelt!
Vor allem hat er gar nicht gemerkt, dass er uns zurückgelassen hat. Wir müssen sofort hinterher!
Vorsicht!
Da geht es echt heftig tief runter!
?!

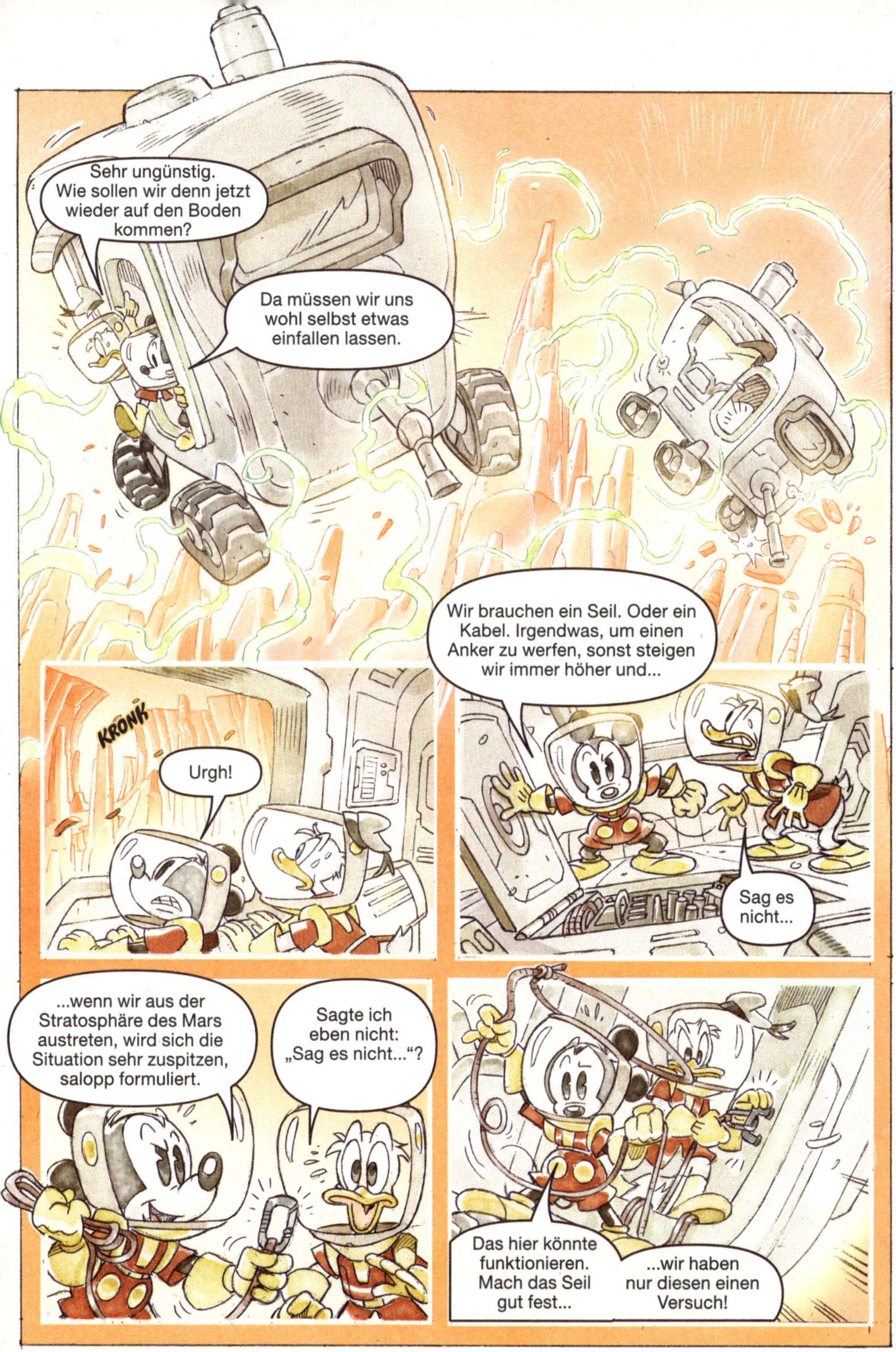
Sehr ungünstig. Wie sollen wir denn jetzt wieder auf den Boden kommen?
Da müssen wir uns wohl selbst etwas einfallen lassen.
KRONK
Urgh!
Wir brauchen ein Seil. Oder ein Kabel. Irgendwas, um einen Anker zu werfen, sonst steigen wir immer höher und...
Sag es nicht...
...wenn wir aus der Stratosphäre des Mars austreten, wird sich die Situation sehr zuspitzen, salopp formuliert.
Sagte ich eben nicht: „Sag es nicht...“?
Das hier könnte funktionieren. Mach das Seil gut fest...
...wir haben nur diesen einen Versuch!

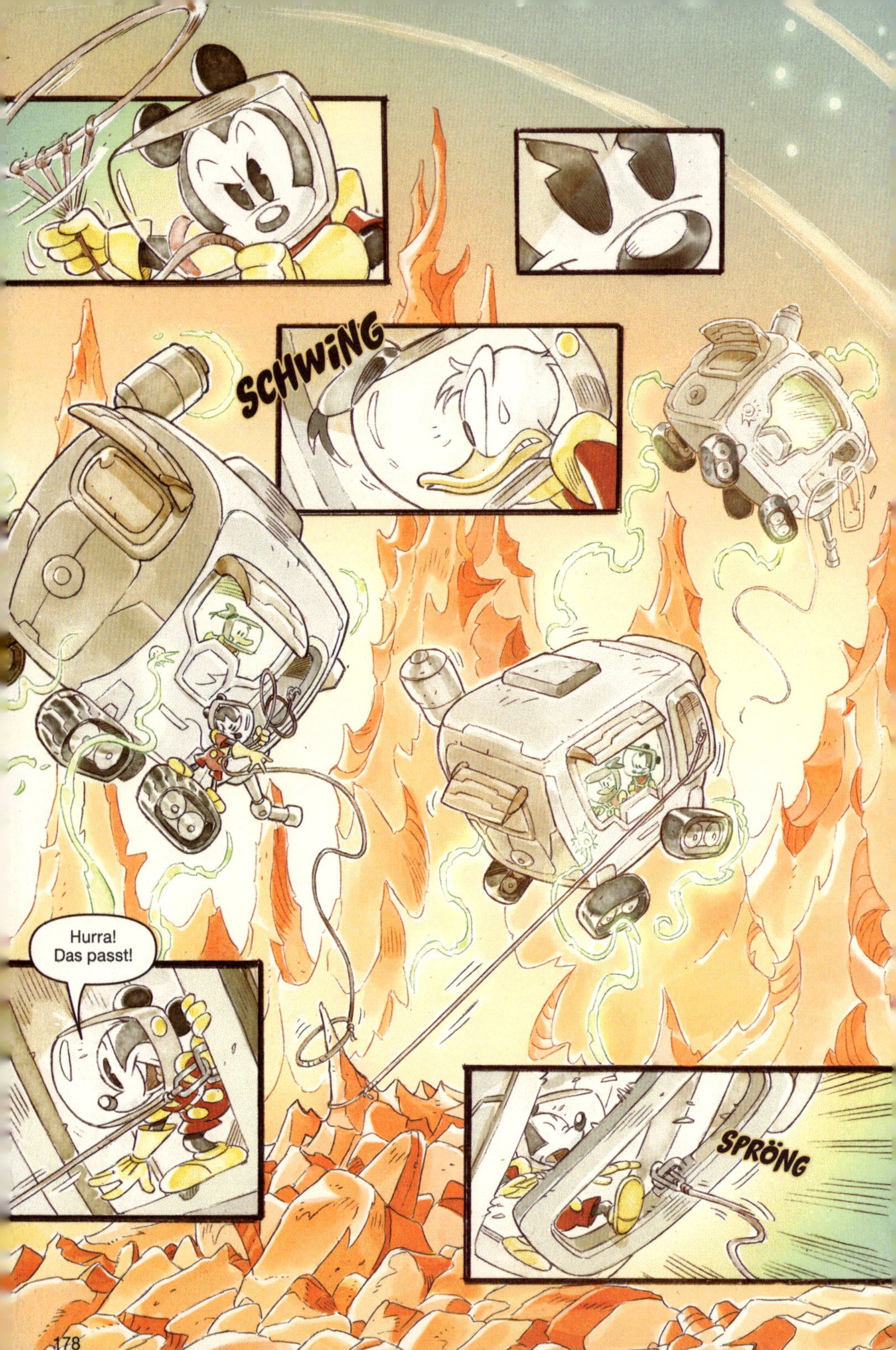
SCHWING
Hurra! Das passt!
SPRÖNG

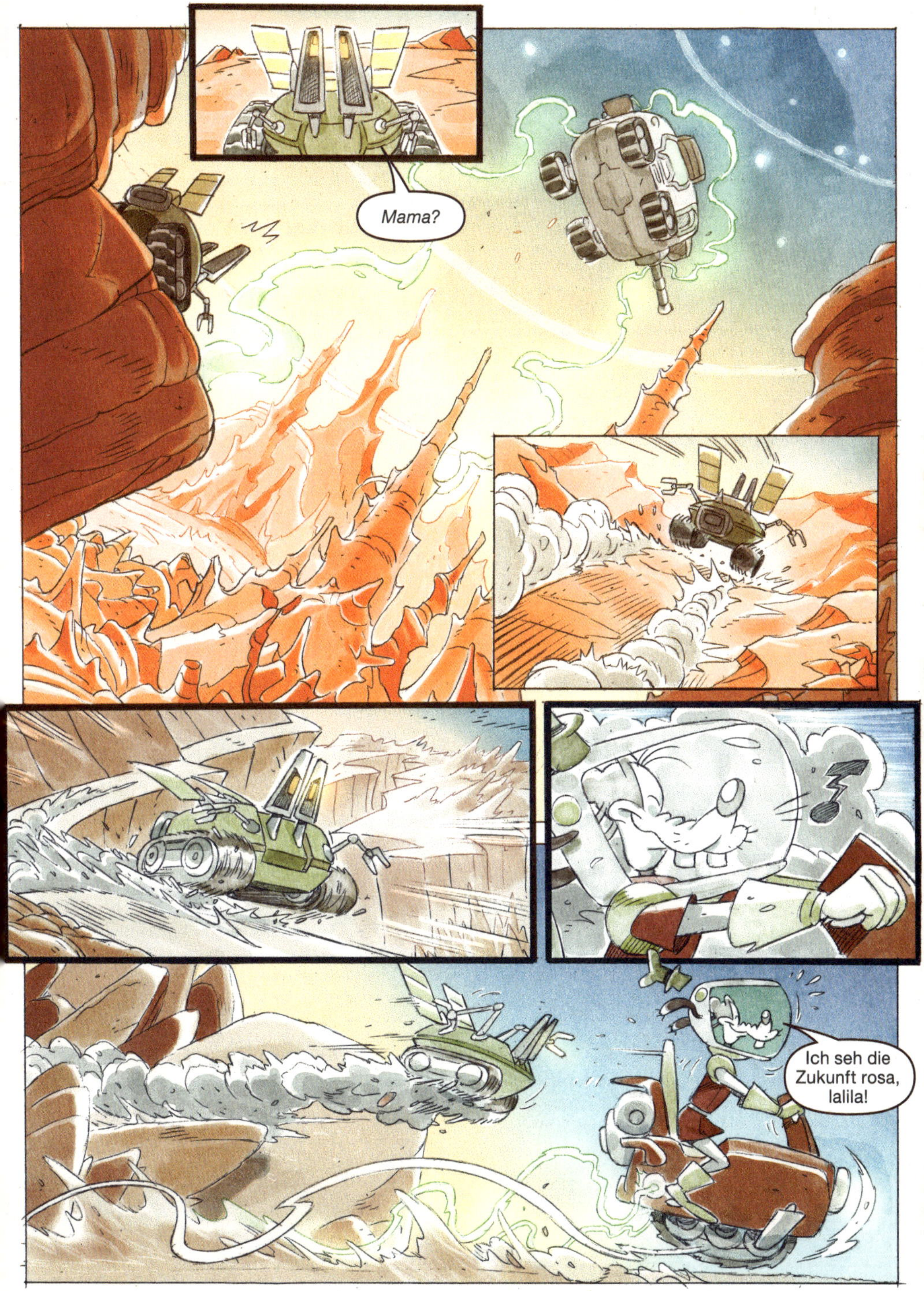
Mama?
Ich seh die Zukunft rosa, lalila!

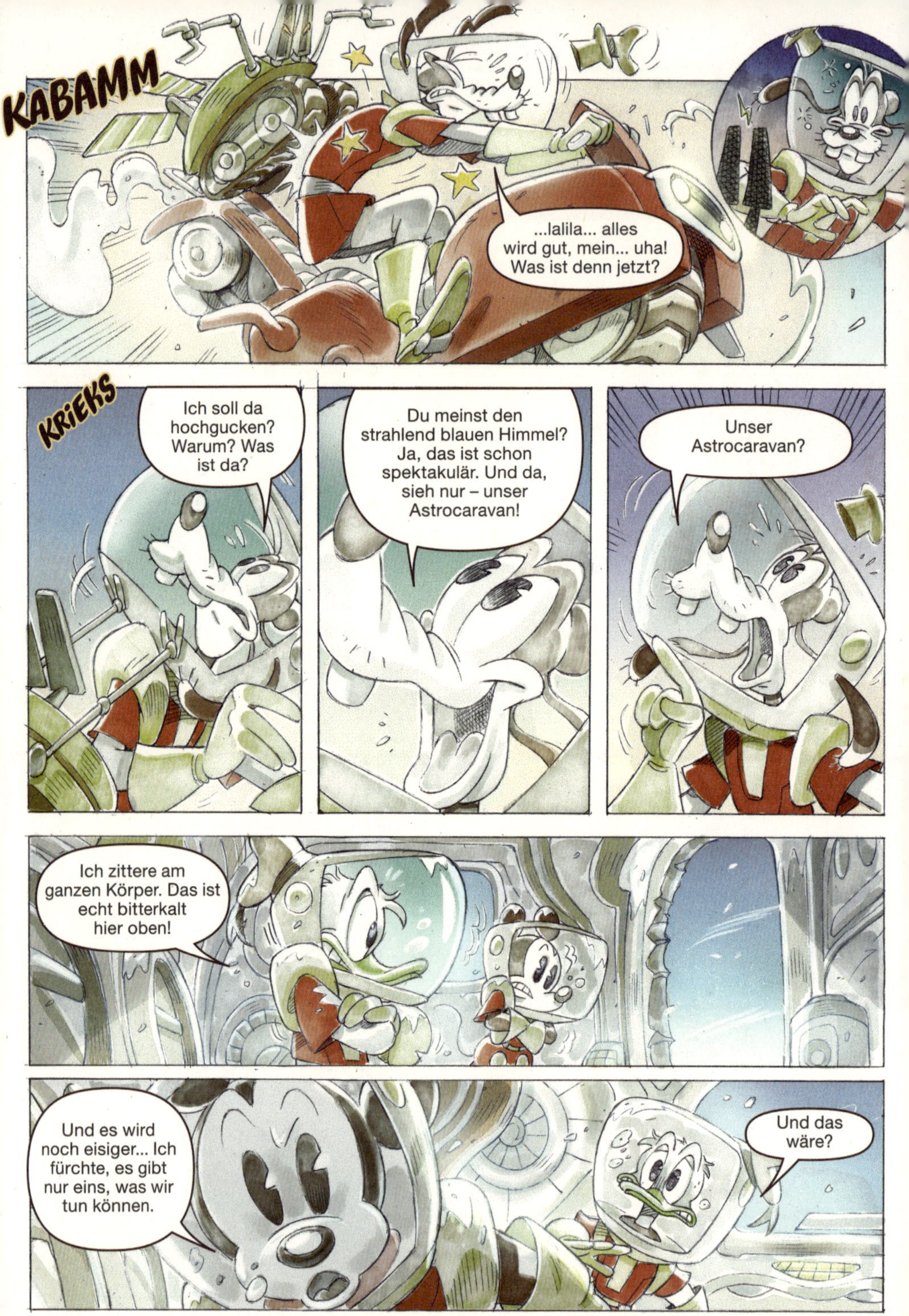
KABAMM
...lalila... alles wird gut, mein... uha! Was ist denn jetzt?
KRIEKS
Ich soll da hochgucken? Warum? Was ist da?
Du meinst den strahlend blauen Himmel? Ja, das ist schon spektakulär. Und da, sieh nur – unser Astrocaravan!
Unser Astrocaravan?
Ich zittere am ganzen Körper. Das ist echt bitterkalt hier oben!
Und es wird noch eisiger... Ich fürchte, es gibt nur eins, was wir tun können.
Und das wäre?

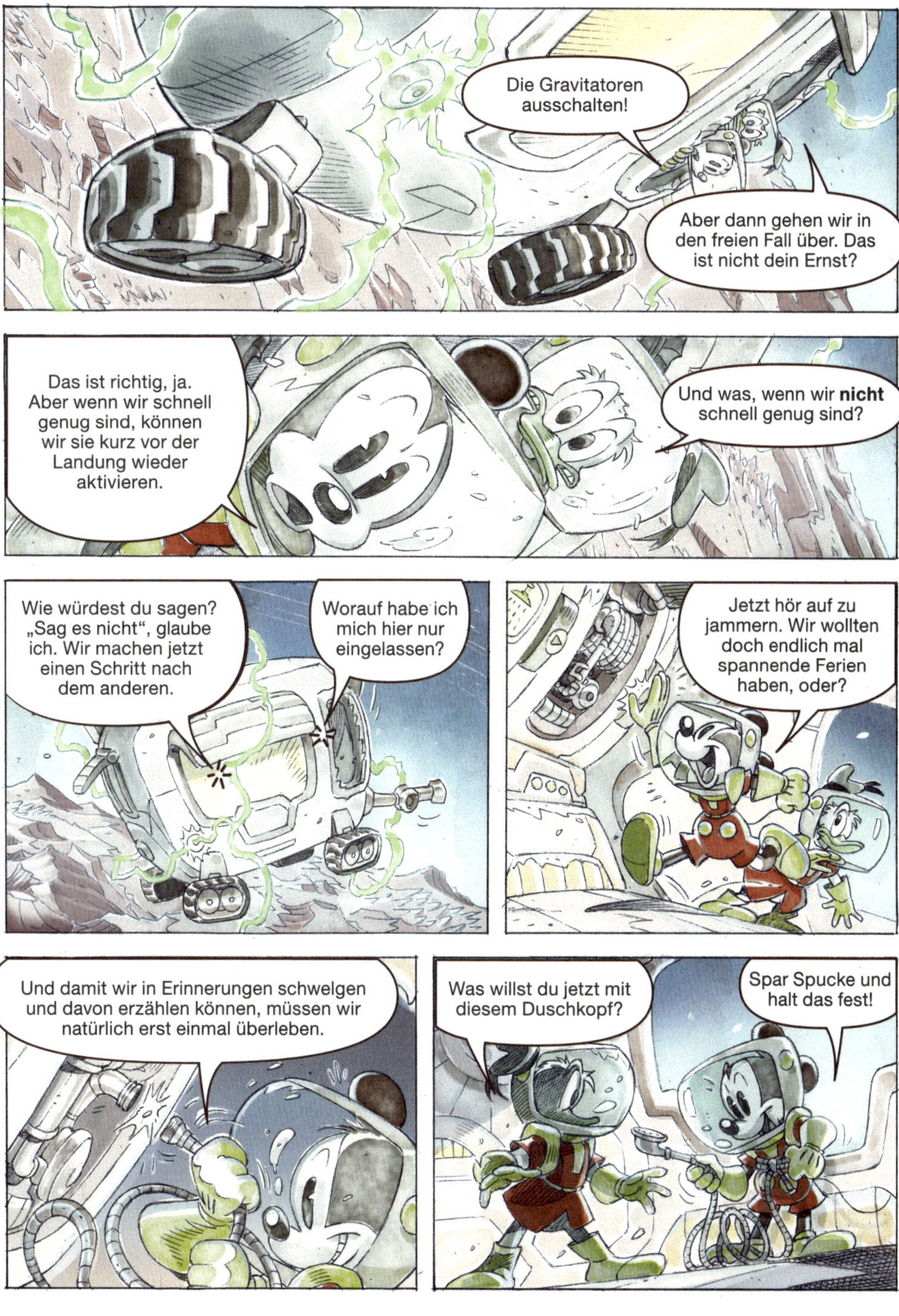
Die Gravitatoren ausschalten!
Aber dann gehen wir in den freien Fall über. Das ist nicht dein Ernst?
Das ist richtig, ja. Aber wenn wir schnell genug sind, können wir sie kurz vor der Landung wieder aktivieren.
Und was, wenn wir **nicht** schnell genug sind?
Wie würdest du sagen? „Sag es nicht“, glaube ich. Wir machen jetzt einen Schritt nach dem anderen.
Worauf habe ich mich hier nur eingelassen?
Jetzt hör auf zu jammern. Wir wollten doch endlich mal spannende Ferien haben, oder?
Und damit wir in Erinnerungen schwelgen und davon erzählen können, müssen wir natürlich erst einmal überleben.
Was willst du jetzt mit diesem Duschkopf?
Spar Spucke und halt das fest!

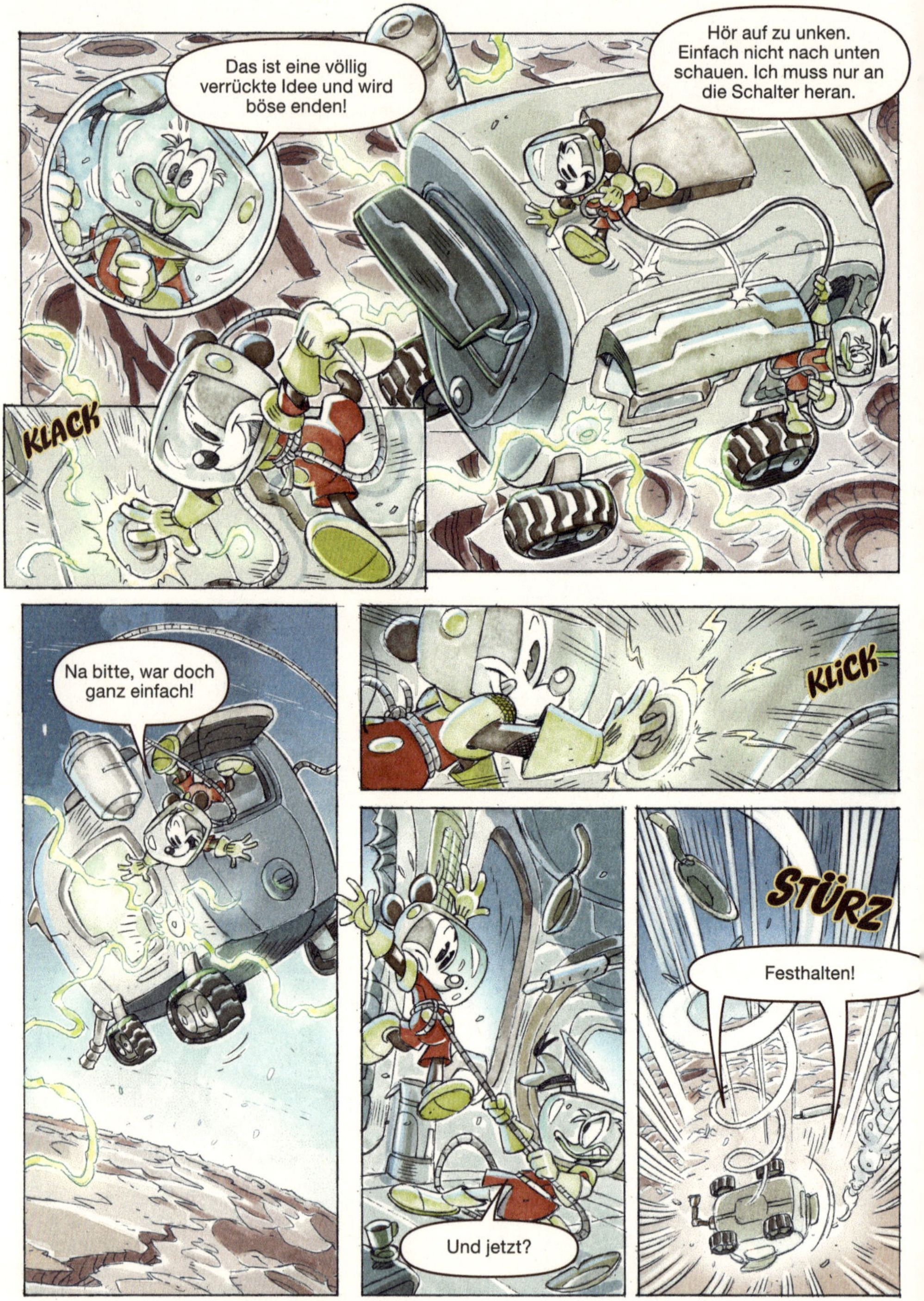

Das ist eine völlig verrückte Idee und wird böse enden!
Hör auf zu unken. Einfach nicht nach unten schauen. Ich muss nur an die Schalter heran.
KLACK
KLICK
Na bitte, war doch ganz einfach!
Und jetzt?
STÜRZ
Festhalten!

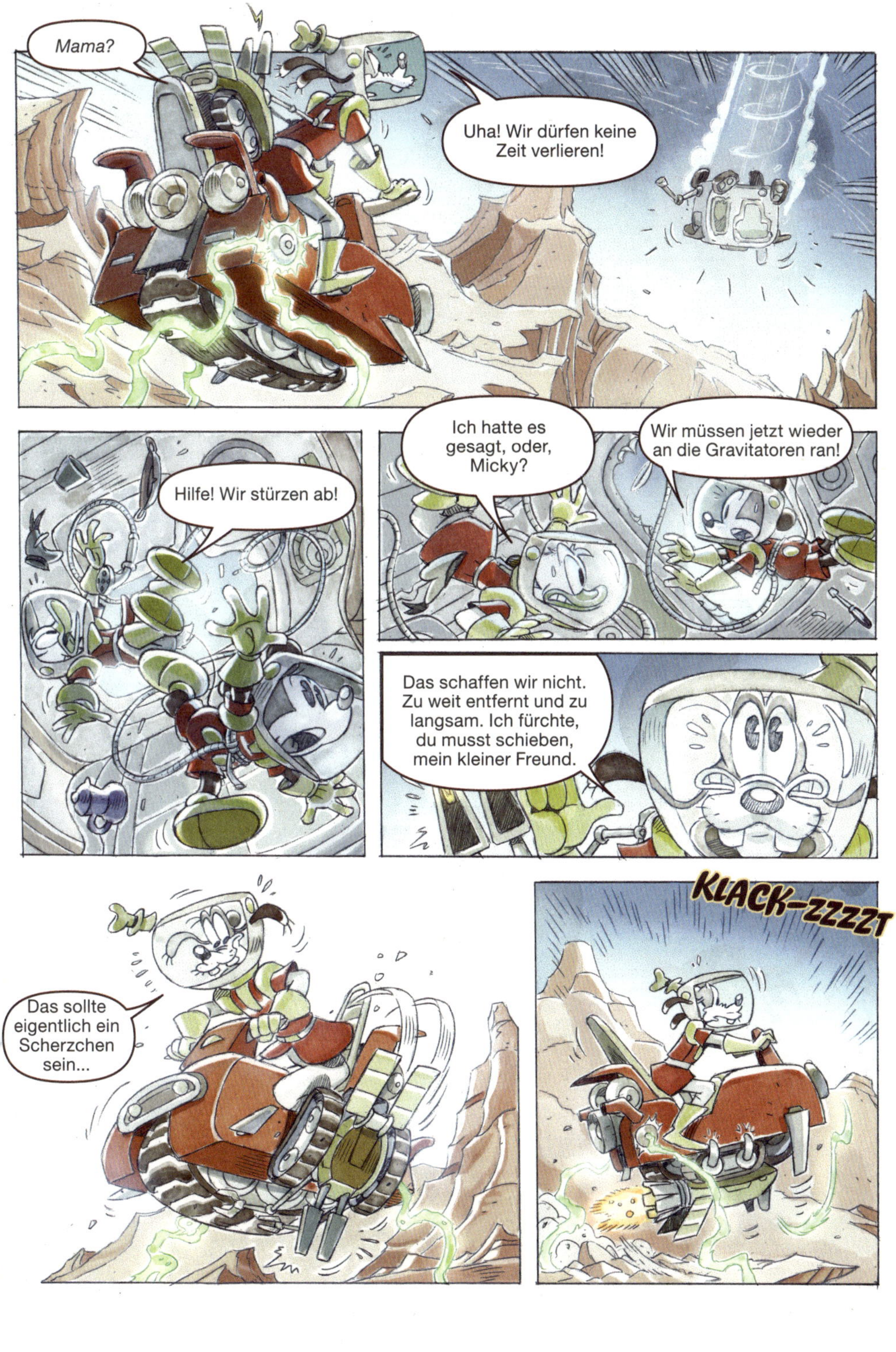
Mama?
Uha! Wir dürfen keine Zeit verlieren!
Hilfe! Wir stürzen ab!
Ich hatte es gesagt, oder, Micky?
Wir müssen jetzt wieder an die Gravitatoren ran!
Das schaffen wir nicht. Zu weit entfernt und zu langsam. Ich fürchte, du musst schieben, mein kleiner Freund.
Das sollte eigentlich ein Scherzchen sein...
KLACK-ZZZZT

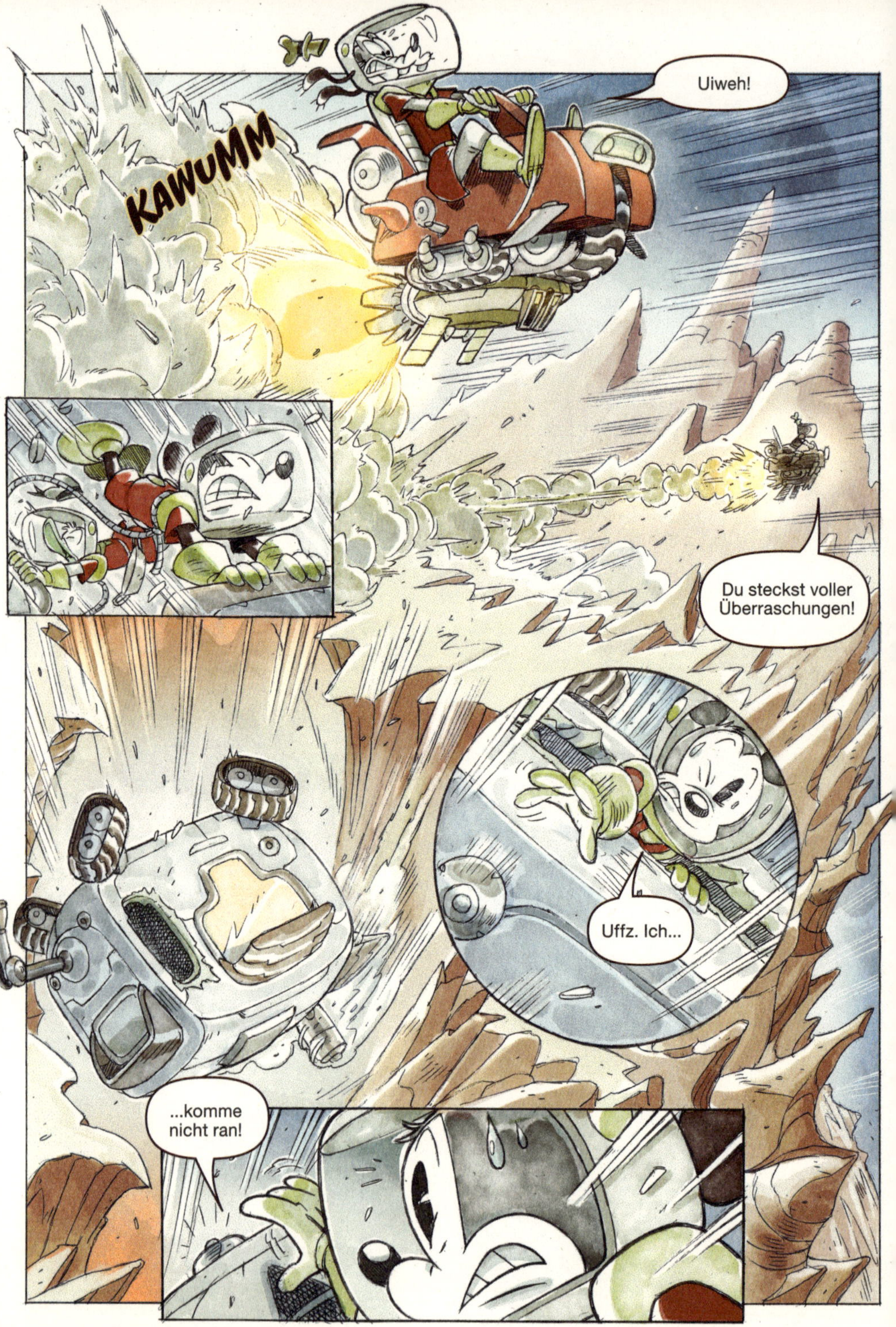
KAWUMM
Uiweh!
Du steckst voller Überraschungen!
Uffz. Ich...
...komme nicht ran!

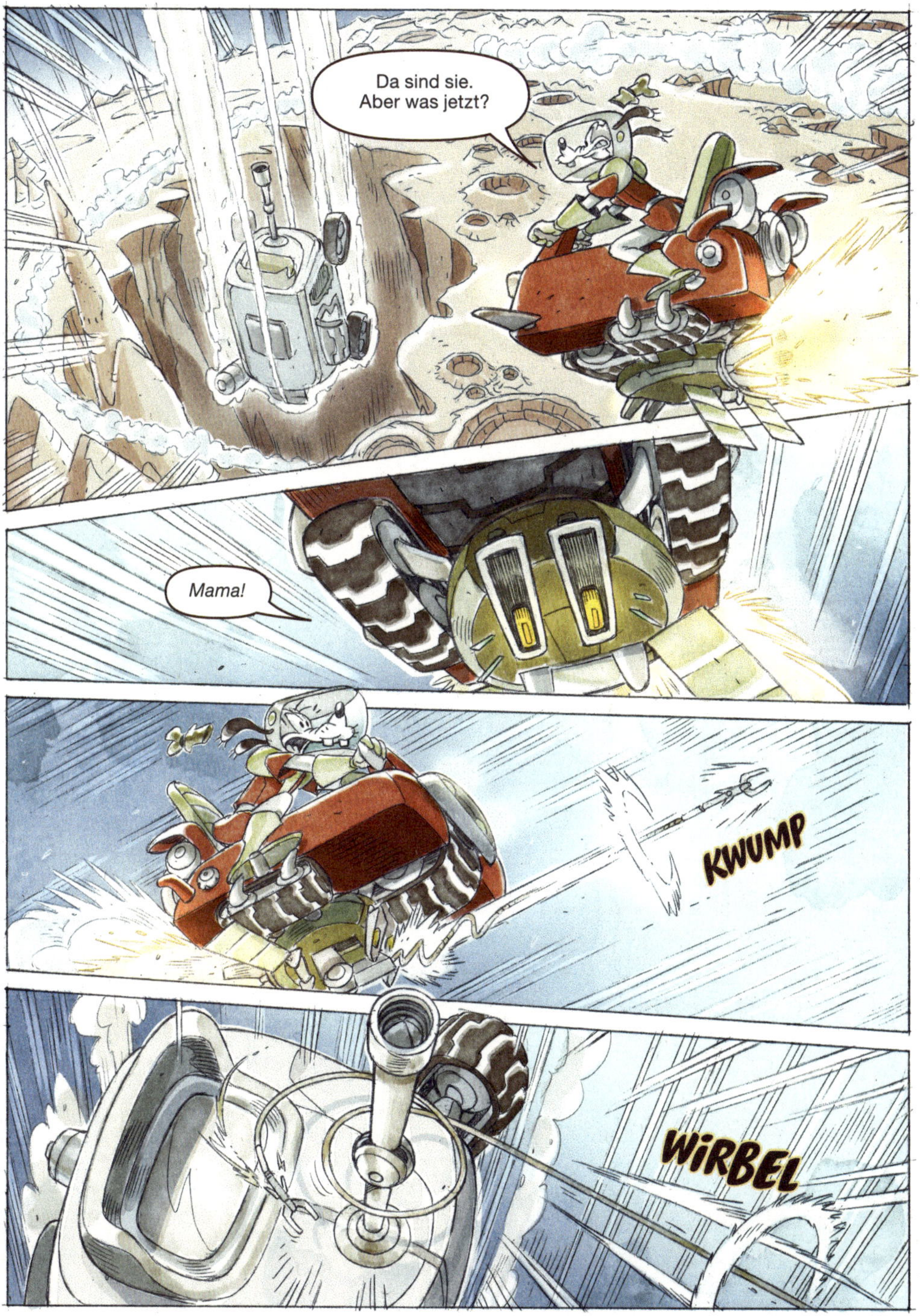
Da sind sie.
Aber was jetzt?
Mama!
KWUMP
WIRBEL

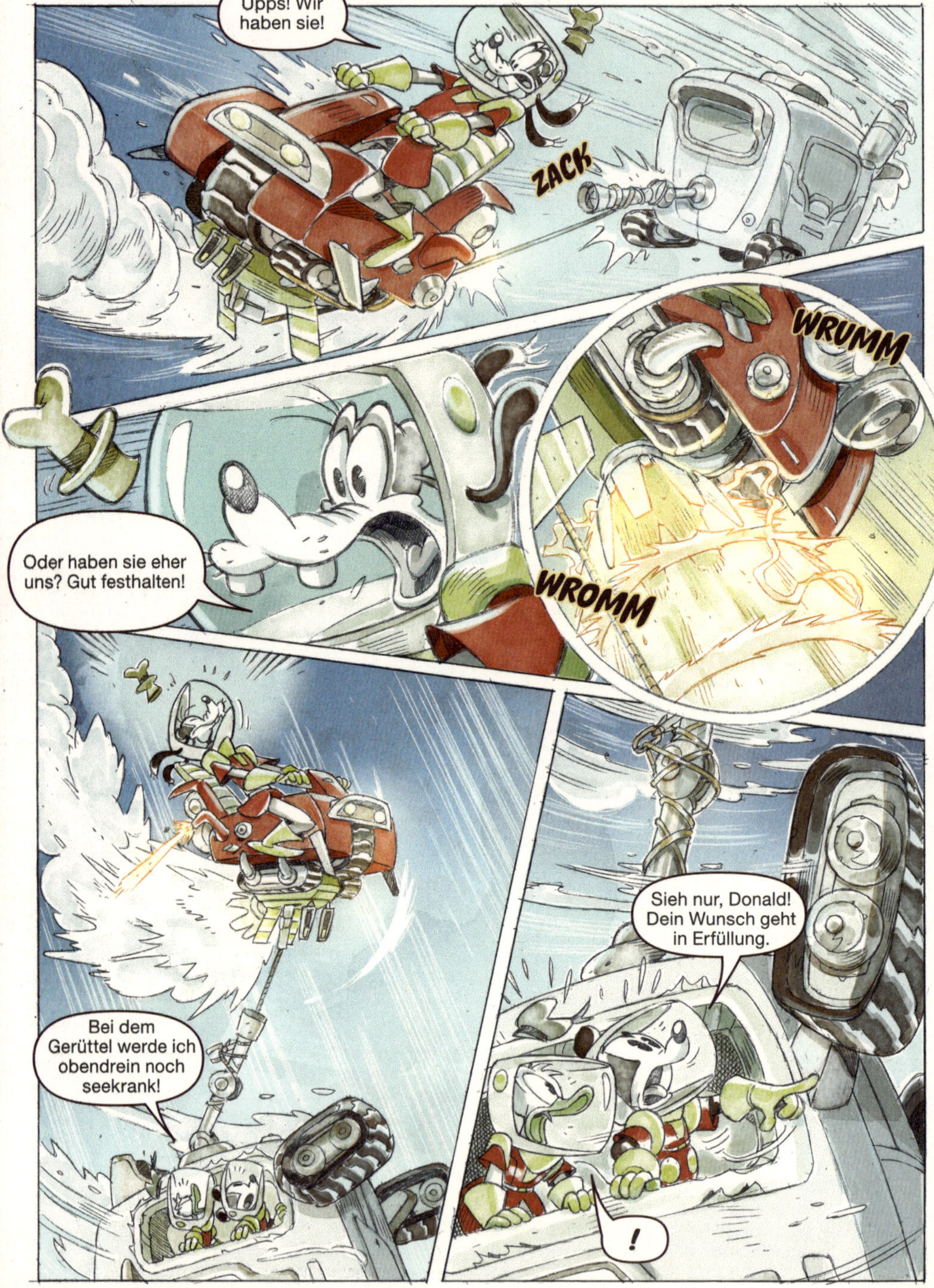
Upps! Wir haben sie!
ZACK
WRUMM
Oder haben sie eher uns? Gut festhalten!
WROMM
Bei dem Gerüttel werde ich obendrein noch seekrank!
Sieh nur, Donald! Dein Wunsch geht in Erfüllung.
!

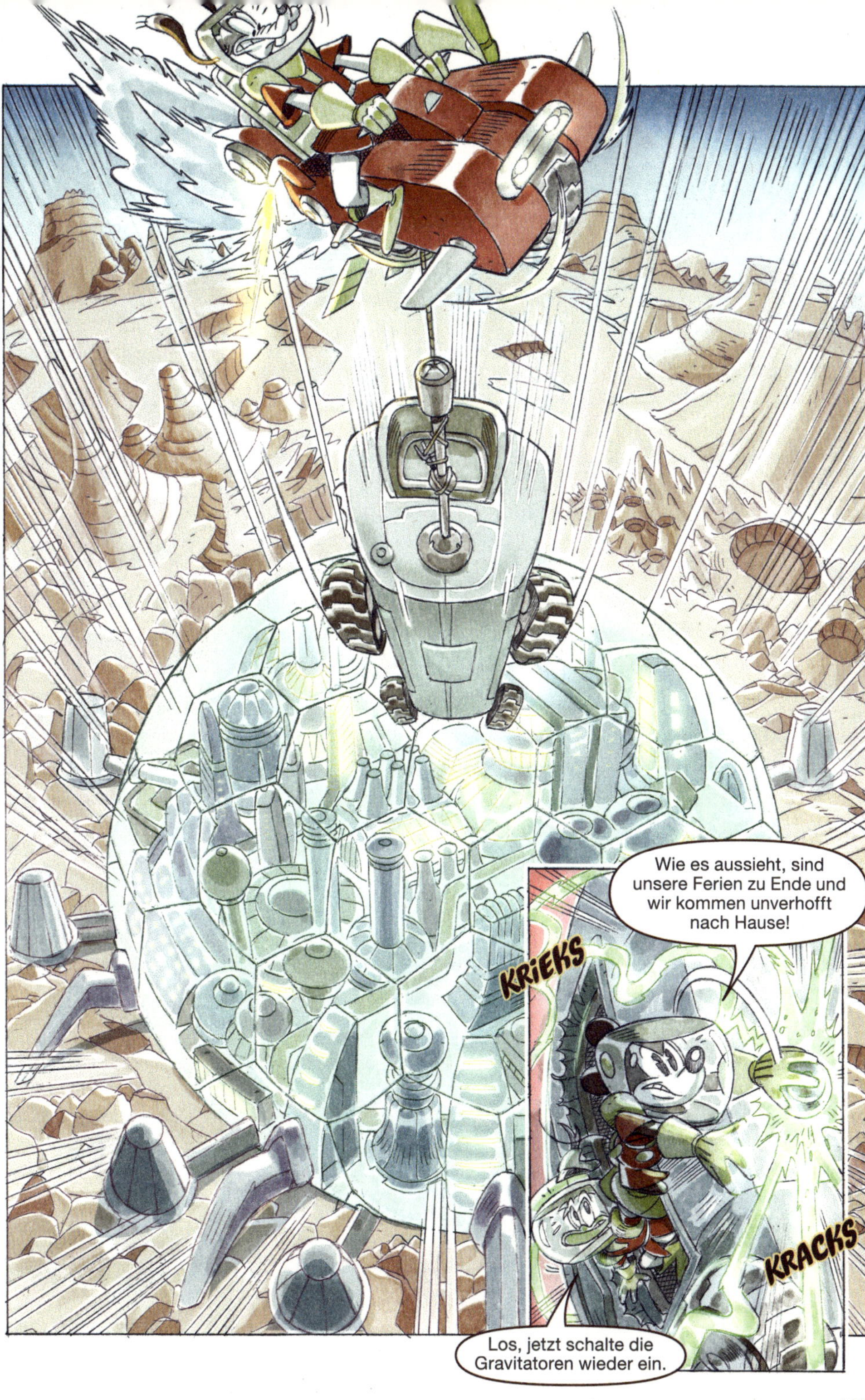

KRIEKS
Wie es aussieht, sind unsere Ferien zu Ende und wir kommen unverhofft nach Hause!
KRACKS
Los, jetzt schalte die Gravitatoren wieder ein.

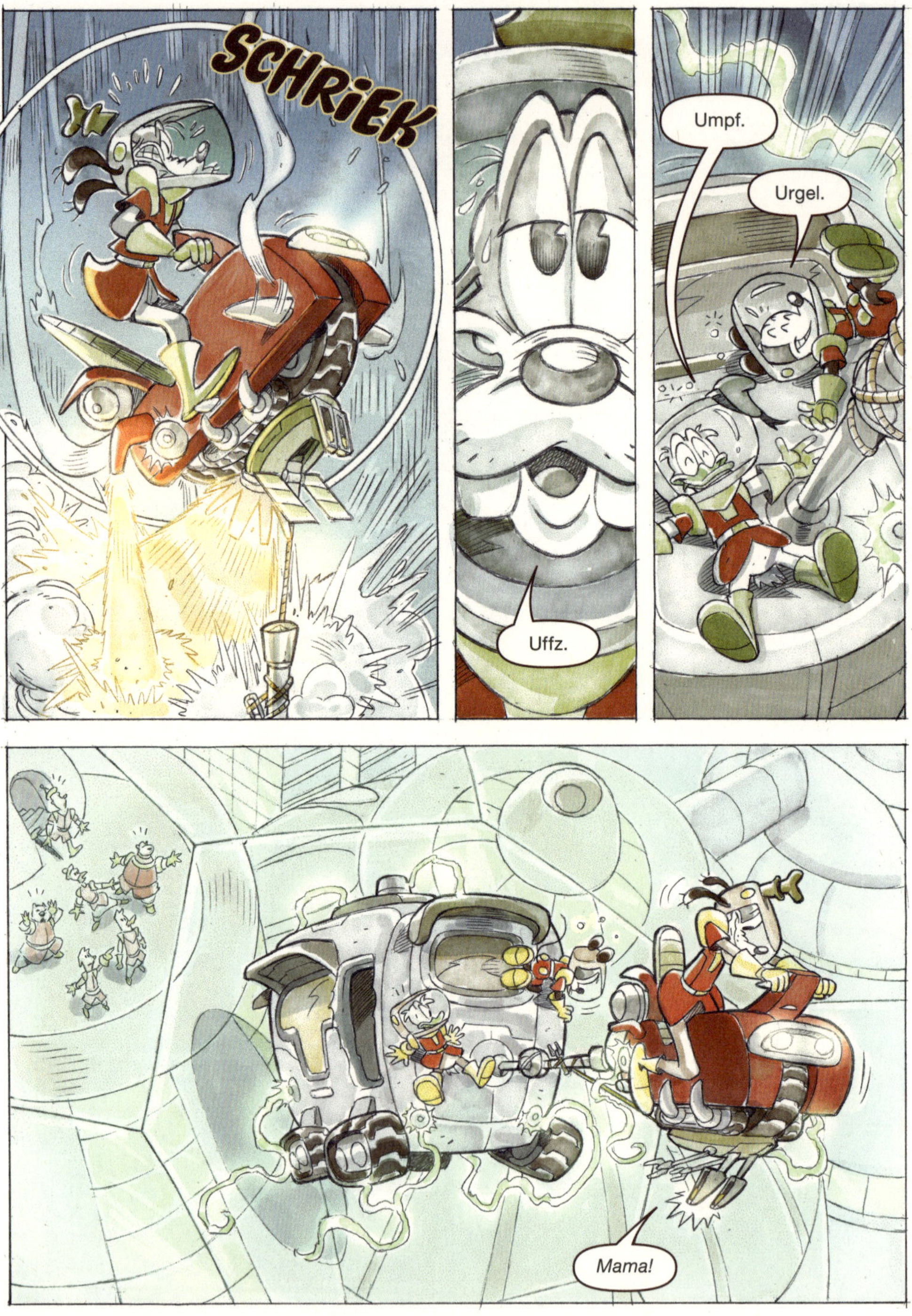
SCHRIEK
Uffz.
Umpf.
Urgel.
Mama!

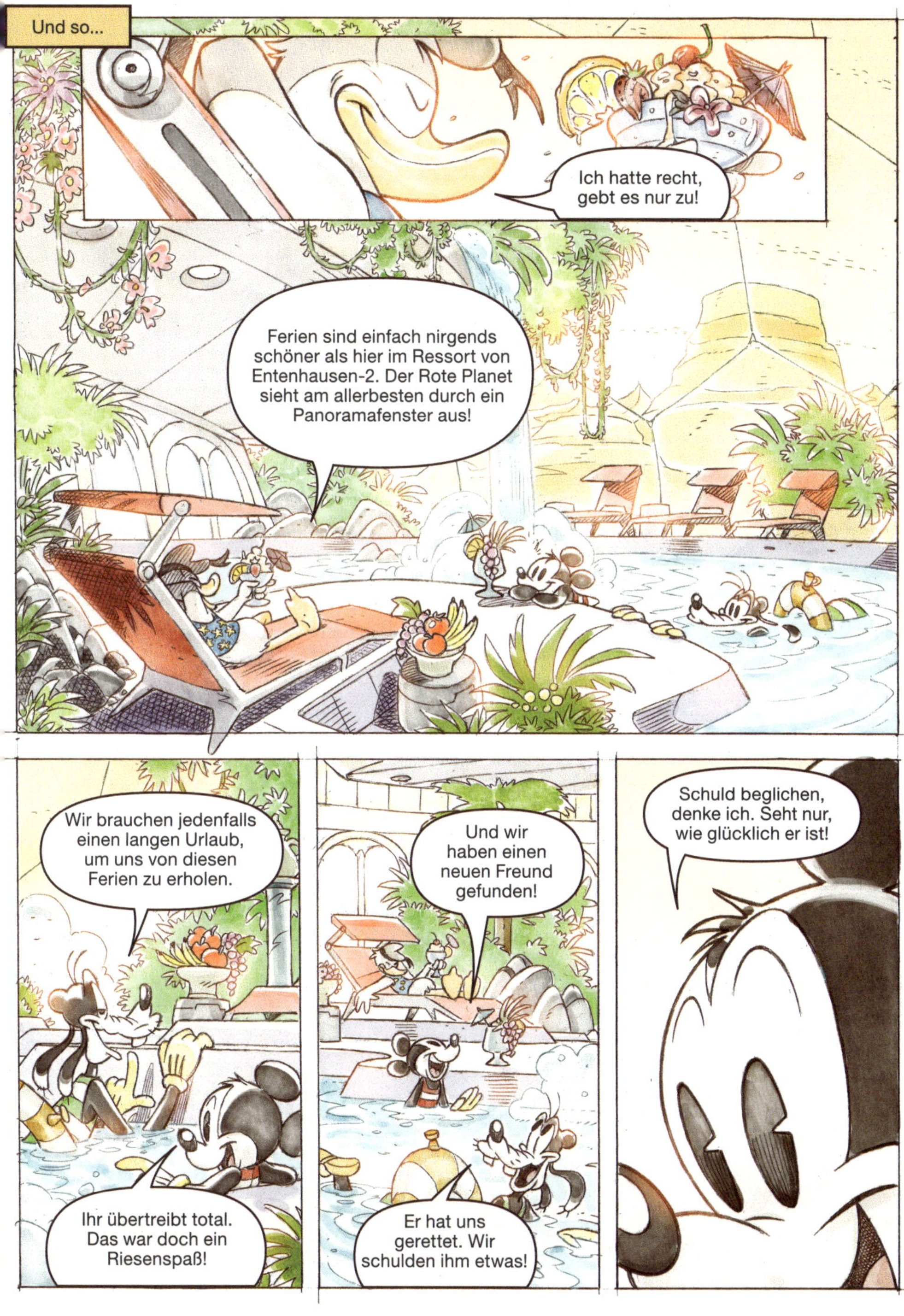
Und so...
Ich hatte recht, gebt es nur zu!
Ferien sind einfach nirgends schöner als hier im Ressort von Entenhausen-2. Der Rote Planet sieht am allerbesten durch ein Panoramafenster aus!
Wir brauchen jedenfalls einen langen Urlaub, um uns von diesen Ferien zu erholen.
Ihr übertreibt total. Das war doch ein Riesenspaß!
Und wir haben einen neuen Freund gefunden!
Er hat uns gerettet. Wir schulden ihm etwas!
Schuld beglichen, denke ich. Seht nur, wie glücklich er ist!

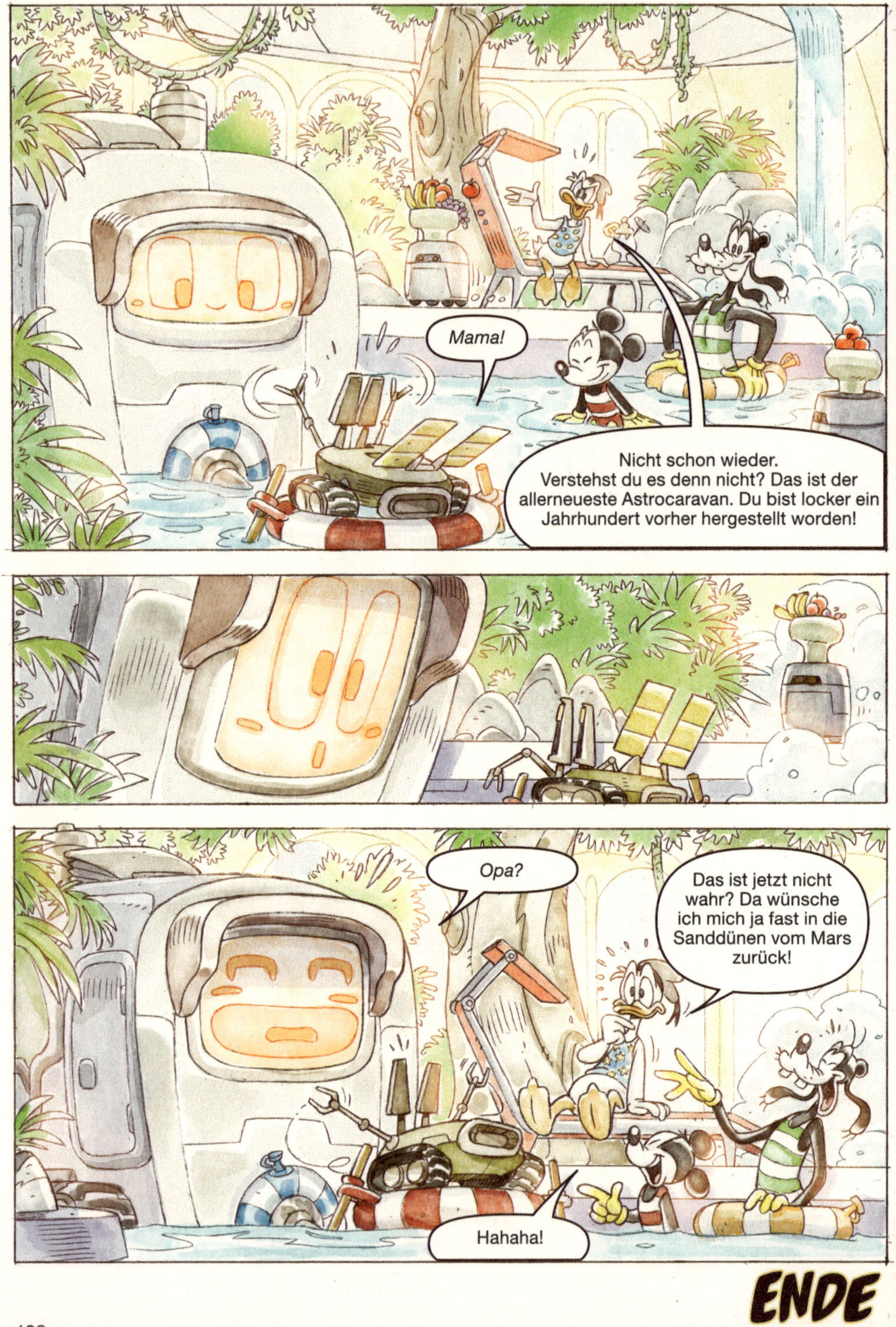
Mama!
Nicht schon wieder.
Verstehst du es denn nicht? Das ist der allerneueste Astrocaravan. Du bist locker ein Jahrhundert vorher hergestellt worden!
Opa?
Das ist jetzt nicht wahr? Da wünsche ich mich ja fast in die Sanddünen vom Mars zurück!
Hahaha!
ENDE

1937

# CLOCK Cleaners

**Deutscher Titel: Die Uhrenreinigung.** Ticktack? Leider läuft nichts wie ein Uhrwerk, als Micky, Donald und Goofy antreten, um eine riesige Uhr in einem mehrstöckigen Glockenturm zu warten. Während Micky mit einem schläfrigen Storch zu kämpfen hat, der sich weigert, sein Nest zu verlassen, sieht sich Donald einer störrischen Sprungfeder gegenüber, die ihren eigenen Kopf zu haben scheint. Und Goofy kriegt es in diesem Comedy-Klassiker mit lebhafter Mechanik zu tun...

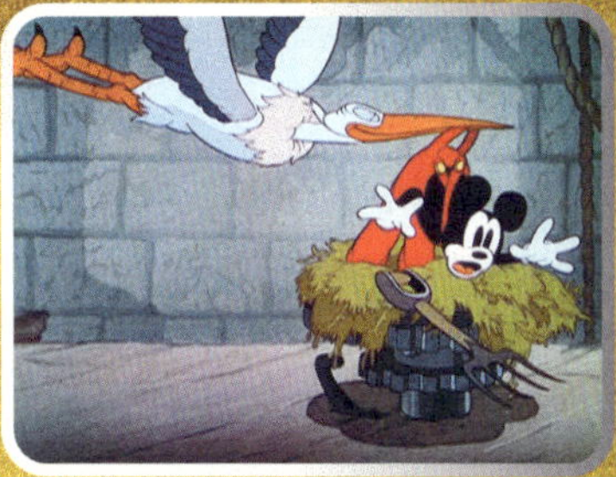

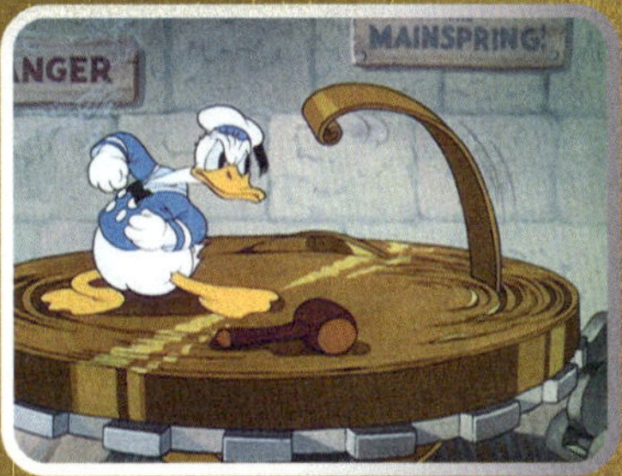


Als er die Innenseite der Glocke entstaubt, schlagen die beiden mechanischen Figuren „Lady Liberty" und „Father Time" nacheinander lautstark das Glockenspiel an. Goofy hält die Frauenfigur daher für eine echte Dame. Doch bevor er sich in sie verlieben kann, steckt er plötzlich an der hochgehaltenen Fackel fest. Während er somit hoch über der Stadt hängt, muss Micky sein Bestes geben, um seinen arg benommenen Freund zu retten!

Sobald der Kurzfilm in diese letzte Sequenz eintritt, in der nur pures Glück verhindert, dass der arme angeschlagene Goofy auf den Bürgersteig stürzt, legt der Cartoon noch einmal richtig zu: Beinahe-Unfälle und schwindelerregende Fehltritte, wunderbar getaktet, geschnitten und animiert. Vor allem mit sorgfältig geplanten Layouts und Hintergründen, die die Höhe der Wolkenkratzer auf eine Art vermitteln, wie es Live-Action-Formate damals noch nicht bieten konnten!

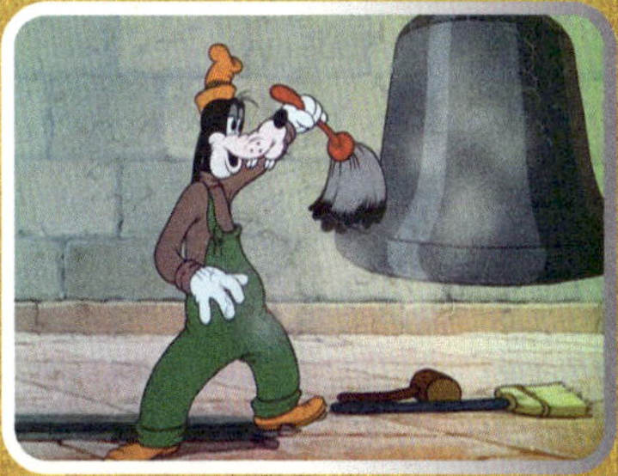

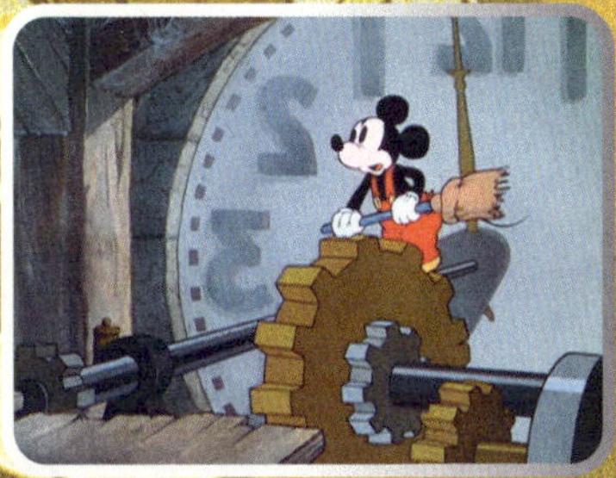

Ursprünglich sollte „Clock Cleaners", einem Entwurf aus dem Jahr 1936 folgend, Micky, Donald und Goofy als Uhrmacher vorstellen, die alle Arten von Uhren reparieren. Walt Disney präsentierte das gefeierte Zeichentrickabenteuer in seiner ersten Fernsehproduktion „One Hour in Wonderland" (1950).

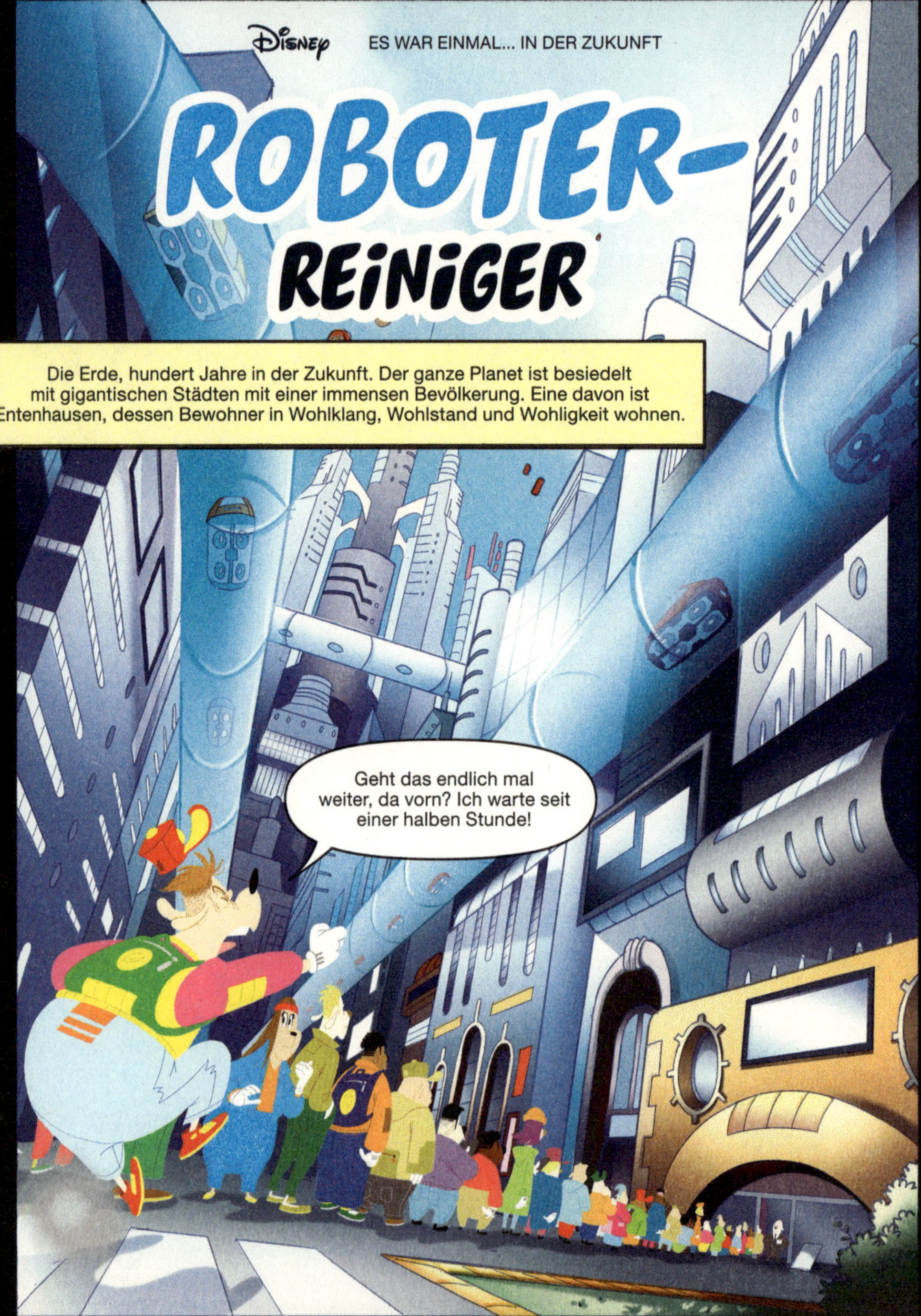




**Francesco Artibani** (Story, inspiriert von „Clock Cleaners"), **Paolo De Lorenzi** (Zeichnungen)

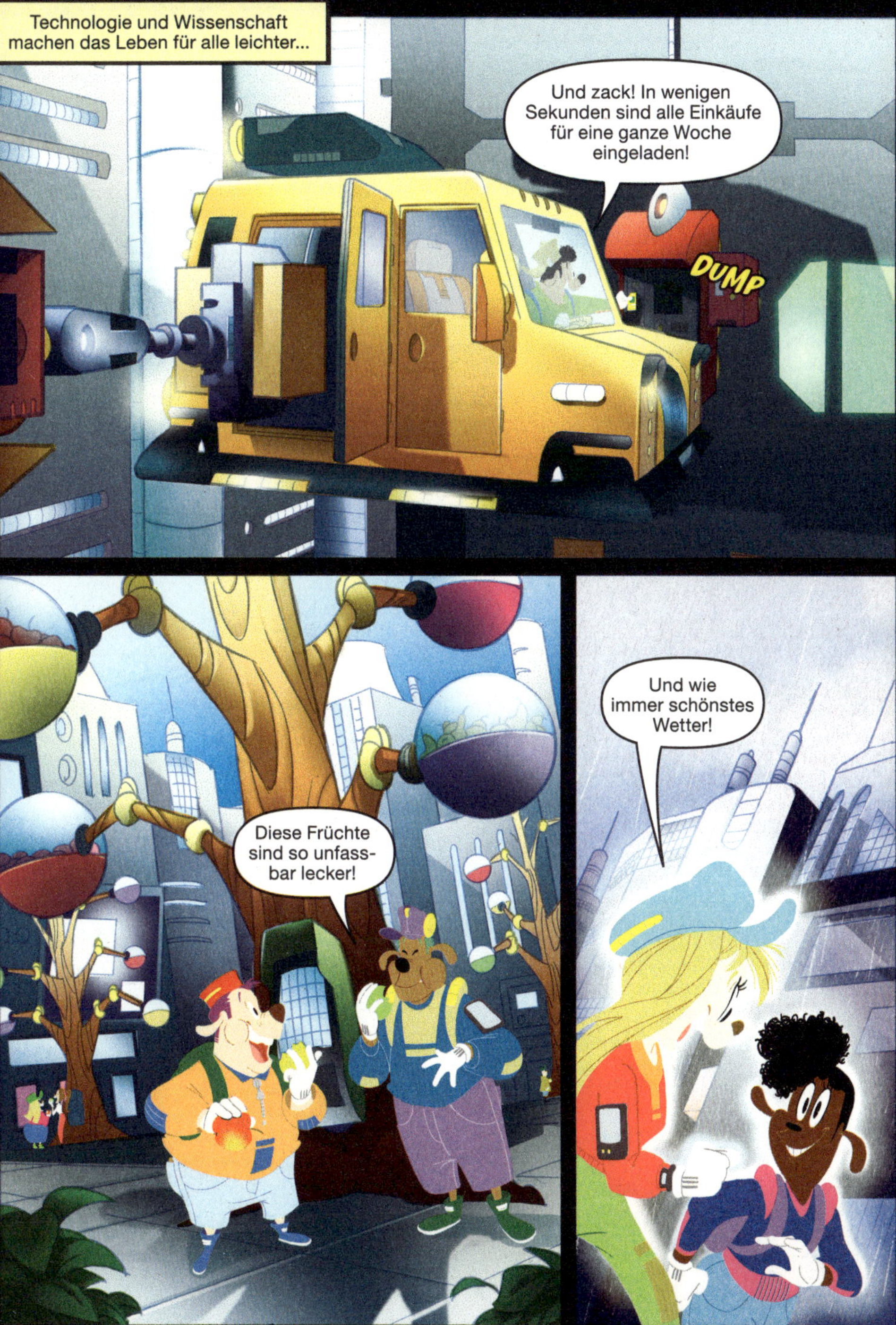

Technologie und Wissenschaft machen das Leben für alle leichter...
Und zack! In wenigen Sekunden sind alle Einkäufe für eine ganze Woche eingeladen!
DUMP
Diese Früchte sind so unfassbar lecker!
Und wie immer schönstes Wetter!

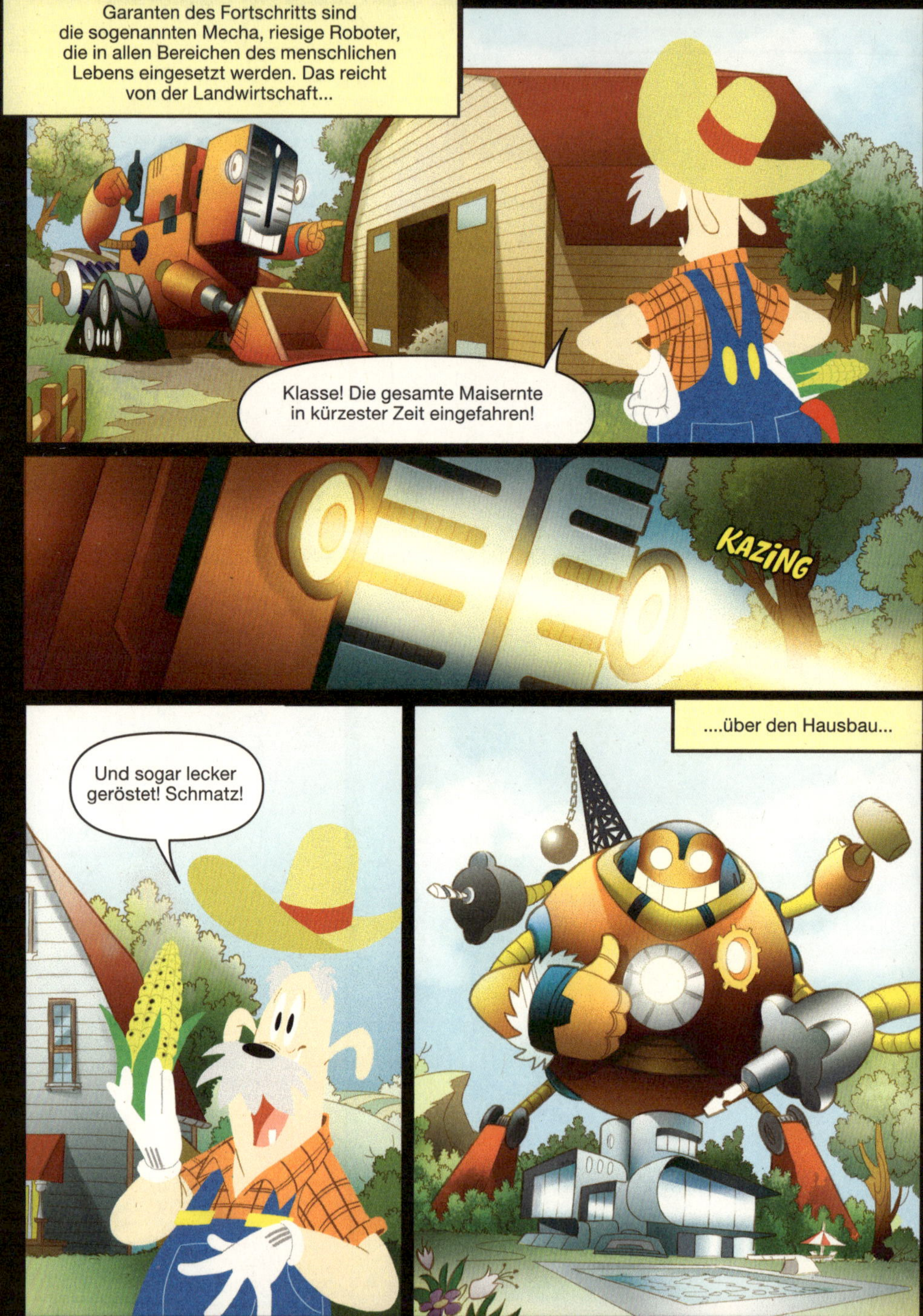
Garanten des Fortschritts sind die sogenannten Mecha, riesige Roboter, die in allen Bereichen des menschlichen Lebens eingesetzt werden. Das reicht von der Landwirtschaft...
Klasse! Die gesamte Maisernte in kürzester Zeit eingefahren!
KAZING
Und sogar lecker geröstet! Schmatz!
....über den Hausbau...

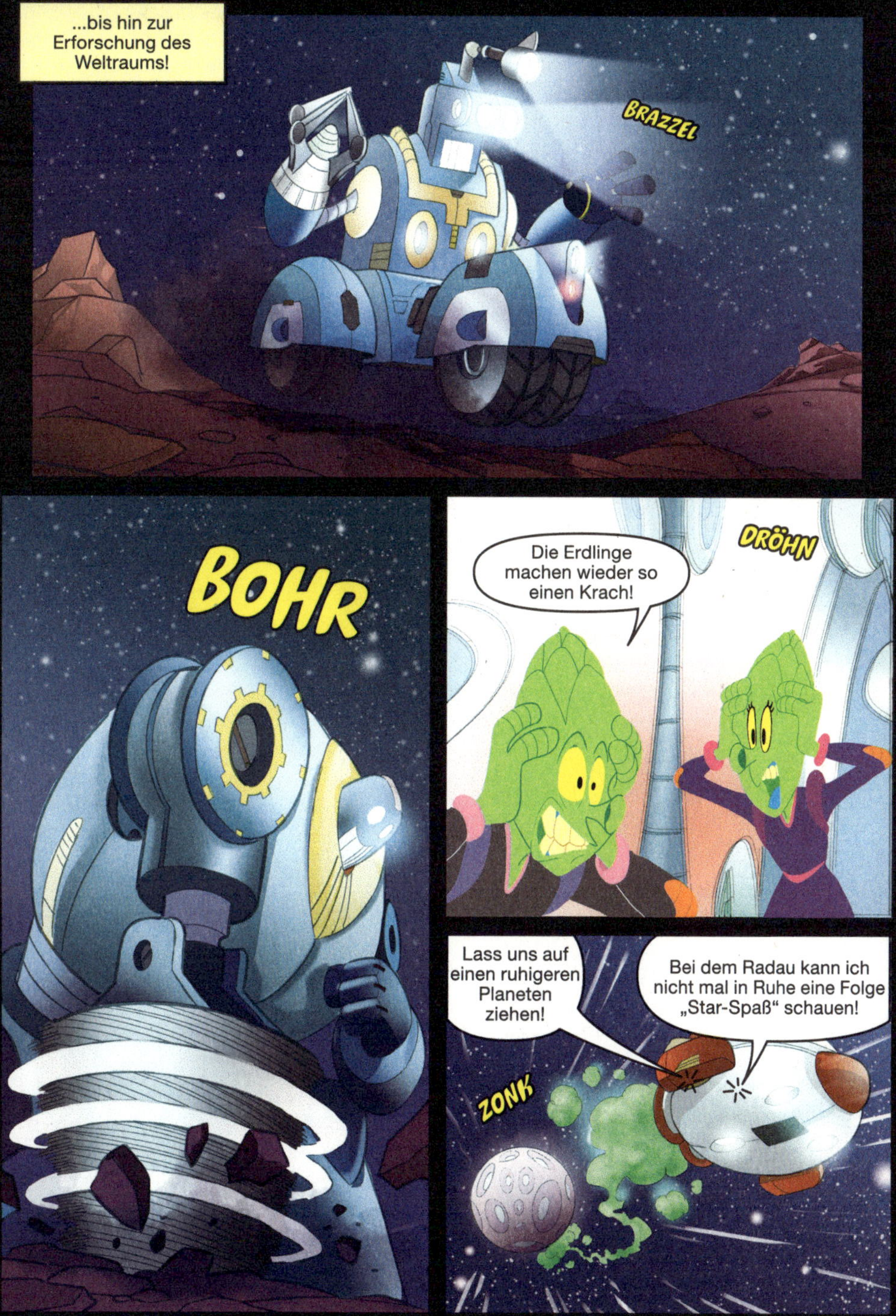

...bis hin zur Erforschung des Weltraums!
BRAZZEL
BOHR
DRÖHN
Die Erdlinge machen wieder so einen Krach!
Lass uns auf einen ruhigeren Planeten ziehen!
Bei dem Radau kann ich nicht mal in Ruhe eine Folge „Star-Spaß“ schauen!
ZONK

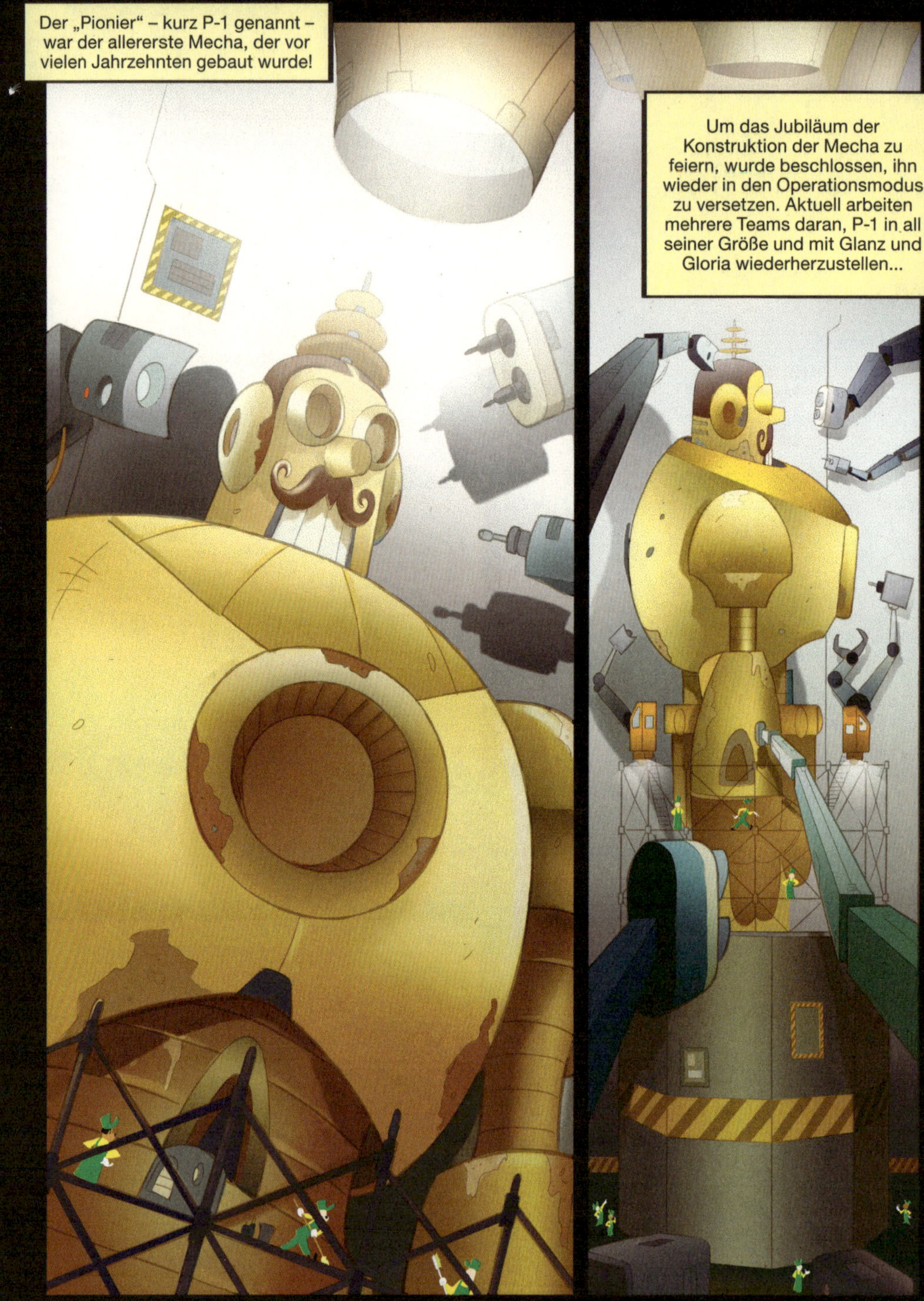
Der „Pionier“ – kurz P-1 genannt – war der allererste Mecha, der vor vielen Jahrzehnten gebaut wurde!
Um das Jubiläum der Konstruktion der Mecha zu feiern, wurde beschlossen, ihn wieder in den Operationsmodus zu versetzen. Aktuell arbeiten mehrere Teams daran, P-1 in all seiner Größe und mit Glanz und Gloria wiederherzustellen...

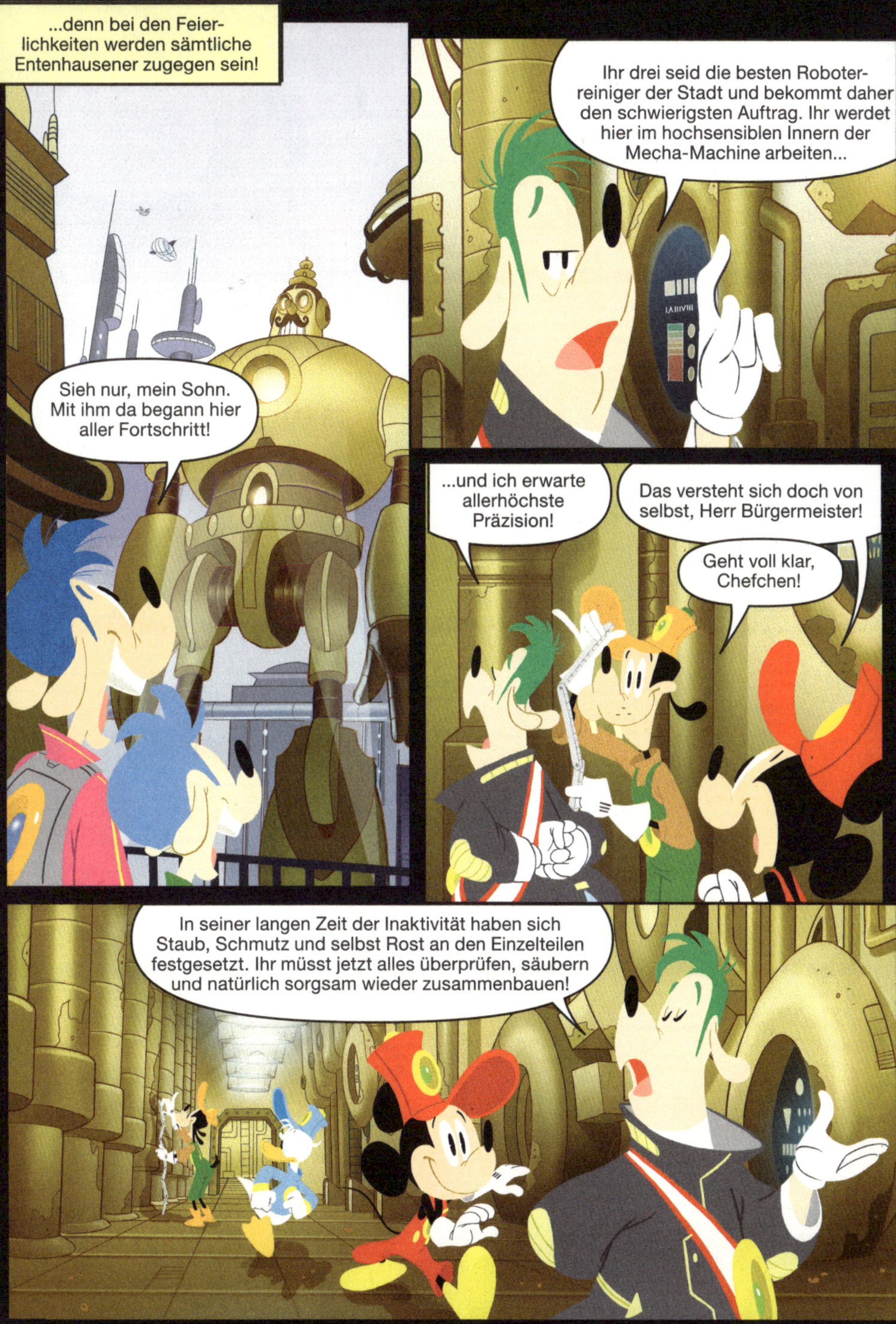
...denn bei den Feierlichkeiten werden sämtliche Entenhausener zugegen sein!
Sieh nur, mein Sohn. Mit ihm da begann hier aller Fortschritt!
Ihr drei seid die besten Roboterreiniger der Stadt und bekommt daher den schwierigsten Auftrag. Ihr werdet hier im hochsensiblen Innern der Mecha-Machine arbeiten...
...und ich erwarte allerhöchste Präzision!
Das versteht sich doch von selbst, Herr Bürgermeister!
Geht voll klar, Chefchen!
In seiner langen Zeit der Inaktivität haben sich Staub, Schmutz und selbst Rost an den Einzelteilen festgesetzt. Ihr müsst jetzt alles überprüfen, säubern und natürlich sorgsam wieder zusammenbauen!

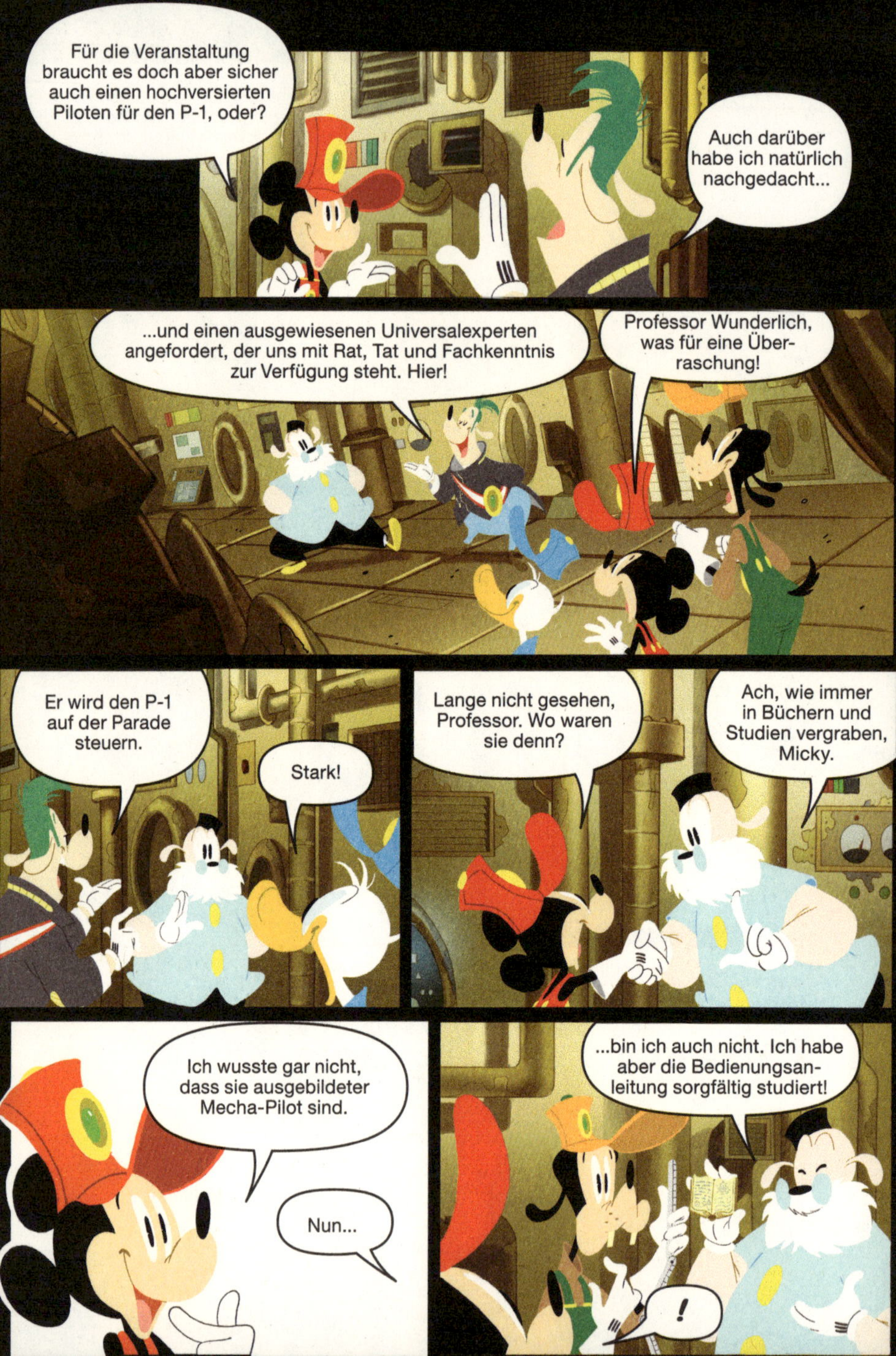
Für die Veranstaltung braucht es doch aber sicher auch einen hochversierten Piloten für den P-1, oder?
Auch darüber habe ich natürlich nachgedacht...
...und einen ausgewiesenen Universalexperten angefordert, der uns mit Rat, Tat und Fachkenntnis zur Verfügung steht. Hier!
Professor Wunderlich, was für eine Überraschung!
Er wird den P-1 auf der Parade steuern.
Stark!
Lange nicht gesehen, Professor. Wo waren sie denn?
Ach, wie immer in Büchern und Studien vergraben, Micky.
Ich wusste gar nicht, dass sie ausgebildeter Mecha-Pilot sind.
Nun...
...bin ich auch nicht. Ich habe aber die Bedienungsanleitung sorgfältig studiert!
!

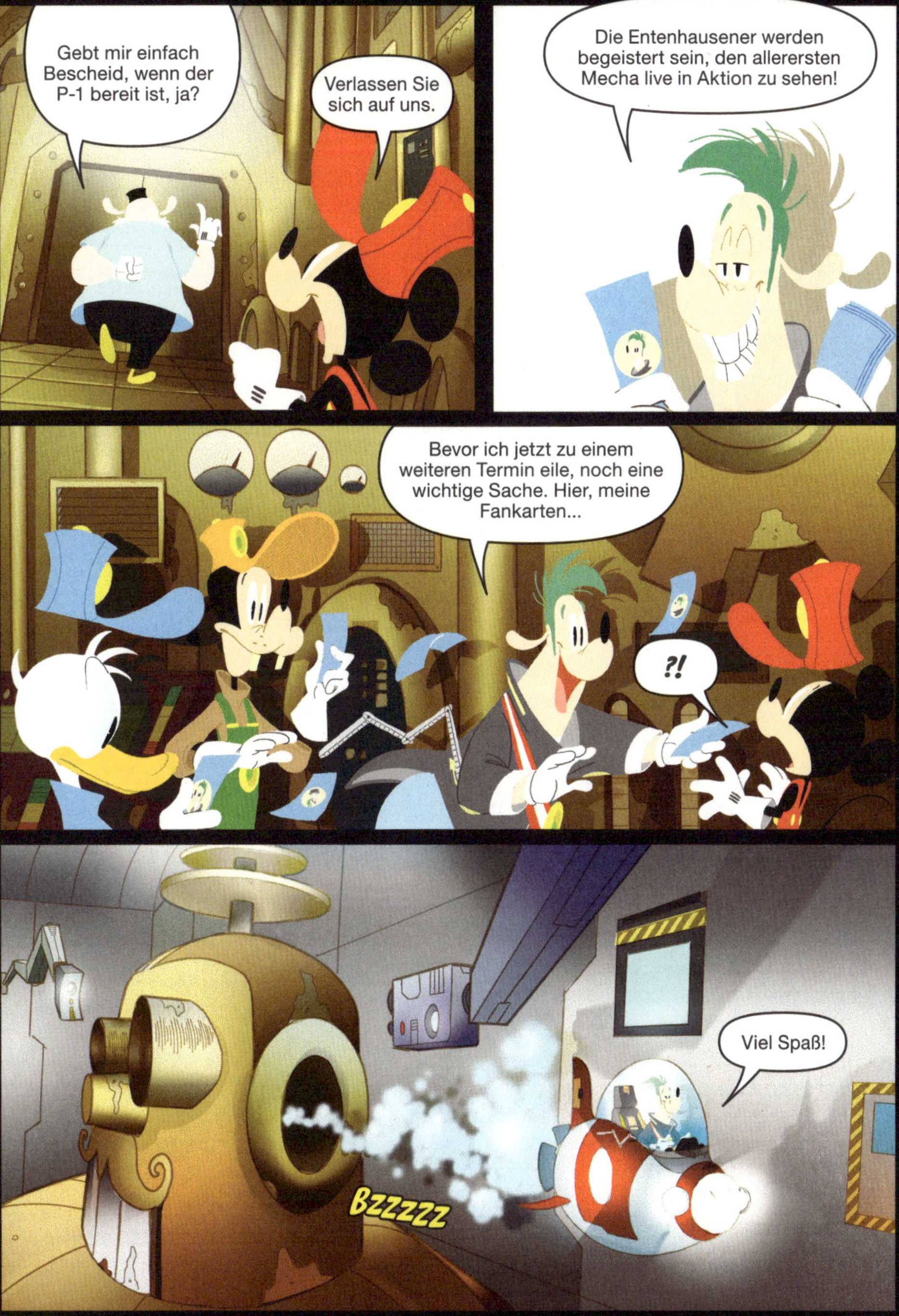
Gebt mir einfach Bescheid, wenn der P-1 bereit ist, ja?
Verlassen Sie sich auf uns.
Die Entenhausener werden begeistert sein, den allerersten Mecha live in Aktion zu sehen!
Bevor ich jetzt zu einem weiteren Termin eile, noch eine wichtige Sache. Hier, meine Fankarten...
?!
Viel Spaß!
BZZZZZ

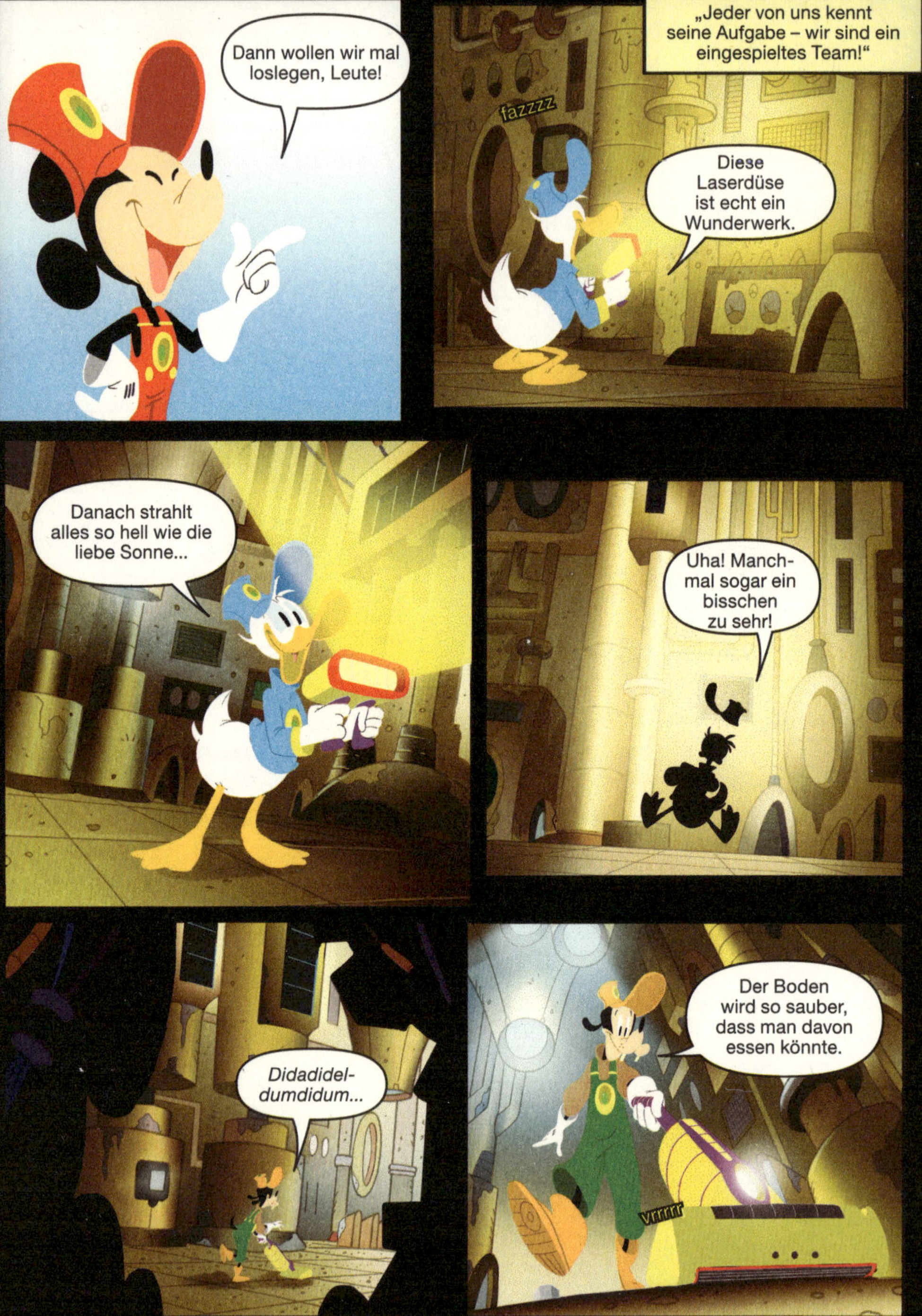

Dann wollen wir mal loslegen, Leute!
„Jeder von uns kennt seine Aufgabe – wir sind ein eingespieltes Team!“
fazzzz
Diese Laserdüse ist echt ein Wunderwerk.
Danach strahlt alles so hell wie die liebe Sonne...
Uha! Manch-mal sogar ein bisschen zu sehr!
Didadidel-dumdidum...
Der Boden wird so sauber, dass man davon essen könnte.
vrrrrrr

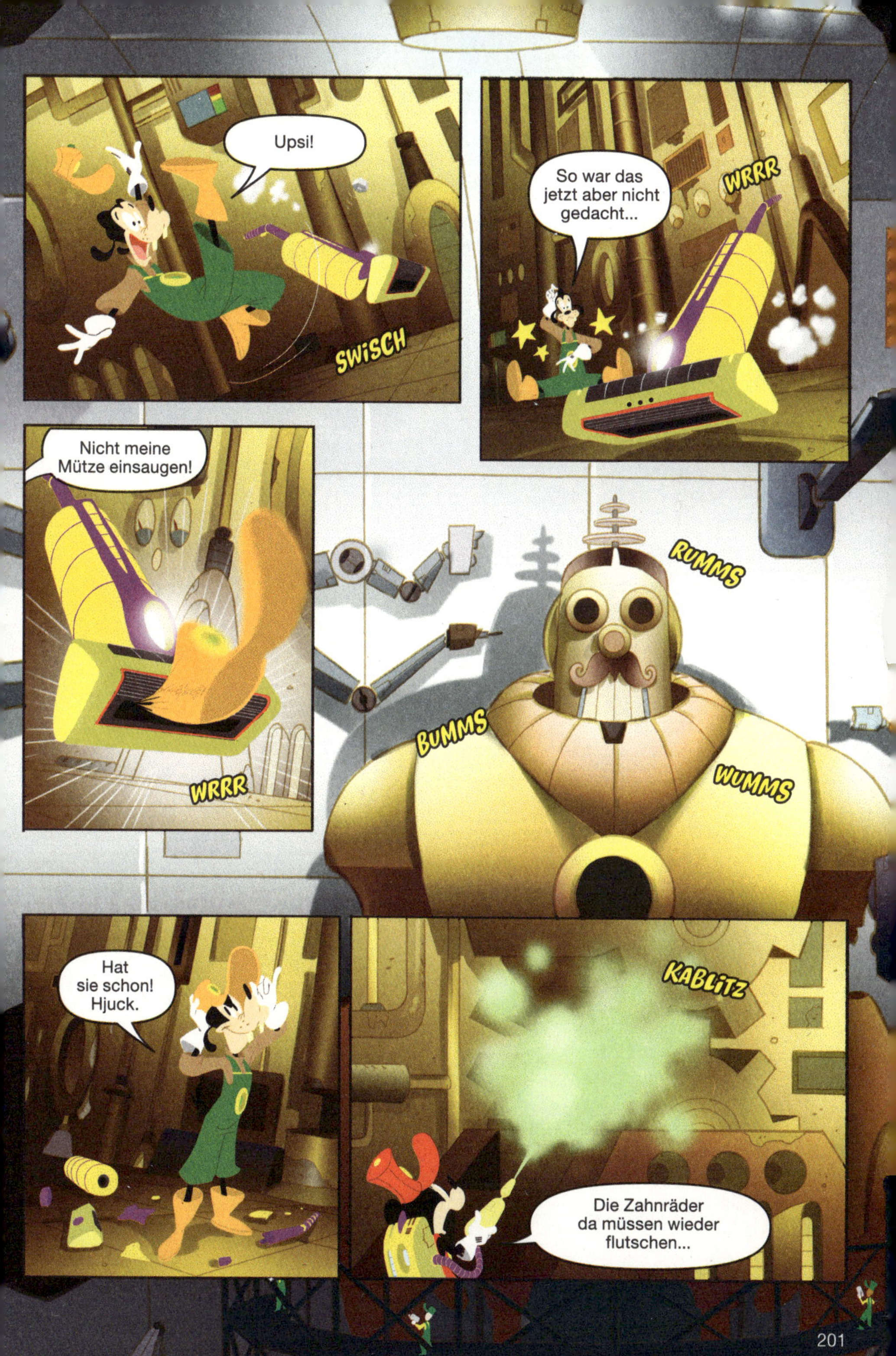
Upsi!
SWISCH
So war das jetzt aber nicht gedacht...
WRRR
Nicht meine Mütze einsaugen!
WRRR
RUMMS
BUMMS
WUMMS
Hat sie schon! Hjuck.
KABLITZ
Die Zahnräder da müssen wieder flutschen...

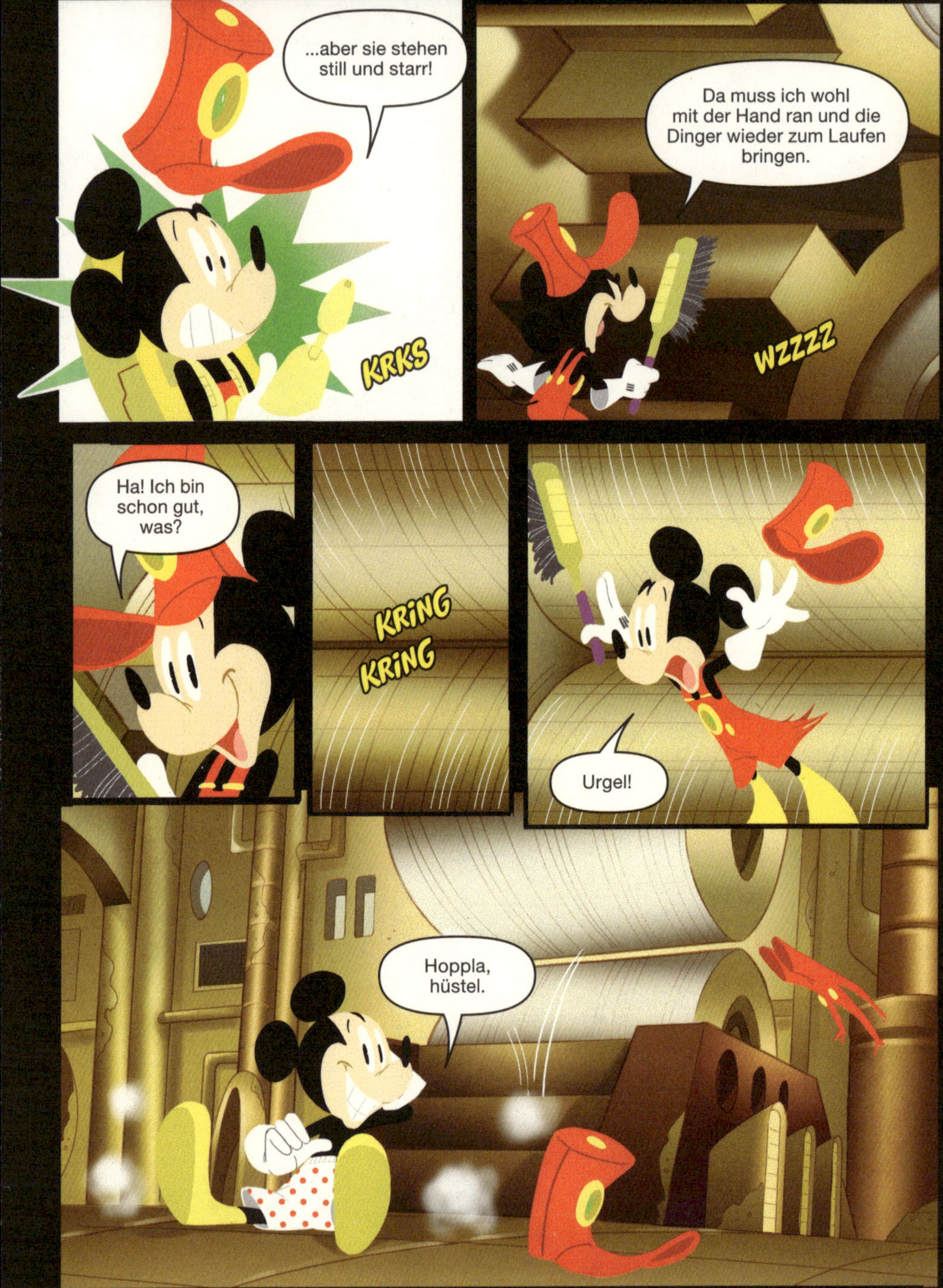
...aber sie stehen still und starr!
KRKS
Da muss ich wohl mit der Hand ran und die Dinger wieder zum Laufen bringen.
WZZZZ
Ha! Ich bin schon gut, was?
KRING
KRING
Urgel!
Hoppla, hüstel.

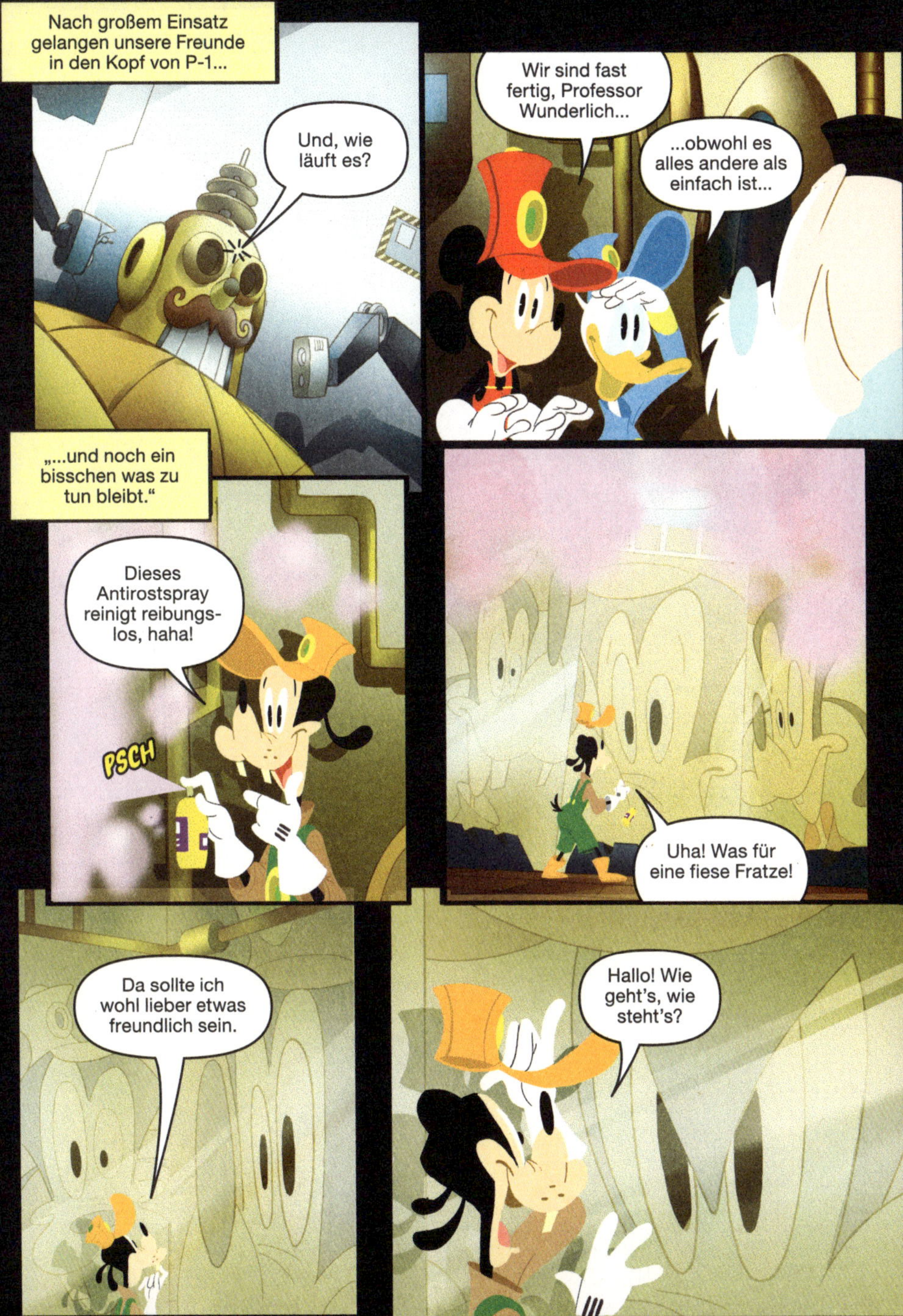
Nach großem Einsatz gelangen unsere Freunde in den Kopf von P-1...
Und, wie läuft es?
Wir sind fast fertig, Professor Wunderlich...
...obwohl es alles andere als einfach ist...
„...und noch ein bisschen was zu tun bleibt.“
Dieses Antirostspray reinigt reibungslos, haha!
PSCH
Uha! Was für eine fiese Fratze!
Da sollte ich wohl lieber etwas freundlich sein.
Hallo! Wie geht's, wie steht's?

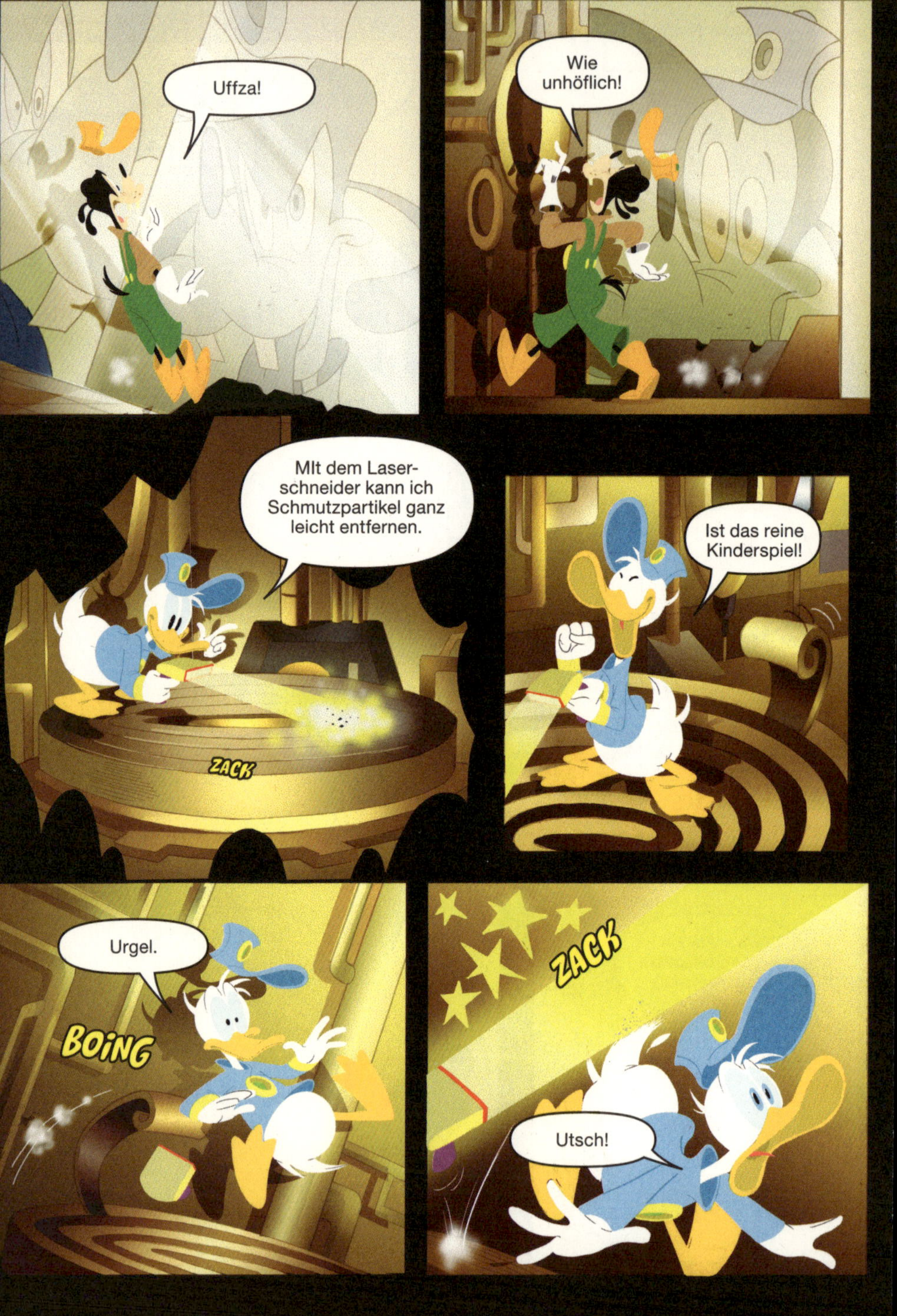
Uffza!
Wie unhöflich!
MIt dem Laser-schneider kann ich Schmutzpartikel ganz leicht entfernen.
ZACK
Ist das reine Kinderspiel!
Urgel.
BOING
ZACK
Utsch!

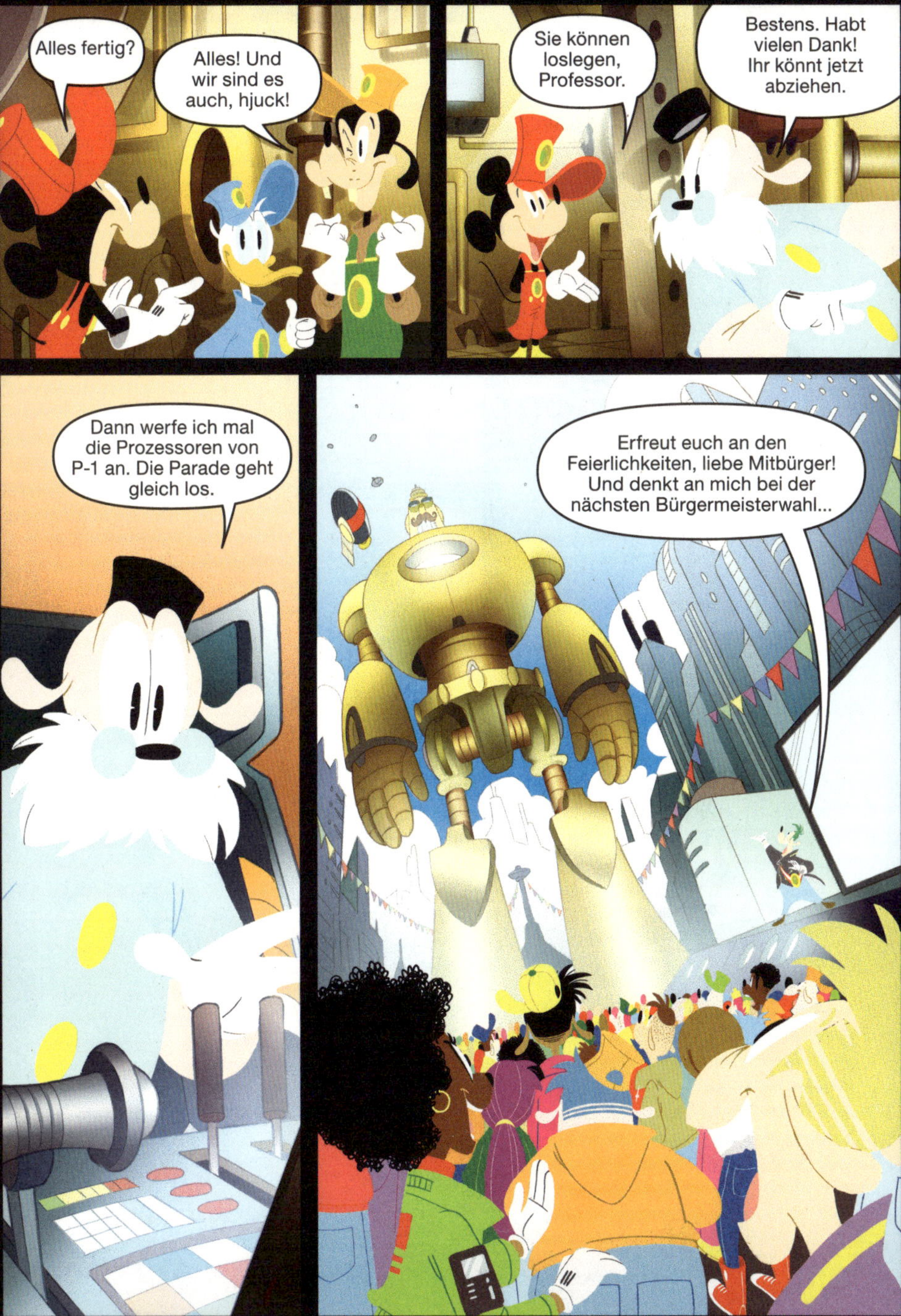
Alles fertig?
Alles! Und wir sind es auch, hjuck!
Sie können loslegen, Professor.
Bestens. Habt vielen Dank! Ihr könnt jetzt abziehen.
Dann werfe ich mal die Prozessoren von P-1 an. Die Parade geht gleich los.
Erfreut euch an den Feierlichkeiten, liebe Mitbürger! Und denkt an mich bei der nächsten Bürgermeisterwahl...

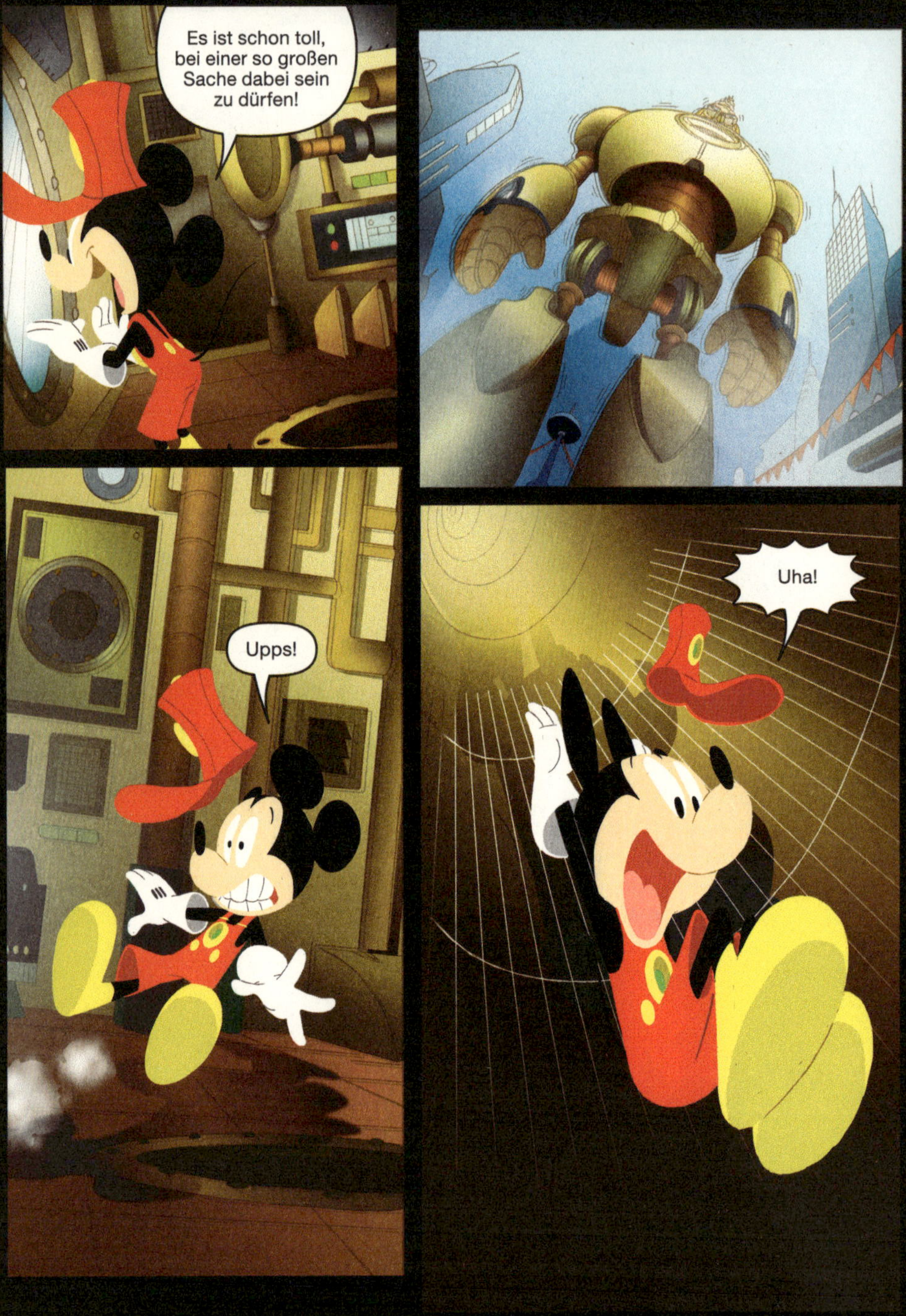
Es ist schon toll, bei einer so großen Sache dabei sein zu dürfen!
Upps!
Uha!

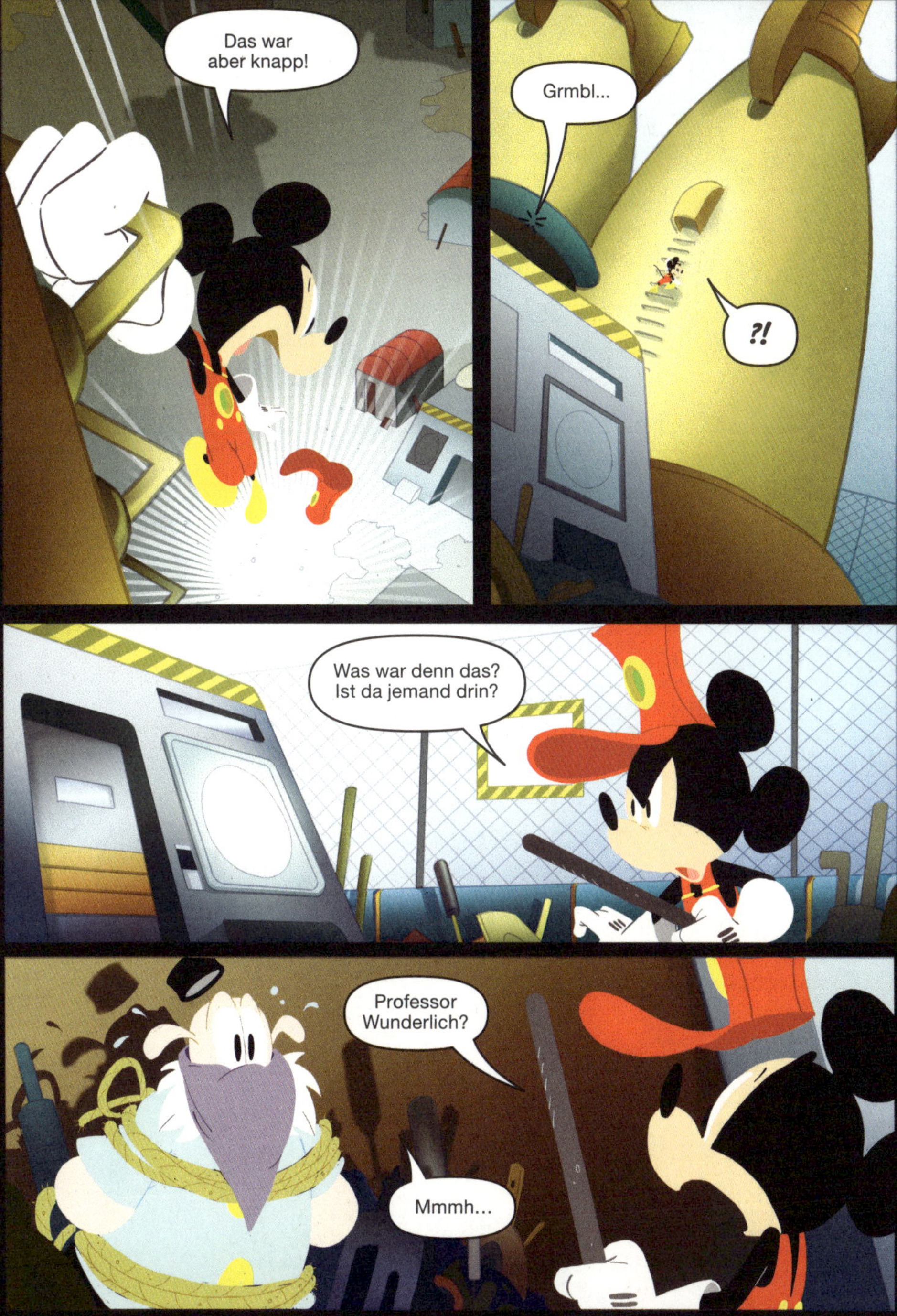
Das war aber knapp!
Grmbl...
?!
Was war denn das? Ist da jemand drin?
Professor Wunderlich?
Mmmh...

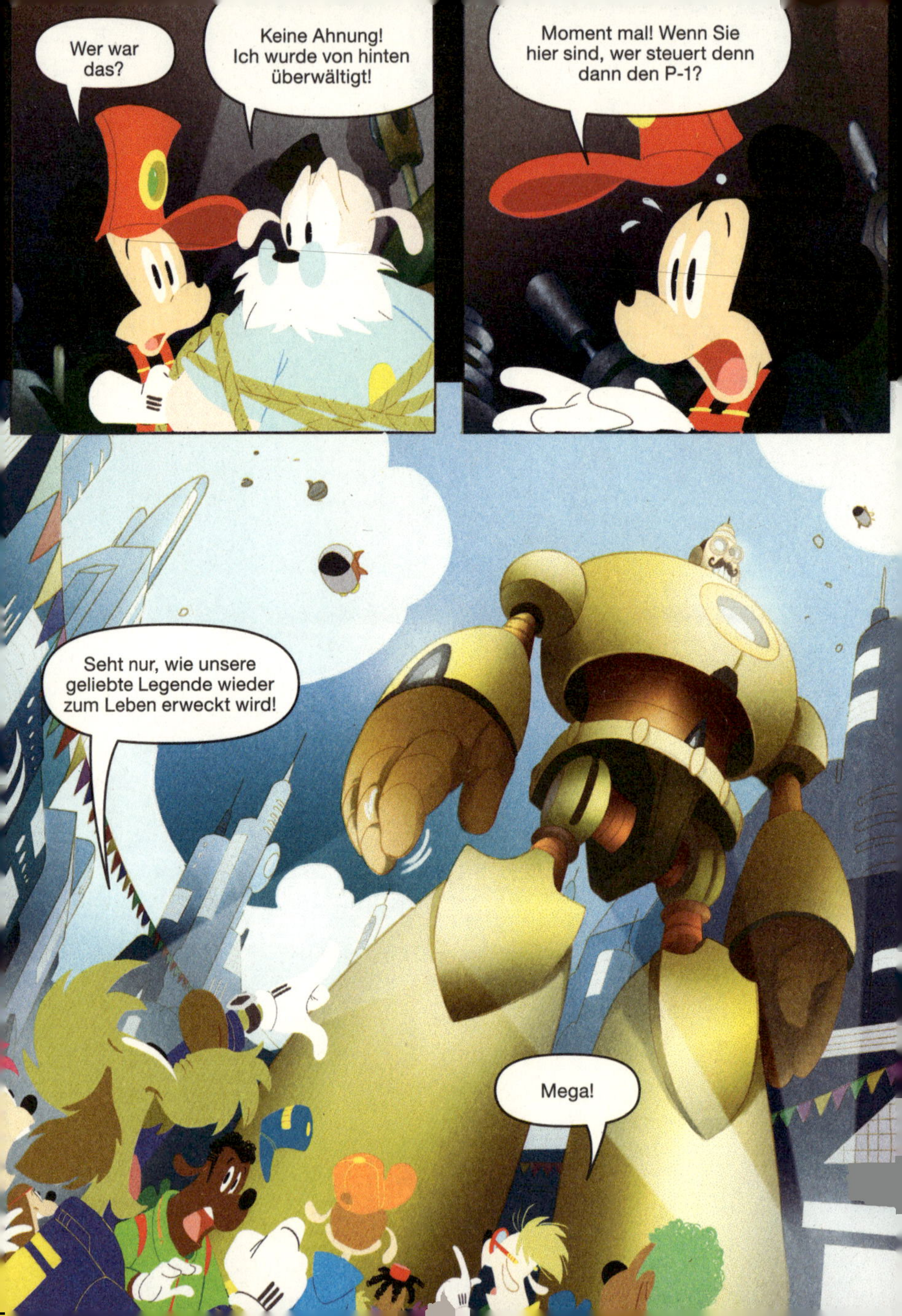
Wer war das?
Keine Ahnung! Ich wurde von hinten überwältigt!
Moment mal! Wenn Sie hier sind, wer steuert denn dann den P-1?
Seht nur, wie unsere geliebte Legende wieder zum Leben erweckt wird!
Mega!

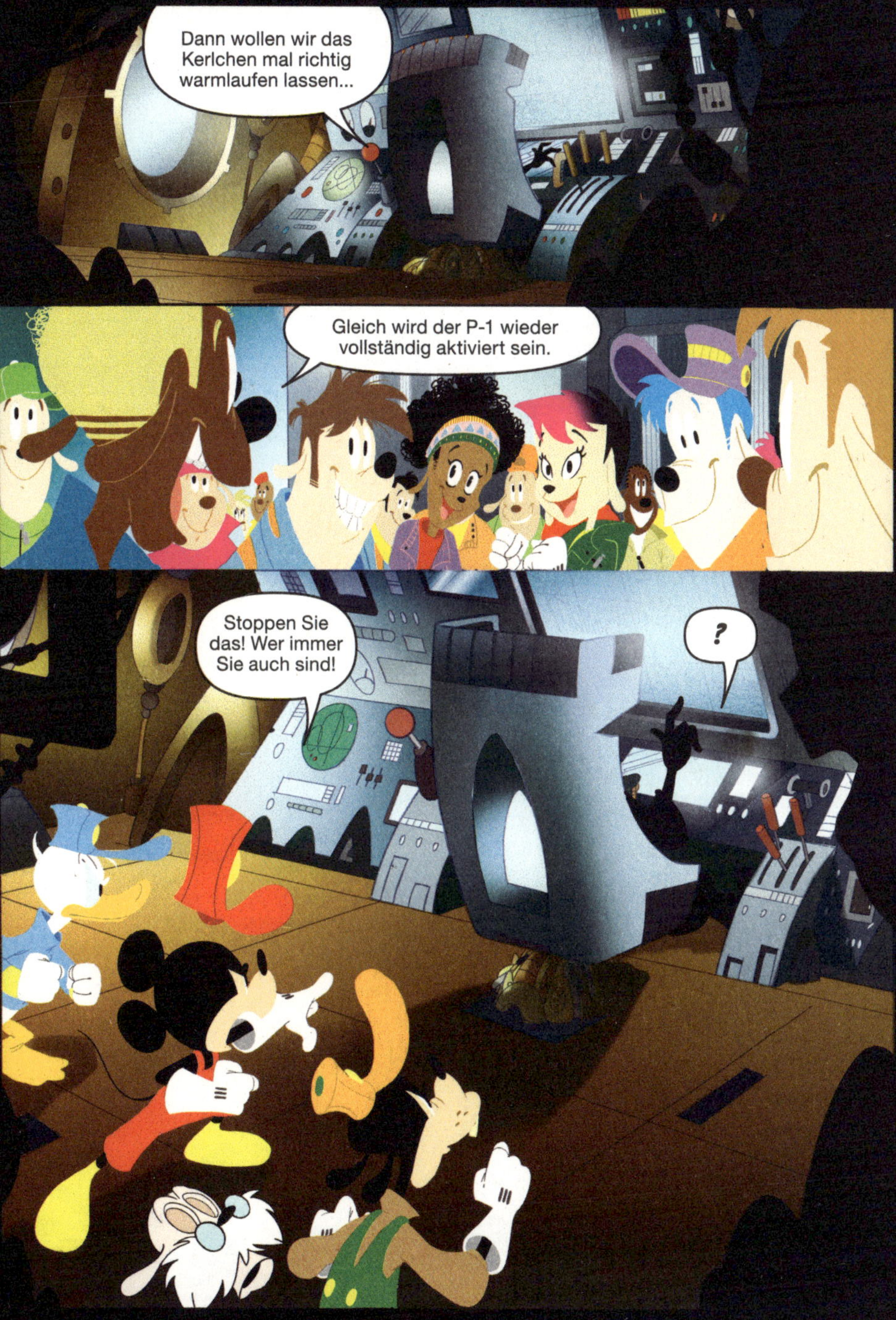
Dann wollen wir das Kerlchen mal richtig warmlaufen lassen...
Gleich wird der P-1 wieder vollständig aktiviert sein.
Stoppen Sie das! Wer immer Sie auch sind!
?

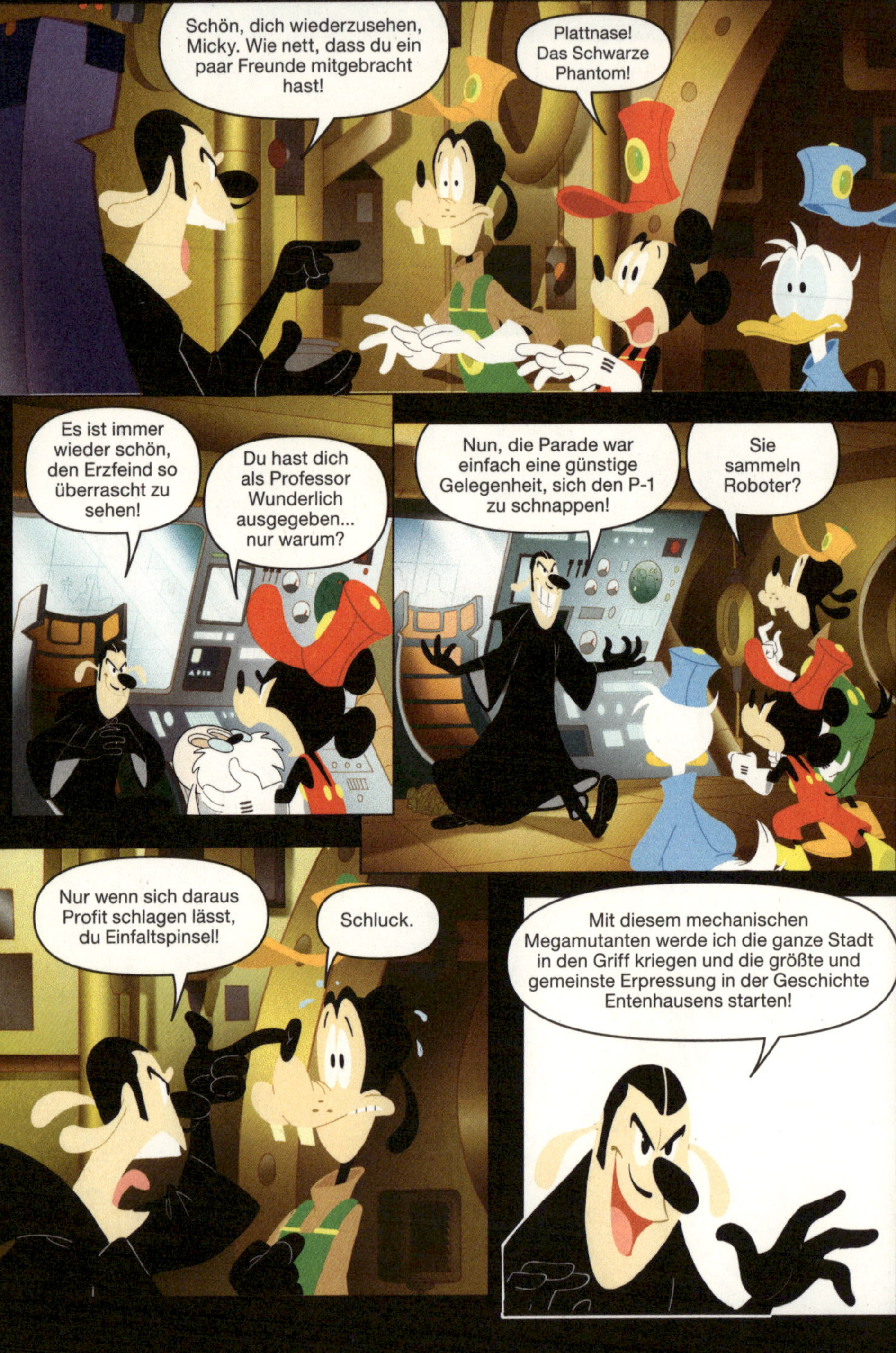
Schön, dich wiederzusehen, Micky. Wie nett, dass du ein paar Freunde mitgebracht hast!
Plattnase! Das Schwarze Phantom!
Es ist immer wieder schön, den Erzfeind so überrascht zu sehen!
Du hast dich als Professor Wunderlich ausgegeben... nur warum?
Nun, die Parade war einfach eine günstige Gelegenheit, sich den P-1 zu schnappen!
Sie sammeln Roboter?
Nur wenn sich daraus Profit schlagen lässt, du Einfaltspinsel!
Schluck.
Mit diesem mechanischen Megamutanten werde ich die ganze Stadt in den Griff kriegen und die größte und gemeinste Erpressung in der Geschichte Entenhausens starten!

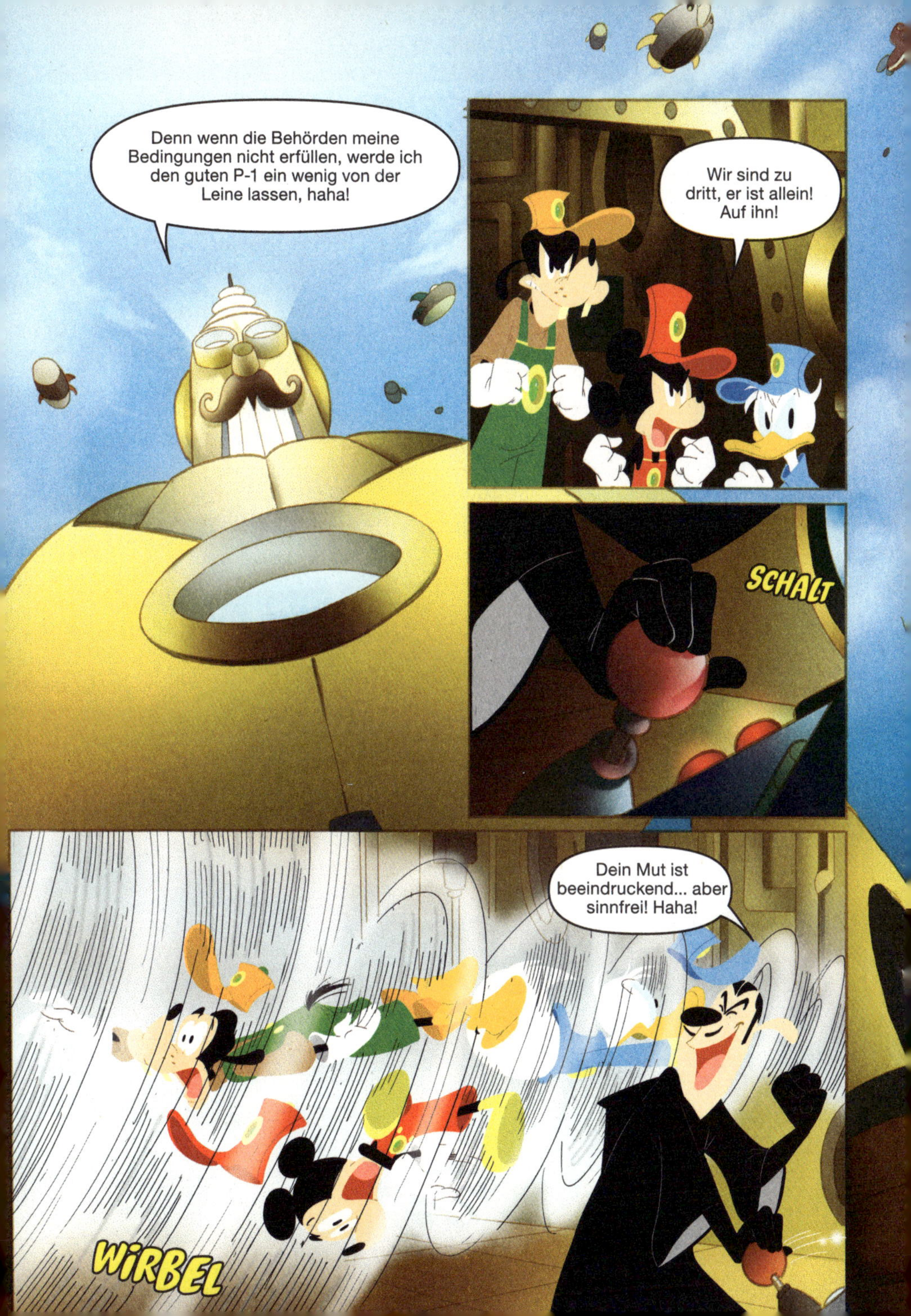
Denn wenn die Behörden meine Bedingungen nicht erfüllen, werde ich den guten P-1 ein wenig von der Leine lassen, haha!
Wir sind zu dritt, er ist allein! Auf ihn!
SCHALT
Dein Mut ist beeindruckend... aber sinnfrei! Haha!
WIRBEL

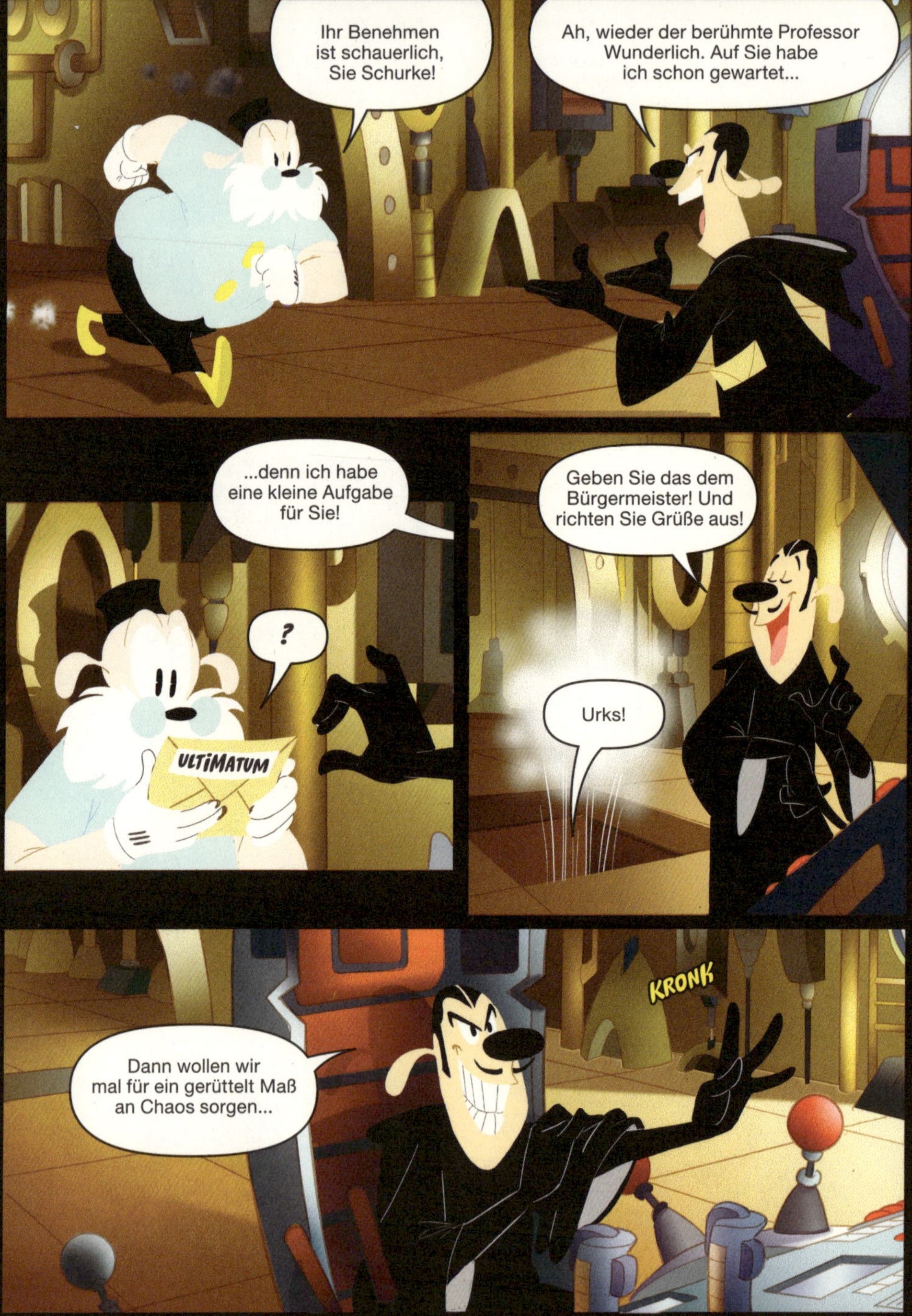
Ihr Benehmen ist schauerlich, Sie Schurke!
Ah, wieder der berühmte Professor Wunderlich. Auf Sie habe ich schon gewartet...
...denn ich habe eine kleine Aufgabe für Sie!
?
ULTIMATUM
Geben Sie das dem Bürgermeister! Und richten Sie Grüße aus!
Urks!
KRONK
Dann wollen wir mal für ein gerüttelt Maß an Chaos sorgen...

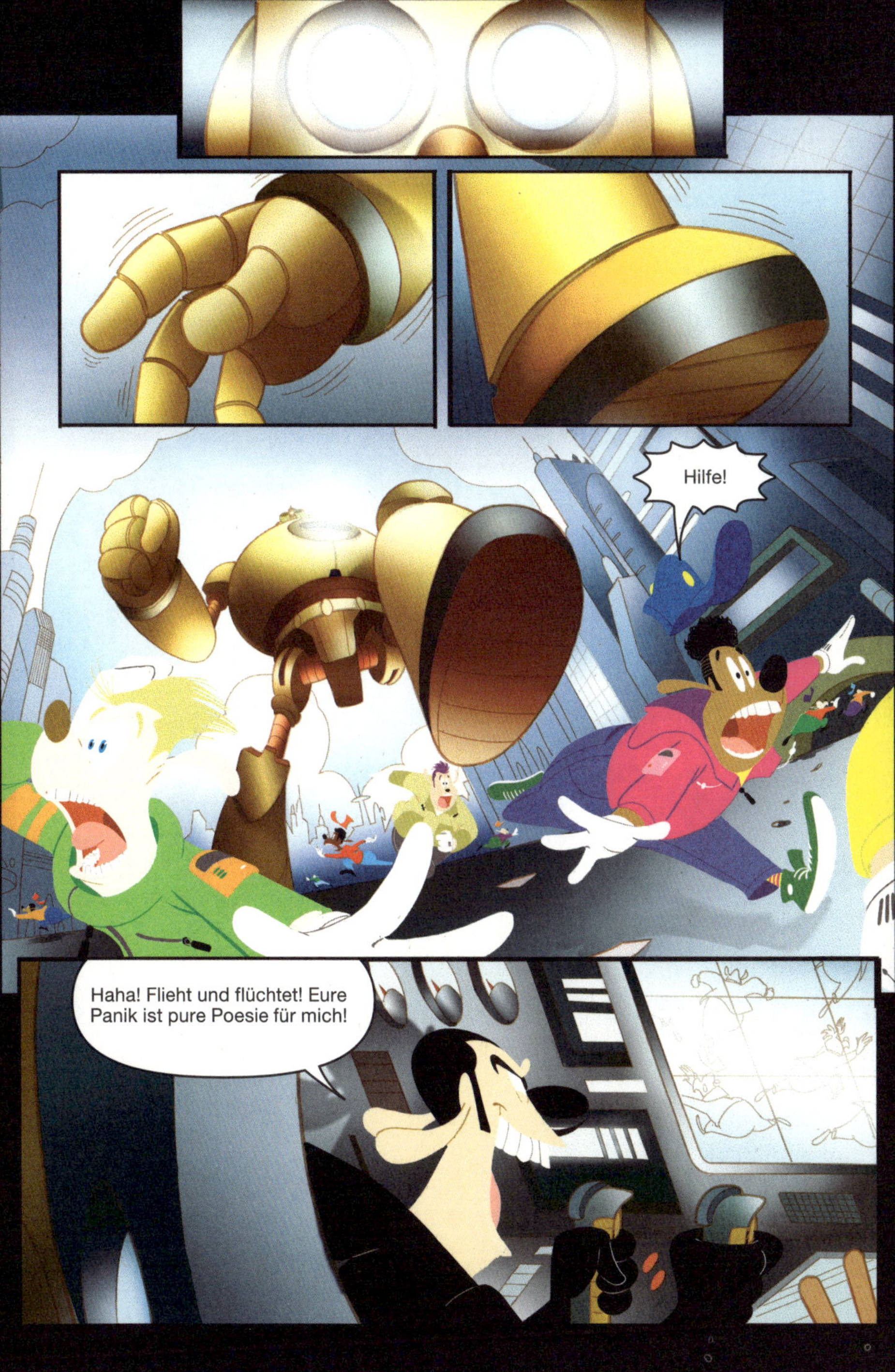
Hilfe!
Haha! Flieht und flüchtet! Eure Panik ist pure Poesie für mich!

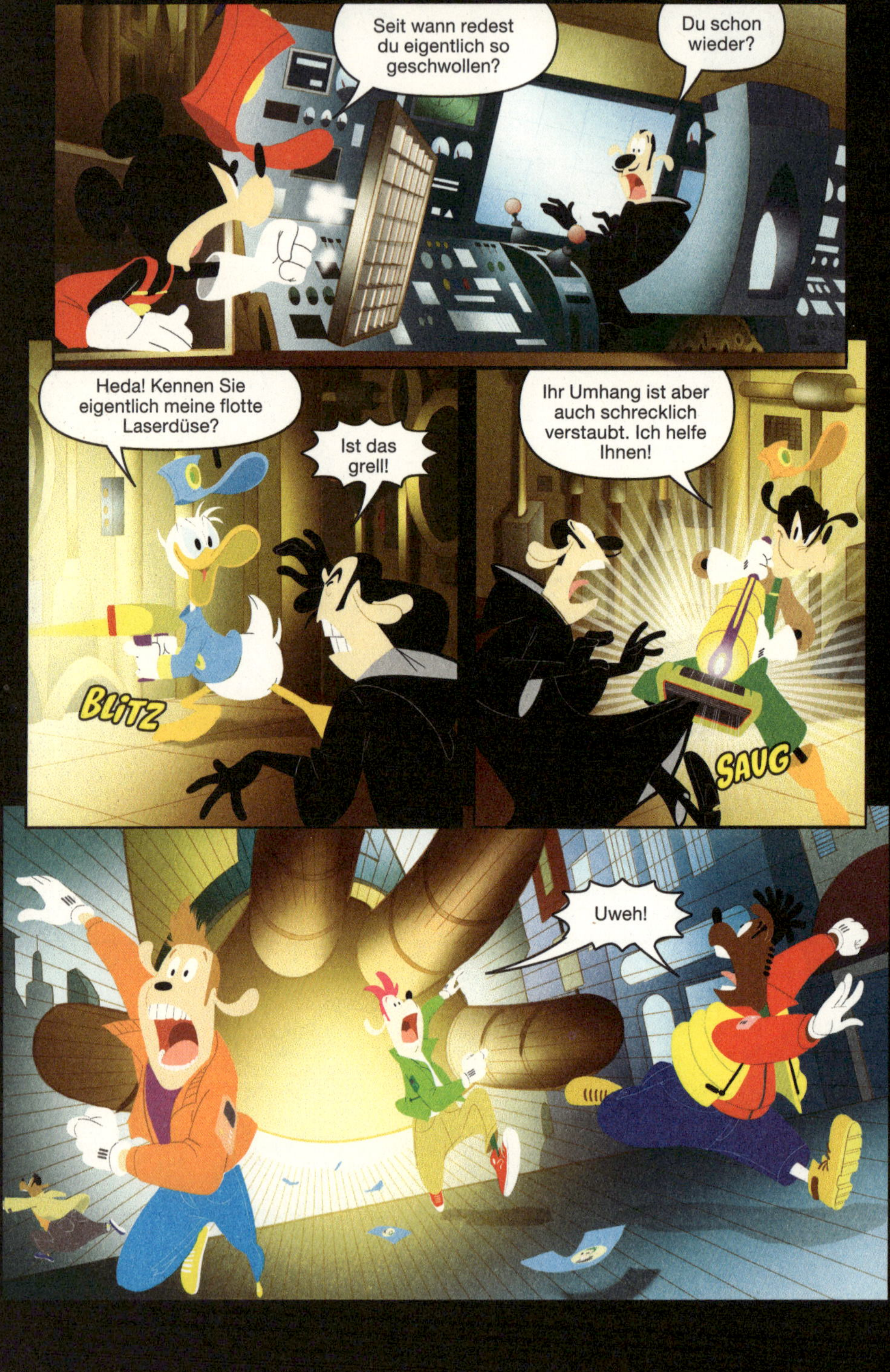
Seit wann redest du eigentlich so geschwollen?
Du schon wieder?
Heda! Kennen Sie eigentlich meine flotte Laserdüse?
Ist das grell!
BLITZ
Ihr Umhang ist aber auch schrecklich verstaubt. Ich helfe Ihnen!
SAUG
Uweh!

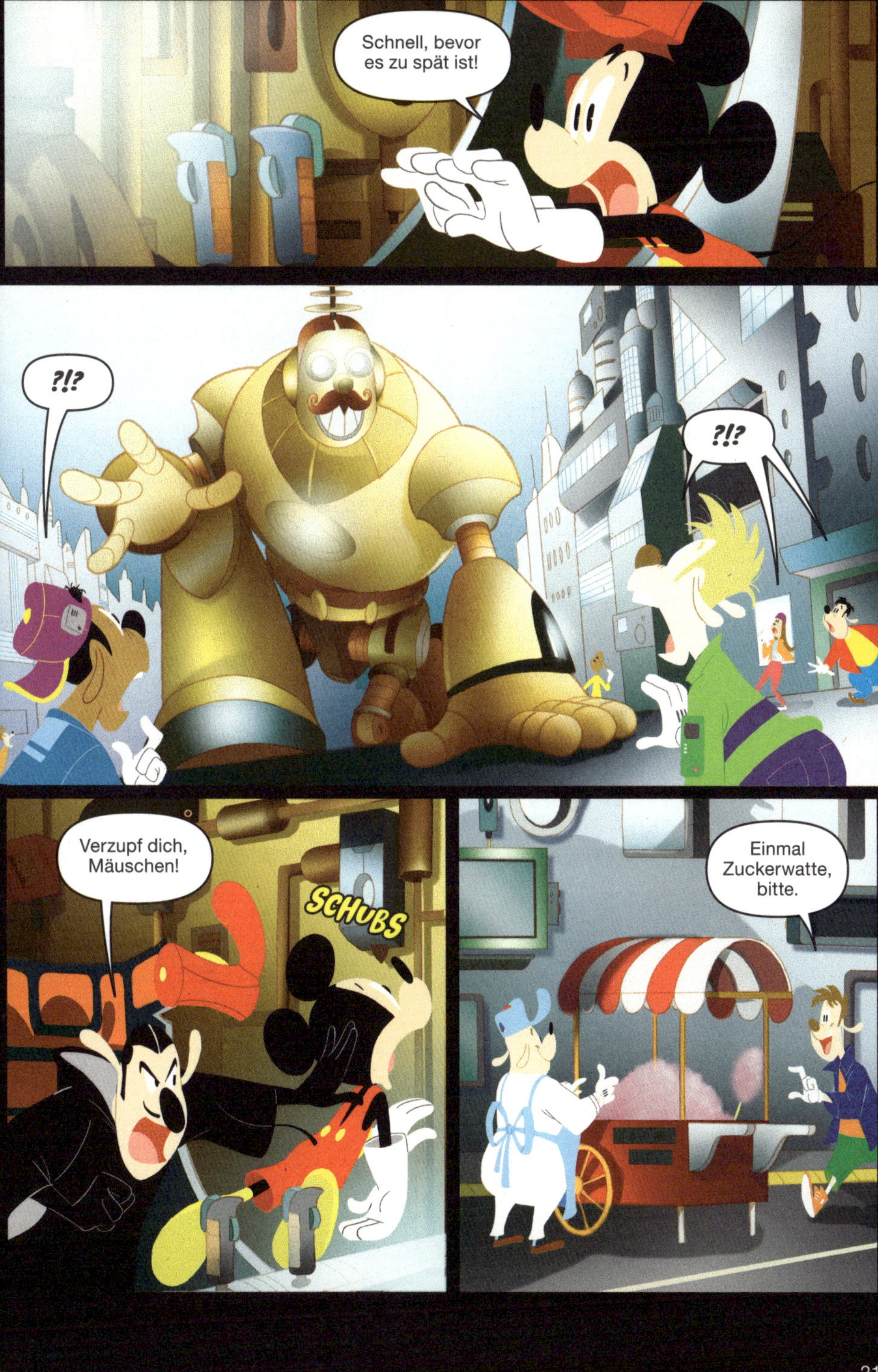
Schnell, bevor es zu spät ist!
?!?
?!?
Verzupf dich, Mäuschen!
SCHUBS
Einmal Zuckerwatte, bitte.

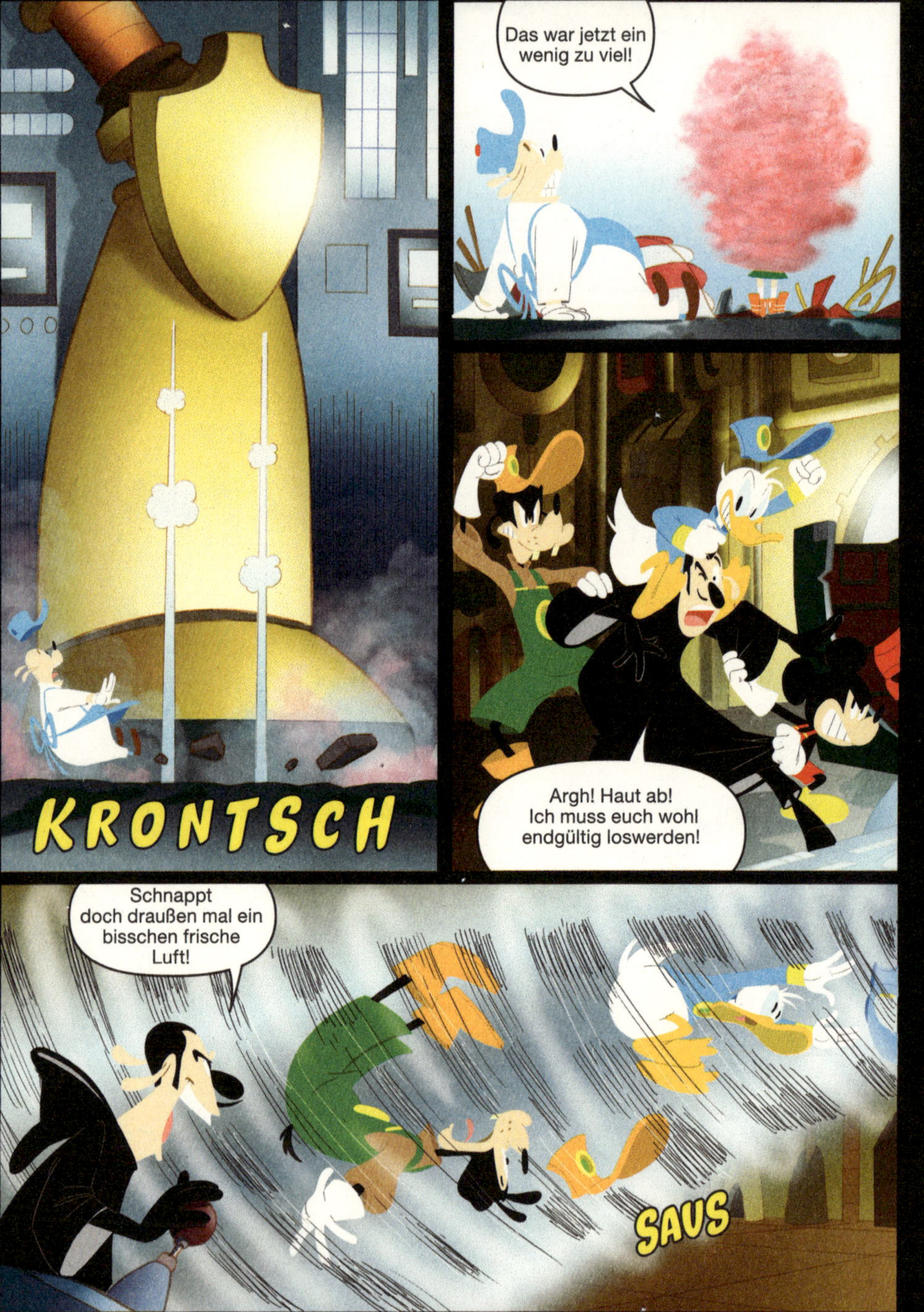
KRONTSCH
Das war jetzt ein wenig zu viel!
Argh! Haut ab! Ich muss euch wohl endgültig loswerden!
Schnappt doch draußen mal ein bisschen frische Luft!
SAUS

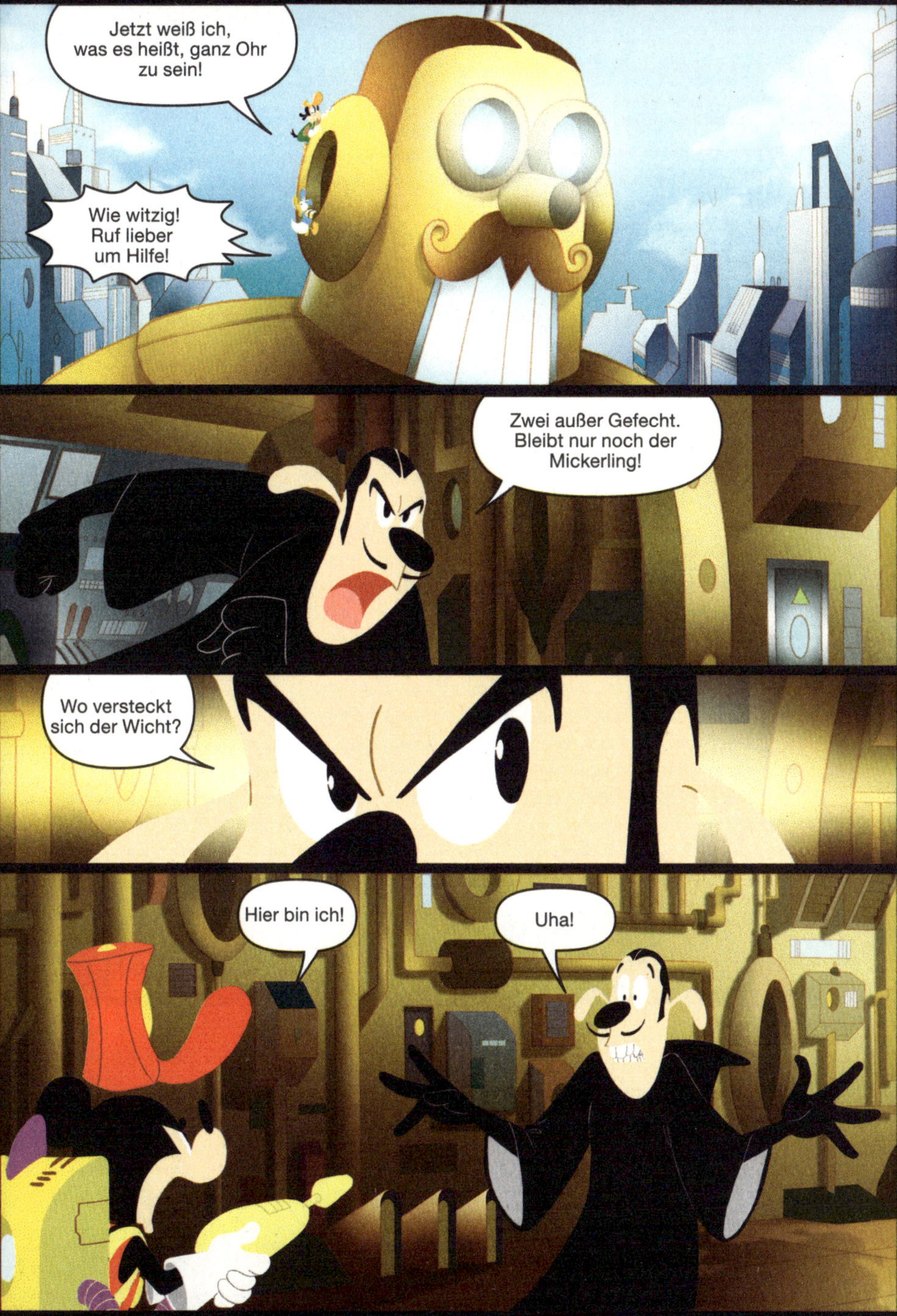
Jetzt weiß ich, was es heißt, ganz Ohr zu sein!
Wie witzig! Ruf lieber um Hilfe!
Zwei außer Gefecht. Bleibt nur noch der Mickerling!
Wo versteckt sich der Wicht?
Hier bin ich!
Uha!

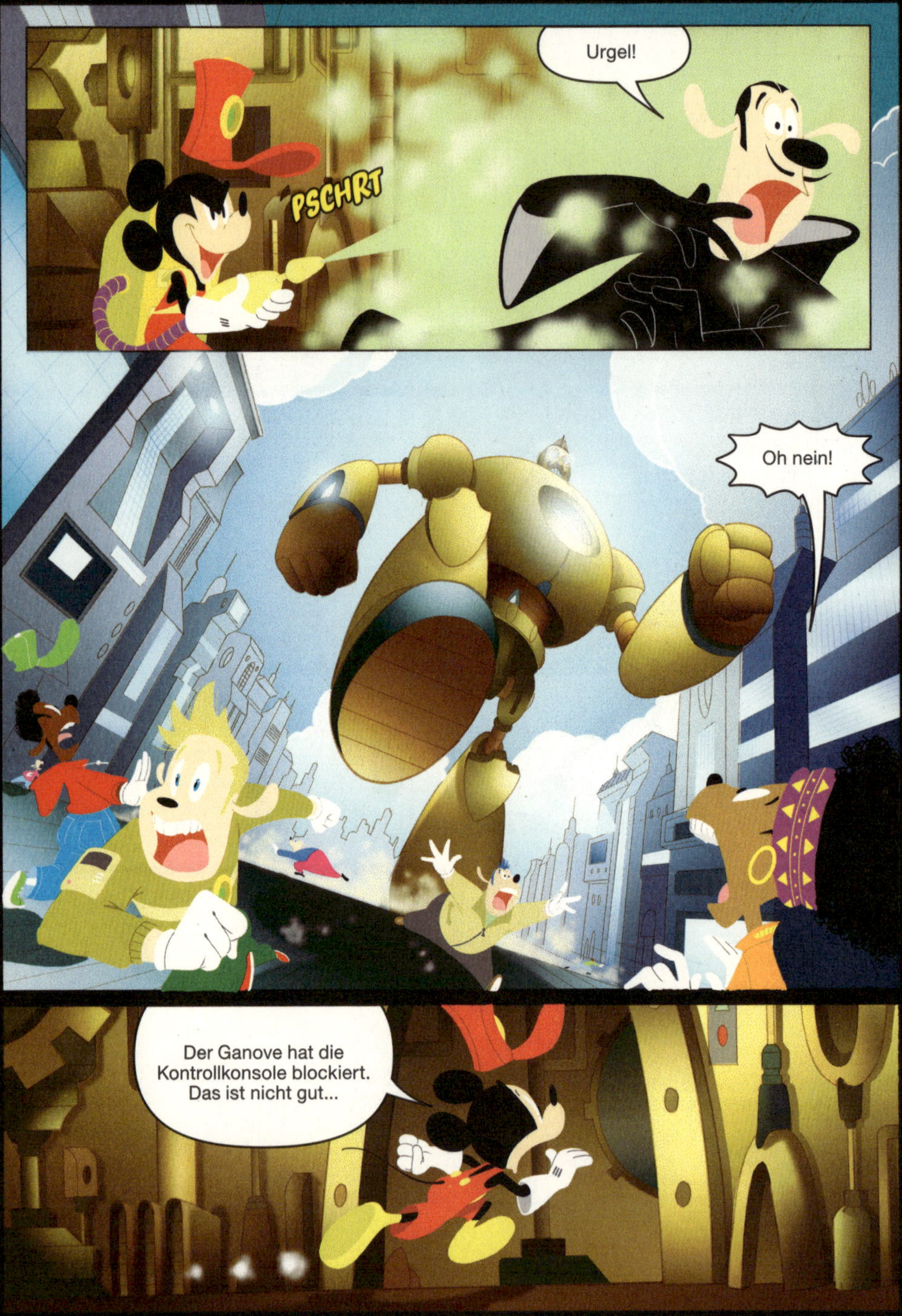
Urgel!
PSCHRT
Oh nein!
Der Ganove hat die Kontrollkonsole blockiert. Das ist nicht gut...

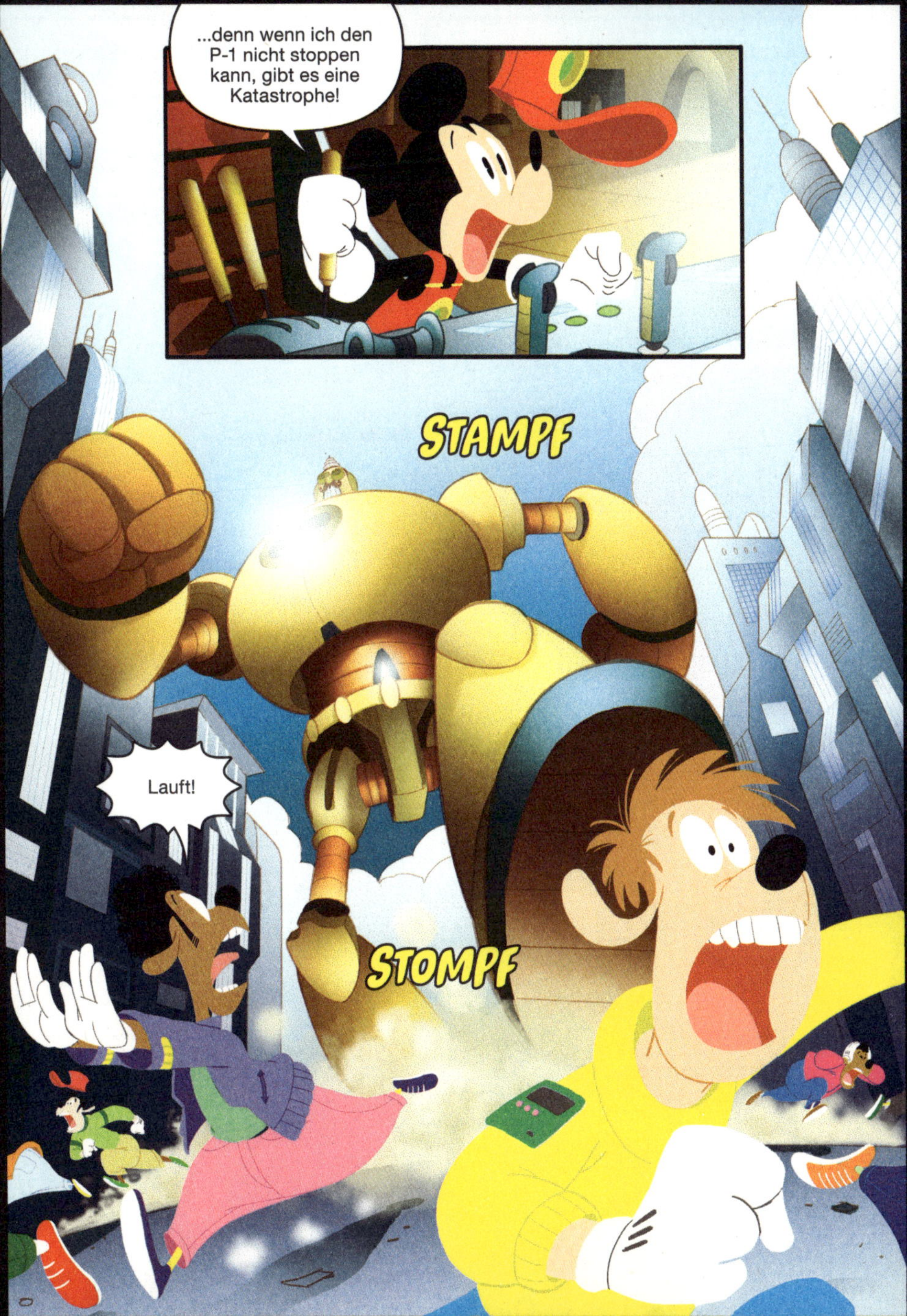
...denn wenn ich den P-1 nicht stoppen kann, gibt es eine Katastrophe!
STAMPF
Lauft!
STOMPF

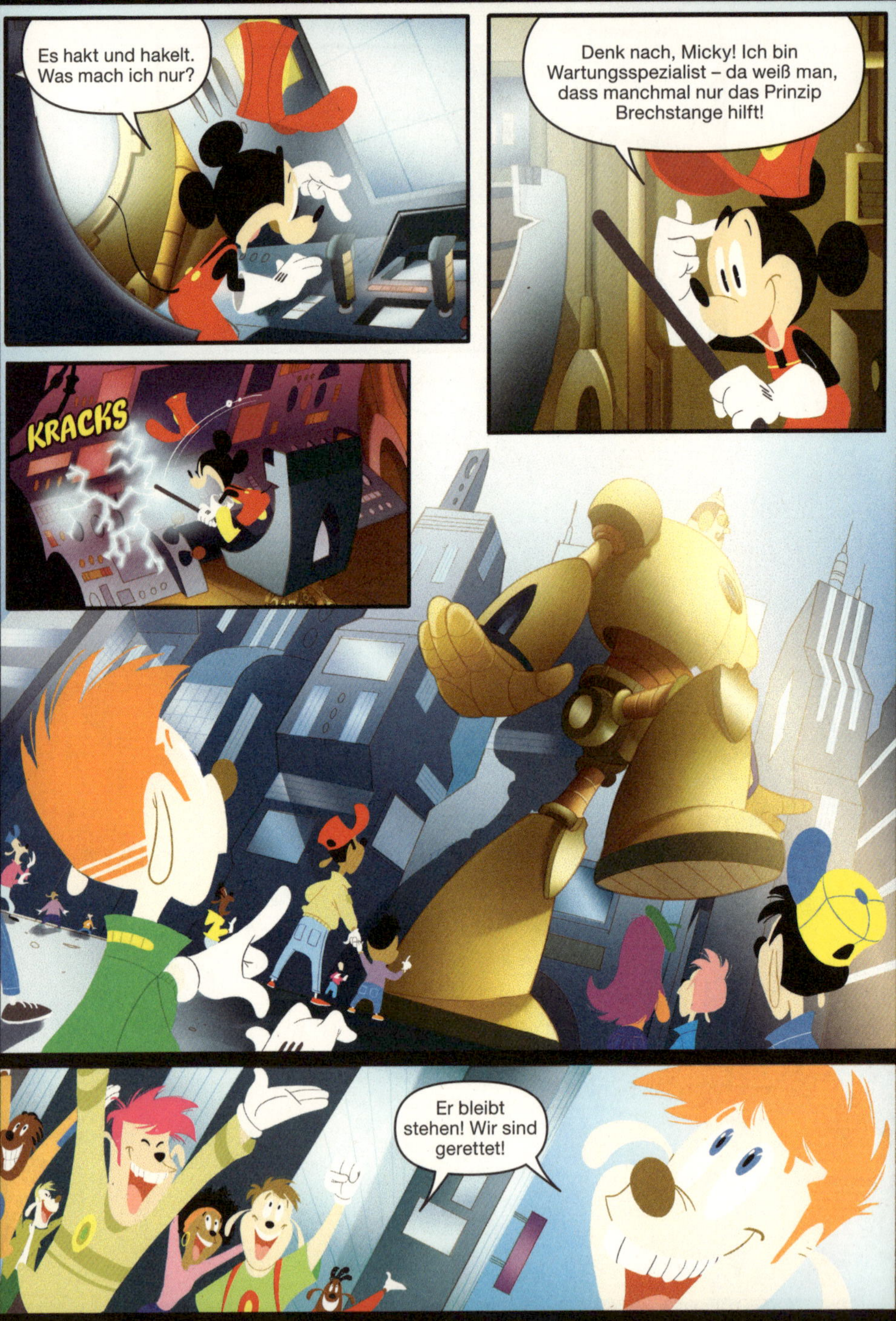
Es hakt und hakelt. Was mach ich nur?
Denk nach, Micky! Ich bin Wartungsspezialist – da weiß man, dass manchmal nur das Prinzip Brechstange hilft!
KRACKS
Er bleibt stehen! Wir sind gerettet!

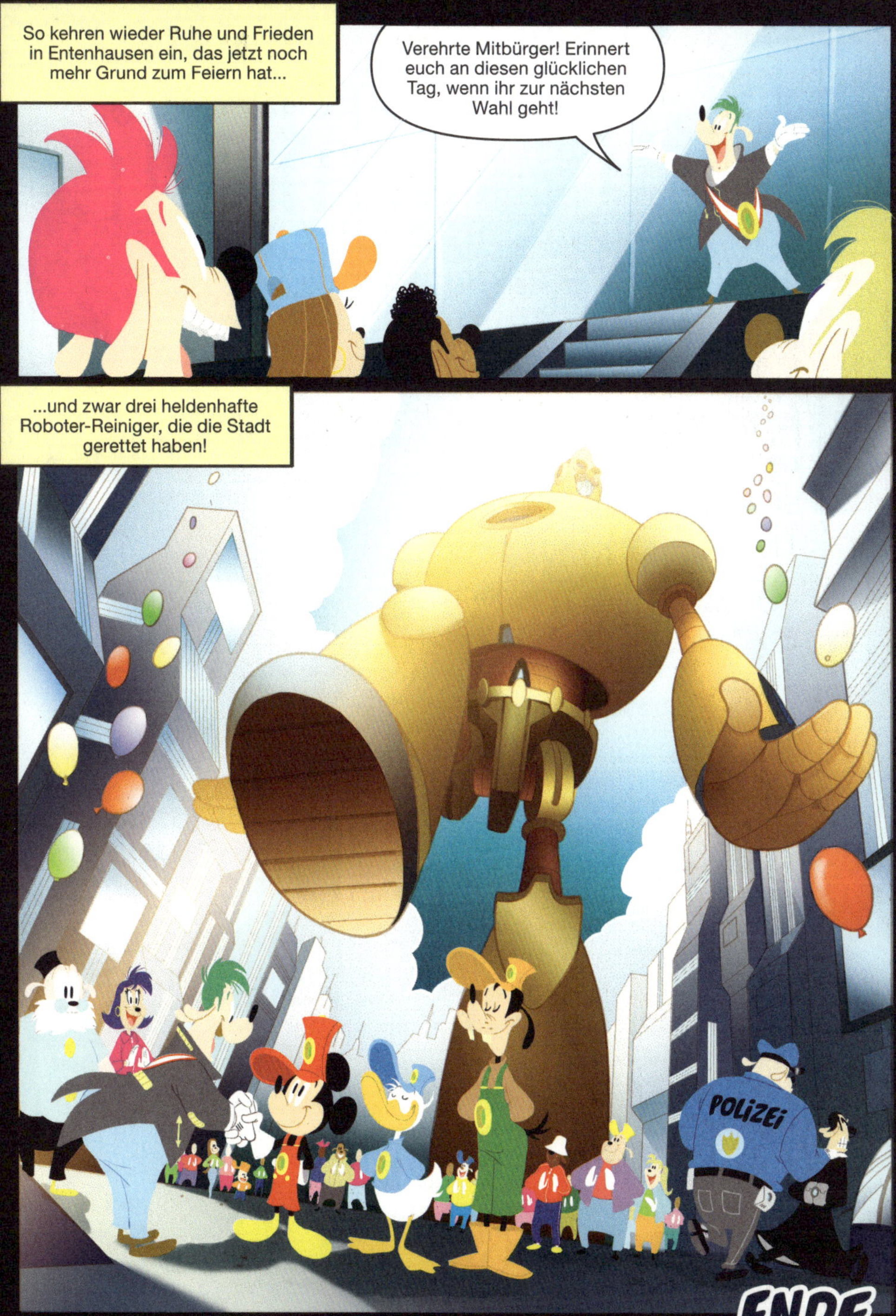

So kehren wieder Ruhe und Frieden in Entenhausen ein, das jetzt noch mehr Grund zum Feiern hat...
Verehrte Mitbürger! Erinnert euch an diesen glücklichen Tag, wenn ihr zur nächsten Wahl geht!
...und zwar drei heldenhafte Roboter-Reiniger, die die Stadt gerettet haben!
POLIZEI
ENDE

1936

# THRU THE MIRROR

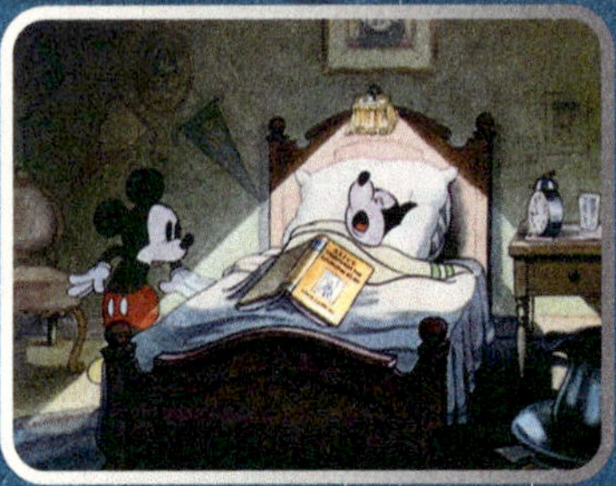

**Deutscher Titel: Micky im Traumland.**
Walt Disney war lange von den Alice-Büchern von Lewis Carroll begeistert. Seine erste Hollywood-Produktion war eine Serie von Komödien, in der ein Mädchen in einer Zeichentrickwelt herumtollte, und 1951 produzierte Walt seine Version von „Alice im Wunderland". In diesem klassisch animierten Kurzfilm spielt Micky die Rolle der Alice und träumt von einer ähnlich surrealen Eskapade, nachdem er beim Lesen von „Alice hinter den Spiegeln" eingeschlafen ist.

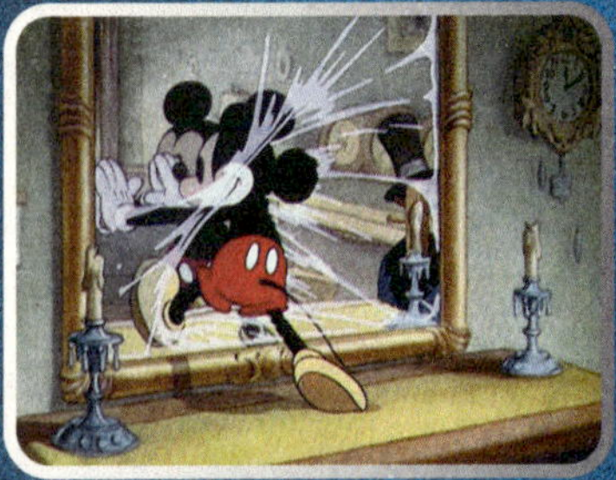

Er tritt durch seinen Spiegel in einen Raum, der als Reflektion seines Schlafzimmers erscheint. Dabei trifft er auf abgedrehte Charaktere – etwa einen genervten Schemel, einen aufmüpfigen Regenschirm, ein sprechendes Telefon und einen Nussknacker, der Walnüsse knackt und dann die Schalen isst.

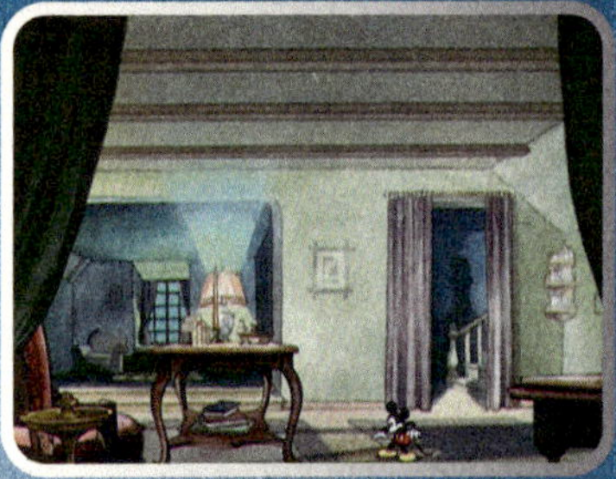

Albert Hurter aus der Vorproduktion entwarf eine Vielzahl dieser skurillen Objekte, die in „Thru the Mirror" für viel außergewöhnliche Action sorgen. So schrumpft Micky nach dem Verzehr einer Walnuss derart zusammen, dass er mit einem Paar weißer Handschuhe auf dem Tisch tanzt und dabei an den legendären Fred Astaire erinnert.

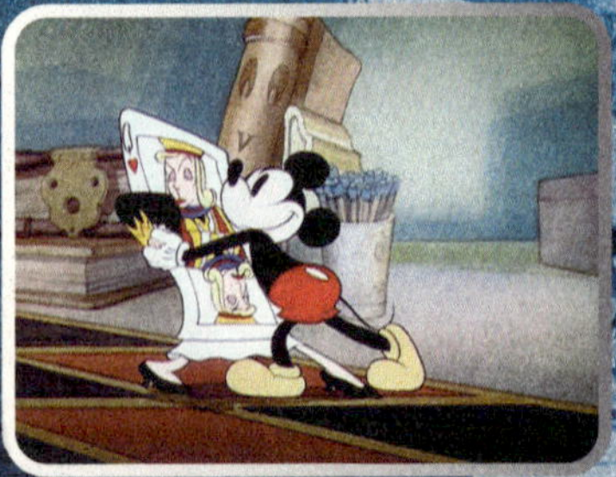

Über den aufwendigen Tanz der Spielkarten sagte Walt Disney selbst: „Die Karten eigneten sich gut dafür, in komplexe Tanznummern integriert zu werden wie von den berühmtesten Musikregisseuren." So wurde dann auch ein Großteil der Szenen vom Tanzexperten Dick Lundy gekonnt animiert.

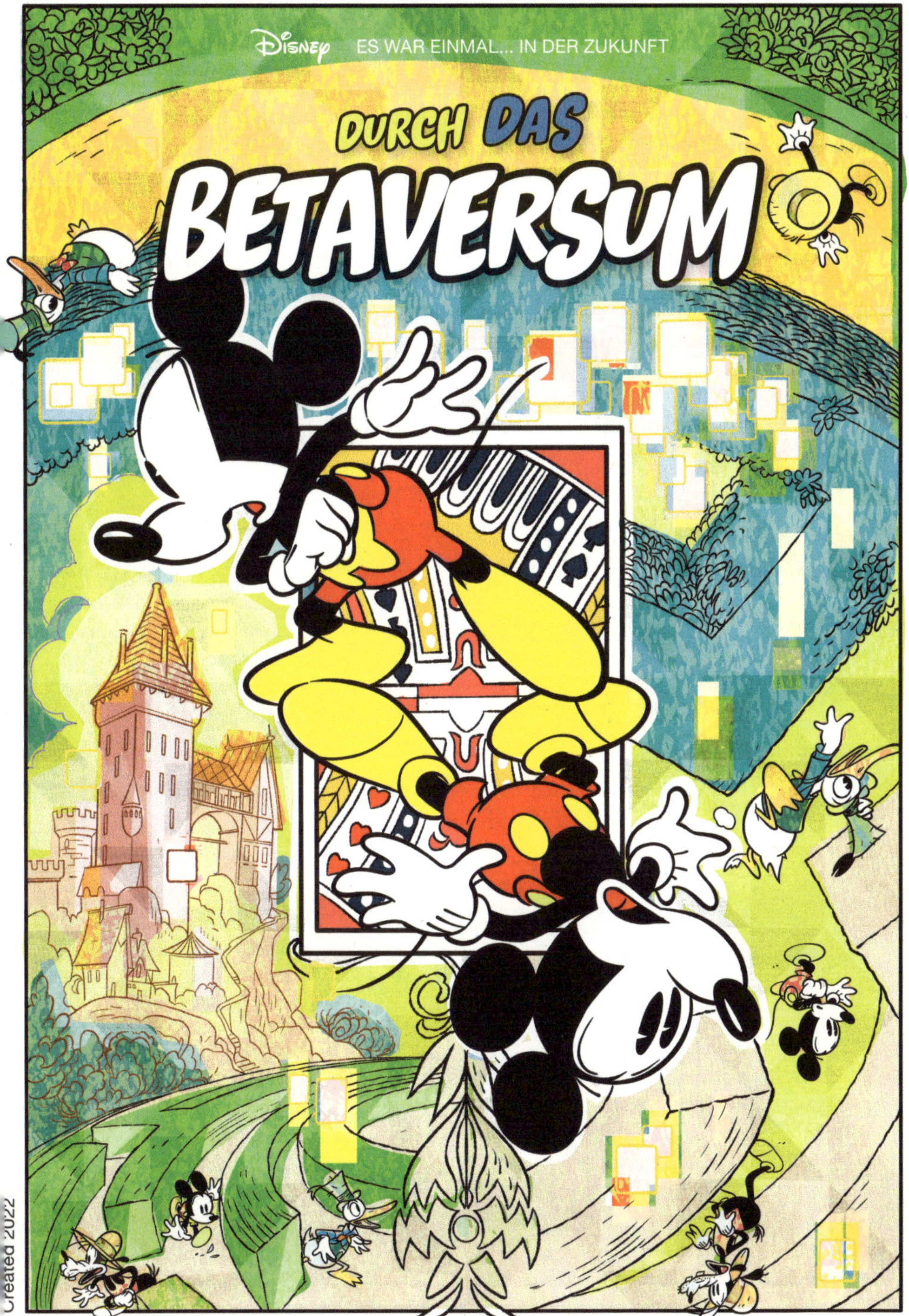


Created 2022

**Francesco Artibani** (Story, inspiriert von „Thru the Mirror“), **Francesco D’Ippolito** (Zeichnungen)

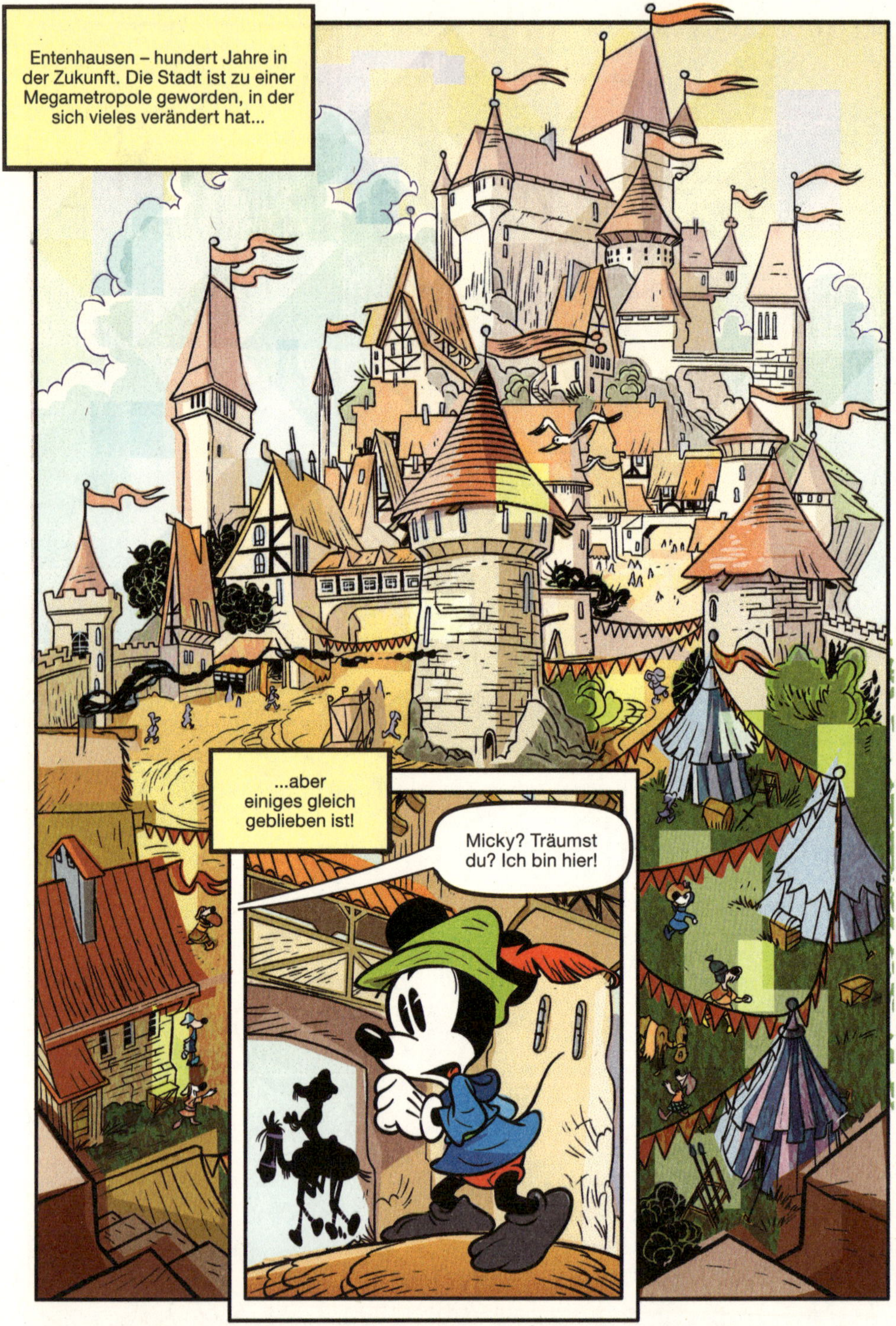
Entenhausen – hundert Jahre in der Zukunft. Die Stadt ist zu einer Megametropole geworden, in der sich vieles verändert hat...
...aber einiges gleich geblieben ist!
Micky? Träumst du? Ich bin hier!

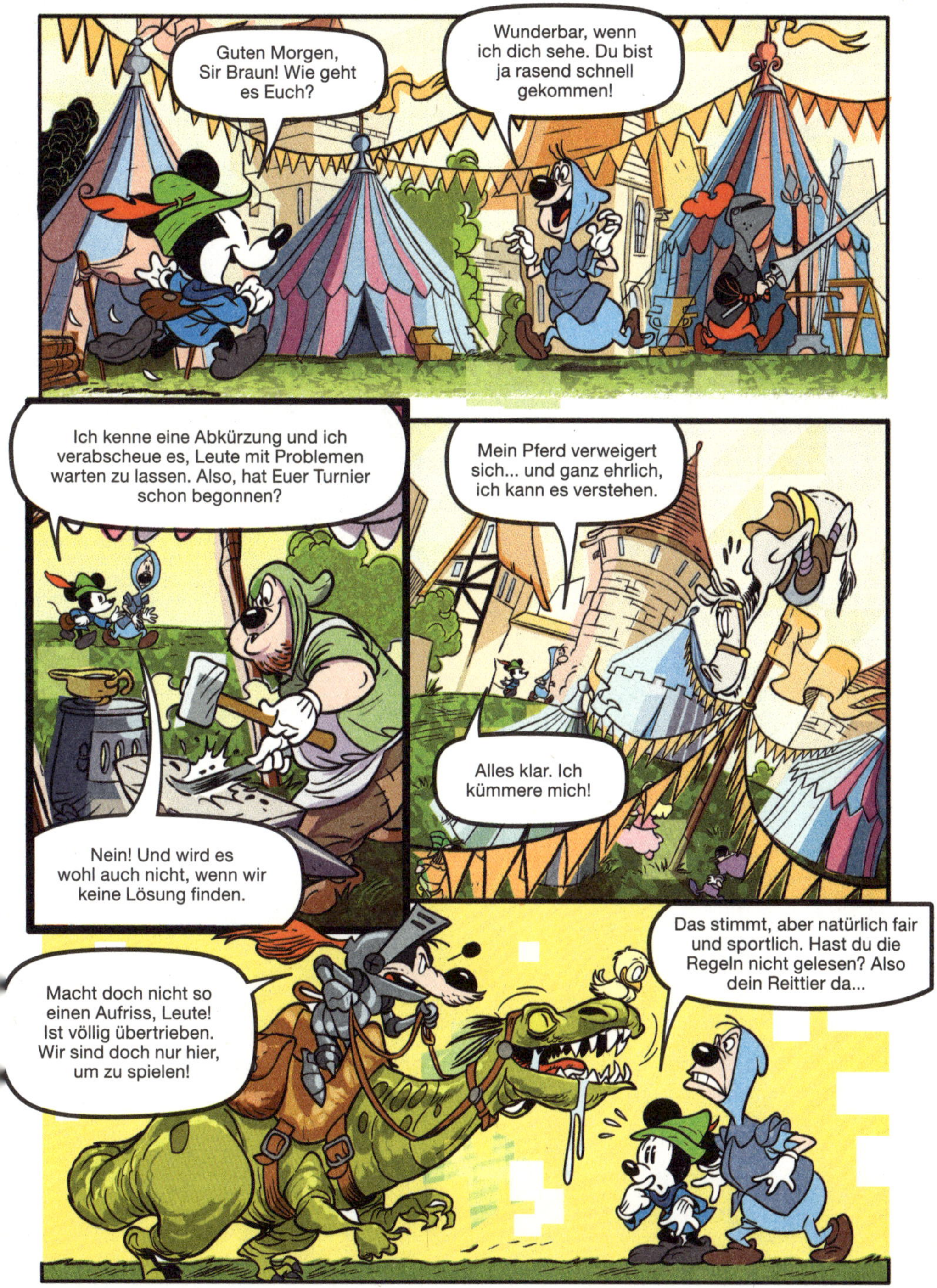
Guten Morgen, Sir Braun! Wie geht es Euch?
Wunderbar, wenn ich dich sehe. Du bist ja rasend schnell gekommen!
Ich kenne eine Abkürzung und ich verabscheue es, Leute mit Problemen warten zu lassen. Also, hat Euer Turnier schon begonnen?
Nein! Und wird es wohl auch nicht, wenn wir keine Lösung finden.
Mein Pferd verweigert sich... und ganz ehrlich, ich kann es verstehen.
Alles klar. Ich kümmere mich!
Macht doch nicht so einen Aufriss, Leute! Ist völlig übertrieben. Wir sind doch nur hier, um zu spielen!
Das stimmt, aber natürlich fair und sportlich. Hast du die Regeln nicht gelesen? Also dein Reittier da...

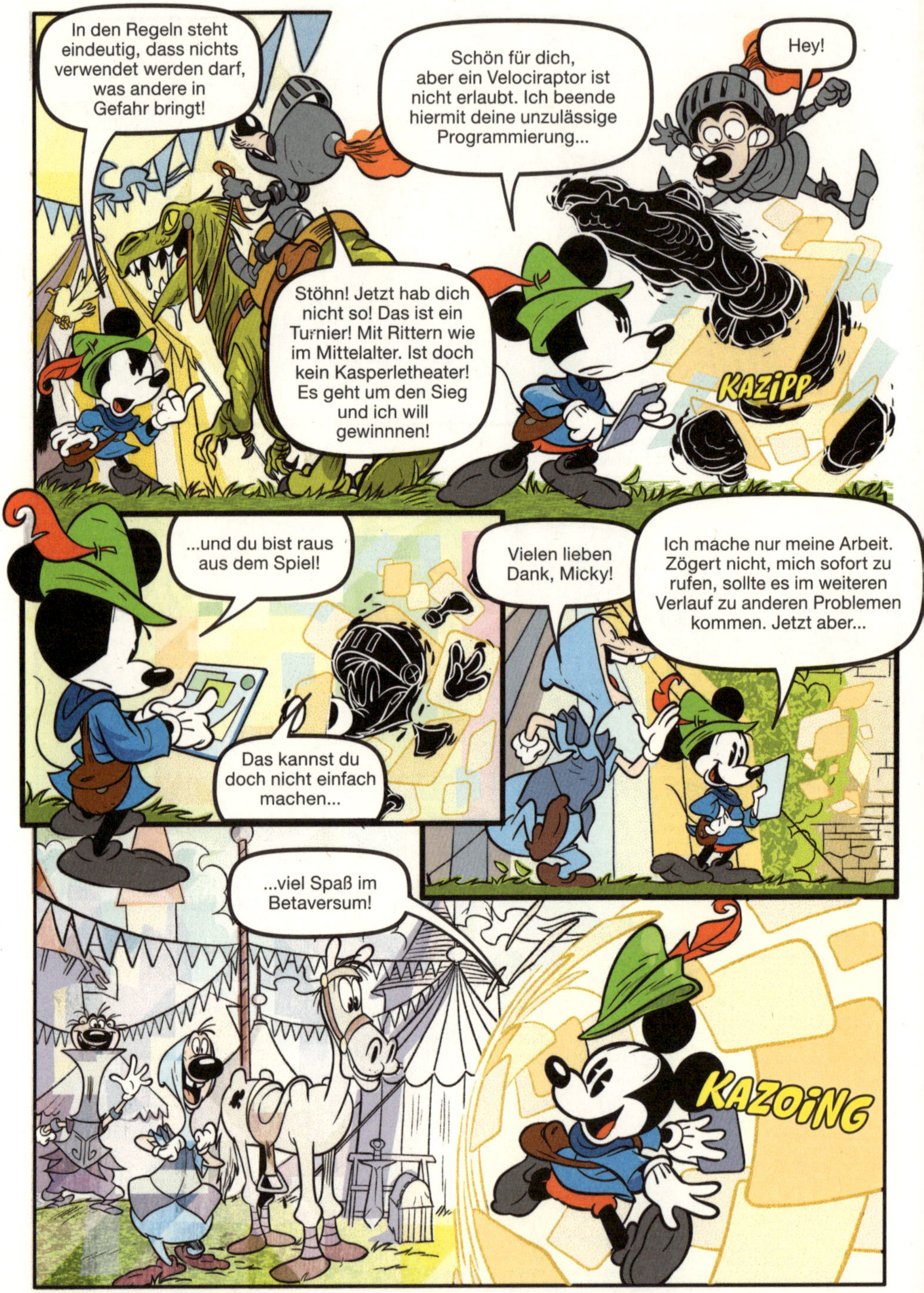
In den Regeln steht eindeutig, dass nichts verwendet werden darf, was andere in Gefahr bringt!
Schön für dich, aber ein Velociraptor ist nicht erlaubt. Ich beende hiermit deine unzulässige Programmierung...
Hey!
Stöhn! Jetzt hab dich nicht so! Das ist ein Turnier! Mit Rittern wie im Mittelalter. Ist doch kein Kasperletheater! Es geht um den Sieg und ich will gewinnnen!
KAZIPP
...und du bist raus aus dem Spiel!
Das kannst du doch nicht einfach machen...
Vielen lieben Dank, Micky!
Ich mache nur meine Arbeit. Zögert nicht, mich sofort zu rufen, sollte es im weiteren Verlauf zu anderen Problemen kommen. Jetzt aber...
...viel Spaß im Betaversum!
KAZOiNG

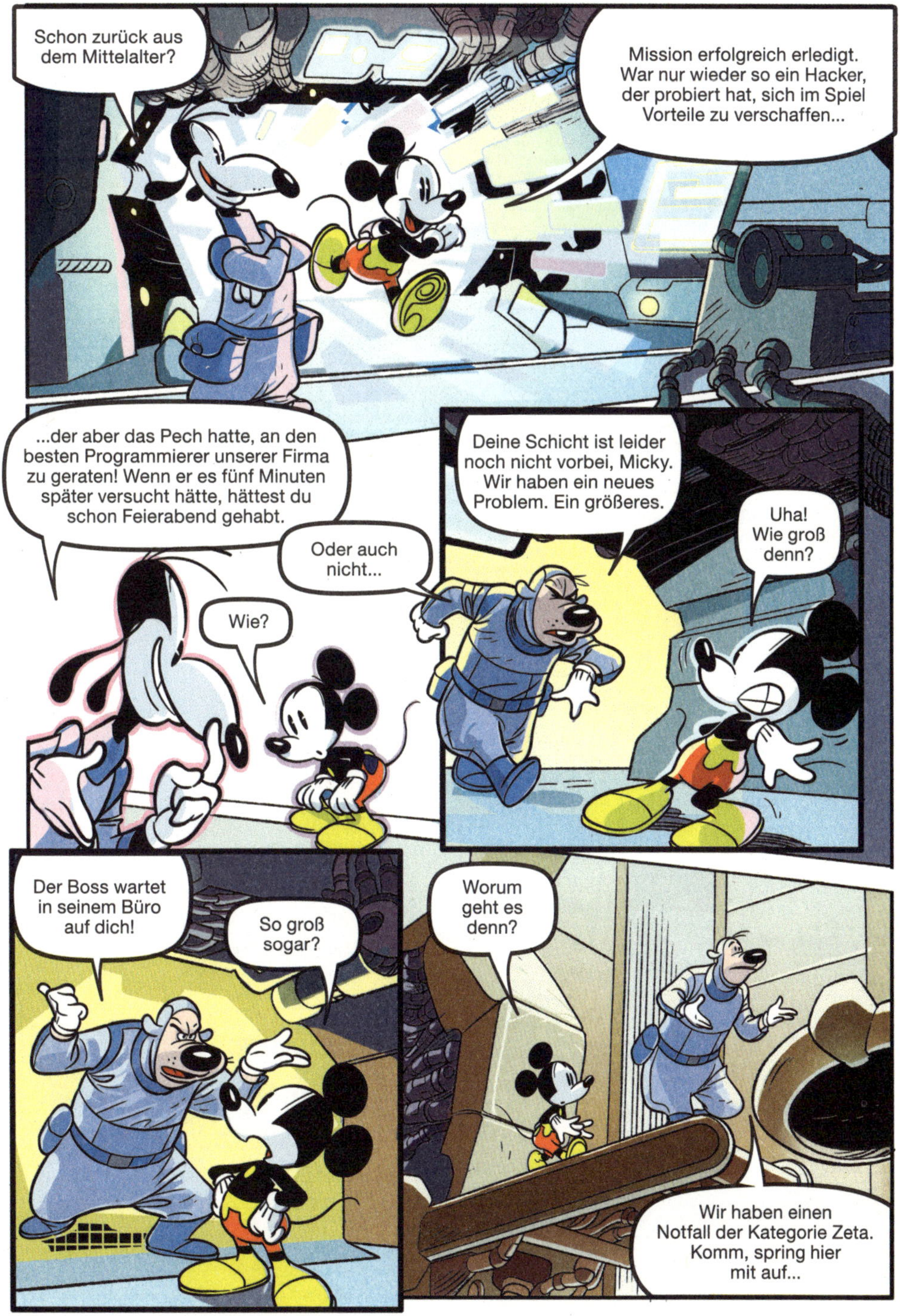
Schon zurück aus dem Mittelalter?
Mission erfolgreich erledigt. War nur wieder so ein Hacker, der probiert hat, sich im Spiel Vorteile zu verschaffen...
...der aber das Pech hatte, an den besten Programmierer unserer Firma zu geraten! Wenn er es fünf Minuten später versucht hätte, hättest du schon Feierabend gehabt.
Oder auch nicht...
Wie?
Deine Schicht ist leider noch nicht vorbei, Micky. Wir haben ein neues Problem. Ein größeres.
Uha! Wie groß denn?
Der Boss wartet in seinem Büro auf dich!
So groß sogar?
Worum geht es denn?
Wir haben einen Notfall der Kategorie Zeta. Komm, spring hier mit auf...

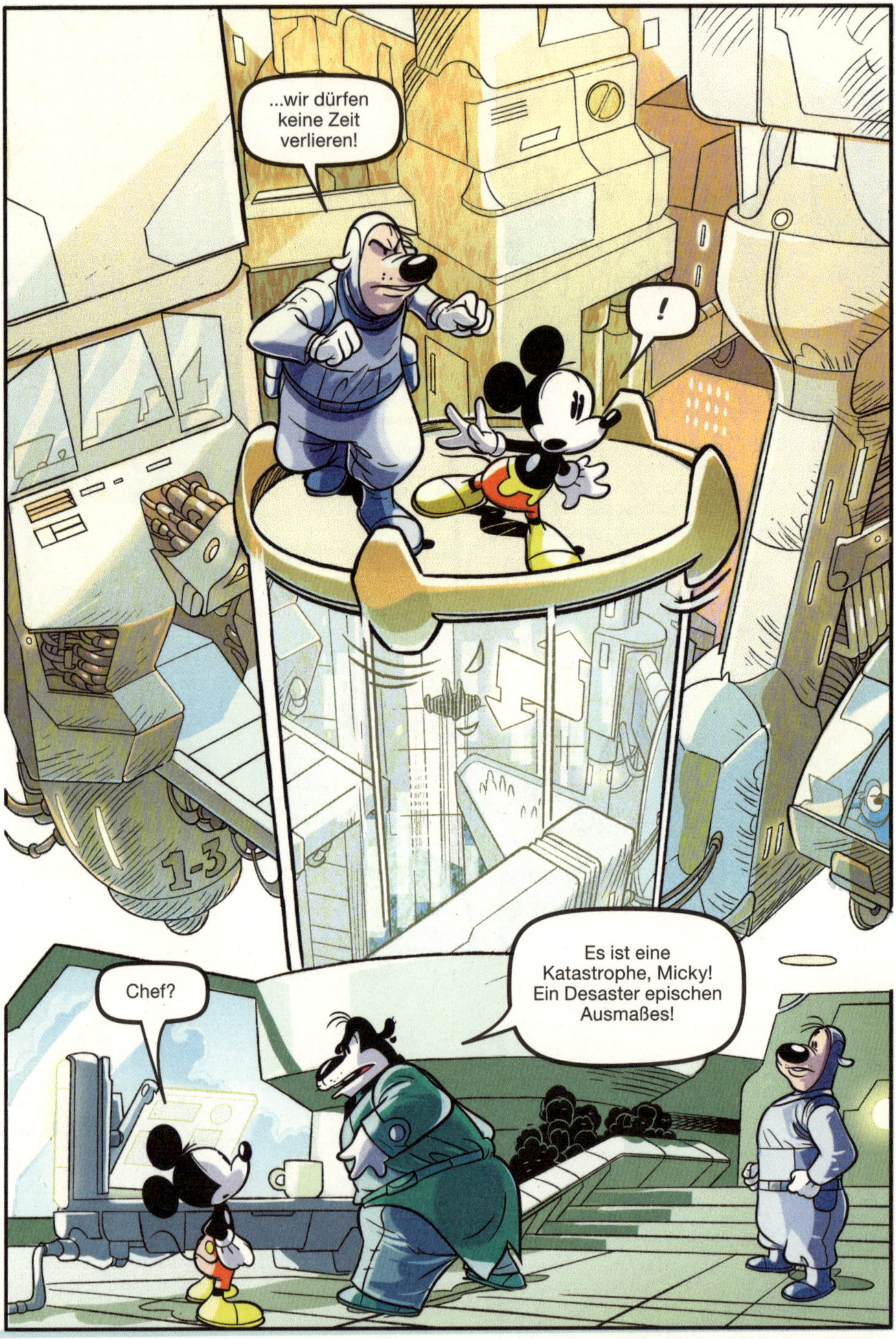
...wir dürfen keine Zeit verlieren!
!
Chef?
Es ist eine Katastrophe, Micky! Ein Desaster epischen Ausmaßes!

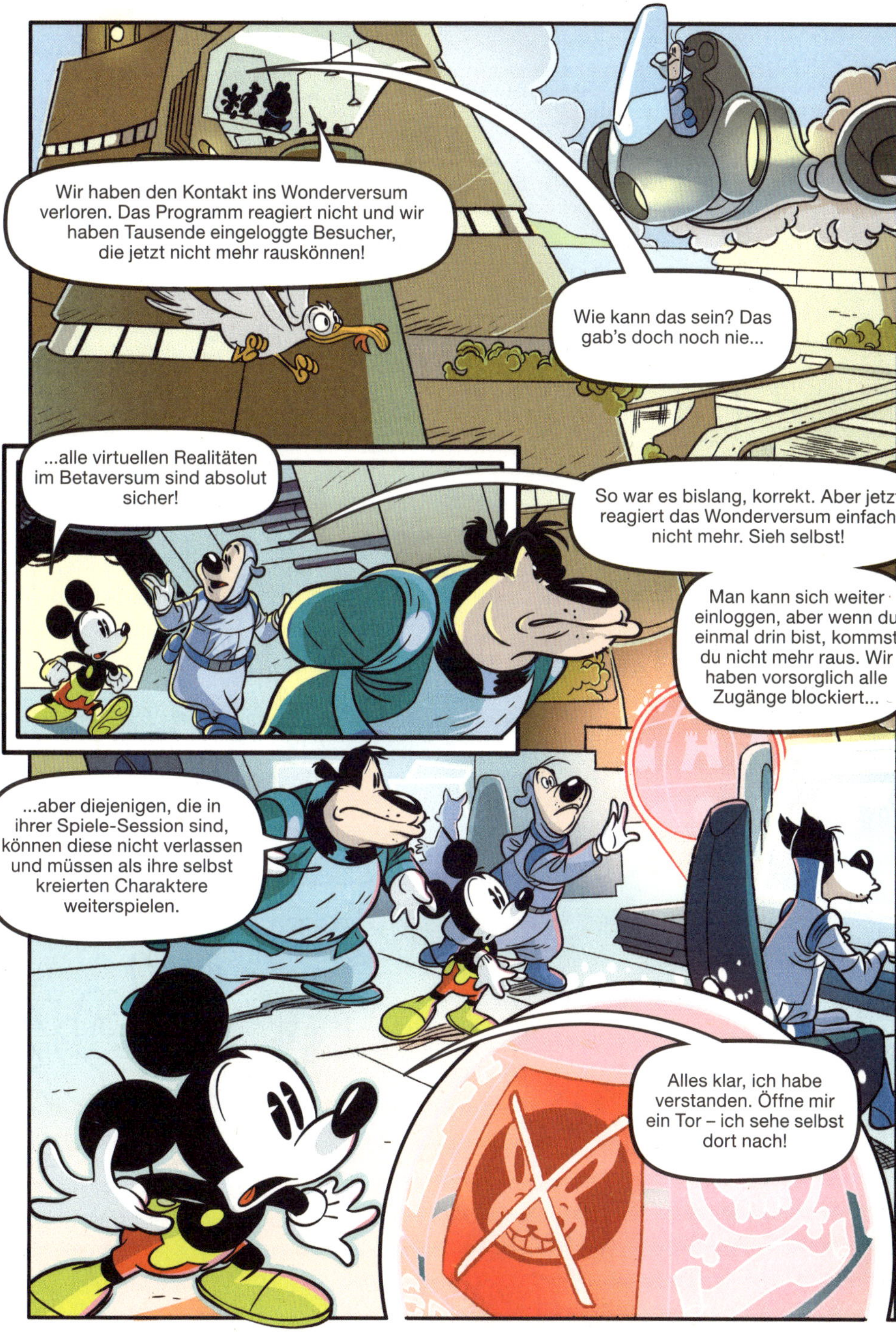

Wir haben den Kontakt ins Wonderversum verloren. Das Programm reagiert nicht und wir haben Tausende eingeloggte Besucher, die jetzt nicht mehr rauskönnen!
Wie kann das sein? Das gab's doch noch nie...
...alle virtuellen Realitäten im Betaversum sind absolut sicher!
So war es bislang, korrekt. Aber jetzt reagiert das Wonderversum einfach nicht mehr. Sieh selbst!
Man kann sich weiter einloggen, aber wenn du einmal drin bist, kommst du nicht mehr raus. Wir haben vorsorglich alle Zugänge blockiert...
...aber diejenigen, die in ihrer Spiele-Session sind, können diese nicht verlassen und müssen als ihre selbst kreierten Charaktere weiterspielen.
Alles klar, ich habe verstanden. Öffne mir ein Tor – ich sehe selbst dort nach!

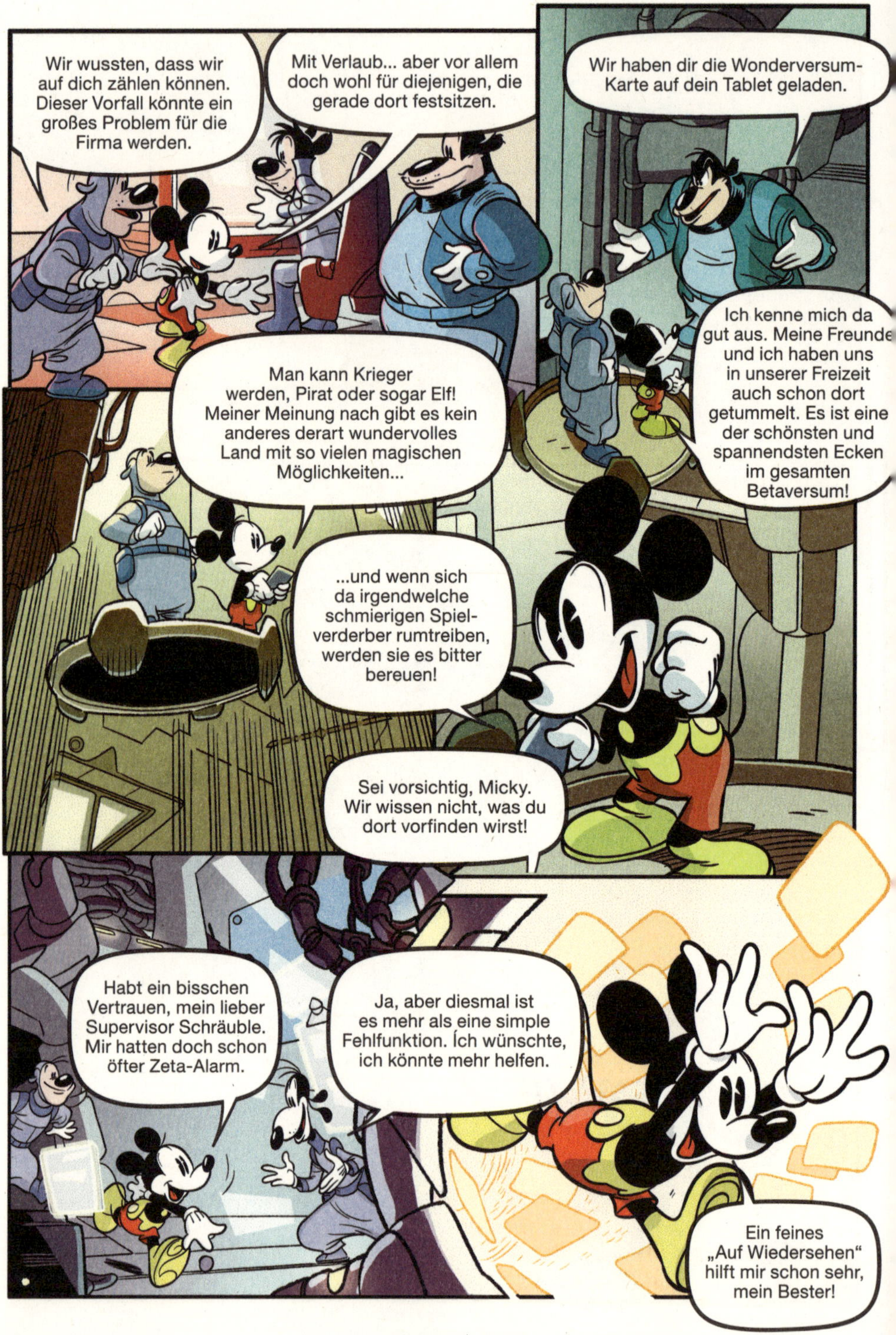
Wir wussten, dass wir auf dich zählen können. Dieser Vorfall könnte ein großes Problem für die Firma werden.
Mit Verlaub... aber vor allem doch wohl für diejenigen, die gerade dort festsitzen.
Wir haben dir die Wonderversum-Karte auf dein Tablet geladen.
Ich kenne mich da gut aus. Meine Freunde und ich haben uns in unserer Freizeit auch schon dort getummelt. Es ist eine der schönsten und spannendsten Ecken im gesamten Betaversum!
Man kann Krieger werden, Pirat oder sogar Elf! Meiner Meinung nach gibt es kein anderes derart wundervolles Land mit so vielen magischen Möglichkeiten...
...und wenn sich da irgendwelche schmierigen Spielverderber rumtreiben, werden sie es bitter bereuen!
Sei vorsichtig, Micky. Wir wissen nicht, was du dort vorfinden wirst!
Habt ein bisschen Vertrauen, mein lieber Supervisor Schräuble. Mir hatten doch schon öfter Zeta-Alarm.
Ja, aber diesmal ist es mehr als eine simple Fehlfunktion. Ich wünschte, ich könnte mehr helfen.
Ein feines „Auf Wiedersehen“ hilft mir schon sehr, mein Bester!

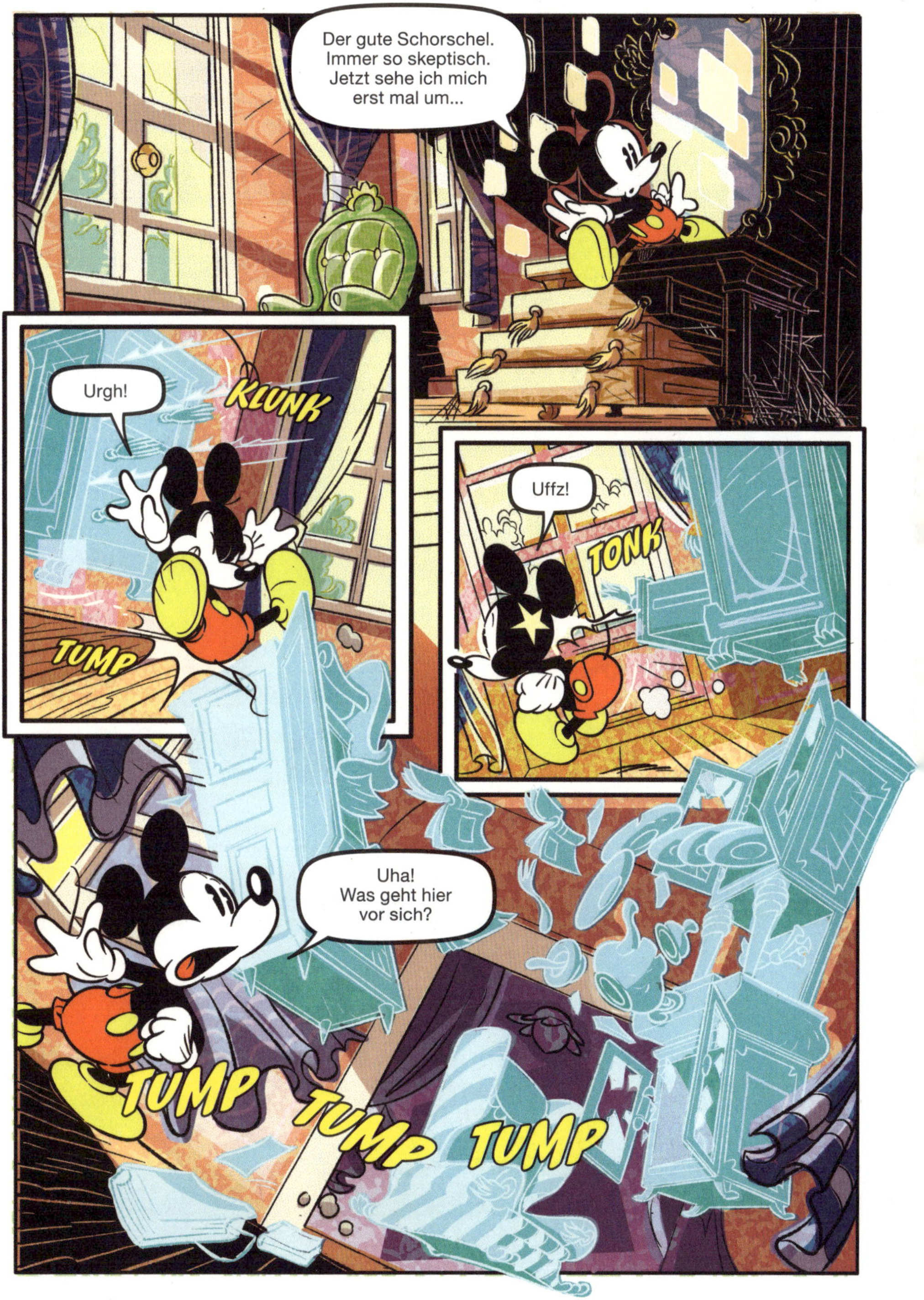
Der gute Schorschel. Immer so skeptisch. Jetzt sehe ich mich erst mal um...
Urgh!
KLUNK
TUMP
Uffz!
TONK
Uha! Was geht hier vor sich?
TUMP
TUMP
TUMP

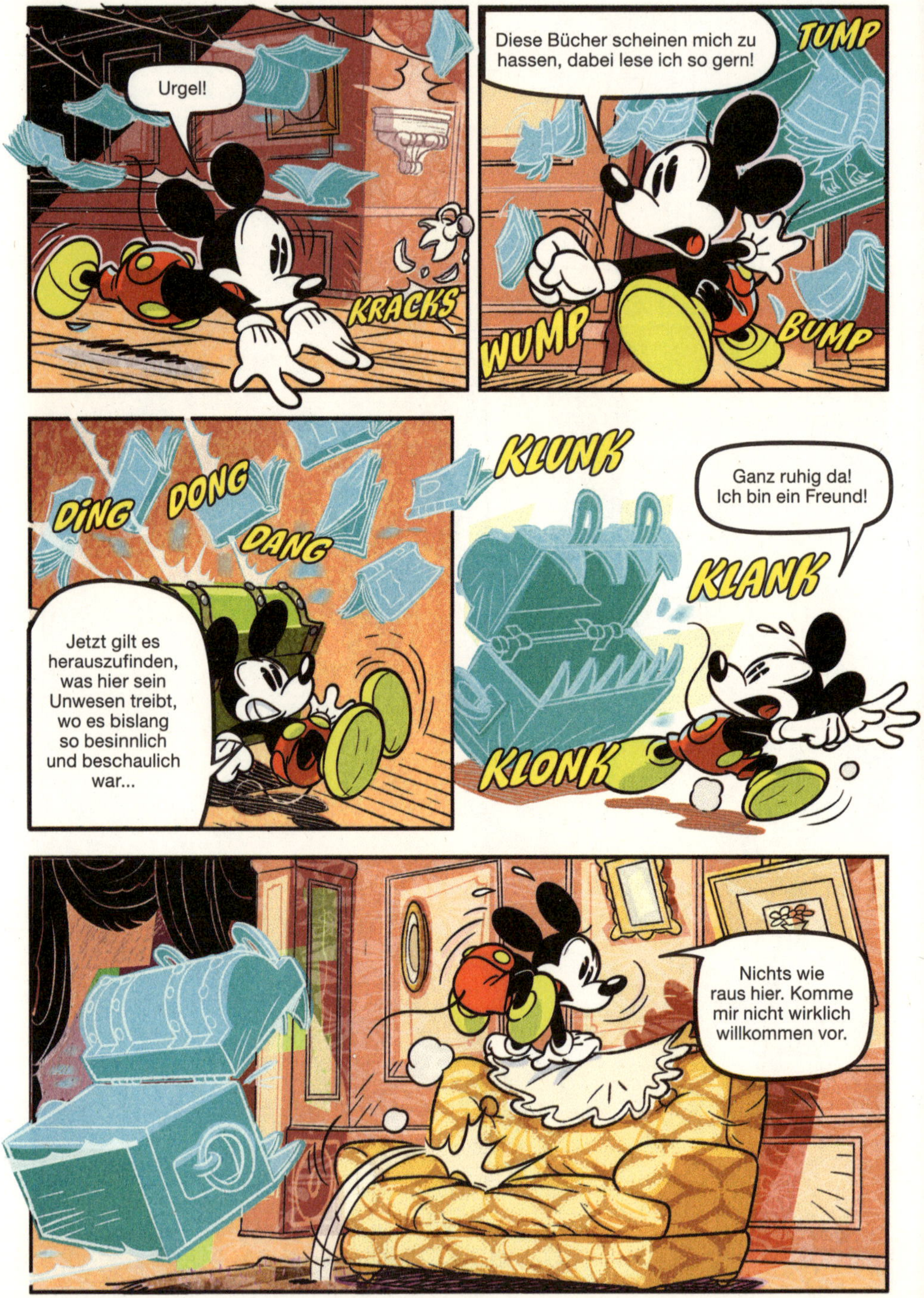
Urgel!
KRACKS
Diese Bücher scheinen mich zu hassen, dabei lese ich so gern!
TUMP
WUMP
BUMP
DING
DONG
DANG
Jetzt gilt es herauszufinden, was hier sein Unwesen treibt, wo es bislang so besinnlich und beschaulich war...
KLUNK
Ganz ruhig da! Ich bin ein Freund!
KLANK
KLONK
Nichts wie raus hier. Komme mir nicht wirklich willkommen vor.

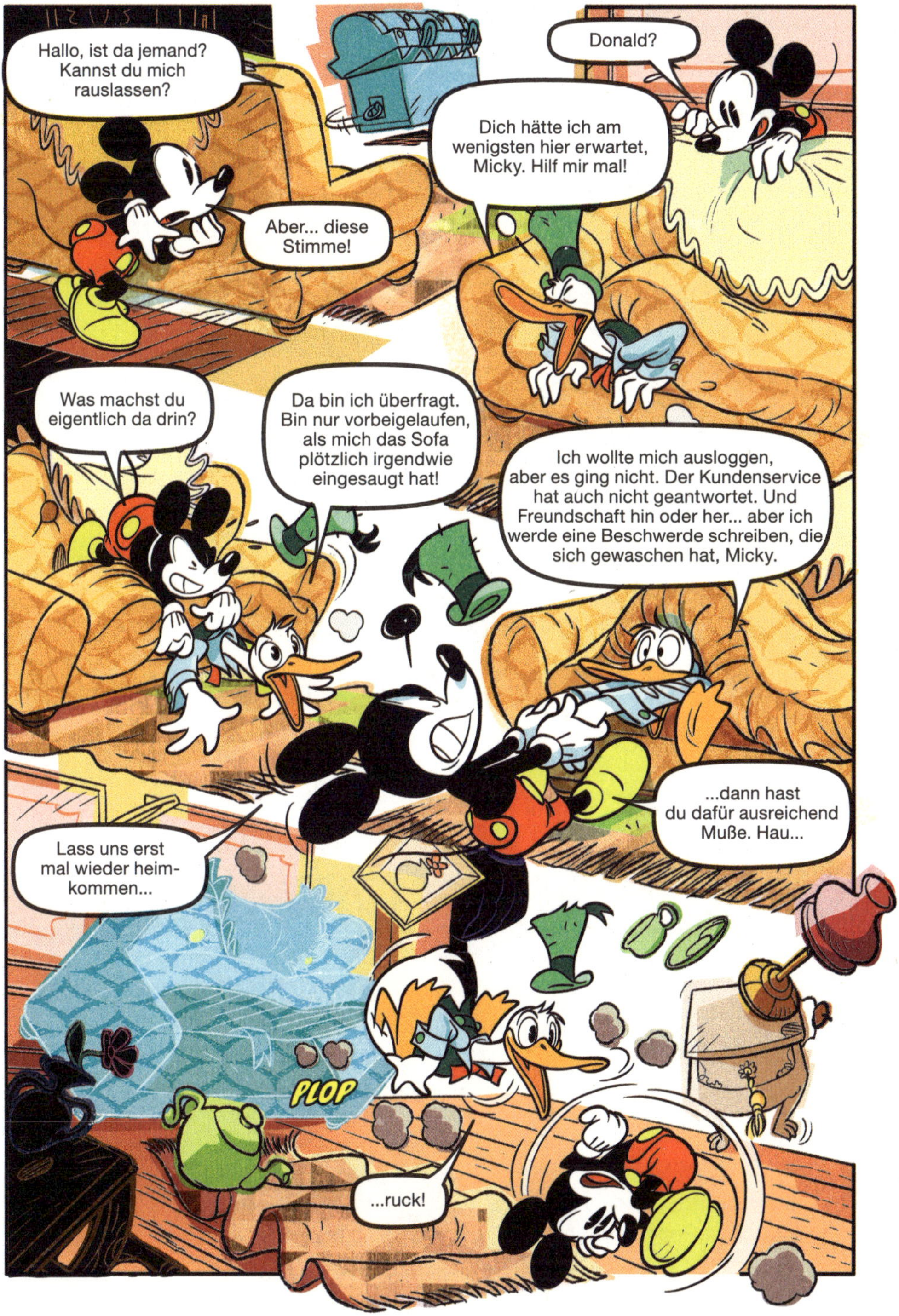
Hallo, ist da jemand? Kannst du mich rauslassen?
Aber... diese Stimme!
Donald?
Dich hätte ich am wenigsten hier erwartet, Micky. Hilf mir mal!
Was machst du eigentlich da drin?
Da bin ich überfragt. Bin nur vorbeigelaufen, als mich das Sofa plötzlich irgendwie eingesaugt hat!
Ich wollte mich ausloggen, aber es ging nicht. Der Kundenservice hat auch nicht geantwortet. Und Freundschaft hin oder her... aber ich werde eine Beschwerde schreiben, die sich gewaschen hat, Micky.
Lass uns erst mal wieder heimkommen...
...dann hast du dafür ausreichend Muße. Hau...
PLOP
...ruck!

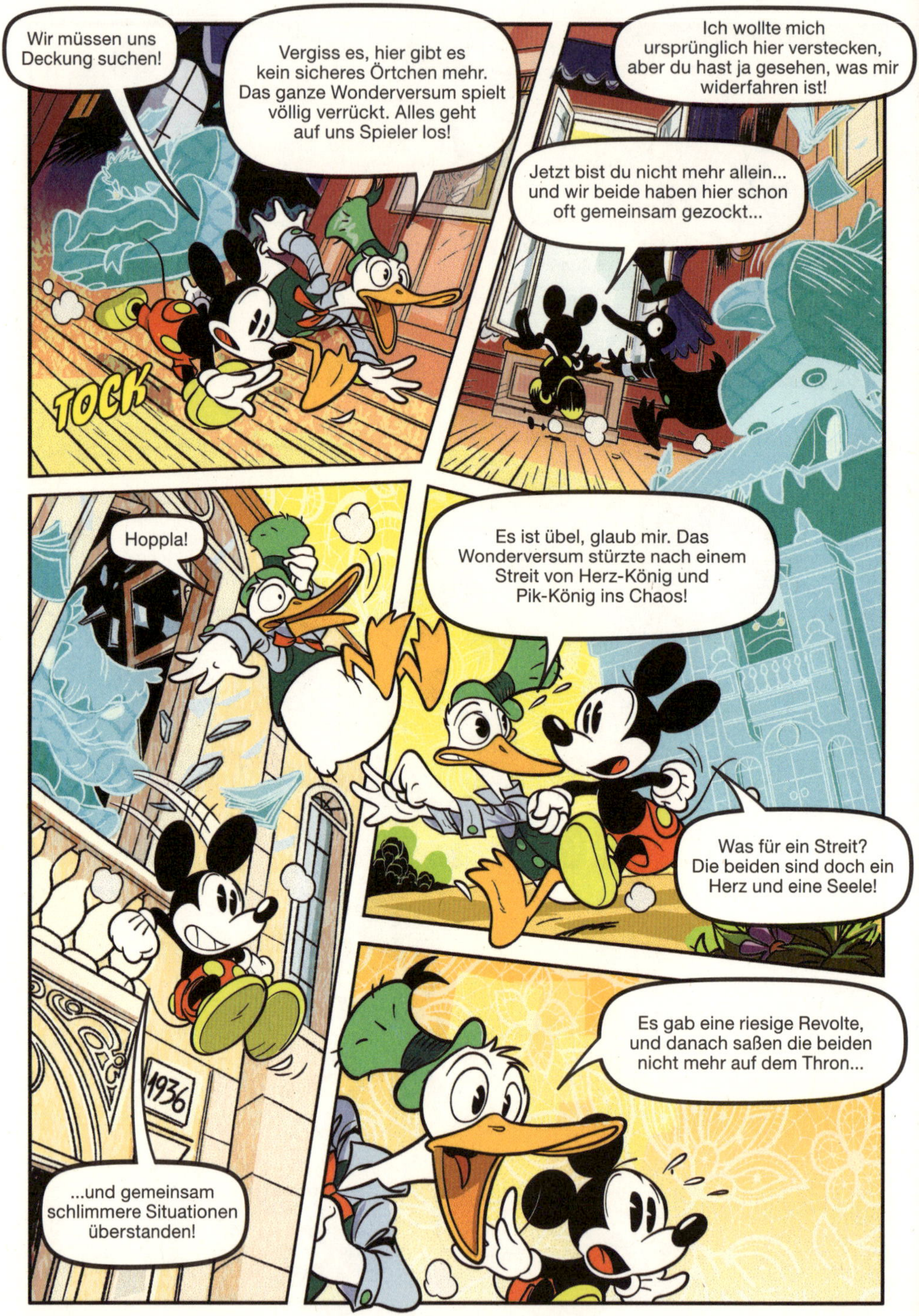
Wir müssen uns Deckung suchen!
Vergiss es, hier gibt es kein sicheres Örtchen mehr. Das ganze Wonderversum spielt völlig verrückt. Alles geht auf uns Spieler los!
TOCK
Ich wollte mich ursprünglich hier verstecken, aber du hast ja gesehen, was mir widerfahren ist!
Jetzt bist du nicht mehr allein... und wir beide haben hier schon oft gemeinsam gezockt...
Hoppla!
...und gemeinsam schlimmere Situationen überstanden!
1936
Es ist übel, glaub mir. Das Wonderversum stürzte nach einem Streit von Herz-König und Pik-König ins Chaos!
Was für ein Streit? Die beiden sind doch ein Herz und eine Seele!
Es gab eine riesige Revolte, und danach saßen die beiden nicht mehr auf dem Thron...

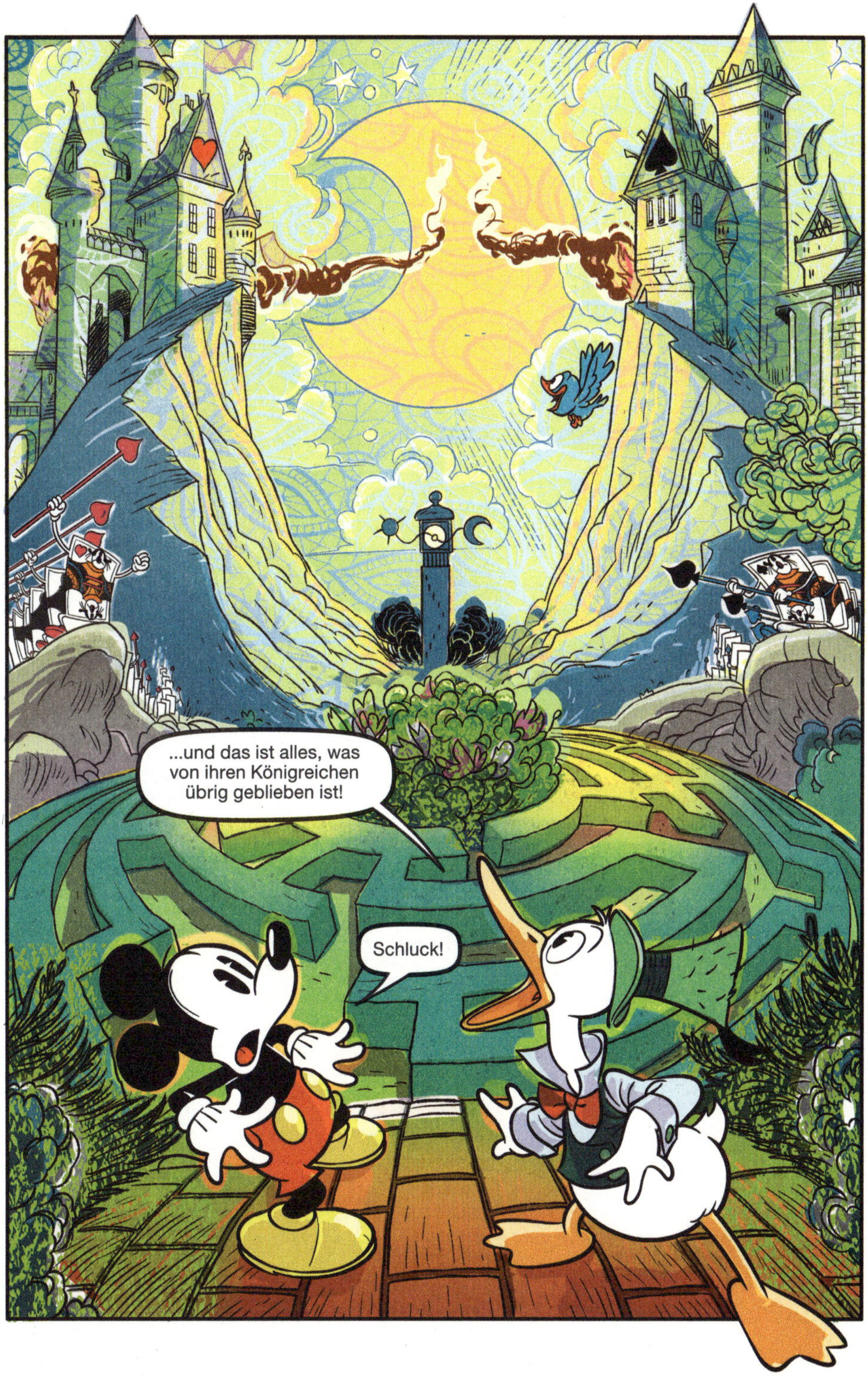
...und das ist alles, was von ihren Königreichen übrig geblieben ist!
Schluck!

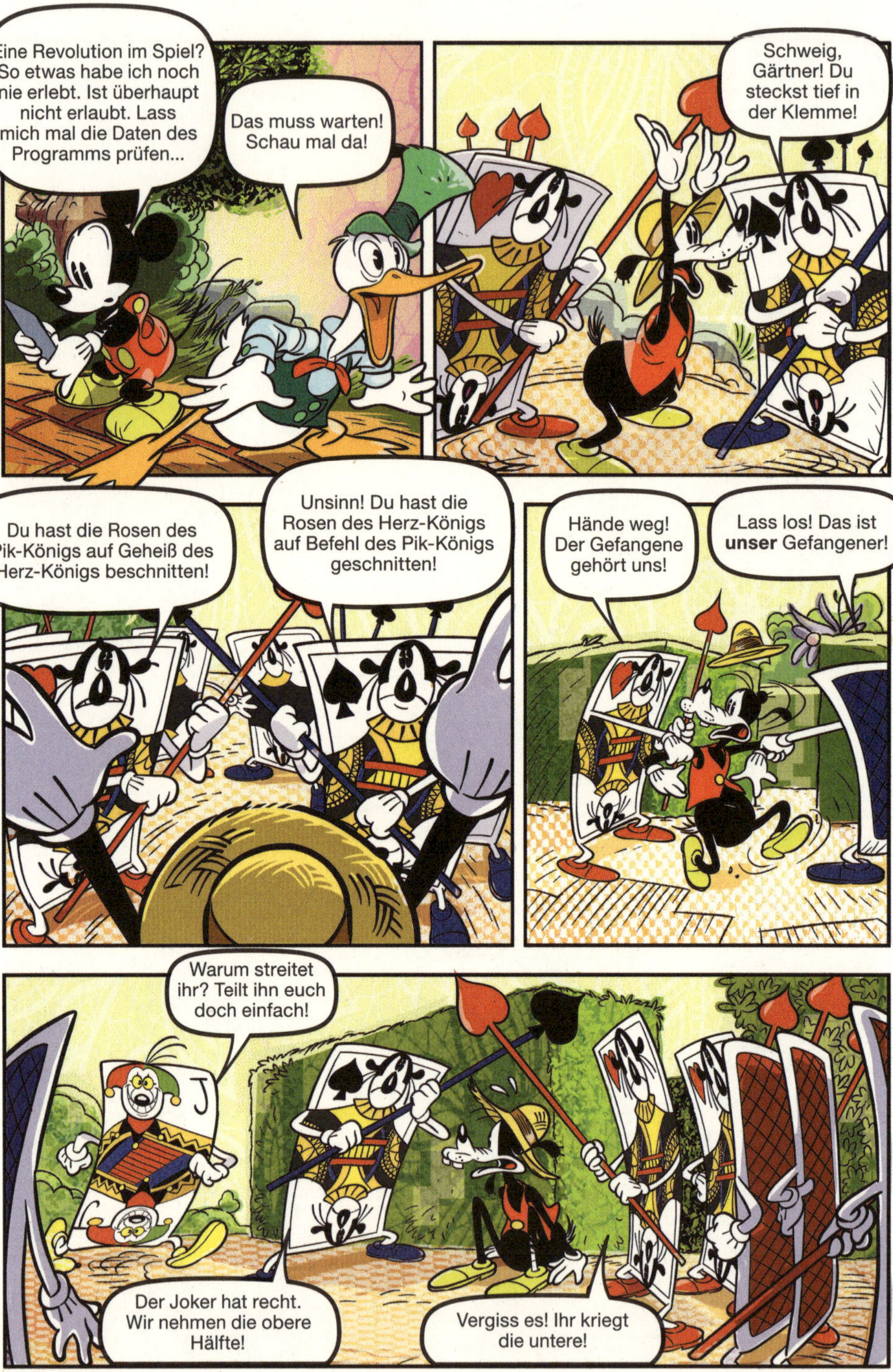
Eine Revolution im Spiel? So etwas habe ich noch nie erlebt. Ist überhaupt nicht erlaubt. Lass mich mal die Daten des Programms prüfen...
Das muss warten! Schau mal da!
Schweig, Gärtner! Du steckst tief in der Klemme!
Du hast die Rosen des Pik-Königs auf Geheiß des Herz-Königs beschnitten!
Unsinn! Du hast die Rosen des Herz-Königs auf Befehl des Pik-Königs geschnitten!
Hände weg! Der Gefangene gehört uns!
Lass los! Das ist **unser** Gefangener!
Warum streitet ihr? Teilt ihn euch doch einfach!
J
Der Joker hat recht. Wir nehmen die obere Hälfte!
Vergiss es! Ihr kriegt die untere!

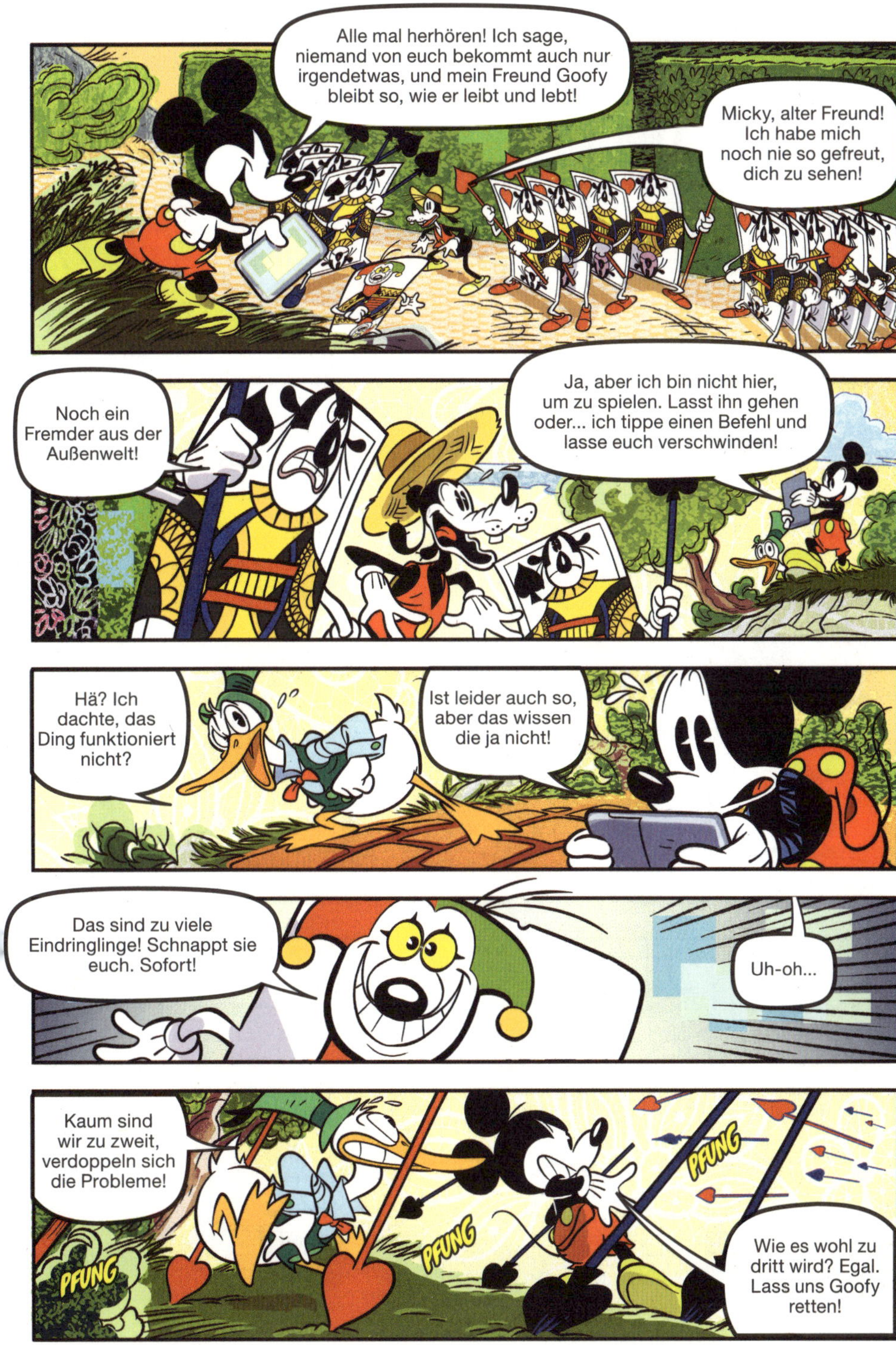

Alle mal herhören! Ich sage, niemand von euch bekommt auch nur irgendetwas, und mein Freund Goofy bleibt so, wie er leibt und lebt!
Micky, alter Freund! Ich habe mich noch nie so gefreut, dich zu sehen!
Noch ein Fremder aus der Außenwelt!
Ja, aber ich bin nicht hier, um zu spielen. Lasst ihn gehen oder... ich tippe einen Befehl und lasse euch verschwinden!
Hä? Ich dachte, das Ding funktioniert nicht?
Ist leider auch so, aber das wissen die ja nicht!
Das sind zu viele Eindringlinge! Schnappt sie euch. Sofort!
Uh-oh...
Kaum sind wir zu zweit, verdoppeln sich die Probleme!
PFUNG
PFUNG
PFUNG
Wie es wohl zu dritt wird? Egal. Lass uns Goofy retten!

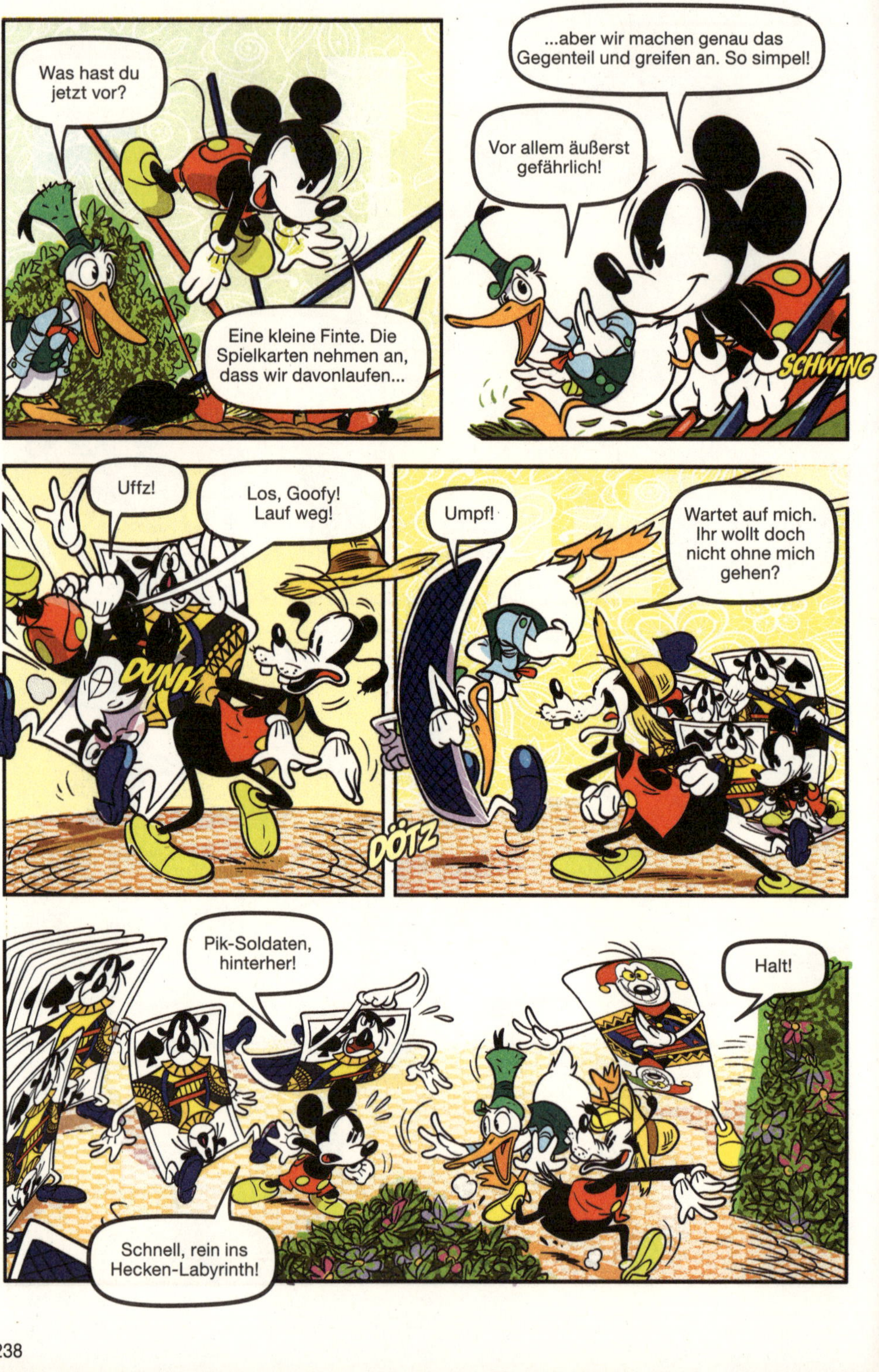
Was hast du jetzt vor?
Eine kleine Finte. Die Spielkarten nehmen an, dass wir davonlaufen...
...aber wir machen genau das Gegenteil und greifen an. So simpel!
Vor allem äußerst gefährlich!
SCHWING
Uffz!
Los, Goofy! Lauf weg!
DUNK
Umpf!
Wartet auf mich. Ihr wollt doch nicht ohne mich gehen?
DÖTZ
Pik-Soldaten, hinterher!
Halt!
Schnell, rein ins Hecken-Labyrinth!

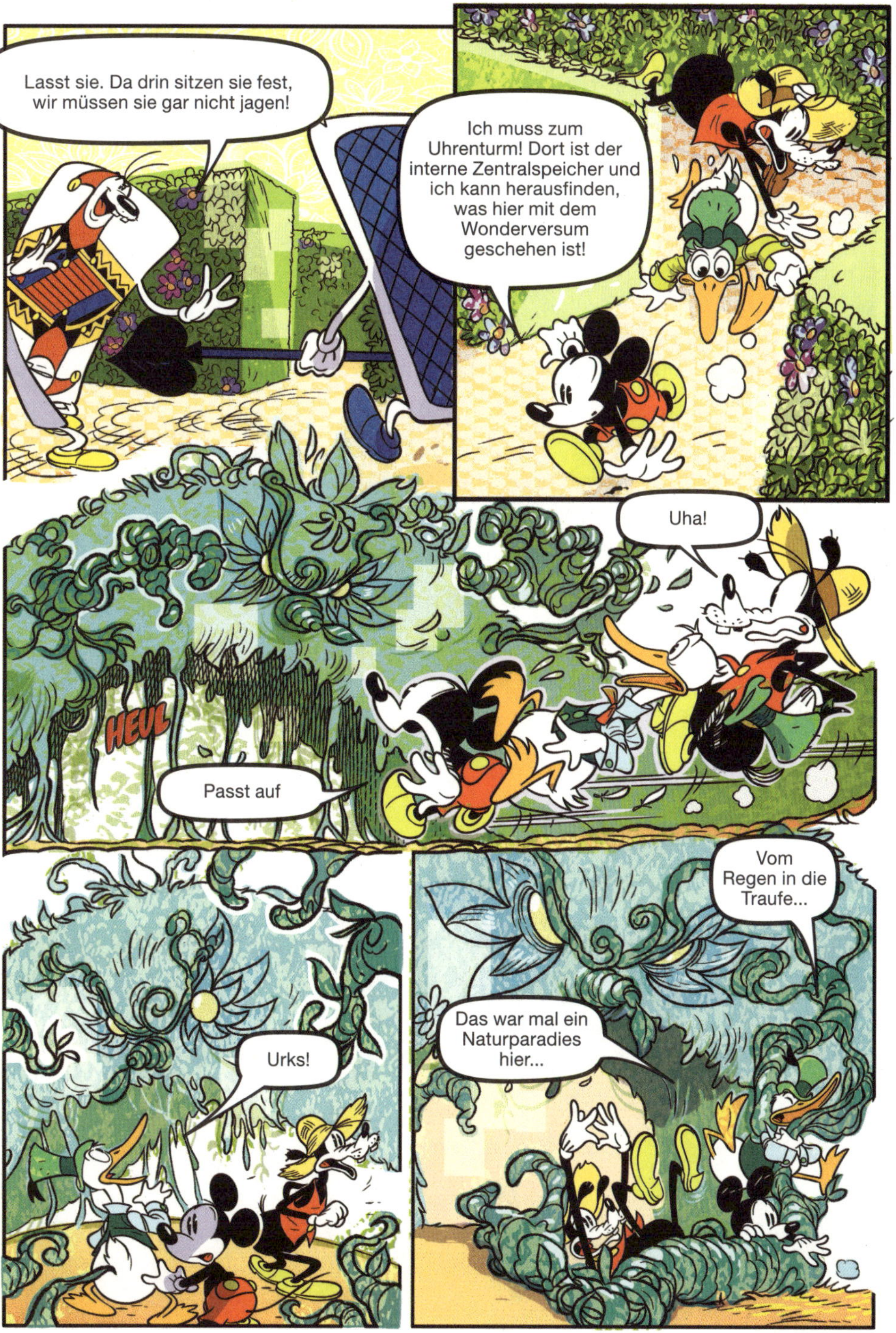
Lasst sie. Da drin sitzen sie fest, wir müssen sie gar nicht jagen!
Ich muss zum Uhrenturm! Dort ist der interne Zentralspeicher und ich kann herausfinden, was hier mit dem Wonderversum geschehen ist!
Uha!
HEUL
Passt auf
Urks!
Vom Regen in die Traufe...
Das war mal ein Naturparadies hier...

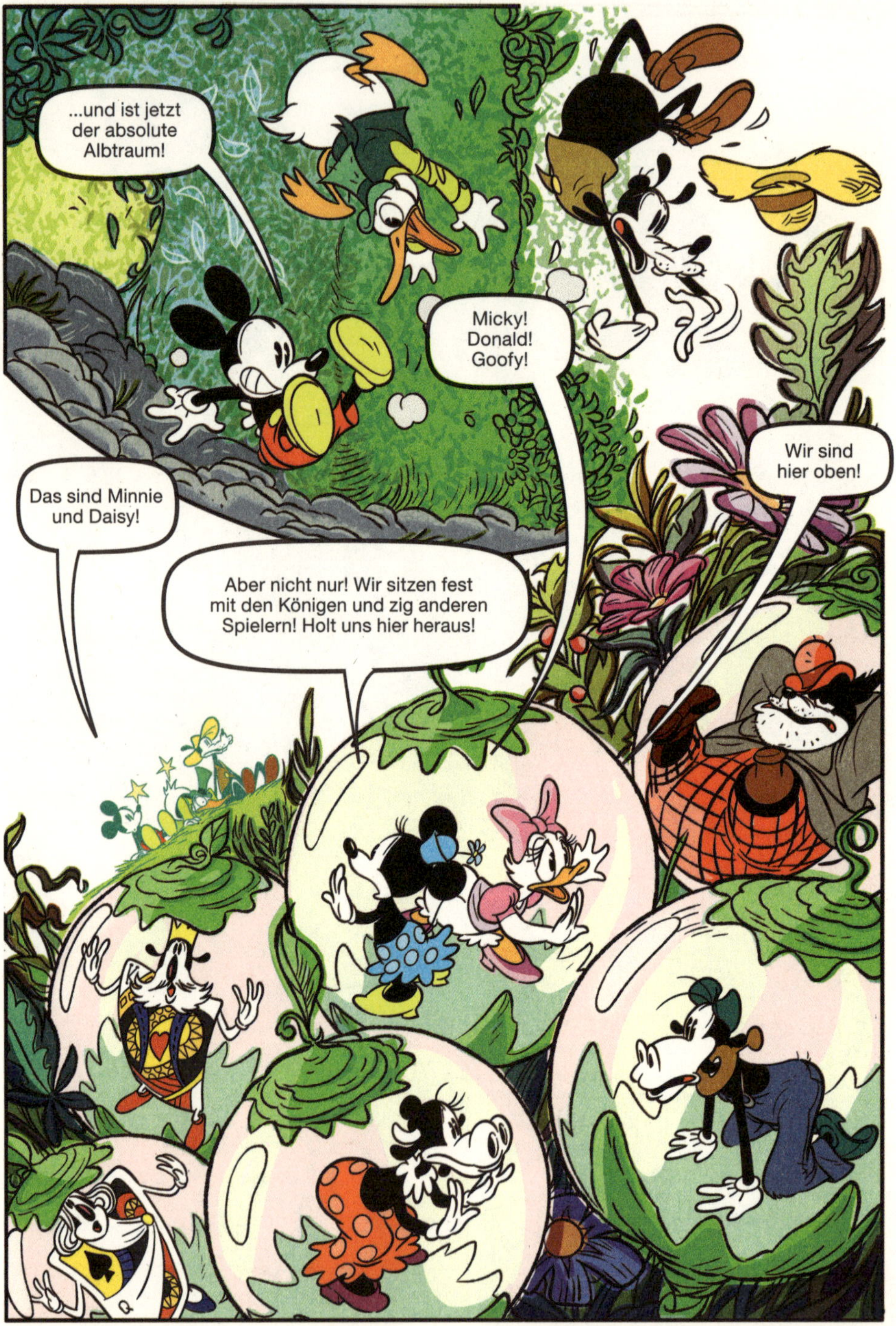
...und ist jetzt der absolute Albtraum!
Micky! Donald! Goofy!
Wir sind hier oben!
Das sind Minnie und Daisy!
Aber nicht nur! Wir sitzen fest mit den Königen und zig anderen Spielern! Holt uns hier heraus!

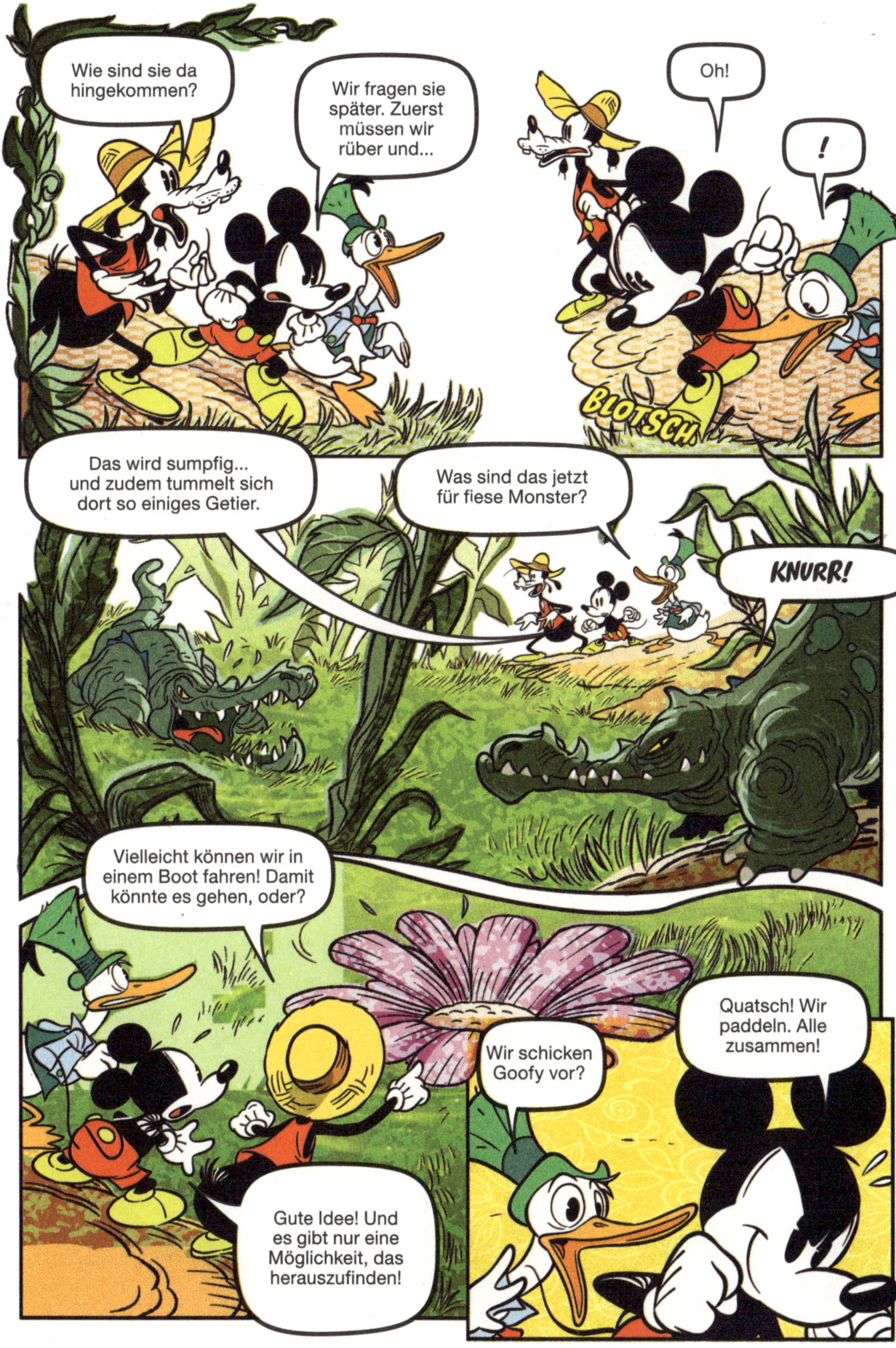
Wie sind sie da hingekommen?
Wir fragen sie später. Zuerst müssen wir rüber und...
Oh!
!
BLOTSCH
Das wird sumpfig... und zudem tummelt sich dort so einiges Getier.
Was sind das jetzt für fiese Monster?
KNURR!
Vielleicht können wir in einem Boot fahren! Damit könnte es gehen, oder?
Gute Idee! Und es gibt nur eine Möglichkeit, das herauszufinden!
Wir schicken Goofy vor?
Quatsch! Wir paddeln. Alle zusammen!

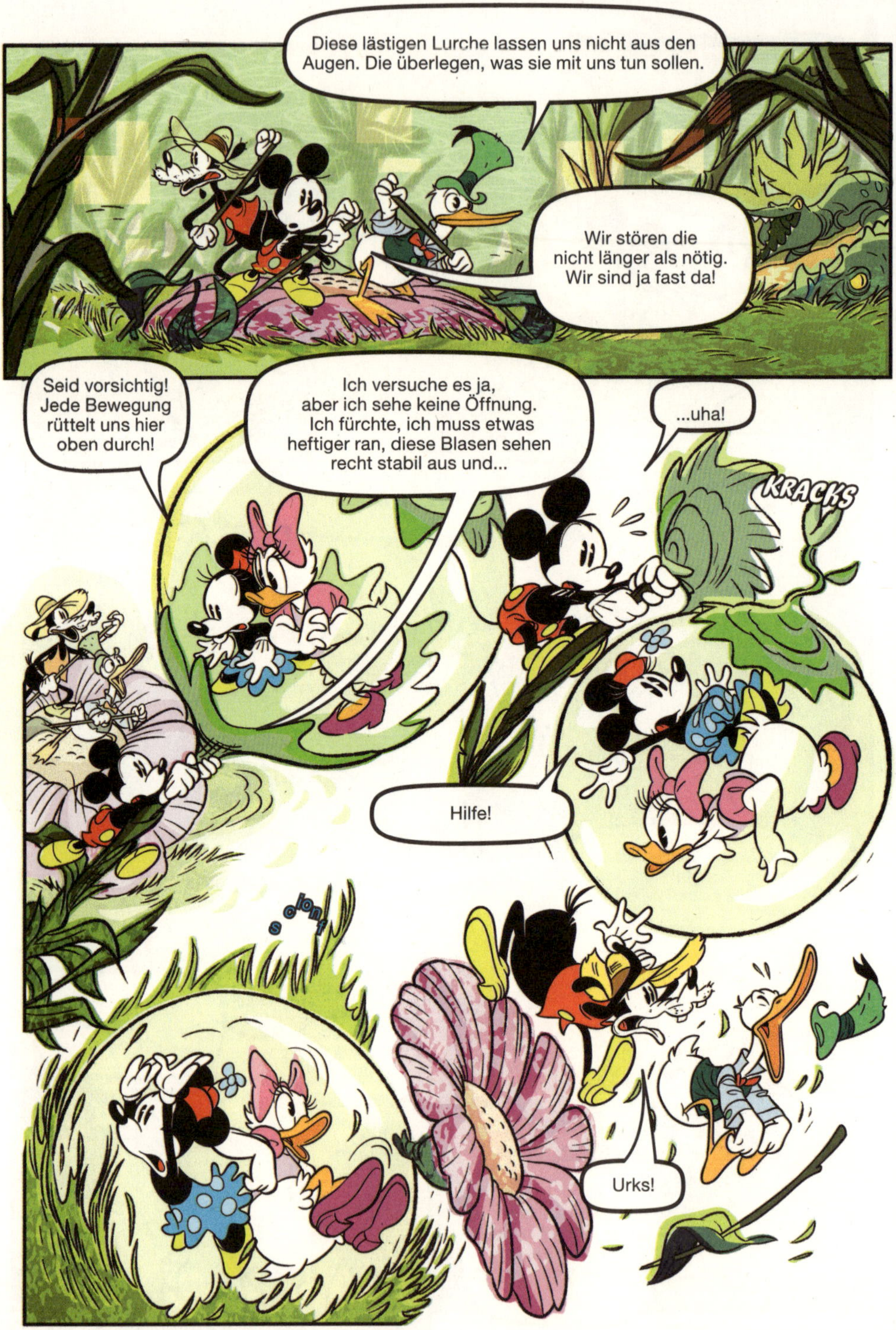
Diese lästigen Lurche lassen uns nicht aus den Augen. Die überlegen, was sie mit uns tun sollen.
Wir stören die nicht länger als nötig. Wir sind ja fast da!
Seid vorsichtig! Jede Bewegung rüttelt uns hier oben durch!
Ich versuche es ja, aber ich sehe keine Öffnung. Ich fürchte, ich muss etwas heftiger ran, diese Blasen sehen recht stabil aus und...
...uha!
KRACKS
Hilfe!
schlonf
Urks!

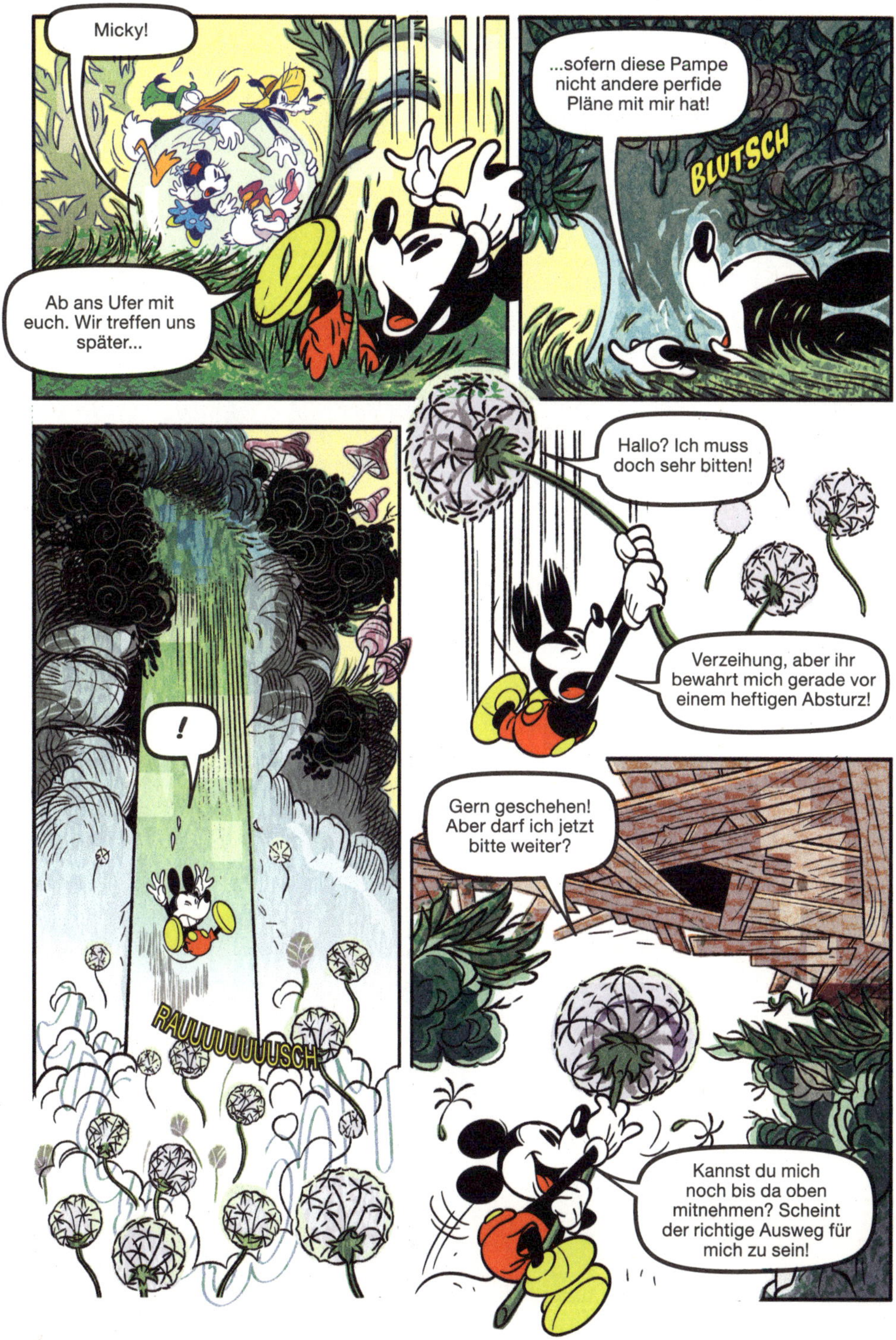
Micky!
Ab ans Ufer mit euch. Wir treffen uns später...
...sofern diese Pampe nicht andere perfide Pläne mit mir hat!
BLUTSCH
!
RAUUUUUUUUSCH
Hallo? Ich muss doch sehr bitten!
Verzeihung, aber ihr bewahrt mich gerade vor einem heftigen Absturz!
Gern geschehen! Aber darf ich jetzt bitte weiter?
Kannst du mich noch bis da oben mitnehmen? Scheint der richtige Ausweg für mich zu sein!

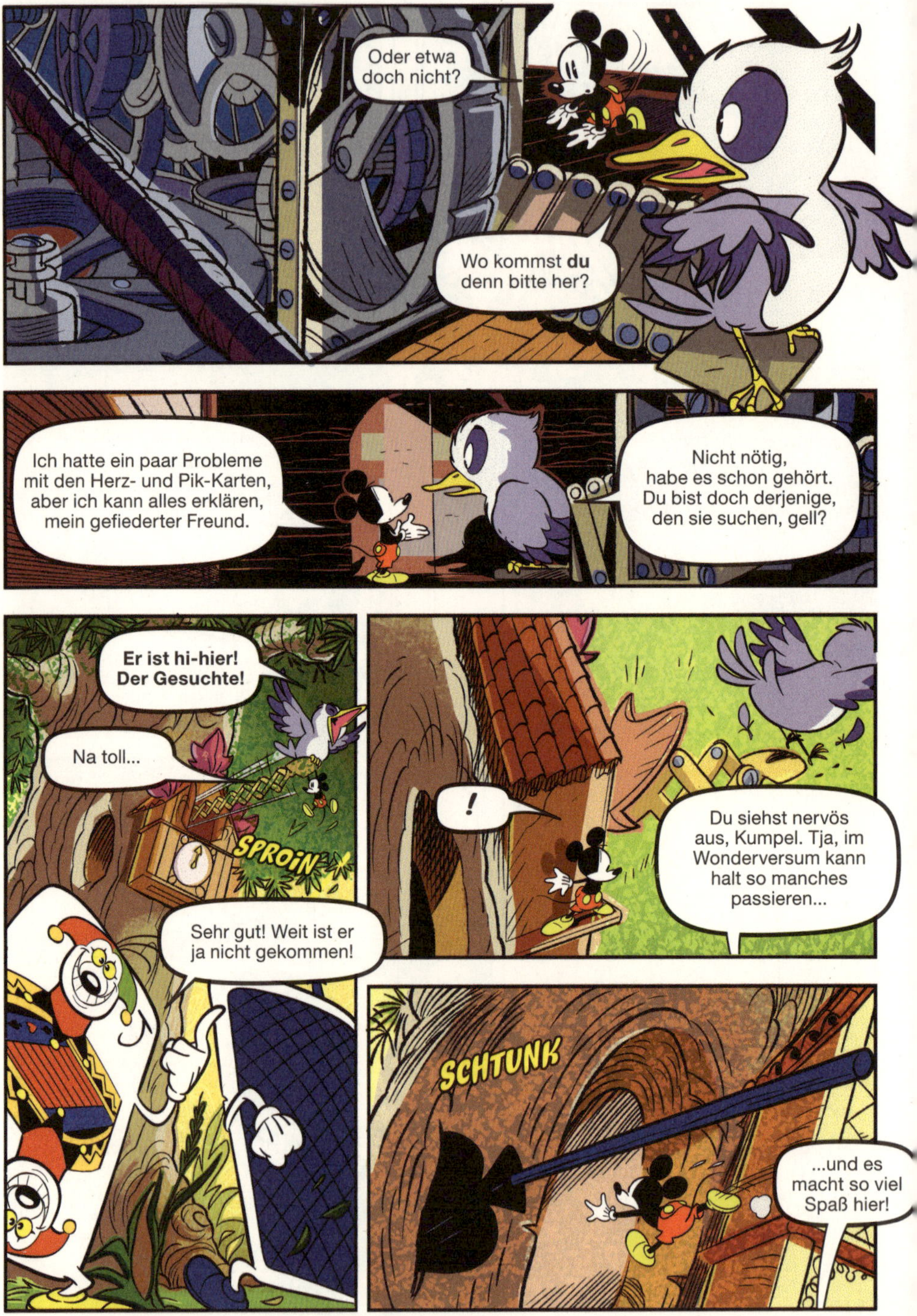
Oder etwa doch nicht?
Wo kommst **du** denn bitte her?
Ich hatte ein paar Probleme mit den Herz- und Pik-Karten, aber ich kann alles erklären, mein gefiederter Freund.
Nicht nötig, habe es schon gehört. Du bist doch derjenige, den sie suchen, gell?
**Er ist hi-hier! Der Gesuchte!**
Na toll...
SPROIN
Sehr gut! Weit ist er ja nicht gekommen!
!
Du siehst nervös aus, Kumpel. Tja, im Wonderversum kann halt so manches passieren...
SCHTUNK
...und es macht so viel Spaß hier!

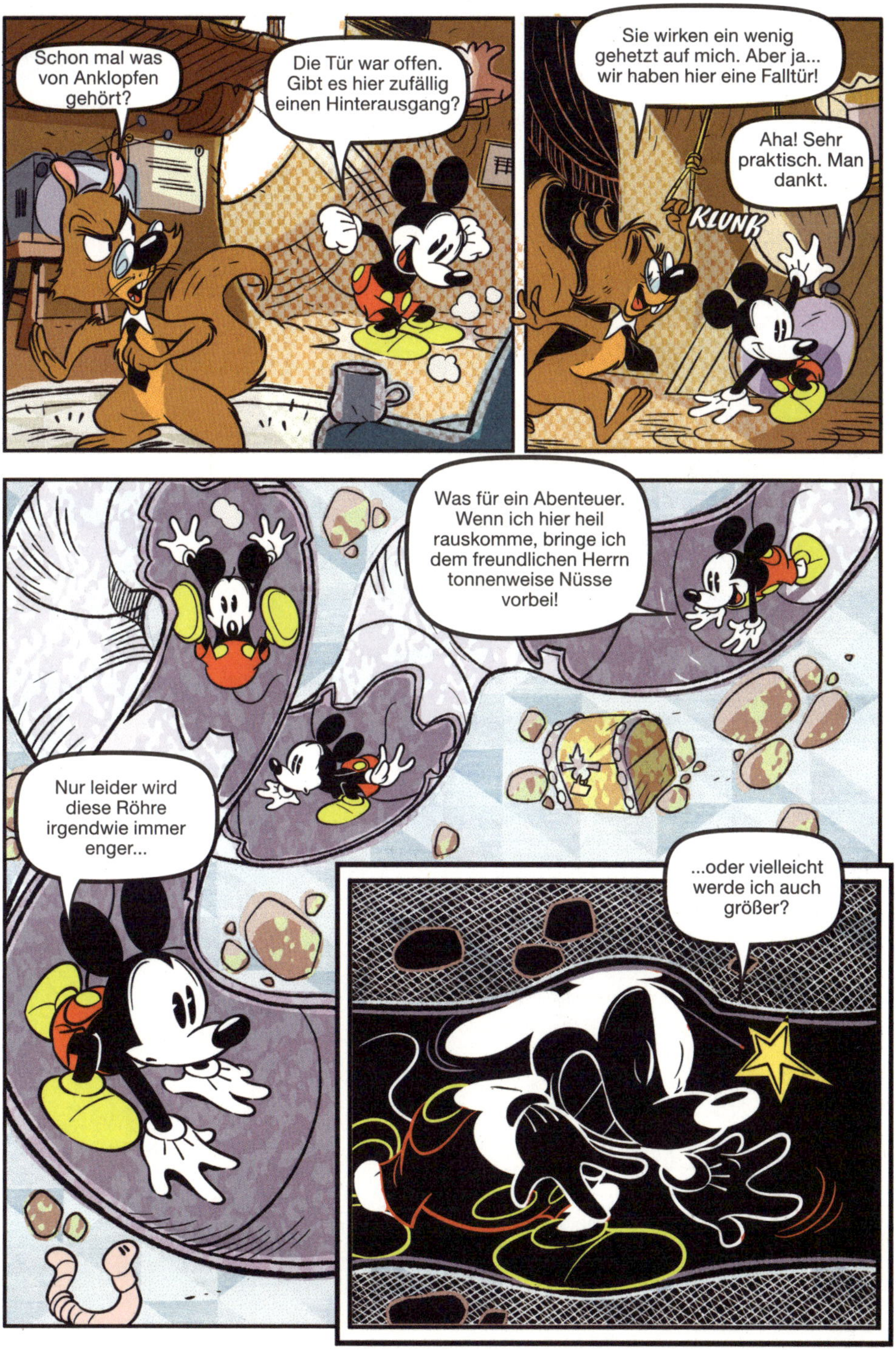

Schon mal was von Anklopfen gehört?
Die Tür war offen. Gibt es hier zufällig einen Hinterausgang?
Sie wirken ein wenig gehetzt auf mich. Aber ja... wir haben hier eine Falltür!
KLUNK
Aha! Sehr praktisch. Man dankt.
Was für ein Abenteuer. Wenn ich hier heil rauskomme, bringe ich dem freundlichen Herrn tonnenweise Nüsse vorbei!
Nur leider wird diese Röhre irgendwie immer enger...
...oder vielleicht werde ich auch größer?

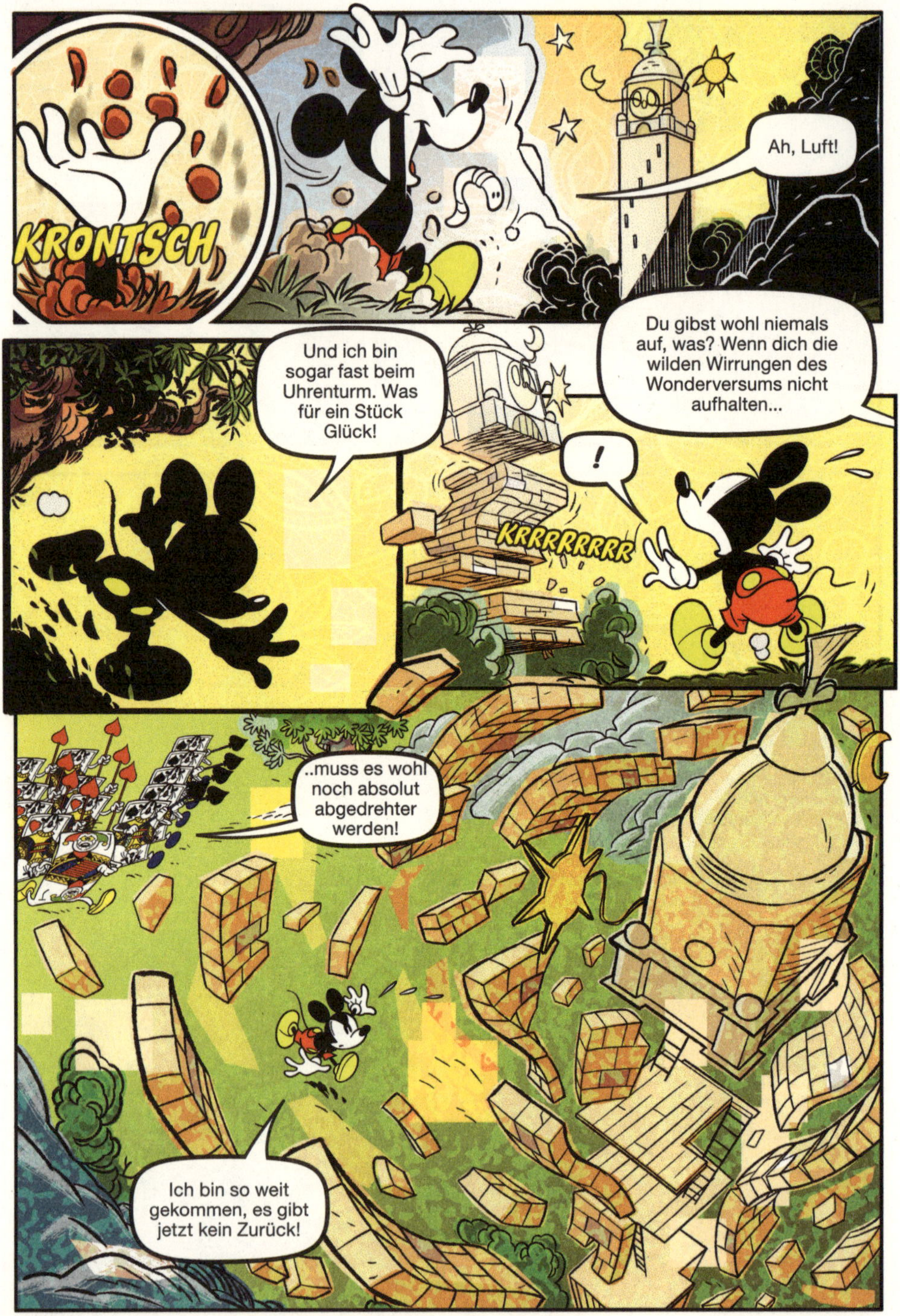
KRONTSCH
Ah, Luft!
Und ich bin sogar fast beim Uhrenturm. Was für ein Stück Glück!
Du gibst wohl niemals auf, was? Wenn dich die wilden Wirrungen des Wonderversums nicht aufhalten...
!
KRRRRRRRR
..muss es wohl noch absolut abgedrehter werden!
Ich bin so weit gekommen, es gibt jetzt kein Zurück!

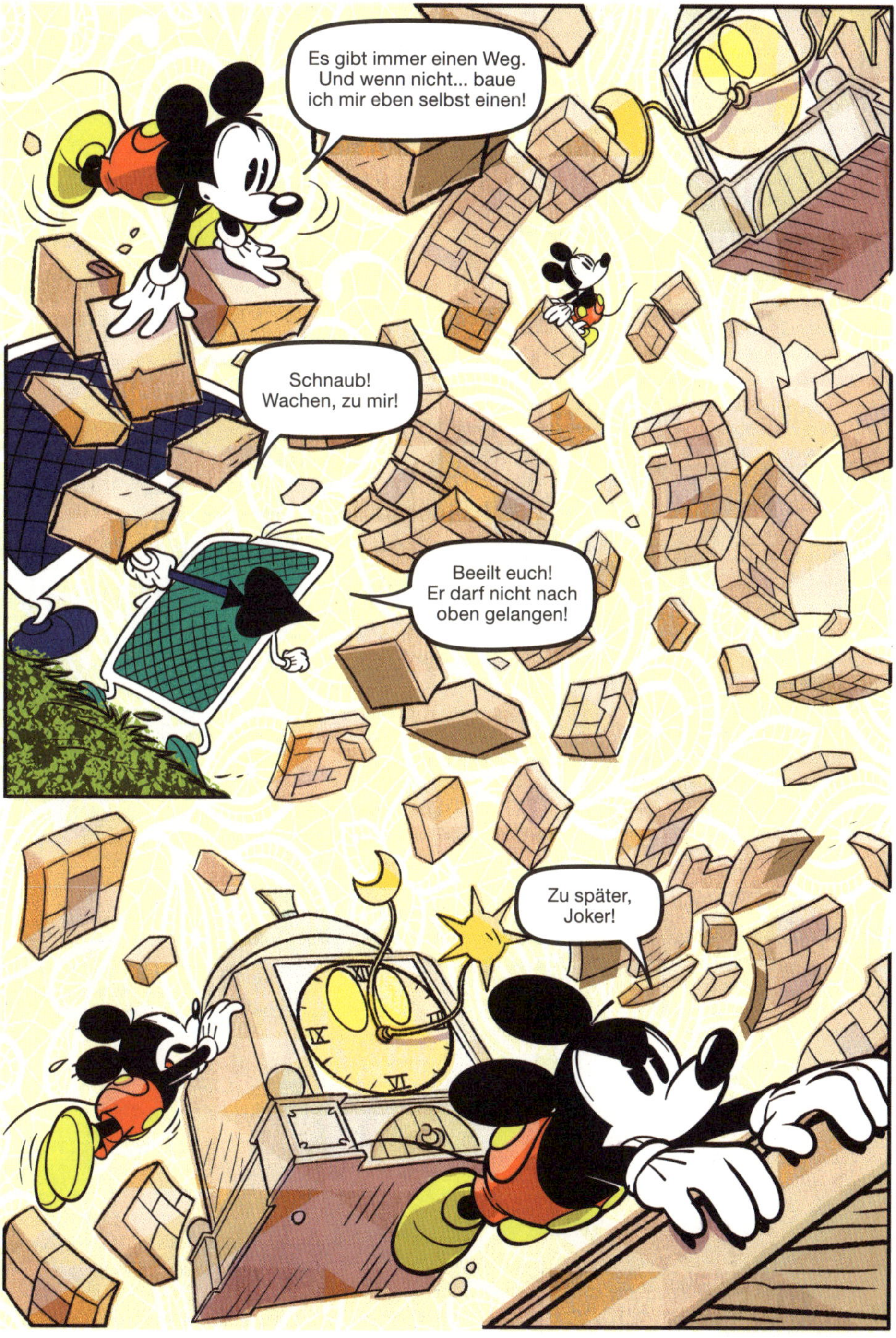
Es gibt immer einen Weg. Und wenn nicht... baue ich mir eben selbst einen!
Schnaub! Wachen, zu mir!
Beeilt euch! Er darf nicht nach oben gelangen!
Zu später, Joker!

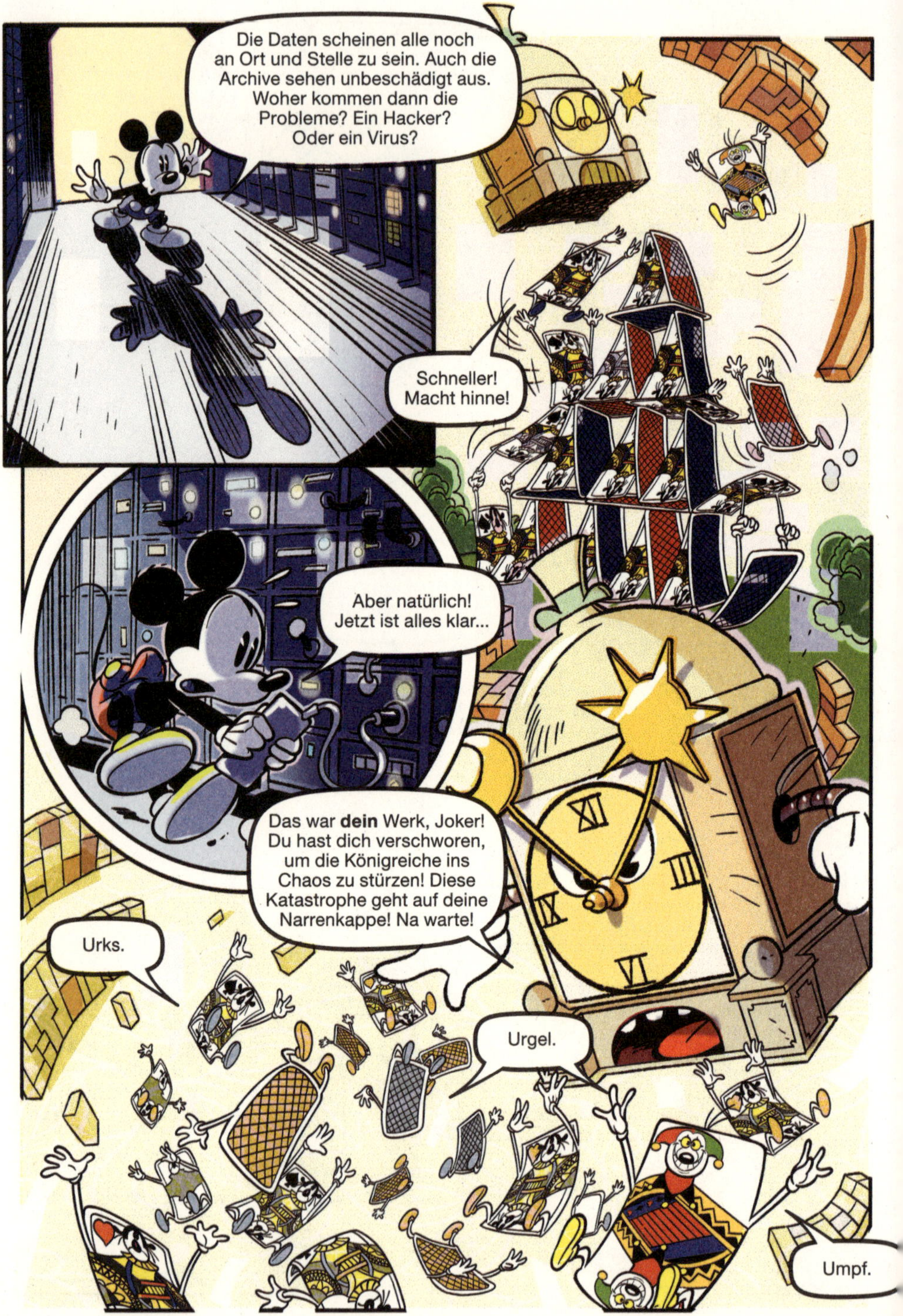
Die Daten scheinen alle noch an Ort und Stelle zu sein. Auch die Archive sehen unbeschädigt aus. Woher kommen dann die Probleme? Ein Hacker? Oder ein Virus?
Schneller! Macht hinne!
Aber natürlich! Jetzt ist alles klar...
Das war **dein** Werk, Joker! Du hast dich verschworen, um die Königreiche ins Chaos zu stürzen! Diese Katastrophe geht auf deine Narrenkappe! Na warte!
Urks.
Urgel.
Umpf.

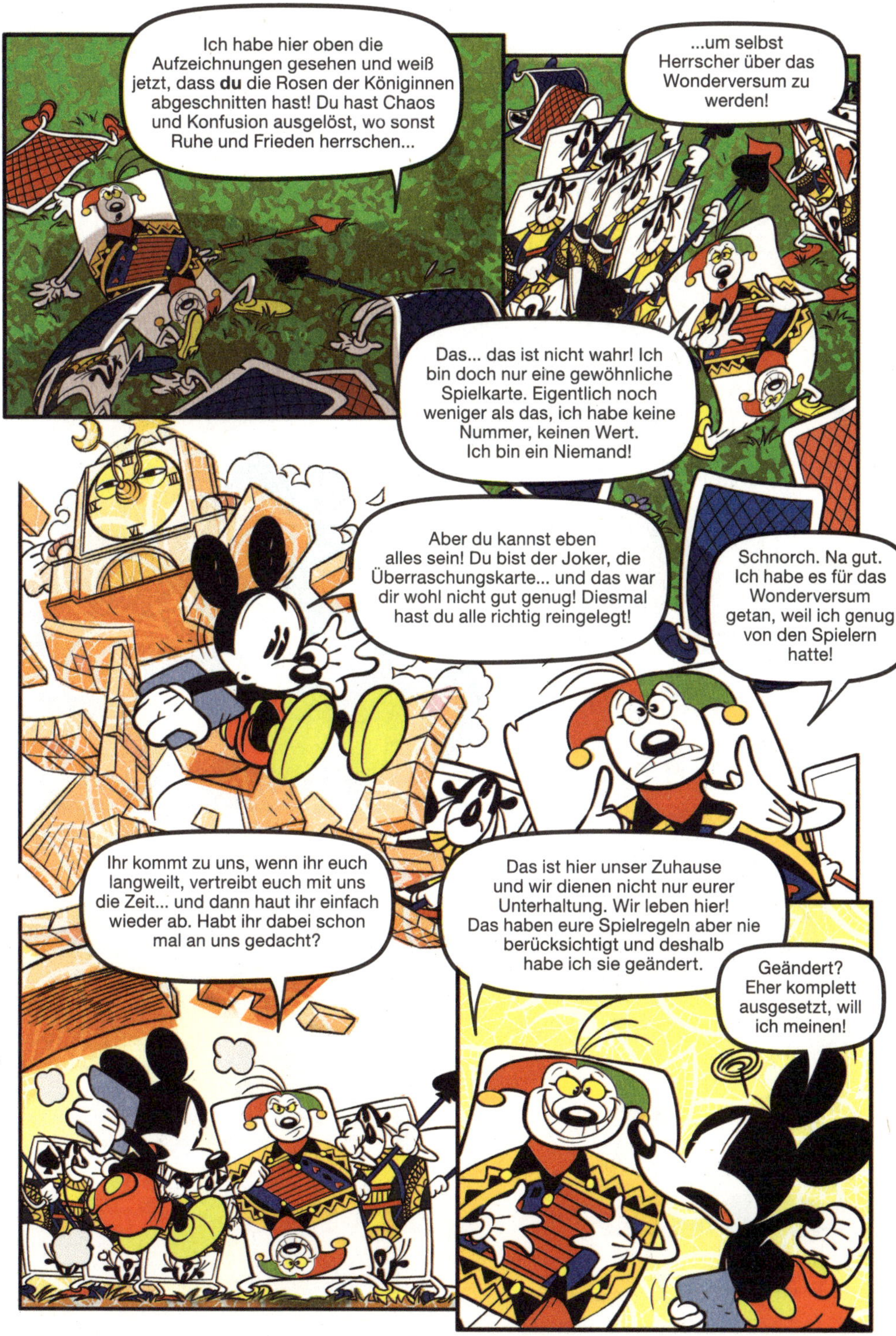
Ich habe hier oben die Aufzeichnungen gesehen und weiß jetzt, dass **du** die Rosen der Königinnen abgeschnitten hast! Du hast Chaos und Konfusion ausgelöst, wo sonst Ruhe und Frieden herrschen...
...um selbst Herrscher über das Wonderversum zu werden!
Das... das ist nicht wahr! Ich bin doch nur eine gewöhnliche Spielkarte. Eigentlich noch weniger als das, ich habe keine Nummer, keinen Wert. Ich bin ein Niemand!
Aber du kannst eben alles sein! Du bist der Joker, die Überraschungskarte... und das war dir wohl nicht gut genug! Diesmal hast du alle richtig reingelegt!
Schnorch. Na gut. Ich habe es für das Wonderversum getan, weil ich genug von den Spielern hatte!
Ihr kommt zu uns, wenn ihr euch langweilt, vertreibt euch mit uns die Zeit... und dann haut ihr einfach wieder ab. Habt ihr dabei schon mal an uns gedacht?
Das ist hier unser Zuhause und wir dienen nicht nur eurer Unterhaltung. Wir leben hier! Das haben eure Spielregeln aber nie berücksichtigt und deshalb habe ich sie geändert.
Geändert? Eher komplett ausgesetzt, will ich meinen!

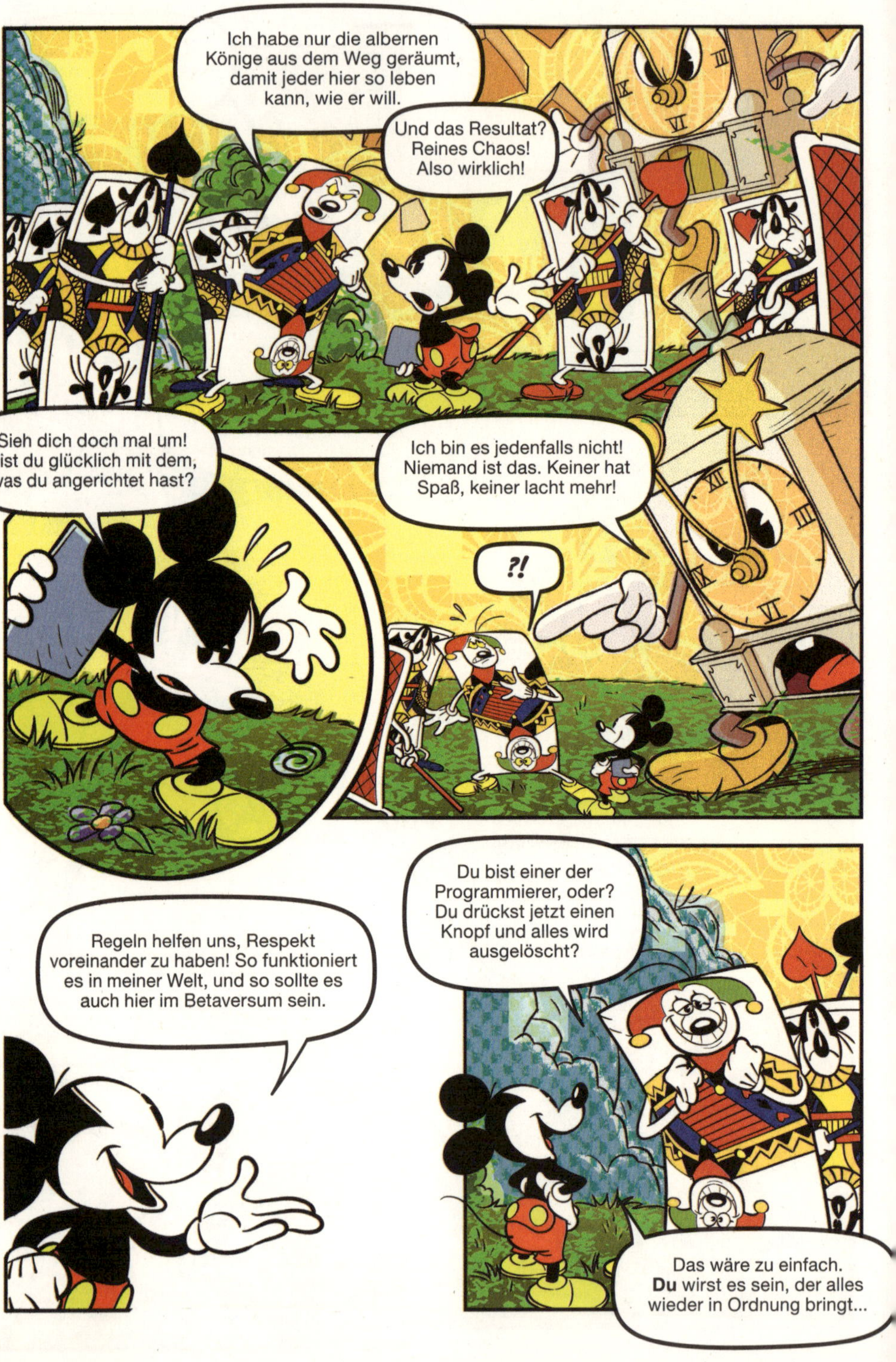
Ich habe nur die albernen Könige aus dem Weg geräumt, damit jeder hier so leben kann, wie er will.
Und das Resultat? Reines Chaos! Also wirklich!
Sieh dich doch mal um! Bist du glücklich mit dem, was du angerichtet hast?
Ich bin es jedenfalls nicht! Niemand ist das. Keiner hat Spaß, keiner lacht mehr!
?!
Regeln helfen uns, Respekt voreinander zu haben! So funktioniert es in meiner Welt, und so sollte es auch hier im Betaversum sein.
Du bist einer der Programmierer, oder? Du drückst jetzt einen Knopf und alles wird ausgelöscht?
Das wäre zu einfach. **Du** wirst es sein, der alles wieder in Ordnung bringt...

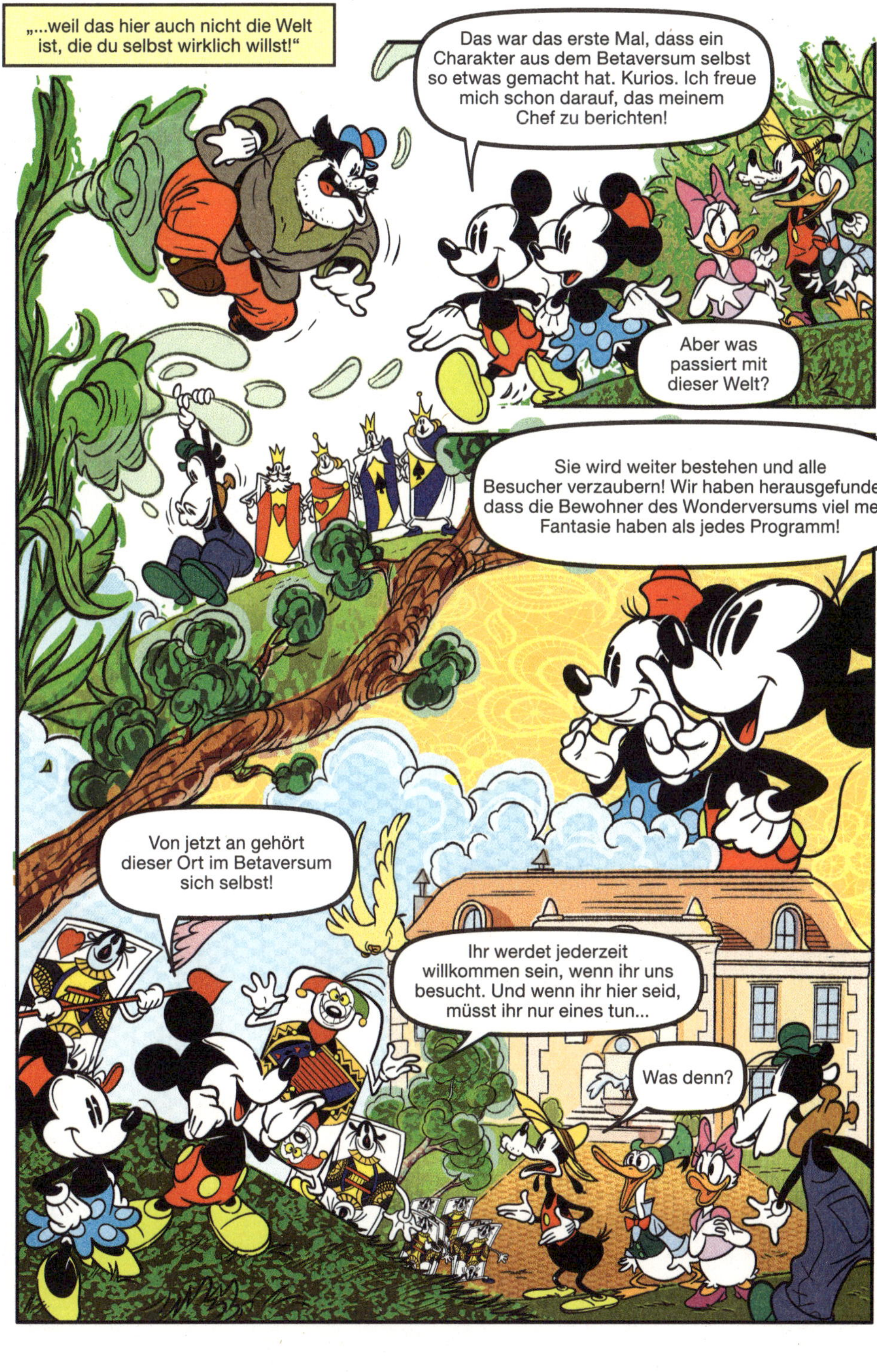
„...weil das hier auch nicht die Welt ist, die du selbst wirklich willst!“
Das war das erste Mal, dass ein Charakter aus dem Betaversum selbst so etwas gemacht hat. Kurios. Ich freue mich schon darauf, das meinem Chef zu berichten!
Aber was passiert mit dieser Welt?
Sie wird weiter bestehen und alle Besucher verzaubern! Wir haben herausgefunden, dass die Bewohner des Wonderversums viel mehr Fantasie haben als jedes Programm!
Von jetzt an gehört dieser Ort im Betaversum sich selbst!
Ihr werdet jederzeit willkommen sein, wenn ihr uns besucht. Und wenn ihr hier seid, müsst ihr nur eines tun...
Was denn?

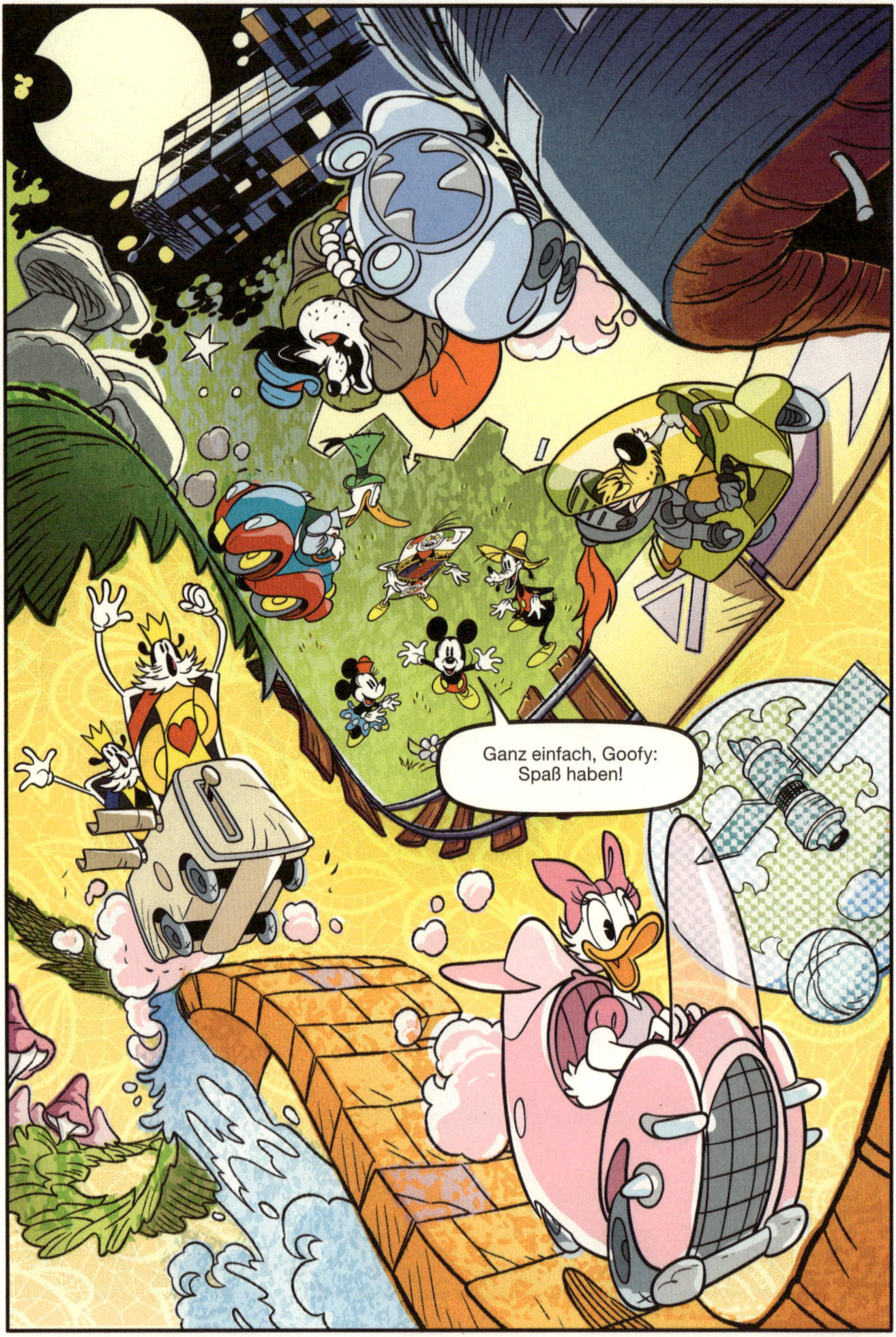




**ENDE**

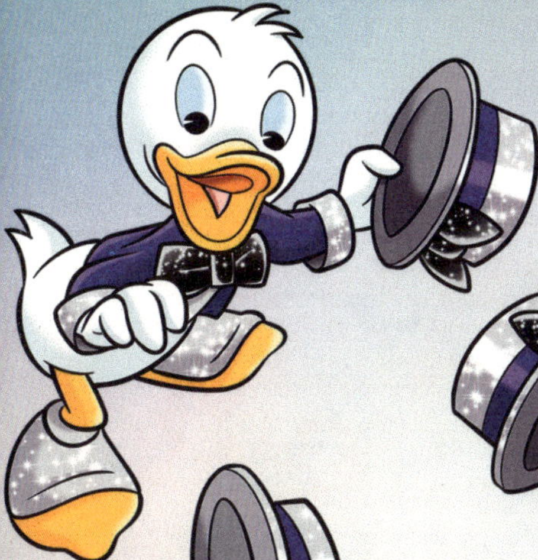

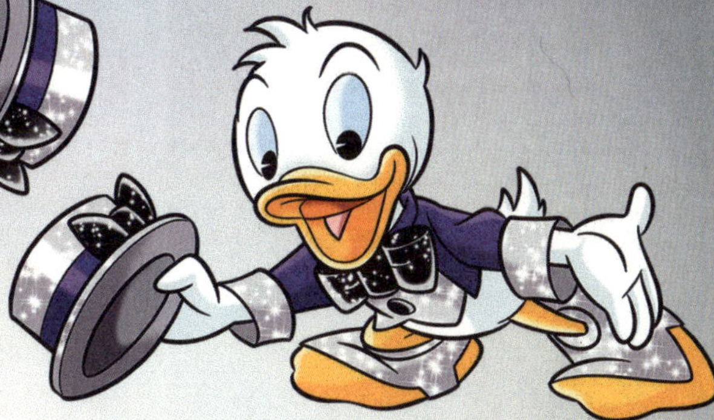

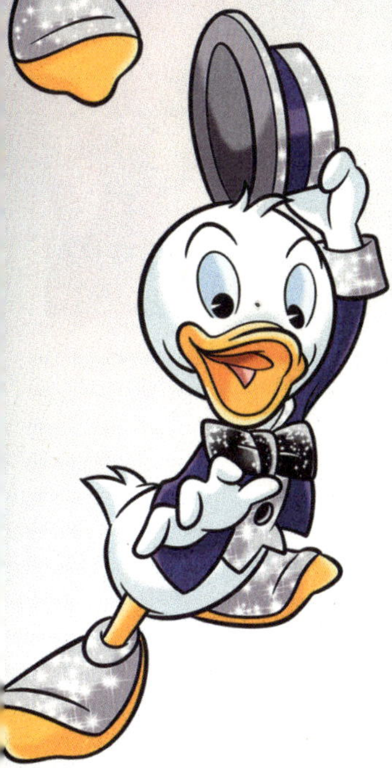

© Disney Enterprises, Inc. 2023.
Disney 100 Lustiges Taschenbuch erscheint bei
Egmont Ehapa Media GmbH, Ritterstraße 26, D-10969 Berlin
**Geschäftsführer:** Per Gustav Kjellander
**Publishing Director Magazines:** Jörg Risken (V.i.S.d.P.) j.risken@egmont.de
**Marketing & Kooperationen:** Nora Gollek (Marketing Director) n.gollek@egmont.de,
Christoph Bergholz (Senior Product Manager) c.bergholz@egmont.de
**Druck:** GGP Media GmbH, Karl-Marx-Str. 24, D-07381 Pößneck
**Anzeigenverkauf:** Per Gustav Kjellander (verantwortlich)
**Head of Media Sales:** Jörg Risken
**Freie Mitarbeiter dieser Ausgabe:** Peter Höpfner/Petit Media (Übersetzung, Redaktion),
Michael Braun Alexander (Lektorat), Sigi Hepner (Grafik)
**Kontakt Walt Disney Publishing:** Susanne Michels

Die Redaktion arbeitet auf Grundlage der neuen amtlichen Rechtschreibregeln
und hält sich bei Auswahlfällen an die vom Duden bevorzugte Schreibweise.
**www.lustiges-taschenbuch.de**
**www.egmont-mediasolutions.de**
**www.egmont.de**

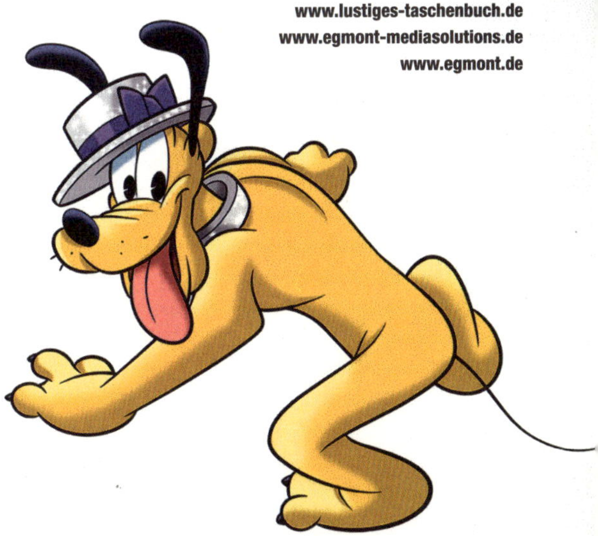

**SERVICE-BOX**

**Leserservice** Lustiges Taschenbuch Leserservice,
20080 Hamburg, E-Mail: info@egmont-service.de,
Tel. 030-99194680, Fax 030-99194681
(reguläre Gesprächsgebühren für einen Anruf im
deutschen Festnetz gemäß Ihrem Anbieter und Tarif)

**LTB verpasst?**
www.egmont-shop.de/comics/ltb

**Wo gibt es LTB am Kiosk?**
www.mykiosk.com

**LTB als eComic?**
Erhältlich z. B. im AppStore, bei Google Play, Amazon etc.

**Viele weitere tolle Comic-Angebote:**
www.egmont-shop.de

EGMONT Ehapa Media

story house EGMONT

MIX Papier FSC FSC® C014496

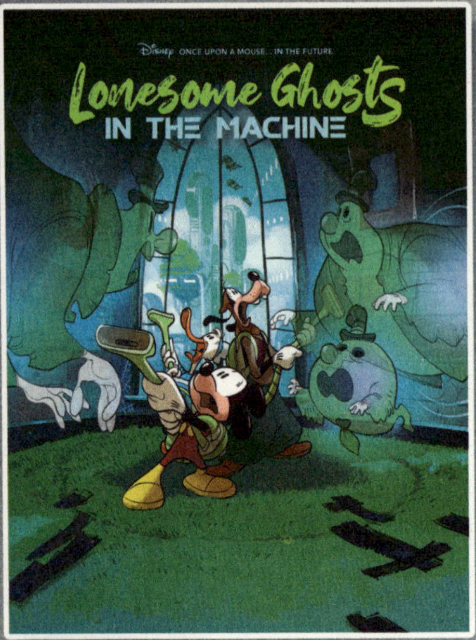


Story: Francesco Artibani
Zeichnungen: Giovanni Rigano

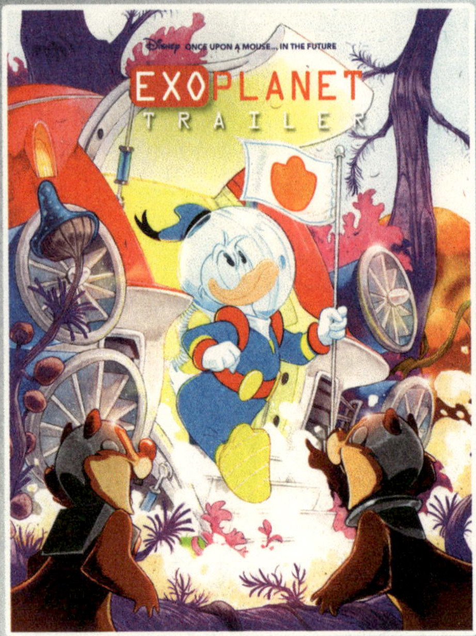


Story: Francesco Artibani, Valentina Camerini
Zeichnungen: Ivan Bigarella

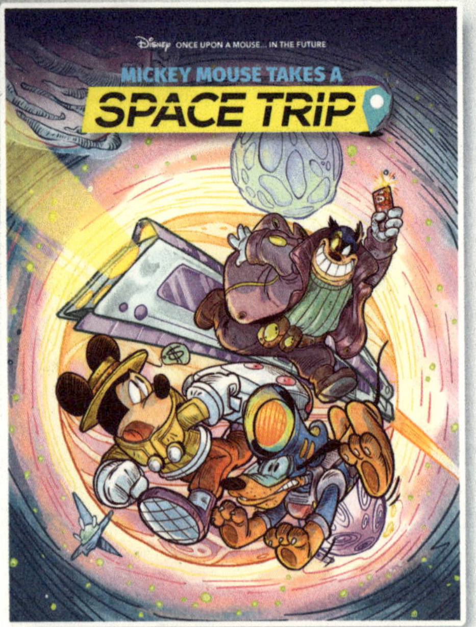


Story: Francesco Artibani, Alberto Savini
Zeichnungen: Giada Perissinotto, Gloria Marino

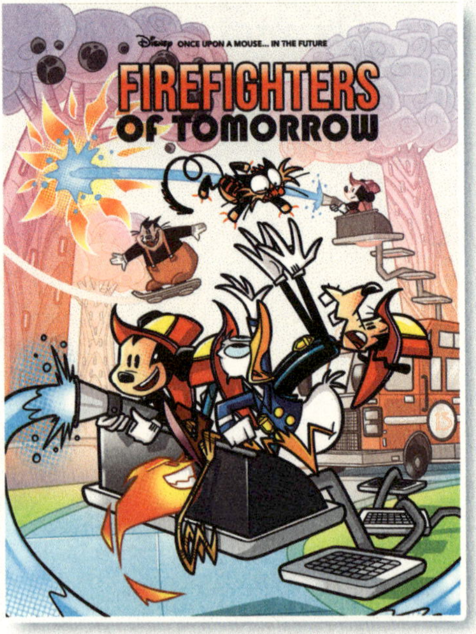


Story: Francesco Artibani, Carlo Panaro
Zeichnungen: Donald Soffritti, Licinia Tozzi

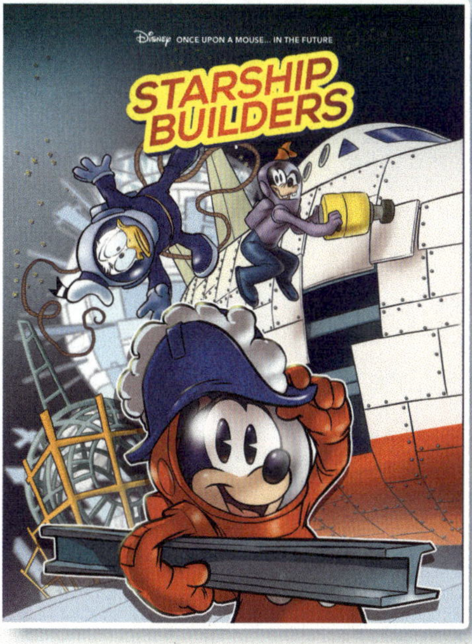


Story: Francesco Artibani, Alessandro Sisti
Zeichnungen: Claudio Sciarrone

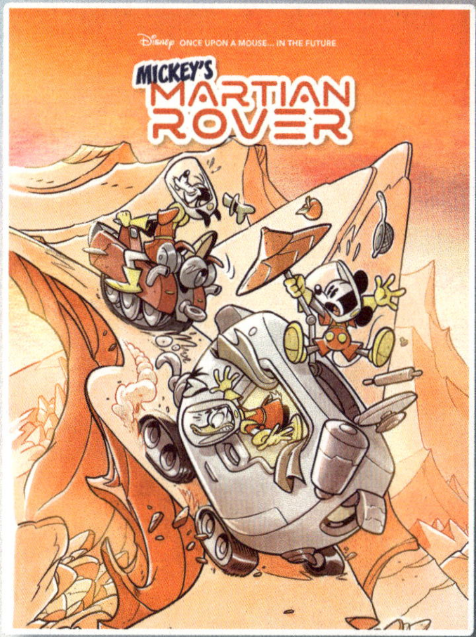


Story: Francesco Artibani
Zeichnungen: Lorenzo Pastrovicchio, Valentina Pinto

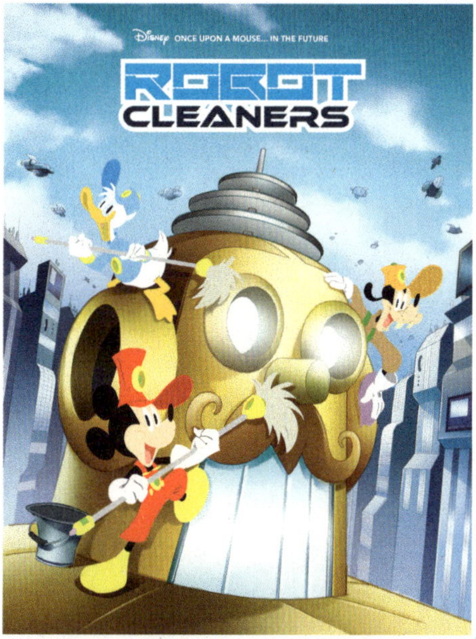


Story: Francesco Artibani, Carlo Panaro
Zeichnungen: Paolo de Lorenzi, Giovanna La Pietra

Story: Francesco Artibani
Zeichnungen: Francesco D'Ippolito, Lucio De Guiseppe, Ilaria Castagna

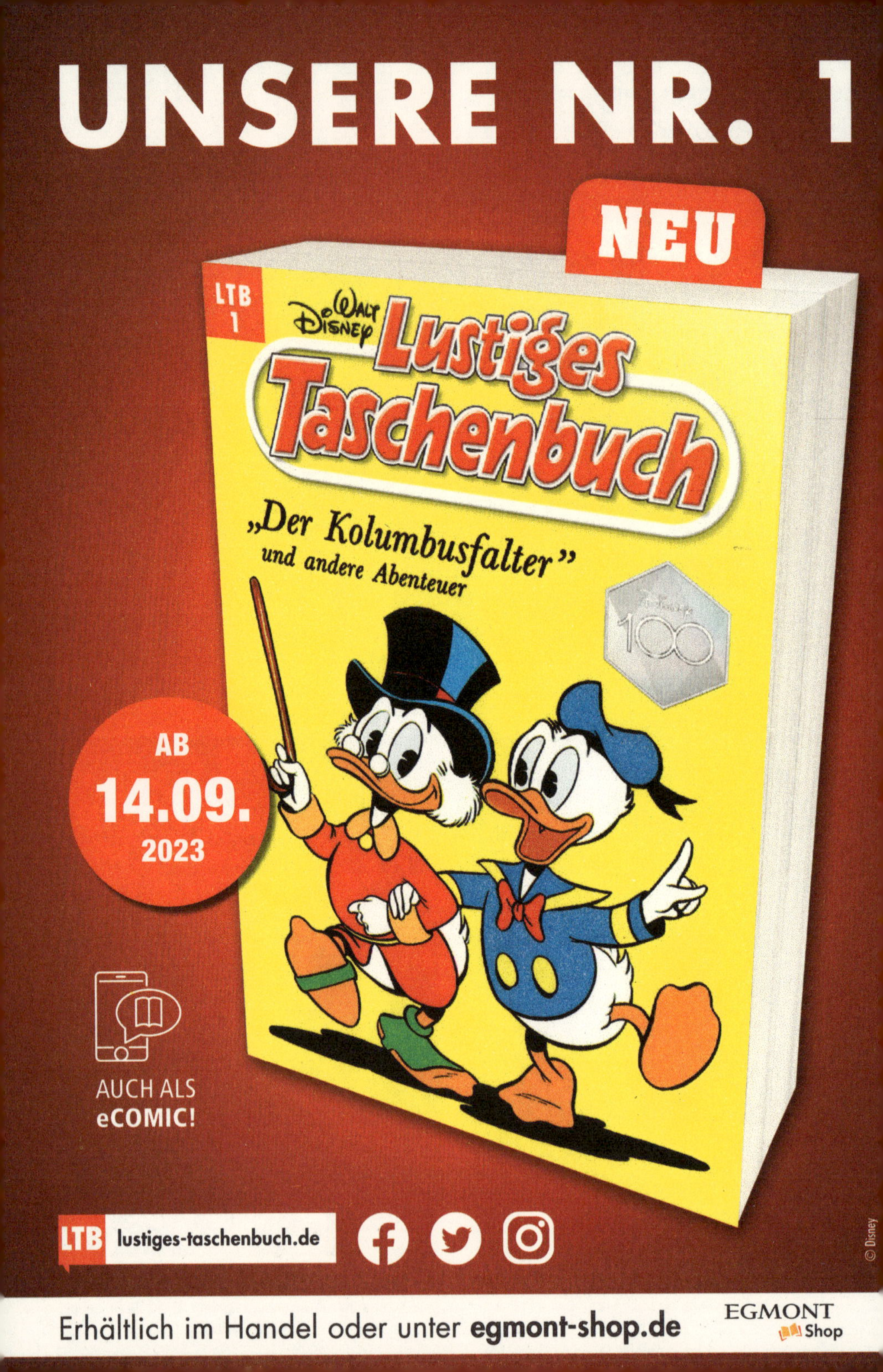
UNSERE NR. 1
NEU
LTB 1
Walt Disney
Lustiges Taschenbuch
„Der Kolumbusfalter"
und andere Abenteuer
AB
14.09.
2023
AUCH ALS
eCOMIC!
LTB lustiges-taschenbuch.de
© Disney
Erhältlich im Handel oder unter egmont-shop.de
EGMONT
Shop